LA VÉRITÉ SUR LA BOUNTY

Les mutins témoignent

LA VÉRITÉ SUR LA BOUNTY

Les mutins témoignent

Présenté par Dominique Le Brun

ÉDITIONS FRANCE LOISIRS

Édition du Club France Loisirs,
avec l'autorisation des Éditions Omnibus.

Éditions France Loisirs,
123, boulevard de Grenelle, Paris.
www.franceloisirs.com

ISBN : 978-2-298-11137-8

Sommaire

La dangereuse douceur des nuits tropicales

Trente-six ans après les faits, relatant sa rencontre avec le dernier survivant des mutins de la *Bounty*[1] réfugiés sur l'île de Pitcairn, Frederick W. Beechey, commandant la corvette *HMS Blossom* de la Royal Navy, écrit : « En cette nuit tropicale, l'éloignement de son pays natal et le souvenir du récent séjour à Tahiti où de nouveaux liens s'étaient noués, se liguèrent donc pour lui faire oublier sa culture d'officier britannique. La sérénité du moment et la proximité de la terre inspirèrent à Christian un plan dont on s'étonne qu'il ait pu germer dans l'esprit d'un jeune officier promis à une carrière prestigieuse. » Officiers généraux de la Navy, juristes maritimes et marins de tous les pays se sont longtemps interrogés sur les raisons profondes qui aboutirent à la mutinerie survenue au petit jour du 29 avril 1789 à bord du navire de Sa Majesté britannique *Bounty*, en plein océan Pacifique. Or en vérité, la réponse se trouve, toute simple, dans ces mots du commandant Beechey : « nuit

1. Il n'existe pas de règle absolue concernant le genre des noms de navires : nous avons donc choisi d'écrire « la *Bounty* » parce que les traductions admissibles du terme anglais sont féminines.

tropicale » et « sérénité du moment ». Cette mutinerie, qui partage la vedette universelle avec celle du cuirassé russe *Potemkine*, en 1905, n'est donc pas la révolte d'un équipage maltraité contre la tyrannie ou la cruauté de son commandant ; bien au contraire même. Elle semble plutôt naître d'un coup de folie, résultant lui-même d'une inimitié poussée à son paroxysme entre deux hommes, mais pas n'importe lesquels : le commandant de la *Bounty* et son second. Pourquoi cette inimitié ? Sans doute faut-il évoquer des questions d'argent et de jalousie sexuelle…

Une affaire très banale en quelque sorte, et que nous allons détailler plus loin. Mais, s'il en est ainsi, pourquoi la mutinerie de la *Bounty* compte-t-elle parmi les faits divers les plus célèbres de toute l'histoire maritime ? Pourquoi s'est-elle si profondément inscrite dans les mémoires ? D'abord parce qu'il s'agit d'une mutinerie, événement rarissime. Dans toutes les marines en effet, la révolte d'un équipage contre ses officiers constitue la transgression ultime. Au XVIIIe siècle, ceux qui s'en rendaient coupables devenaient des proscrits au destin automatiquement fixé : capturés, ils étaient condamnés à mort. Un équipage de mutins n'avait donc pas le choix. Il devait disparaître. Ce qui, dans les faits, signifiait survivre de piraterie, sans autre perspective que d'être un jour ou l'autre rattrapés par la loi.

Une histoire gravée dans la mémoire collective

Pour les marins de la *Bounty*, il n'en alla pas exactement ainsi. La mutinerie était survenue après un séjour de plusieurs mois à Tahiti. Baptisée Nouvelle-Cythère par le Français Bougainville, qui l'avait découverte vingt ans plus tôt, l'île avait la réputation d'un paradis terrestre où l'on vivait, au sens propre de l'expression, d'amour et d'eau fraîche. Les marins de la *Bounty* y avaient noué de nombreuses relations. On comprend aisément qu'ils décidèrent d'y revenir ! Il n'était cependant pas question pour eux de se fixer à Tahiti puisque, tôt ou tard, la Royal Navy y enverrait un bâtiment enquêter sur la disparition de son navire. La *Bounty* reprit donc le large, embarquant des Polynésiens, hommes et femmes, pour aller créer une nouvelle société sur une île déserte. Des années s'écoulèrent avant qu'on sache ce qu'il était advenu du navire et de son équipage. C'est ainsi que l'histoire de la *Bounty* se grava dans la mémoire collective. D'autant plus durablement que cette aventure authentique était aussi la plus romanesque des histoires d'hommes. Rien d'étonnant si lord Byron, qu'inspiraient tant les aventuriers romantiques[1], lui consacra un long poème en prose : *The Island, or Christian and his Comrades (L'île, ou Christian et ses compagnons)*, en 1823. Jules Verne aussi se laissa séduire, et il n'eut même pas besoin d'inventer (ou peu s'en faut) pour publier *Les Révoltés de la Bounty*, en 1879. On notera au passage que, en usant du terme « révolté », Verne s'affirme en défenseur d'une cause juste ; il contourne le caractère péjoratif de la mutinerie pour mettre l'accent sur la noblesse qui caractérise les justes révoltes.

1. Voir Edward John Trelawny, *Mémoires d'un corsaire élégant*, Omnibus, 2012.

C'est aussi parce que cette mutinerie semble justifiée que son histoire inspire la littérature du XIXe siècle, puis le cinéma des années 1930. En 1933, c'est *In the Wake of the Bounty*, avec Errol Flynn ; en 1935 : *Mutiny on the Bounty* (*Les Révoltés du Bounty*), avec Clark Gable. Suivront, avec le même succès, un nouveau *Mutiny on the Bounty* (*Les Révoltés du Bounty*), avec Marlon Brando et Trevor Howard (1962), puis *The Bounty* (*Le Bounty*) avec Mel Gibson et Anthony Hopkins (1984). Or, morale cinématographique américaine oblige, envisager un film dont les héros sont des mutins implique un scénario justifiant la révolte sans équivoque possible. L'unique solution est de faire du commandant un être haïssable et du chef des mutins une victime. La mémoire de William Bligh payera au prix fort l'image manichéenne imposée par le passage à l'écran.

Les nécessités scénaristiques du cinéma américain expliquent ainsi pourquoi la véritable histoire de la *Bounty* est fort mal connue. Le destin romanesque des révoltés a occulté une autre aventure, tout aussi extraordinaire pourtant : celle du commandant de la *Bounty*, abandonné avec dix-huit hommes dans une chaloupe longue de sept mètres. William Bligh parvint à rejoindre la civilisation au terme d'une navigation de 3 600 milles, parcourus en quarante-huit jours. De cette traversée hallucinante, il fit le récit dès son retour en Angleterre. Un récit immédiatement traduit en français et édité à Paris en 1790 – rappelons-le, la mutinerie s'était déroulée à la fin du mois d'avril de l'année précédente !

Une affaire mal connue

La lecture sans *a priori* des textes réunis dans ce volume permet de se faire une idée précise des causes de la mutinerie à bord de la *Bounty*, car nous avons pris soin de donner la parole aux différents témoins et acteurs de l'affaire. Après le récit alerte de Jules Verne, remarquable condensé de l'histoire, nous donnons la parole à William Bligh, le commandant destitué et abandonné dans une chaloupe avec une partie de l'équipage, demeurée fidèle (« Quarante-huit jours sur une chaloupe »). Suivent les témoignages des mutins qui, après avoir tenté de s'établir sur l'île de Tubuai, revinrent à Tahiti où ils furent capturés par la Royal Navy ; il s'agit en l'occurrence du *Journal de James Morrison*, de la correspondance de Peter Heywood, et de la déposition apportée pour sa défense par le jeune matelot Thomas Ellison – en vain puisque ce garçon de dix-neuf ans sera pendu. Et nous finissons par l'histoire des mutins qui s'installèrent sur l'île de Pitcairn, racontée par le dernier survivant dans le récit exclusif de John Adams.

Cependant, il n'est pas si facile de faire abstraction de l'image que le cinéma a imposée du commandant Bligh ! Le sadisme, les flagellations, le supplice de la cale..., toutes ces scènes restées en mémoire troublent le jugement. C'est un comble, lorsqu'on sait que les historiens ont établi que Bligh avait moins souvent eu recours aux châtiments corporels que Cook !

Pour comprendre, il faut rappeler les différents aspects de la mission confiée à la *Bounty*. Car dans cette affaire, tout se tient, et la question s'impose : comment une expédition qui paraissait si bien engagée a-t-elle pu aboutir à une mutinerie ? Et aussi : par quelles conjonctions du destin les péripéties qui ont suivi ont-elles pu s'enchaîner ? L'épopée de William Bligh sur sa chaloupe ; l'odyssée de Fletcher Christian et de ses compagnons ; le destin tragique de la *Pandora*, dépêchée à leur recherche, et qui fit naufrage sur un récif de corail... A ce propos, le chercheur suédois Bengt Danielsson, qui publia en 1962 *Med Bounty till Söderhavet* à Stockholm, et *What happened on the Bounty*[1] *?* à Londres, a fait une découverte étonnante, curieusement restée inaperçue. Au début du mois d'août 1791, rentrant de Tahiti avec, aux fers, les marins de la *Bounty* (qui s'étaient d'ailleurs spontanément présentés à bord), la *Pandora* patrouille dans les îles en quête des autres mutins, enfuis sur la *Bounty*. Voici le bâtiment dans l'archipel de Santa Cruz, où il passe en vue de l'île de Vanikoro. Une fumée épaisse en monte, mais le commandant Edwards estime que, si cette fumée est un signal, il n'est certainement pas l'œuvre des mutins ! On peut même imaginer qu'il y voit un piège tendu par une peuplade hostile. Aujourd'hui, on sait qui a allumé et entretenu un feu destiné à cracher une fumée bien visible : les survivants de l'*Astrolabe* et de la *Boussole*, les navires de Lapérouse qui y ont fait naufrage en juin 1788, trois ans auparavant ! Au

1. Traduit en français par Henri Simonet en 1985, cette traduction étant reprise et complétée par Henri Theureau, pour une publication sous le titre *Que s'est-il vraiment passé sur le Bounty ?* aux éditions Haere Pō (Tahiti) en 2013.

moment même où la *Pandora* défile au large de l'île maudite, en France, dans le port de Brest, l'amiral Bruny d'Entrecasteaux achève l'armement de deux bâtiments, la *Recherche* et l'*Espérance*, pour partir à leur recherche... Ce sera en vain, et il faudra attendre 1827 pour que, par le plus invraisemblable des hasards, un aventurier britannique trouve la clé du mystère[1]. Il y a quelque chose de vertigineux à penser que les naufragés de l'*Astrolabe* et de la *Boussole* ont failli rencontrer les mutins de la *Bounty*.

Quelques éléments à connaître pour comprendre la mutinerie

La mission. – De Londres, la *Bounty* doit se rendre à Tahiti par le cap Horn, y collecter plusieurs centaines d'arbres à pain sur pied, et les livrer aux Antilles anglaises où ils seront acclimatés afin de fournir aux colons une nourriture bon marché pour leurs esclaves. Le retour de Tahiti doit s'effectuer par le cap de Bonne-Espérance, *via* l'Indonésie.

La Bounty. – En anglais moderne, *bounty* se traduit par « prime », « indemnité », « subvention »... chacun de ces termes faisant référence à la notion d'Etat-providence. Ce qui nous ramène au sens de ce mot au XVIIIe siècle,

1. Voir *La Malédiction Lapérouse, 1785-2008. Sur les traces d'une expédition tragique*, Omnibus, 2012.

cette époque où, dans les marines, on rebaptisait volontiers les navires en fonction de la mission qui leur était confiée. A l'époque, en effet, « *bounty* » se traduisait par « munificence », « générosité ». Or, ne s'agit-il pas pour ce navire d'apporter aux colonies la plante providentielle qui rendrait l'emploi d'esclaves encore plus profitable ? La *Bounty* est un ancien navire marchand, la *Bethia*, que l'Amirauté a rachetée parce qu'elle peut être facilement aménagée pour le transport de plantes. C'est un bâtiment très petit : une coque longue de 27,73 mètres au pont pour un maître-bau de 7,42 mètres et un creux de 5,80 mètres (plutôt important, donc). Si son faible tonnage peut laisser supposer que l'Amirauté n'a pas voulu engager de dépenses importantes, il faut noter que le navire est âgé de deux ans et demi seulement, et que sa carène va être doublée de cuivre (une opération délicate et coûteuse !). Toute la partie arrière de la *Bounty* est aménagée pour contenir cinq cents pots recevant autant de plants, avec un système d'arrosage sophistiqué et un chauffage pour les latitudes fraîches. Le navire dispose de trois embarcations : une chaloupe de 7 mètres, un cotre de 6 mètres et un canot de 5 mètres.

Le commandant William Bligh. – C'est un officier de trente-trois ans bien noté dans la Navy, mais qui n'est que lieutenant ; bien que le commandement de la *Bounty* lui donne le titre de commandant, il ne monte pas en grade pour autant, et cela aura de graves conséquences. Bligh possède une solide expérience de la navigation dans les mers peu connues puisqu'il a embarqué avec Cook lors de son troisième et ultime voyage. C'est en cette occasion qu'il a déjà fait escale à Tahiti.

L'équipage de la Bounty. – Il se compose de quarante-cinq hommes, plus un botaniste et un jardinier. La liste de l'équipage laisse apparaître quelques éléments qui, à des degrés divers, expliquent la mutinerie. Ainsi, conséquence de son grade de simple lieutenant, Bligh ne dispose pas d'officier breveté pour le seconder, et il doit en plus assurer le rôle de commissaire du bord (intendant). Plus grave, par manque de place, il n'a pas pu embarquer de fusiliers-marins, ces *marines* qui, sur tous les bâtiments de la Royal Navy, assurent l'impitoyable discipline du bord. Eux présents, la révolte eût été impossible. Face à son équipage, William Bligh est donc un homme seul et surchargé de travail. Cette solitude a quelque chose de paradoxal dans la mesure où il a choisi personnellement plusieurs membres de son équipage. Et parmi eux Fletcher Christian, celui qui provoquera la mutinerie ! Il se trouve en effet que la belle-famille de Bligh est amie des Christian. Malheureusement, une dette d'argent fait du commandant Bligh le créancier de son subordonné. Or, on verra que le coup de folie qui aboutit à la mutinerie fut, entre autres, provoqué par la cruelle habitude que Bligh avait de rappeler publiquement que Christian était son obligé.

Pourquoi la mutinerie se déclenche. – Le portrait que, pour les raisons précédemment évoquées, les films brossent de William Bligh, n'a rien à voir avec la réalité du personnage. Celui qu'on prendrait pour un tyran et une brute prend soin de son équipage. Ainsi, puisqu'il n'y a pas à maintenir l'état d'alerte propre aux bâtiments de guerre, il répartit les hommes en trois « quarts » au lieu des deux bordées habituelles. Conséquence : les hommes ont des plages de repos régulières de huit heures, au lieu de l'alternance de quatre heures en quatre heures. Ainsi, les commandements se répartissent entre lui-même, son second Fryer, et Christian, qui devient chef de quart : une promotion ! Par la suite, alors que la *Bounty* passe en Atlantique Sud, Bligh nomme Christian second du bâtiment. Il a en effet confiance en lui plus qu'en Fryer ; et il le sait apprécié de l'équipage. Tout cela paraît idyllique ! Quelques semaines plus tard, au large du Horn, où la *Bounty* affronte un temps abominable, le commandant loge l'équipage dans la grande chambre arrière, moins inondée que le poste. Lorsqu'il abandonne le Horn et choisit de laisser porter pour faire route sur Tahiti *via* le cap de Bonne-Espérance, il réunit l'équipage pour le remercier. Et, une fois à Capetown, il assure un avitaillement qu'on pourrait qualifier de luxueux.

Mais, dans le même temps, le commandant Bligh s'emporte violemment contre ses officiers, contre le médecin du bord, les maîtres. C'est ainsi que, insidieusement, un déséquilibre s'établit. Et puis, le soir où la *Bounty* se met au mouillage devant Tahiti, alors que le commandant Bligh autorise les jeunes Tahitiennes à rester à bord pour la nuit, un nouvel ordre s'instaure. Un ordre non plus militaire ou social, mais humain pour ne pas dire sexuel :

des hommes heureux d'un côté, frustrés de l'autre. Cela va durer six mois.

L'opération qui consiste à cueillir et transplanter cinq cents plants d'arbres à pain n'est pas si simple à conduire. Bligh en charge Christian qui, pour mener à bien sa mission, doit s'installer à terre. Lui reste à bord, engoncé dans l'uniforme de la Navy qu'il imbibe de sa transpiration, avec pour corvée récurrente l'accueil des chefs de l'île. Diplomatie et négoce sont son quotidien, tandis qu'à terre, Christian (secondé par le *midship* Heywood) vit comme au paradis. La situation est invraisemblable : le commandant de la *Bounty* assume toutes les corvées du bord, tandis que son subordonné – qui, de plus, lui doit de l'argent – profite à terre des plus belles filles du monde. On imagine la fureur rentrée de Bligh.

L'équipage aussi est aux anges. D'autant que l'escale dure. Il a suffi de trois semaines pour récolter les cinq cents plants d'arbres à pain, et même plus. La *Bounty* pourrait donc appareiller ? En principe oui, mais les faits ne sont pas si simples. Pour éviter des conditions de températures et de tempêtes qui ne manqueraient pas de tuer les arbres à pain, le *Bounty* ne peut pas revenir en Atlantique par le cap Horn. L'autre route possible, par le cap de Bonne-Espérance, implique de passer par le nord de l'Australie afin de s'épargner un interminable louvoyage contre les forts vents d'ouest dominants, par ailleurs accompagnés de températures basses. Puisque, donc, on traversera la partie nord de l'océan Indien, il faut calculer ses dates pour profiter de la mousson, et non s'y opposer.

Ces considérations climatologiques expliquent pourquoi l'escale à Tahiti va durer six mois. Six mois durant lesquels l'esprit de discipline du bord se dissout tandis qu'idylles et rencontres se nouent et se multiplient jusqu'à faire oublier à ces hommes qu'ils appartiennent à la Royal Navy. Contre cela, William Bligh, sans officiers, sans *marines*, ne peut rien. Il s'en faut de peu que le laxisme ne soit fatal à la *Bounty* : un manque de vigilance de Fryer et la lenteur de l'équipage conduisent un jour à l'échouement ; le *midship* Hayward s'endort pendant son quart et laisse des déserteurs voler le canot ; Bligh découvre un jour qu'on a laissé pourrir des voiles...

Lorsque, enfin, la *Bounty* peut appareiller, son commandant est anxieux de reprendre en main son bâtiment. Il a surtout une revanche à prendre sur ses hommes, car du séjour à Tahiti il est le seul à ne pas avoir profité ! C'est pourquoi il accumule soudain injures, sanctions absurdes et injustes... Celui qui en a le plus à souffrir est Fletcher Christian qui, après les semaines de bonheur passées à terre, éprouve les plus grandes difficultés à accepter le comportement de William Bligh. Les témoignages cités dans les textes montrent que la question n'est plus celle de la discipline militaire, mais celle d'un drame personnel qui déchire les deux hommes. On pense à une querelle de famille, à une jalousie de mâles.

Comment la mutinerie se déroule. – Il apparaît clairement que la présence à bord d'une demi-douzaine de *marines* aurait tué dans l'œuf le putsch monté le temps d'un quart de nuit et qui aboutit en quelques instants.

Personne ne comprend trop bien ce qui se passe ni vers quel drame on se précipite. Il ne s'agit pas d'une révolte de l'équipage contre son commandant et ses officiers, mais de l'acte de désespoir d'un homme, Fletcher Christian, contre un autre homme, William Bligh. Or il se trouve que le premier est apprécié de tous, et que, par instinct, on lui fait confiance. Tandis que, par son comportement excessif, le commandant s'est déconsidéré. C'est pourquoi le mouvement spontané de l'équipage de la *Bounty* est d'accompagner Christian dans le crime le plus grave qui soit pour un marin militaire : la mutinerie. Lorsque celui-ci constate le succès de son entreprise, il s'en effraie. Peut-être même voudrait-il faire marche arrière, mais ceux qui se sont laissé entraîner l'en empêchent. En quelques minutes, c'est lui qui devient l'otage de l'équipage. Invraisemblable et pathétique est l'instant où Christian offre à Bligh son propre sextant et ses tables de calcul astronomique pour donner à la chaloupe quelque chance de rejoindre la civilisation. Par ce geste, le mutin se condamne. La scène illustre l'absurdité des événements survenus sur la *Bounty*.

Dominique LE BRUN

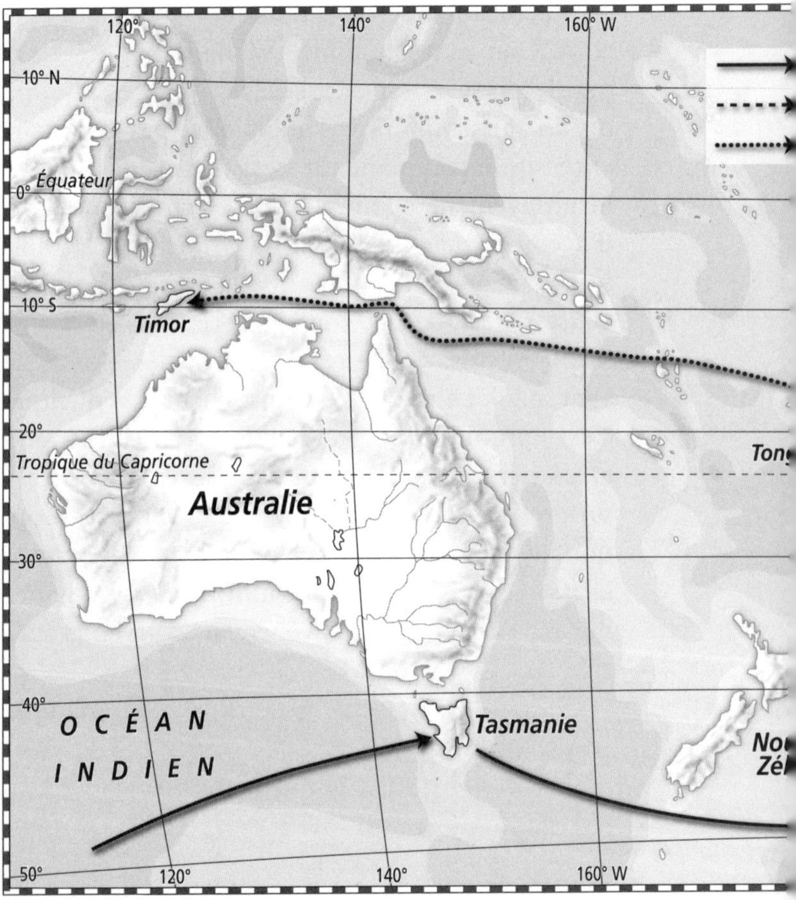

120°
140°
160° W
10° N
0° Équateur
10° S
Timor
20°
Tropique du Capricorne
Australie
30°
40°
OCÉAN INDIEN
Tasmanie
50°

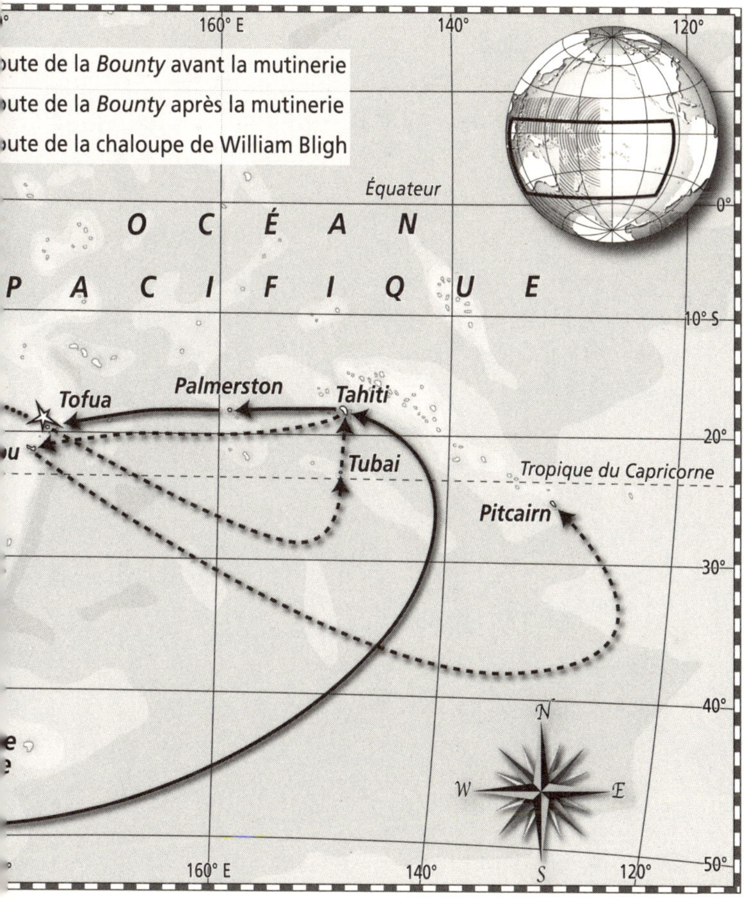

Patrick Merienne

LES RÉVOLTÉS DE LA BOUNTY

Jules Verne

Les Révoltés de la Bounty *est certainement le plus agréable des résumés de l'affaire jamais écrit, ce qui justifie de le placer en ouverture des témoignages vécus.*

Ce récit signé Jules Verne tient une place à part dans la collection Voyages extraordinaires, *que l'auteur publia à partir de 1863, à plusieurs titres. Il parut en 1879, vingt et unième des soixante-dix romans et nouvelles reliés sous les sublimes couvertures de l'éditeur Hetzel, dans un volume dont la plus grande partie était tenue par* Les Cinq Cents Millions de la Bégum. *Il succédait à* Un capitaine de quinze ans *et précédait* Les Tribulations d'un Chinois en Chine. *Autant dire qu'il fut écrit dans l'époque la plus créative du romancier. Pourtant, loin d'être une œuvre de fiction, encore moins d'anticipation,* Les Révoltés de la Bounty *est une histoire vraie. De plus, son premier auteur n'est pas Jules Verne, mais un certain Gabriel Marcel (1843-1909), grand érudit qui fit une carrière de conservateur à la Bibliothèque nationale de France.*

*Une explication s'impose. L'année précédente, sur une commande de Hetzel, Jules Verne a publié un ouvrage un peu oublié aujourd'hui, ce qui est bien dommage : l'*Histoire générale des grands voyages et des grands voyageurs. Les Navigateurs du XVIIIe siècle. *Un ensemble connu depuis 1886 sous le titre* Découverte de la Terre. Les Grands Navigateurs du XVIIIe siècle. *Dans sa préface,*

Jules Verne a soin de préciser : « Pour donner à cette œuvre, forcément agrandie par les derniers travaux des voyageurs modernes, toutes les garanties qu'elle comporte, j'ai appelé à mon aide un homme que je considère à bon droit comme un des géographes les plus compétents de notre époque : M. Gabriel Marcel, attaché à la Bibliothèque nationale. Grâce à sa connaissance de quelques langues étrangères qui me sont inconnues, nous avons pu remonter aux sources mêmes et ne rien emprunter qu'à des documents absolument originaux... »

Peut-être donc est-ce en se documentant sur les voyages du capitaine Cook que Gabriel Marcel découvrit celui qui fut un des officiers de l'explorateur : William Bligh, futur commandant de la Bounty. *Le fait demeure que Marcel rédigea une courte histoire de la mutinerie, récit dont la justesse témoigne d'un travail documentaire consciencieux. Si l'on considère la mission qui avait été confiée à Bligh, il n'y aurait rien eu d'absurde à voir cette expédition figurer dans une* Histoire générale des grands voyages. *Ce ne fut pas le cas, mais de ce manuscrit, Jules Verne acquit les droits avant d'en reprendre l'écriture pour lui trouver une place parmi ses* Voyages extraordinaires.

« Nous croyons bon de prévenir nos lecteurs que ce récit n'est point une fiction. Tous les détails en sont pris aux annales maritimes de la Grande-Bretagne. La réalité fournit parfois des faits si romanesques que l'imagination elle-même ne pourrait rien y rajouter », avertit Jules Verne dans une note à laquelle renvoie le titre même de la nouvelle Les Révoltés de la Bounty. *On comprend que, sous la plume du romancier, le texte*

constitue le meilleur et le plus agréable des résumés de l'affaire jamais écrit.

Toutefois, il faut le noter : Jules Verne s'est offert deux petites libertés avec les faits. D'abord en inventant – on se demande pourquoi – un personnage nommé Bob. Ensuite – mais peut-être fut-ce une erreur de Gabriel Marcel – en plaçant parmi les mutins des hommes d'équipage qui, restés fidèles à Bligh, avaient embarqué dans la chaloupe. Ces deux points ne changent pas grand-chose au fond de l'histoire.

Sur le titre donné au récit, une remarque s'impose. En usant du terme « révoltés » au lieu de « mutinés » ou « mutins », Jules Verne s'affirme en défenseur d'une cause qu'il juge honorable, ainsi qu'il l'a déjà fait avec Vingt mille lieues sous les mers *(le* Nautilus *transporte de l'or destiné à aider des mouvements d'indépendances nationales). Il contourne le caractère péjoratif du mot mutinerie pour donner à l'événement la noblesse d'une juste révolte.*

L'ABANDON

Pas le moindre souffle, pas une ride à la surface de la mer, pas un nuage au ciel. Les splendides constellations de l'hémisphère austral se dessinent avec une incomparable pureté. Les voiles de la *Bounty* pendent le long des mâts, le bâtiment est immobile, et la lumière de la lune, pâlissant devant l'aurore qui se lève, éclaire l'espace d'une lueur indéfinissable.

La *Bounty*, navire de deux cent quinze tonneaux monté par quarante-six hommes, avait quitté Spithead, le 23 décembre 1787, sous le commandement du capitaine Bligh, marin expérimenté mais un peu rude, qui avait accompagné le capitaine Cook dans son dernier voyage d'exploration.

La *Bounty* avait pour mission spéciale de transporter aux Antilles l'arbre à pain, qui pousse à profusion dans l'archipel de Tahiti. Après une relâche de six mois dans la baie de Matavaï, William Bligh, ayant chargé un millier de ces arbres, avait pris la route des Indes occidentales, après un assez court séjour aux îles des Amis [Tonga].

Maintes fois, le caractère soupçonneux et emporté du capitaine avait amené des scènes désagréables entre quelques-uns de ses officiers et lui. Cependant, la tranquillité qui régnait à bord de la *Bounty*, au lever du soleil, le 28 avril 1789, ne faisait rien présager des graves événements qui allaient se produire.

Tout semblait calme, en effet, lorsque tout à coup une animation insolite se propage sur le bâtiment. Quelques matelots s'accostent, échangent deux ou trois paroles à voix basse, puis disparaissent à petits pas.

Est-ce le quart du matin qu'on relève ? Quelque accident inopiné s'est-il produit à bord ?

— Pas de bruit surtout, mes amis, dit Fletcher Christian, le second de la *Bounty*. Bob[1], armez votre pistolet, mais ne tirez pas sans mon ordre. Vous, Churchill, prenez votre hache et faites sauter la serrure de la cabine du capitaine. Une dernière recommandation il me le faut vivant !

Suivi d'une dizaine de matelots armés de sabres, de coutelas et de pistolets, Christian se glissa dans l'entrepont ; puis, après avoir placé deux sentinelles devant la cabine de Stewart et de Peter Heywood, le maître d'équipage et le midshipman de la *Bounty*, il s'arrêta devant la porte du capitaine.

— Allons, garçons, dit-il, un bon coup d'épaule !

La porte céda sous une pression vigoureuse, et les matelots se précipitèrent dans la cabine.

Surpris d'abord par l'obscurité, et réfléchissant peut-être à la gravité de leurs actes, ils eurent un moment d'hésitation.

— Holà ! qu'y a-t-il ? Qui donc ose se permettre ? ... s'écria le capitaine en sautant à bas de son cadre.

1. C'est le seul personnage inventé par Jules Verne. *Toutes les notes sur ce texte sont de DLB.*

— Silence, Bligh ! répondit Churchill. Silence, et n'essaye pas de résister, ou je te bâillonne !

— Inutile de t'habiller, ajouta Bob. Tu feras toujours assez bonne figure, lorsque tu seras pendu à la vergue d'artimon !

— Attachez-lui les mains derrière le dos, Churchill, dit Christian, et hissez-le sur le pont !

— Le plus terrible des capitaines n'est pas bien redoutable, quand on sait s'y prendre, fit observer John Smith[1], le philosophe de la bande.

Puis le cortège, sans s'inquiéter de réveiller ou non les matelots du dernier quart, encore endormis, remonta l'escalier et reparut sur le pont.

C'était une révolte en règle. Seul de tous les officiers du bord, Young, un des midshipmen, avait fait cause commune avec les révoltés.

Quant aux hommes de l'équipage, les hésitants avaient dû céder pour l'instant, tandis que les autres, sans armes, sans chef, restaient spectateurs du drame qui allait s'accomplir sous leurs yeux.

Tous étaient sur le pont, rangés en silence ; ils observaient la contenance de leur capitaine, qui, demi-nu, s'avançait la tête haute au milieu de ces hommes habitués à trembler devant lui.

— Bligh, dit Christian, d'une voix rude, vous êtes démonté de votre commandement.

— Je ne vous reconnais pas le droit…, répondit le capitaine.

1. En réalité, il embarqua avec Bligh ; il ne prit donc aucune part à la mutinerie.

— Ne perdons pas de temps en protestations inutiles. s'écria Christian, qui interrompit Bligh. Je suis, en ce moment, l'interprète de tout l'équipage de la *Bounty*. Nous n'avions pas encore quitté l'Angleterre que nous avions déjà à nous plaindre de vos soupçons injurieux, de vos procédés brutaux. Lorsque je dis nous, j'entends les officiers aussi bien que les matelots. Non seulement nous n'avons jamais pu obtenir la satisfaction qui nous était due, mais vous avez toujours rejeté nos plaintes avec mépris ! Sommes-nous donc des chiens, pour être injuriés à tout moment ? Canailles, brigands, menteurs, voleurs ! vous n'aviez pas d'expression assez forte, d'injure assez grossière pour nous ! En vérité, il faudrait ne pas être un homme pour supporter pareille existence ! Et moi, moi votre compatriote, moi qui connais votre famille, moi qui ai déjà fait deux voyages sous vos ordres, m'avez-vous épargné ? Ne m'avez-vous pas accusé, hier encore, de vous avoir volé quelques misérables fruits ? Et les hommes ! Pour un rien, aux fers ! Pour une bagatelle, vingt-quatre coups de corde ! Eh bien, tout se paye en ce monde ! Vous avez été trop libéral avec nous, Bligh ! A notre tour ! Vos injures, vos injustices, vos accusations insensées, les tortures morales et physiques dont vous avez accablé votre équipage depuis un an et demi, vous allez les expier durement ! Capitaine, vous avez été jugé par ceux que vous avez offensés, et vous êtes condamné. – Est-ce bien cela, camarades ?

— Oui, oui, à mort ! s'écrièrent la plupart des matelots, en menaçant leur capitaine.

— Capitaine Bligh, reprit Christian, quelques-uns

avaient parlé de vous hisser au bout d'une corde entre le ciel et l'eau. D'autres proposaient de vous déchirer les épaules avec le chat à neuf queues, jusqu'à ce que mort s'ensuivît. Ils manquaient d'imagination. J'ai trouvé mieux que cela. D'ailleurs, vous n'êtes pas seul coupable ici. Ceux qui ont toujours fidèlement exécuté vos ordres, si cruels qu'ils fussent, seraient au désespoir de passer sous mon commandement. Ils ont mérité de vous accompagner là où le vent vous poussera.

— Qu'on amène la chaloupe !

Un murmure désapprobateur accueillit ces dernières paroles de Christian, qui ne parut pas s'en inquiéter. Le capitaine Bligh, que ces menaces ne parvenaient pas à troubler, profita d'un instant de silence pour prendre la parole.

— Officiers et matelots, dit-il d'une voix ferme, en ma qualité d'officier de la marine royale, commandant la *Bounty*, je proteste contre le traitement que vous voulez me faire subir. Si vous avez à vous plaindre de la façon dont j'ai exercé mon commandement, vous pouvez me faire juger par une cour martiale. Mais vous n'avez pas réfléchi, sans doute, à la gravité de l'acte que vous allez commettre. Porter la main sur votre capitaine, c'est vous mettre en révolte contre les lois existantes, c'est rendre pour vous tout retour impossible dans votre patrie, c'est vouloir être traités comme des forbans ! Tôt ou tard, c'est la mort ignominieuse, la mort des traîtres et des rebelles ! Au nom de l'honneur et de l'obéissance que vous m'avez jurés, je vous somme de rentrer dans le devoir !

— Nous savons parfaitement à quoi nous nous exposons, répondit Churchill.

— Assez ! Assez ! cria l'équipage, prêt à des voies de fait.

— Eh bien, dit Bligh, s'il vous faut une victime, que ce soit moi, mais moi seul ! Ceux de mes compagnons que vous condamnez comme moi, n'ont fait qu'exécuter mes ordres !

La voix du capitaine fut alors couverte par un concert de vociférations, et il dut renoncer à toucher ces cœurs devenus impitoyables.

Pendant ce temps, les dispositions avaient été prises pour que les ordres de Christian fussent exécutés.

Cependant, un assez vif débat s'était élevé entre le second et plusieurs des révoltés qui voulaient abandonner sur les flots le capitaine Bligh et ses compagnons sans leur donner une arme, sans leur laisser une once de pain.

Quelques-uns – et c'était l'avis de Churchill – trouvaient que le nombre de ceux qui devaient quitter le navire n'était pas assez considérable. Il fallait se défaire, disait-il, de tous les hommes qui, n'ayant pas trempé directement dans le complot, n'étaient pas sûrs. On ne pouvait compter sur ceux qui se contentaient d'accepter les faits accomplis. Quant à lui, son dos lui faisait encore mal des coups de fouet qu'il avait reçus pour avoir déserté à Tahiti. Le meilleur, le plus rapide moyen de le guérir, ce serait de lui livrer d'abord le commandant ! ... Il saurait bien se venger, et de sa propre main !

— Hayward ! Hallett ! cria Christian, en s'adressant à

deux des officiers, sans tenir compte des observations de Churchill, descendez dans la chaloupe.

— Que vous ai-je fait, Christian, pour que vous me traitiez ainsi ? dit Hayward. C'est à la mort que vous m'envoyez !

— Les récriminations sont inutiles ! Obéissez, ou sinon ! ... Fryer, embarquez aussi !

Mais ces officiers, au lieu de se diriger vers la chaloupe, se rapprochèrent du capitaine Bligh, et Fryer, qui semblait le plus déterminé, se pencha vers lui en disant :

— Commandant, voulez-vous essayer de reprendre le bâtiment ? Nous n'avons pas d'armes, il est vrai ; mais ces mutins, surpris, ne pourront résister. Si quelques-uns d'entre nous sont tués, qu'importe ! On peut tenter la partie ! Que vous en semble ?

Déjà les officiers prenaient leurs dispositions pour se jeter sur les révoltés, occupés à dépasser la chaloupe de ses porte-manteaux[1], lorsque Churchill, à qui cet entretien, si rapide qu'il fût, n'avait pas échappé, les entoura avec quelques hommes bien armés, et les fit embarquer de force.

— Millward, Muspratt, Burkett, et vous autres, dit Christian en s'adressant à quelques-uns des matelots qui n'avaient point pris part à la révolte, descendez dans l'entrepont, et choisissez ce que vous avez de plus précieux ! Vous accompagnez le capitaine Bligh. Toi, Morrison,

1. Ceci est un anachronisme : les embarcations de la *Bounty* n'étaient pas suspendues à des porte-manteaux, terme technique que Jules Verne connaissait bien puisque à bord de son propre yacht le *Saint-Michel III*, l'annexe était ainsi disposée !

surveille-moi ces gaillards-là ! Purcell, prenez votre coffre de charpentier, je vous permets de l'emporter.

Deux mâts avec leurs voiles, quelques clous, une scie, une demi-pièce de toile à voile, quatre petites pièces contenant cent vingt-cinq litres d'eau, cent cinquante livres de biscuit, trente-deux livres de porc salé, six bouteilles de vin, six bouteilles de rhum, la cave à liqueur du capitaine, voilà tout ce que les abandonnés eurent permission d'emporter. On leur jeta, en outre, deux ou trois vieux sabres, mais on leur refusa toute espèce d'armes à feu.

— Où sont donc Heywood et Stewart ? dit Bligh, quand il fut dans la chaloupe. Eux aussi m'ont-ils trahi ?[1]

Ils ne l'avaient pas trahi, mais Christian avait résolu de les garder à bord.

Le capitaine eut alors un moment de découragement et de faiblesse bien pardonnable, qui ne dura pas.

— Christian, dit-il, je vous donne ma parole d'honneur d'oublier tout ce qui vient de se passer, si vous renoncez à votre abominable projet ! Je vous en supplie, pensez à ma femme et à ma famille ! Moi mort, que deviendront tous les miens ?

— Si vous aviez eu quelque honneur, répondit Christian, les choses n'en seraient point arrivées à ce point. Si vous-même aviez pensé un peu plus souvent à votre femme, à votre famille, aux femmes et aux familles des autres, vous n'auriez pas été si dur, si injuste envers nous tous !

1. Ce passage fait référence à l'histoire de Peter Heywood, dont le témoignage est cité plus loin.

A son tour, le bosseman, au moment d'embarquer, essaya d'attendrir Christian. Ce fut en vain.

— Il y a trop longtemps que je souffre, répondit ce dernier avec amertume. Vous ne savez pas quelles ont été mes tortures ! Non ! cela ne pouvait durer un jour de plus, et, d'ailleurs, vous n'ignorez pas que, durant tout le voyage, moi, le second de ce navire, j'ai été traité comme un chien ! Cependant, en me séparant du capitaine Bligh, que je ne reverrai probablement jamais, je veux bien, par pitié, ne pas lui enlever tout espoir de salut. – Smith ! descendez dans la cabine du capitaine, et reportez-lui ses vêtements, sa commission, son journal et son portefeuille. De plus, qu'on lui remette mes Tables nautiques et mon propre sextant. Il aura ainsi quelque chance de pouvoir sauver ses compagnons et se tirer d'affaire lui-même !

Les ordres de Christian furent exécutés, non sans quelque protestation.

— Et maintenant, Morrison, largue l'amarre, cria le second devenu le premier, et à la grâce de Dieu !

Tandis que les révoltés saluaient d'acclamations ironiques le capitaine Bligh et ses malheureux compagnons, Christian, appuyé contre le bastingage, ne pouvait détacher les yeux de la chaloupe qui s'éloignait. Ce brave officier, dont la conduite, jusqu'alors loyale et franche, avait mérité les éloges de tous les commandants sous lesquels il avait servi, n'était plus aujourd'hui que le chef d'une bande de forbans. Il ne lui serait plus permis de revoir ni sa vieille mère, ni sa fiancée, ni les rivages de l'île de Man, sa patrie. Il se sentait déchu dans sa propre estime, déshonoré aux yeux de tous ! Le châtiment suivait déjà la faute !

Les abandonnés

Avec ses dix-huit passagers, officiers et matelots, et le peu de provisions qu'elle contenait, la chaloupe qui portait Bligh était tellement chargée qu'elle dépassait à peine de quinze pouces le niveau de la mer. Longue de vingt et un pieds, large de six, elle pouvait être parfaitement appropriée au service de la *Bounty* ; mais, pour contenir un équipage aussi nombreux, pour faire un voyage un peu long, il était difficile de trouver embarcation plus détestable.

Les matelots, confiants dans l'énergie et l'habileté du capitaine Bligh et des officiers confondus dans le même sort, nageaient vigoureusement, et la chaloupe fendait rapidement les lames.

Bligh n'avait pas hésité sur le parti à prendre. Il fallait, tout d'abord, regagner au plus tôt l'île Tofoa, la plus voisine du groupe des îles des Amis, qu'ils avaient quittée quelques jours avant, il fallait y recueillir des fruits de l'arbre à pain, renouveler l'approvisionnement d'eau, et, de là, courir sur Tonga-Tabou. On pourrait sans doute y prendre des vivres en assez grande quantité pour faire la traversée jusqu'aux établissements hollandais de Timor, si, par crainte des indigènes, l'on ne voulait pas s'arrêter dans les innombrables archipels semés sur la route.

La première journée se passa sans incident, et la nuit tombait, lorsqu'on découvrit les côtes de Tofoa. Par malheur, le rivage était si rocheux, la plage si accore, qu'on ne pouvait y débarquer de nuit. Il fallut donc attendre le jour.

Bligh, à moins de nécessité absolue, entendait ne pas toucher aux provisions de la chaloupe. Il fallait donc que l'île nourrît ses hommes et lui. Cela semblait devoir être difficile, car, tout d'abord, lorsqu'ils furent à terre, ils ne rencontrèrent pas trace d'habitants. Quelques-uns, cependant, ne tardèrent pas à se montrer, et, ayant été bien reçus, ils en amenèrent d'autres, qui apportèrent un peu d'eau et quelques noix de coco.

L'embarras de Bligh était grand. Que dire à ces naturels qui avaient déjà trafiqué avec la *Bounty* pendant sa dernière relâche ? A tout prix, il importait de leur cacher la vérité, afin de ne pas détruire le prestige dont les étrangers avaient été entourés jusqu'alors dans ces îles.

Dire qu'ils étaient envoyés aux provisions par le bâtiment resté au large ? Impossible, puisque la *Bounty* n'était pas visible, même du haut des collines ! Dire que le navire avait fait naufrage, et que les indigènes voyaient en eux les seuls survivants des naufragés ? C'était encore la fable la plus vraisemblable. Peut-être les toucherait-elle, les amènerait-elle à compléter les provisions de la chaloupe. Bligh s'arrêta donc à ce dernier parti, si dangereux qu'il fût, et il prévint ses hommes, afin que tout le monde fût d'accord sur cette fable.

En entendant ce récit, les naturels ne firent paraître ni marque de joie ni signes de chagrin. Leur visage n'exprima qu'un profond étonnement, et il fut impossible de connaître ce qu'ils pensaient.

Le 2 mai, le nombre des indigènes venus des autres parties de l'île s'accrut d'une façon inquiétante, et Bligh put bientôt juger qu'ils avaient des intentions hostiles. Quelques-uns essayèrent même de haler l'embarcation sur le rivage, et ne se retirèrent que devant les démonstrations énergiques du capitaine, qui dut les menacer de son coutelas. Pendant ce temps, quelques-uns de ses hommes, que Bligh avait envoyés à la recherche, rapportaient trois gallons d'eau.

Le moment était venu de quitter cette île inhospitalière. Au coucher du soleil, tout était prêt, mais il n'était pas facile de gagner la chaloupe. Le rivage était bordé d'une foule d'indigènes qui choquaient des pierres l'une contre l'autre, prêts à les lancer. Il fallait donc que la chaloupe se tînt à quelques toises du rivage et n'accostât qu'au moment même où les hommes seraient tout à fait prêts à embarquer.

Les Anglais, véritablement très inquiets des dispositions hostiles des naturels, redescendirent la grève, au milieu de deux cents indigènes, qui n'attendaient qu'un signal pour se jeter sur eux. Cependant, tous venaient d'entrer heureusement dans l'embarcation, lorsque l'un des matelots, nommé Bancroft[1], eut la funeste idée de revenir sur la plage pour chercher quelque objet qu'il y avait oublié. En une seconde, cet imprudent fut entouré

1. Aucun Bancroft ne figurait sur le rôle d'équipage de la *Bounty*. C'est le quartier-maître Jean Norton qui fut ainsi tué.

par les naturels et assommé à coups de pierre, sans que ses compagnons, qui ne possédaient pas une arme à feu pussent le secourir. D'ailleurs, eux-mêmes, à cet instant, étaient attaqués, des pierres pleuvaient sur eux.

— Allons, garçons, cria Bligh, vite aux avirons, et souquez ferme !

Les naturels entrèrent alors dans la mer et firent pleuvoir sur l'embarcation une nouvelle grêle de cailloux. Plusieurs hommes furent blessés. Mais Hayward, ramassant une des pierres qui étaient tombées dans la chaloupe, visa l'un des assaillants et l'atteignit entre les deux yeux. L'indigène tomba à la renverse en poussant un grand cri auquel répondirent les hourras des Anglais. Leur infortuné camarade était vengé.

Cependant, plusieurs pirogues se détachaient du rivage et leur donnaient la chasse. Cette poursuite ne pouvait se terminer que par un combat, dont l'issue n'aurait pas été heureuse, lorsque le maître d'équipage eut une lumineuse idée. Sans se douter qu'il imitait Hippomène dans sa lutte avec Atalante, il se dépouilla de sa vareuse et la jeta à la mer. Les naturels lâchant la proie pour l'ombre, s'attardèrent afin de la ramasser, et cet expédient permit à la chaloupe de doubler la pointe de la baie.

Sur ces entrefaites, la nuit était entièrement venue, et les indigènes, découragés, abandonnèrent la poursuite de la chaloupe.

Cette première tentative de débarquement était trop malheureuse pour être renouvelée ; tel fut du moins l'avis du capitaine Bligh.

— C'est maintenant qu'il faut prendre une résolution,

dit-il. La scène qui vient de se passer à Tofoa se renouvellera, j'en suis certain, à Tonga-Tabou, et partout où nous voudrons accoster. En petit nombre, sans armes à feu, nous serons absolument à la merci des indigènes. Privés d'objets d'échange, nous ne pouvons acheter de vivres, et il nous est impossible de nous les procurer de vive force. Nous sommes donc réduits à nos seules ressources. Or, vous savez comme moi, mes amis, combien elles sont misérables ! Mais ne vaut-il pas mieux s'en contenter que de risquer, à chaque atterrissage, la vie de plusieurs d'entre nous ? Cependant, je ne veux en rien vous dissimuler l'horreur de notre situation. Pour atteindre Timor, nous avons à peu près douze cents lieues à franchir, et il faudra vous contenter d'une once de biscuit par jour et d'un quart de pinte d'eau ! Le salut est à ce prix seulement, et encore, à la condition que je trouverai en vous la plus complète obéissance. Répondez-moi sans arrière-pensée ! Consentez-vous à tenter l'entreprise ? Jurez-vous d'obéir à mes ordres quels qu'ils soient ? Promettez-vous de vous soumettre sans murmure à ces privations ?

— Oui, oui, nous le jurons ! s'écrièrent d'une commune voix les compagnons de Bligh.

— Mes amis, reprit le capitaine, il faut aussi oublier nos torts réciproques, nos antipathies et nos haines, sacrifier en un mot nos rancunes personnelles à l'intérêt de tous, qui doit seul nous guider !

— Nous le promettons.

— Si vous tenez votre parole, ajouta Bligh, et, au besoin, je saurai vous y forcer, je réponds du salut. »

La route fut faite vers l'O.-N.-O. Le vent, qui était

assez fort, souffla en tempête dans la soirée du 4 mai. Les lames devinrent si grosses, que l'embarcation disparaissait entre elles, et semblait ne pouvoir se relever. Le danger augmentait à chaque instant. Trempés et glacés, les malheureux n'eurent pour se réconforter, ce jour-là, qu'une tasse à thé de rhum et le quart d'un fruit à pain à moitié pourri.

Le lendemain et les jours suivants, la situation ne changea pas. L'embarcation passa au milieu d'îles innombrables, d'où quelques pirogues se détachèrent.

Etait-ce pour lui donner la chasse, était-ce pour faire quelques échanges ? Dans le doute, il aurait été imprudent de s'arrêter. Aussi, la chaloupe, les voiles gonflées par un bon vent, les eut bientôt laissées loin derrière elle.

Le 9 mai, un orage épouvantable éclata. Le tonnerre, les éclairs se succédaient sans interruption. La pluie tombait avec une force dont les plus violents orages de nos climats ne peuvent donner une idée. Il était impossible de faire sécher les vêtements. Bligh, alors, eut l'idée de les tremper dans l'eau de mer et de les imprégner de sel, afin de ramener à la peau un peu de la chaleur enlevée par la pluie. Toutefois, ces pluies torrentielles, qui causèrent tant de souffrances au capitaine et à ses compagnons, leur épargnèrent d'autres tortures encore plus horribles, les tortures de la soif, qu'une insoutenable chaleur eût bientôt provoquées.

Le 17 mai, au matin, à la suite d'un orage terrible, les plaintes devinrent unanimes :

— Jamais nous n'aurons la force d'atteindre la Nouvelle-Hollande, s'écrièrent les malheureux. Transpercés par la pluie, épuisés de fatigue, n'aurons-nous jamais un moment de repos ! A demi morts de faim, n'augmenterez-vous pas nos rations, capitaine ? Peu importe que nos vivres s'épuisent ! Nous trouverons facilement à les remplacer en arrivant à la Nouvelle-Hollande !

— Je refuse, répondit Bligh. Ce serait agir comme des fous. Comment ! nous n'avons franchi que la moitié de la distance qui nous sépare de l'Australie, et vous êtes déjà découragés ! Croyez-vous, d'ailleurs, pouvoir trouver facilement des vivres sur la côte de la Nouvelle-Hollande ! Vous ne connaissez donc pas le pays et ses habitants !

Et Bligh se mit à peindre à grands traits la nature du sol, les mœurs des indigènes, le peu de fonds qu'il fallait faire sur leur accueil, toutes choses que son voyage avec le capitaine Cook lui avait appris à connaître. Pour cette fois encore, ses infortunés compagnons l'écoutèrent et se turent.

Les quinze jours suivants furent égayés par un clair soleil, qui permit de sécher les vêtements. Le 27, furent franchis les brisants qui bordent la côte orientale de la Nouvelle Hollande. La mer était calme derrière cette ceinture madréporique, et quelques groupes d'îles, à la végétation exotique, réjouissaient les regards.

On débarqua en ne s'avançant qu'avec précaution. On ne trouva d'autres traces du séjour des naturels que d'anciennes places à feu. Il était donc possible de passer une bonne nuit à terre.

Mais il fallait manger. Par bonheur, un des matelots découvrit un banc d'huîtres. Ce fut un véritable régal.

Le lendemain, Bligh trouva dans la chaloupe un verre

grossissant, un briquet et du soufre. Il fut donc à même de se procurer du feu pour faire cuire le gibier ou le poisson.

Bligh eut alors la pensée de diviser son équipage en trois escouades : l'une devait tout mettre en ordre dans l'embarcation ; les deux autres, aller à la recherche des vivres. Mais plusieurs hommes se plaignirent avec amertume, déclarant qu'ils aimaient mieux se passer de dîner que de s'aventurer dans le pays.

L'un d'eux, plus violent ou plus énervé que ses camarades, alla même jusqu'à dire au capitaine :

— Un homme en vaut un autre, et je ne vois pas pourquoi vous resteriez toujours à vous reposer ! Si vous avez faim, allez chercher de quoi manger ! Pour ce que vous faites ici, je vous remplacerai bien !

Bligh, comprenant que cet esprit de mutinerie devait être enrayé sur-le-champ, saisit un coutelas, et, en jetant un autre aux pieds du rebelle, il lui cria

— Défends-toi, ou je te tue comme un chien !

Cette attitude énergique fit aussitôt rentrer le mutin en lui-même, et le mécontentement général se calma.

Pendant cette relâche, l'équipage de la chaloupe récolta abondamment des huîtres, des peignes[1] et de l'eau douce.

Un peu plus loin, dans le détroit de l'Endeavour[2], de deux détachements envoyés à la chasse des tortues et des noddis[3], le premier revint les mains vides ; le second

1. Une note de Jules Verne indique qu'il s'agit de coquillages.
2. Au Nord de l'Australie, désigne la partie méridionale du détroit de Torrès.
3. Jules Verne précise qu'il s'agit d'oiseaux.

rapporta six noddis, mais il en aurait pris davantage sans l'obstination de l'un des chasseurs, qui, s'étant écarté de ses camarades, effraya ces oiseaux. Cet homme avoua, plus tard, qu'il s'était emparé de neuf de ces volatiles et qu'il les avait mangés crus sur place.

Sans les vivres et l'eau douce qu'il venait de trouver sur la côte de la Nouvelle-Hollande, il est bien certain que Bligh et ses compagnons auraient péri. D'ailleurs, tous étaient dans un état lamentable, hâves, défaits, épuisés, – de véritables cadavres.

Le voyage en pleine mer, pour gagner Timor, ne fut que la douloureuse répétition des souffrances déjà endurées par ces malheureux avant d'atteindre les côtes de la Nouvelle-Hollande. Seulement, la force de résistance avait diminué chez tous, sans exception. Au bout de quelques jours, leurs jambes étaient enflées. Dans cet état de faiblesse extrême, ils étaient accablés par une envie de dormir presque continuelle. C'étaient les signes avant-coureurs d'une fin qui ne pouvait tarder beaucoup. Aussi Bligh, qui s'en aperçut, distribua une double ration aux plus affaiblis et s'efforça de leur rendre un peu d'espoir.

Enfin, le 12 juin au matin, la côte de Timor apparut, après trois mille six cent dix-huit lieues d'une traversée accomplie dans des conditions épouvantables.

L'accueil que les Anglais reçurent à Coupang fut des plus sympathiques. Ils y restèrent deux mois pour se refaire. Puis, Bligh, ayant acheté un petit schooner, gagna Batavia, où il s'embarqua pour l'Angleterre.

Ce fut le 14 mars 1790 que les abandonnés débarquèrent à Portsmouth. Le récit des tortures qu'ils avaient endurées excita la sympathie universelle et l'indignation de tous les gens de cœur. Presque aussitôt, l'Amirauté procédait à l'armement de la frégate *Pandora*, de vingt-quatre canons et de cent soixante hommes d'équipage, et l'envoyait à la poursuite des révoltés de la *Bounty*.

On va voir ce qu'ils étaient devenus.

Les révoltés

Après que le capitaine Bligh eut été abandonné en pleine mer, la *Bounty* avait fait voile pour Tahiti. Le jour même, elle atteignait Toubouaï [ou Tubua]. Le riant aspect de cette petite île, entourée d'une ceinture de roches madréporiques, invitait Christian à y descendre ; mais les démonstrations des habitants parurent trop menaçantes, et le débarquement ne fut pas effectué.

Ce fut le 6 juin 1789 que l'ancre tomba dans la rade de Matavaï. La surprise des Taïtiens fut extrême en reconnaissant la *Bounty*. Les révoltés retrouvèrent là les indigènes avec lesquels ils avaient été en rapport dans une précédente relâche, et ils leurs racontèrent une fable, à laquelle ils eurent soin de mêler le nom du capitaine Cook, dont les Tahitiens avaient conservé le meilleur souvenir.

Le 29 juin, les révoltés repartirent pour Toubouaï et se mirent en quête de quelque île qui fût située en dehors de la route ordinaire des bâtiments, dont le sol fût assez fertile pour les nourrir, et sur laquelle ils pussent vivre en toute sécurité. Ils errèrent ainsi d'archipel en archipel, commettant toutes sortes de déprédations et d'excès, que l'autorité de Christian ne parvenait que bien rarement à prévenir.

Puis, attirés encore une fois par la fertilité de Tahiti, par les mœurs douces et faciles de ses habitants, ils regagnèrent la baie de Matavaï. Là, les deux tiers de l'équipage descendirent aussitôt à terre. Mais, le soir même, la *Bounty* avait levé l'ancre et disparu avant que les matelots débarqués eussent pu soupçonner l'intention de Christian de partir sans eux.

Livrés à eux-mêmes, ces hommes s'établirent sans trop de regrets dans différents districts de l'île, Le maître d'équipage Stewart et le midshipman Peter Heywood, les deux officiers que Christian avait exceptés de la condamnation prononcée contre Bligh, et avait emmenés malgré eux, restèrent à Matavaï auprès du roi Tippao, dont Stewart épousa bientôt la sœur. Morrison et Millward se rendirent auprès du chef Péno, qui leur fit bon accueil. Quant aux autres matelots, ils s'enfoncèrent dans l'intérieur de l'île et ne tardèrent pas à épouser des Taïtiennes.

Churchill et un fou furieux nommé Thompson, après avoir commis toute sorte de crimes, en vinrent tous deux aux mains. Churchill fut tué dans cette lutte, et Thompson lapidé par les naturels. Ainsi périrent deux des révoltés qui avaient pris la plus grande part à la rébellion. Les autres surent, au contraire, par leur bonne conduite, se faire chérir des Tahitiens.

Cependant, Morrison et Millward voyaient toujours le châtiment suspendu sur leurs têtes et ne pouvaient vivre tranquilles dans cette île où ils auraient été facilement découverts. Ils conçurent donc le dessein de construire un schooner, sur lequel ils essaieraient de gagner Batavia, afin de se perdre au milieu du monde civilisé. Avec huit de leurs compagnons, sans autres outils que ceux du charpentier, ils parvinrent, non sans peine, à construire un petit bâtiment qu'ils appelèrent la *Resolution*, et ils amarrèrent dans une baie derrière une des pointes de Tahiti, nommée la pointe Vénus. Mais l'impossibilité absolue où ils se trouvaient de se procurer des voiles les empêcha de prendre la mer.

Pendant ce temps, forts de leur innocence, Stewart cultivait un jardin, et Peter Heywood réunissait les matériaux d'un vocabulaire, qui fut plus tard, d'un grand secours aux missionnaires anglais.

Cependant, dix-huit mois s'étaient écoulés lorsque, le 23 mars 1791, un vaisseau doubla la pointe Vénus et s'arrêta dans la baie Matavaï. C'était la *Pandora*, envoyée à la poursuite des révoltés par l'Amirauté anglaise.

Heywood et Stewart s'empressèrent de se rendre à bord, déclarèrent leurs noms et qualités, racontèrent qu'ils n'avaient pris aucune part à la révolte ; mais on ne les crut pas, et ils furent aussitôt mis aux fers, ainsi que tous leurs compagnons, sans que la moindre enquête eût été faite. Traités avec l'inhumanité la plus révoltante, chargés de chaînes, menacés d'être fusillés s'ils se servaient de la langue tahitienne pour converser entre eux, ils furent enfermés dans une cage de onze pieds de long, placée à l'extrémité du gaillard d'arrière, et qu'un amateur de mythologie décora du nom de « boîte de Pandora ».

Le 19 mai, la *Resolution*, qui avait été pourvue de voiles, et la *Pandora* reprirent la mer. Pendant trois mois, ces deux bâtiments croisèrent à travers l'archipel des Amis, où l'on supposait que Christian et le reste des révoltés avaient pu se réfugier. La *Resolution*, d'un faible tirant d'eau, rendit même de grands services pendant cette croisière ; mais elle disparut dans les parages de l'île Chatam, et, bien que la *Pandora* fût restée plusieurs jours en vue, jamais on n'en entendit parler, ni des cinq marins qui la montaient.

La *Pandora* avait repris la route d'Europe avec ses prisonniers, lorsque, dans le détroit de Torrès, elle donna contre un écueil de corail et sombra presque aussitôt avec trente et un de ses matelots et quatre des révoltés.

L'équipage et les prisonniers qui avaient échappé au naufrage gagnèrent alors un îlot sablonneux. Là, les officiers et les matelots purent s'abriter sous des tentes ; mais les rebelles, exposés aux ardeurs d'un soleil vertical, furent réduits, pour trouver un peu de soulagement, à s'enfoncer dans le sable jusqu'au cou.

Les naufragés restèrent sur cet îlot pendant quelques jours ; puis, tous gagnèrent Timor dans les chaloupes de la *Pandora*, et la surveillance si rigoureuse dont les mutins étaient l'objet ne fut pas un moment négligée, malgré la gravité des circonstances.

Arrivés en Angleterre au mois de juin 1792, les révoltés passèrent devant un conseil de guerre présidé par l'amiral Hood. Les débats durèrent six jours et se terminèrent par l'acquittement de quatre des accusés et la condamnation à mort des six autres, pour crime de désertion et enlèvement du bâtiment confié à leur garde. Quatre[1] des condamnés furent pendus à bord d'un vaisseau de guerre ; les deux

1. En réalité trois.

autres, Stewart[1] et Peter Heywood, dont l'innocence avait enfin été reconnue, furent graciés.

Mais qu'était devenue la *Bounty* ? Avait-elle fait naufrage avec les derniers des révoltés ? Voilà ce qu'il était impossible de savoir.

En 1814, vingt-cinq ans après la scène par laquelle ce récit commence, deux navires de guerre anglais croisaient en Océanie sous le commandement du capitaine Staines. Ils se trouvaient, au sud de l'archipel Dangereux, en vue d'une île montagneuse et volcanique que Carteret avait découverte dans son voyage autour du monde, et à laquelle il avait donné le nom de Pitcairn. Ce n'était qu'un cône, presque sans rivage, qui s'élevait à pic au-dessus de la mer, et que tapissaient jusqu'à sa cime des forêts de palmiers et d'arbres à pain. Jamais cette île n'avait été visitée ; elle se trouvait à douze cents milles de Tahiti, par 25° 4'de latitude sud et 180° 8'de longitude ouest ; elle ne mesurait que quatre milles et demi à sa circonférence, et un mille et demi seulement à son grand axe, et l'on n'en savait que ce qu'en avait rapporté Carteret.

Le capitaine Staines résolut de la reconnaître et d'y chercher un endroit convenable pour débarquer.

En s'approchant de la côte, il fut surpris d'apercevoir des cases, des plantations, et, sur la plage, deux naturels qui, après avoir lancé une embarcation à la mer et traversé habilement le ressac, se dirigèrent vers son bâtiment. Mais son étonnement n'eut plus de bornes lorsqu'il s'entendit interpeller, en excellent anglais, par cette phrase :

---

1. Stewart, en fait, s'est noyé dans le naufrage de la *Pandora*.

— Hé ! vous autres, allez-vous nous jeter une corde, que nous montions à bord !

A peine arrivés sur le pont, les deux robustes rameurs furent entourés par les matelots stupéfaits, qui les accablaient de questions auxquelles ils ne savaient que répondre. Conduits devant le commandant, ils furent interrogés régulièrement.

— Qui êtes-vous ?

— Je m'appelle Fletcher Christian, et mon camarade, Young.

Ces noms ne disaient rien au capitaine Staines, qui était bien loin de penser aux survivants de la *Bounty*.

— Depuis quand êtes-vous ici ?

— Nous y sommes nés.

— Quel âge avez-vous ?

— J'ai vingt-cinq ans, répondit Christian, et Young dix-huit.

— Vos parents ont-ils été jetés sur cette île par quelque naufrage ?

Christian fit alors au capitaine Staines l'émouvante confession qui va suivre et dont voici les principaux faits :

En quittant Tahiti, où il abandonnait vingt et un de ses camarades, Christian, qui avait à bord de la *Bounty* le récit de voyage du capitaine Carteret, s'était dirigé directement vers l'île Pitcairn, dont la position lui avait semblé convenir au but qu'il se proposait. Vingt-huit hommes composaient encore l'équipage de la *Bounty*. C'étaient Christian, l'aspirant Young et sept matelots, six Tahitiens pris à Tahiti dont trois avec leurs femmes et un enfant de dix mois, plus trois hommes et six femmes, indigènes de Roubouai.

Le premier soin de Christian et de ses compagnons dès qu'ils eurent atteint l'île Pitcairn, avait été de détruire la *Bounty* afin de n'être pas découverts. Sans doute, ils s'étaient enlevé par là toute possibilité de quitter l'île, mais le soin de leur sécurité l'exigeait.

L'établissement de la petite colonie ne devait pas se faire sans difficultés, avec des gens qu'unissait seule la solidarité d'un crime. De sanglantes querelles avaient éclaté bientôt entre les Tahitiens et les Anglais. Aussi, en 1794, quatre des mutins survivaient-ils seulement. Christian était tombé sous le couteau de l'un des indigènes qu'ils avaient amenés. Tous les Tahitiens avaient été massacrés.

Un des Anglais, qui avait trouvé le moyen de fabriquer des spiritueux avec la racine d'une plante indigène, avait fini par s'abrutir dans l'ivresse, et, pris d'un accès de *delirium tremens*, s'était précipité du haut d'une falaise dans la mer.

Un autre, en proie à un accès de folie furieuse s'était jeté sur Young et sur un des matelots, nommé John Adams, qui s'était vus forcé de le tuer. En 1800, Young était mort pendant une violente crise d'asthme.

John Adams fut alors le dernier survivant de l'équipage des révoltés.

Resté seul avec plusieurs femmes et vingt enfants, nés du mariage de ses camarades avec les Tahitiennes, le caractère de John Adams s'était modifié profondément. Il n'avait que trente-six ans alors ; mais, depuis bien des années, il avait assisté à tant de scènes de violence et de carnage, il avait vu la nature humaine sous de si tristes aspects, qu'après avoir fait un retour sur lui-même, il s'était tout à fait amendé.

Dans la bibliothèque de la *Bounty*, conservée sur l'île, se trouvaient une Bible et plusieurs livres de prières. John Adams, qui les lisait fréquemment, se convertit, éleva dans d'excellents principes la jeune population qui le considérait comme un père, et devint, par la force des choses, le législateur, le grand-prêtre et, pour ainsi dire, le roi de Pitcairn.

Cependant, jusqu'en 1814, ses alarmes avaient été continuelles. En 1795, un bâtiment s'étant approché de Pitcairn, les quatre survivants de la *Bounty* s'étaient cachés dans des bois inaccessibles et n'avaient osé redescendre dans la baie qu'après le départ du navire. Même acte de prudence, lorsqu'en 1808, un capitaine américain débarqua sur l'île, où il s'empara du chronomètre et d'une boussole, qu'il fit parvenir à l'Amirauté anglaise ; mais l'Amirauté ne s'émut pas à la vue de ces reliques de la *Bounty*. Il est vrai qu'elle avait en Europe des préoccupations d'une bien autre gravité, à cette époque.

Tel fut le récit fait au commandant Staines par les deux naturels, anglais par leurs pères, l'un fils de Christian, l'autre fils de Young ; mais, lorsque Staines demanda à voir John Adams, celui-ci refusa de se rendre à bord, avant de savoir ce qu'il adviendrait de lui,

Le commandant, après avoir assuré aux deux jeunes gens que John Adams était couvert par la prescription, puisque vingt-cinq ans s'étaient écoulés depuis la révolte de la *Bounty*, descendit à terre et il fut reçu à son débarquement par une population composée de quarante-six adultes et d'un grand nombre d'enfants. Tous étaient vigoureux, avec le type anglais nettement accusé ; les jeunes filles surtout étaient admirablement belles, et leur modestie leur imprimait un caractère tout à fait séduisant.

Les lois mises en vigueur dans l'île étaient des plus simples. Sur un registre était noté ce que chacun avait gagné par son travail. La monnaie était inconnue ; toutes les transactions se faisaient au moyen de l'échange, mais il n'y avait pas d'industrie, car les matières premières manquaient. Les habitants portaient pour tout habillement des vastes chapeaux et des ceintures d'herbe. La pêche et l'agriculture, telles étaient leurs principales occupations. Les mariages ne se faisaient qu'avec la permission d'Adams, et lorsque l'homme avait défriché et planté un terrain assez vaste pour subvenir à l'entretien de sa future famille.

Le commandant Staines, après avoir recueilli les documents les plus curieux sur cette île, perdue dans les parages les moins fréquentés du Pacifique, reprit la mer et revint en Europe.

Depuis cette époque, le vénérable John Adams a terminé sa carrière si accidentée. Il est mort en 1829, et a été remplacé par le révérend George Nobbs, qui remplit encore dans l'île les fonctions de pasteur, de médecin et de maître d'école.

En 1853, les descendants des révoltés de la *Bounty* étaient au nombre de cent soixante-dix individus. Depuis lors, la population ne fit que s'accroître, et devint si nombreuse, que, trois ans plus tard, elle dut s'établir en grande partie sur l'île Norfolk, qui avait jusqu'alors servi de station pour les convicts. Mais une partie des émigrés regrettaient Pitcairn, bien que Norfolk fût quatre fois plus grande, que son sol fût remarquable par sa richesse, et que les conditions de l'existence y fussent bien plus faciles. Au bout de deux ans de séjour, plusieurs familles retournèrent à Pitcairn, où elles continuent à prospérer.

Tel fut donc le dénouement d'une aventure qui avait commencé d'une façon si tragique. Au début, des révoltés, des assassins, des fous, et maintenant, sous l'influence des principes de la morale chrétienne et de l'instruction donnée par un matelot converti, l'île Pitcairn est devenue la patrie d'une population douce, hospitalière, heureuse, chez laquelle se retrouvent les mœurs patriarcales des premiers âges.

DE L'ENFER AU PARADIS

Journal de James Morrison
Première partie

Journal de James Morrison,
second-maître à bord de la Bounty,
traduit de l'anglais par Bertrand Jaunez,
Publication de la Société des Océanistes, n° 16, 1966.
Traduction révisée par Dominique Le Brun
et Clara Mouche

Le titre complet de ce texte exceptionnel est : Journal de James Morrison, second-maître à bord du Bounty. *Sa tenue littéraire et l'observation tout en finesse de la société tahitienne qui l'accompagne peuvent étonner de la part d'un marin que son grade situe dans la simple maistrance. Certains ont même mis en doute l'authenticité du document. Mais il apparaît clairement aussi que James Morrison, jeune homme d'une grande intelligence, a bénéficié d'une excellente éducation.*

Cet Ecossais né en 1760 est le fils d'un négociant de Stornoway, capitale de l'île de Lewis, dans les Outer Hebrides. Né dans un milieu maritime, c'est tout naturellement qu'à dix-huit ans, il s'engage dans la Royal Navy. James Morrison a vingt-six ans lorsque la Bounty *quitte l'Angleterre. S'il a embarqué avec le grade de maître-canonnier, il n'en assumera pas la fonction, car le poste est déjà pourvu. Le voici donc second-maître ; mais à bord de ce petit bâtiment à l'équipage peu nombreux, cette fonction lui donne pratiquement les responsabilités d'un officier.*

Lorsque la mutinerie éclate, James Morrison se trouve rester à bord de la Bounty. *Mais les mutins vont le considérer comme un « tiède » ; c'est pourquoi il sera laissé à terre sur Tahiti lorsque Christian et ses « fidèles » partiront en quête d'une île où se cacher – ce sera Pitcairn.*

Arrivé le 22 septembre 1789 à Tahiti, Morrison et ses

quinze compagnons vivent pendant dix-neuf mois sur l'île. Il ne faut que quelques semaines au second-maître pour échafauder le projet de construire un navire destiné à ramener ceux qui le souhaitent à Batavia. Là-bas, ils trouveront bien un navire à destination de l'Angleterre... Les hommes y travaillent dans les conditions difficiles qu'on imagine ; une petite goélette de dix mètres finit par être lancée et essayée. Mais alors que l'échéance de l'appareillage pour Batavia se précise, survient la Pandora, *corvette dépêchée par la Royal Navy pour capturer les mutins. Or la plupart des marins se considérant comme hors-la-loi malgré eux, ils se présentent spontanément à bord.*

James Morrison embarque donc sur la Pandora, *emportant le journal qu'il a tenu jusque-là. Immédiatement mis aux fers, il comprend que sa situation est grave : les circonstances de la mutinerie ont été rapportées par Bligh de telle sorte que la sentence prononcée par le tribunal a toutes les chances d'être fatale. Morrison sait que sa vie va bientôt s'achever au bout d'une corde.*

Ici commence une nouvelle aventure, ou plutôt deux : celle de James Morrison, et celle de son manuscrit. Pour ce qui est de Morrison, la Pandora *va faire naufrage, et son équipage – ainsi que les prisonniers – rejoindra Coupang (Timor) à bord de ses embarcations. Ramenés ensuite en Angleterre* via *Batavia, ils sont jugés, et Morrison condamné à mort. Mais, gracié, il poursuit une carrière tout à fait honorable dans la Navy. Cela jusqu'en 1807, date à laquelle il disparaît lors du naufrage de son bâtiment.*

Son manuscrit aurait dû sombrer dans l'oubli avec sa mort, mais une succession d'heureux hasards va lui permettre d'arriver jusqu'à nous. Sur la Pandora, *il a été saisi par le commandant, et c'est pourquoi, lorsque le bâtiment a fait naufrage, le précieux témoignage est sauvé en même temps que les documents du bord. C'est un miracle. Et qui se prolonge puisque, emprisonné à Portsmouth, Morrison se voit rendre son journal. Dans l'attente que se tienne la cour martiale, le marin occupe son temps à enrichir et à compléter son texte.*

Il importe de connaître les circonstances de l'écriture du Journal de James Morrison *: on le lit alors comme le testament d'un jeune homme promis à la mort, qui veut faire connaître sa vérité sur ce qui s'est passé à bord de la* Bounty. *Ce récit sincère met clairement en évidence les problèmes posés par le comportement de Bligh. Mais, mieux que justifier, Morrison veut faire œuvre utile, laisser un souvenir de son passage sur terre. C'est ce qui l'amène à développer un autre texte, publié ici en annexe, qui apparaît comme un extraordinaire travail d'ethnologue. L'étude qu'il consacre à la société de Tahiti est remarquable, non seulement par son acuité, mais aussi et surtout par son caractère objectif. L'étude de Morrison mérite d'être considérée au regard des textes de Bougainville et de Cook, les autres visiteurs de Tahiti en cette seconde partie du* XVIIIe *siècle. On note alors cette qualité rare de l'ethnologue amateur : ne pas apporter de jugement sur ce qu'il observe, ni de tentative d'explication à ce qu'il ne comprend pas.*

Dans sa prison de Portsmouth, Morrison reçoit les visites régulières du pasteur aumônier de la base navale, qui lui apporte plus qu'un soutien moral puisqu'il est question entre eux de publier son journal. Ce que, finalement, ils ne font pas par crainte d'indisposer les juges. Comme chacun le craignait, la sentence de mort est prononcée, mais, en définitive, surviennent la grâce royale et la réintégration du « mutin » dans la Royal Navy.

Or, James Morrison a eu un compagnon d'infortune, mis aux fers en même temps que lui à Tahiti, ramené en Angleterre, jugé, condamné et gracié, un aspirant nommé Peter Heywood (dont une partie de la correspondance est ici traduite). Celui-ci a consacré son temps de prisonnier à rédiger un lexique anglais-tahitien, et, comme Morrison se prépare à embarquer, il confie à Heywood son manuscrit. En 1807, lorsque Morrison disparaît, son journal et son étude de Tahiti se trouvent encore chez Heywood. Le précieux document se transmet de génération en génération dans la famille, jusqu'à faire l'objet d'un dépôt à la State Library of New South Wales (Sydney, Australie). C'est là qu'en 1930, il est retrouvé et publié par le Britannique Owen Rutter. Ce texte sera traduit en 1966 par la très dynamique Société des Océanistes, qui en a autorisé la reproduction dans ce volume.

Il est présenté, pour suivre la chronologie, en trois parties : la première raconte le voyage de la Bounty *jusqu'a la mutinerie. La deuxième, qui figure après le récit du capitaine Bligh, décrit la vie des marins restés à Tahiti, leur arrestation et leur retour mouvementé en Angleterre. La troisième, remarquable texte ethnographique sur les Tahitiens tels que les voyageurs pouvaient encore les voir à la fin du* XVIIIe *siècle, est publié en annexe.*

1787. – Le 9 septembre 1787, je me présentai à bord du bâtiment de Sa Majesté la *Bounty*, commandant William Bligh, qui se trouvait alors à Deptford. Le 18 octobre suivant, il appareilla pour Long Reach et, quelques jours plus tard, il fit route au grand largue sur Spithead, où il mouilla le 4 novembre. Après plusieurs tentatives de prendre le large, au cours desquelles la vergue du petit hunier de misaine fut emportée, on revint à Portsmouth où elle fut remplacée, tout comme le câblot qui avait été détérioré à Saint-Helens.

La *Bounty* appareilla le 23 décembre par une tempête d'est qui fraîchit vers le 27. Un piton d'amarrage ayant été arraché, trois vergues de rechange ainsi que les avirons du navire furent emportés par-dessus bord. On embarqua aussi un paquet de mer qui brisa les chantiers des embarcations et décolla le bordage du cotre au niveau de son étrave, emportant également des tonneaux vides qui se trouvaient sur le pont. Une autre vague enfonça l'avant de la coque, entre les sabords, mais sans faire d'autres dégâts qu'un compas de relèvement brisé et quelques sacs de pain mouillés dans la cabine. La voie d'eau fut vite étanchée et le navire se mit à la cape, car la fuite devenait dangereuse.

Janvier 1788. – Le temps s'étant calmé, nous fîmes voile ; les charpentiers réparèrent le cotre et les chantiers d'embarcation ; le pain mouillé fut apporté sur le pont pour être séché et consommé en priorité. Le bord ne connut pas d'autres incidents ou accidents jusqu'au 5 janvier 1788, où nous atteignîmes l'île de Ténériffe et mouillâmes en rade de Sainte-Croix. Là, on fit le plein d'eau et on prit du vin pour le bord[1] ainsi que plusieurs tonneaux destinés à des Messieurs d'Angleterre et des Antilles, quatre quartiers de bœuf médiocre, quelques citrouilles, une chèvre et un chevreau (qui creva peu de temps après) : c'est tout ce que l'île avait à offrir. A peine servi, le bœuf fut en grande partie jeté par-dessus bord par l'équipage dont les estomacs n'étaient pas suffisamment aguerris pour absorber ce qu'ils croyaient être de l'âne ou du mulet. Ici, en dehors du vin, tout était rare et cher, et il fut impossible de réparer la perte des vergues et des avirons.

Le plein d'eau étant fait et la cale arrimée, les canots furent hissées le 10, et, le 11, nous avons levé l'ancre pour faire route au sud-ouest par belle brise et temps clair.

L'équipage fut organisé en trois quarts. M. Christian faisait fonction de lieutenant par ordre du lieutenant Bligh, ordre dont lecture fut donnée. En effet, la saison étant très avancée, ce dernier ignorait s'il serait possible de doubler le cap Horn, ce qu'il tenterait de toute façon. Il était donc

1. En marge du manuscrit, on trouve cette note : « Deux pierres filtrantes furent achetées ici pour purifier l'eau ainsi qu'un baril de farine et du maïs indien pour le bétail. » *Toutes les notes de ce texte sont du traducteur.*

nécessaire de faire durer les vivres, et tout particulièrement le pain. En conséquence, il avait décidé de réduire d'un tiers la ration de pain. Comme, pour le reste, les rations demeuraient les mêmes, cet ordre fut bien accepté. Puis, la bière étant épuisée, du grog fut servi.

Comme le temps se maintenait au beau, on aéra les fromages. En ouvrant les tonneaux, M. Bligh constata qu'il en manquait deux et dit qu'ils avaient été volés. Ce à quoi le tonnelier répondit que le tonneau avait déjà été ouvert pendant que le navire était dans le fleuve, par ordre de M. Samuel,[1] et que les fromages avaient été envoyés chez M. Bligh. M. Bligh, sans enquêter plus avant, donna l'ordre de supprimer la ration de fromage aux officiers et aux hommes jusqu'à rétablissement de ce qui manquait, et menaça le tonnelier du fouet s'il s'avisait d'en dire plus.

Ces ordres furent strictement observés par M. Samuel, qui était à la fois l'écrivain et le maître commis. Ainsi, au jour de banyan[2] qui suivit, il ne fut distribué que du beurre. Les marins le refusèrent, affirmant qu'accepter le beurre sans le fromage serait reconnaître tacitement le vol supposé. Williams répéta qu'il avait bel et bien porté les fromages jusqu'à la maison de M. Bligh, avec un tonnelet de vinaigre et d'autres choses encore qui, à Long Reach, avaient été chargées dans une embarcation. Comme l'équipage persistait à refuser le beurre, il n'en fut pas distribué pendant deux autres jours de banyan et l'on n'y fit plus attention.

1. Note marginale de Morrison : l'écrivain.
2. Dans la marine de l'époque, jour sans viande, par allusion aux Banians, caste des Indes qui s'abstenait de manger de la viande.

Le navire approchant de l'équateur, les citrouilles commencèrent à se gâter. Comme la plupart d'entre elles étaient trop grosses pour l'usage de la cabine, elles furent proposées à l'équipage à la place du pain. Les matelots désiraient savoir à quel taux se ferait cet échange. Ils s'en enquirent auprès de M. Samuel, qui leur déclara qu'ils recevraient une livre de citrouille pour deux livres de pain, ce qu'ils refusèrent. En apprenant cela, M. Bligh se mit dans une violente colère. Il demanda à M. Samuel de faire venir le premier homme de chaque table pour voir qui oserait refuser la citrouille ou quoi que ce soit d'autre qu'il ordonnerait de servir, ajoutant :

— Damnées canailles ! vous mangerez de l'herbe et tout ce que vous pourrez longtemps avant que j'en aie fini avec vous !

Cette harangue produisit ses effets, et tous prirent leur citrouille à l'appel de leur nom, sans excepter les officiers, qui, même s'ils y voyaient un abus, ne protestèrent pas. Pourtant, ils le ressentaient plus mal que les hommes qui, ayant fait une bonne provision de pommes de terre à Spithead, n'éprouvèrent pas immédiatement l'effet de la diminution du pain. La citrouille étant distribuée à raison d'une livre chacun, les hommes mirent en commun leurs rations. Elle fut ainsi distribuée tous les deux jours jusqu'à épuisement.

Selon toute probabilité, les griefs auraient disparu en même temps qu'elle si les réserves individuelles n'avaient pas commencé à diminuer, et si, les rations de bœuf et de porc paraissant très faibles, on n'avait pas été amené à supposer que les tonneaux ne faisaient pas le poids juste.

L'équipage demanda au second d'examiner la situation afin de la corriger. Le second porta cette question devant M. Bligh, qui rassembla l'équipage à l'arrière. Il leur dit alors que tout ce qui concernait les provisions était fait sous ses ordres, et qu'il était inutile de se plaindre, car ils n'auraient pas satisfaction, vu qu'il était le seul juge de ce qui était bien ou mal. Il ajouta qu'il ferait sérieusement fouetter le premier à se plaindre, et les renvoya avec ces menaces.

Les marins, voyant qu'ils n'auraient pas satisfaction, décidèrent de prendre leur mal en patience et s'abstinrent de murmurer ou de se plaindre. Les officiers ne prirent pas si bien la chose. Ils murmuraient souvent sur la maigreur de leurs rations, sans pouvoir s'habituer à une telle injustice. Toutefois, ils renoncèrent à se plaindre, voyant que les hommes s'en abstenaient, et paraissaient ne plus y prêter attention, que ce fût en public ou en privé.

Chaque fois qu'un tonneau était ouvert, ils voyaient avec regret partir les meilleurs morceaux pour la cabine alors qu'ils partageaient le reste avec les hommes sans même savoir s'ils avaient le juste poids. La situation, qui leur inspirait des imprécations contre le responsable, était plutôt bien supportée par les hommes, qui voyaient bien qu'ils n'étaient pas particulièrement visés, et mais que tous étaient logés à la même enseigne. Ils ne souhaitaient pas non plus entrer dans des comptes d'apothicaires pour leurs pois et leur farine d'avoine, qui étaient distribués avec parcimonie, à tel point qu'il ne restait jamais rien pour les cochons, qui seraient morts de faim sans le maïs et le pain prévu pour la volaille.

La ration habituelle était de 7 litres de pois pour tout l'équipage, et personne ne manquait de prendre sa part ; elle était de 9 litres de farine d'avoine pour chaque jour de banyan.

Dans les pois, on faisait bouillir 4 paquets de condensé de bœuf et de la choucroute. Le beurre et le fromage étant épuisés, l'huile et le sucre furent distribués à raison d'un huitième de litre et environ 30 g de sucre par homme et par jour de banyan.

Nous prenions peu de poisson.

Dans la zone des alizés, près de l'équateur, nous avons eu de fortes pluies, ce qui nous permit de remplir des tonneaux d'eau douce pour notre consommation et pour la réserve. Nous avons passé la ligne avec le cérémonial habituel.

Mars 1788. – Rien de particulier à signaler sauf qu'après Ténériffe, nous avons croisé le navire britannique *Queen of London*, qui faisait route sur le Cap pour pêcher la baleine. Nous lui avons donné du courrier pour Londres, pensant que ce serait le dernier navire que nous verrions de ce côté-ci du cap Horn. Nous avons aperçu plusieurs navires sur la côte de Patagonie, mais sans pouvoir les héler, et, avec des vents favorables et un temps plutôt beau, nous sommes arrivés devant la Terre de Feu le 23 mars.

Nous étions de bonne humeur, pensant doubler bientôt le cap Horn, mais quelques jours suffirent à nous convaincre que l'amiral Anson [George Anson, 1748] n'avait pas dit cet endroit pire qu'il ne méritait.

23 mars. – Un mouton est mort ce matin. Le lieutenant Bligh l'a fait distribuer en lieu et place de la ration journalière de porc et de pois. Il ferait un excellent repas, disait-il, car il pesait plus de cinquante livres. Mais une fois dépecé, la plus grande partie en fut jetée par-dessus bord car l'animal n'avait que les os et la peau ; on le remplaça par du requin séché pour le dîner du dimanche.

La journée continua à être belle. Nous nous trouvions le long de la côte, traversant le détroit de Le Maire ; malheureusement, dans ce pays, le beau temps est un avant-coureur du mauvais temps, ce que nous constatâmes aussitôt après avoir dépassé l'île des Etats ; nous eûmes le temps d'amener les mâts de perroquet et de nous y préparer.

L'aspect du pays est sauvage et désolé et la neige sur les collines le rend, à distance, d'aspect très inhospitalier. Je ne prétends pas savoir quel est son aspect, vu de près. Nous vîmes là quantités de phoques, de pingouins, des cormorans et autres oiseaux de mer, des albatros blancs et noirs ; nous en avons capturé quelques-uns, qui firent un excellent repas. Certains mesuraient jusqu'à 2,40 mètres d'envergure ; les albatros noirs, nous les appelions les « *padries* », mais on ne parvint pas à en capturer, et nos tentatives de pêcher ne connurent pas plus de succès..

Le mauvais temps se renforçant, alors que nous étions cap au sud, l'équipage demanda que le rhum soit servi sans eau. Ce fut accordé, car on économisait ainsi de l'eau, qui fut rationnée à un litre et demi par jour, ce qui était largement suffisant, puisque sa seule utilisation était la boisson. Les marins tirèrent de cette faveur une ardeur accrue, ignorant la fatigue malgré la dureté du travail et le mauvais temps croissant. Ils accomplissaient leur travail avec célérité et bonne humeur, pensant aux bénéfices et aux plaisirs qu'ils tireraient de leur voyage.

Pour le petit-déjeuner, on faisait maintenant bouillir du blé et de l'orge au lieu du *burgoo* [gruau], mais en si petite quantité qu'il n'était pas rare de voir quatre hommes d'une table partager leur pain par la méthode bien connue du « A qui cette part ? » De leur côté, les officiers ne variaient pas d'un cheveu leur manière de faire.

La quantité de blé bouilli était de quatre litres pour quarante-six hommes, et de deux livres d'orge pour le même nombre. La répartition de cette maigre ration provoquait des querelles qui, en raison du mauvais temps, avaient souvent des suites fâcheuses. Ainsi, au cours d'une de ces disputes, le cuisinier Thomas Hall eut deux côtes cassées. Une autre fois, Churchill eut la main ébouillantée. Il devint donc nécessaire que le second contrôle les distributions.

Le temps empirait de jour en jour ; de gros grains apportaient alternativement de la grêle, de la neige fondue – plus exactement de gros flocons de glace à moitié formée, ce qui nous forçait à être souvent à sec de toile, les panneaux condamnés, car la mer déferlait sur le pont comme jamais dans le Nord, masquant le soleil lorsque celui-ci était à 20 degrés au-dessus de l'horizon, secouant le navire si violemment que les hommes ne pouvaient se tenir sur le pont sans l'aide d'un cordage ou sans s'agripper à quelque chose.

A la suite d'une de ces embardées, M. Huggan, le chirurgien, fut précipité en bas de l'échelle du cockpit et se démit l'épaule. Quelques jours plus tard, Richard Skinner eut le même accident, et Peter Linkletter se heurta le dos en tombant dans le cockpit avant, ce dont il se plaignit toujours après. Cependant, malgré la dureté et l'inclémence de la saison ainsi que les grains et les bourrasques continuels (ils semblaient fondre sur nous avec une violence sans cesse accrue, et nous menacer à chaque instant de destruction totale !), la vigilance des officiers et des hommes étaient telle que nous ne perdîmes ni un espar ni un mètre de toile, bien que fréquemment obligés de rentrer les voiles juste après les avoir hissées, avant même d'avoir pu les border ou brasser leurs écoutes.

Du malt sucré était maintenant servi chaud à raison d'un demi-litre par homme et par jour, ce qui était très nourrissant et apprécié ; mais le froid intense, nos vêtements trempés, le dur travail et la fatigue causée par le climat rigoureux, l'inconfort dans lequel vivaient les hommes, coincés dans l'entrepont enfumé, les panneaux condamnés, tout ceci vint à bout de leur constitution. Plusieurs tombèrent malades. Les efforts auxquels était soumis le navire – bien qu'en parfait état – faisaient que les hamacs étaient toujours mouillés, aussi peu agréables pour les malades que pour les hommes valides.

Au fur et à mesure que les hommes tombaient malades, le travail devenait plus dur pour les autres. Il était malgré tout accompli avec ardeur et bonne humeur. L'attitude de l'équipage, dans cette situation difficile, mérita l'approbation des officiers et les remerciements publics de M. Bligh.

Après longue tentative fatigante et infructueuse, il fallut constater que le passage du cap Horn n'était pas praticable en cette saison, bien que nous eussions atteint 62° de latitude S et 79° de longitude O. Nous perdions du terrain et, bien que notre navire montrât une excellente tenue à la mer, il ne pouvait que survivre dans ces mers déchaînées où les éléments nous livraient une guerre continuelle. Ce qu'un navire haut sur l'eau doit souffrir dans ce climat ne peut être imaginé par ceux qui n'en ont pas fait l'expérience. Dans le voyage d'Anson, on en trouve une bonne description.

Avril 1788. – Le 18, M. Bligh rassembla les hommes de l'équipage sur l'arrière. Leur ayant renouvelé ses remerciements pour avoir accompli leur devoir sans défaillance, il les informa de son intention de faire route sur le cap de Bonne Espérance, le franchissement du cap Horn lui paraissant impossible. Cette nouvelle fut reçue avec joie, et, selon la coutume, saluée de trois hourras. Le navire abattit en grand et on établit la voile de misaine au premier ris, et le hunier au dernier ris – avec la grande voile et la voile d'étai de misaine, elles étaient les voiles dont on se servait, mais elles étaient rarement utilisées toutes à la fois.

Un cochon fut alors tué et distribué en place de la ration journalière. Bien que n'ayant que la peau et les os, il fut dévoré avec appétit.

Le soir, le vent passa au nord, ce qui amena le lieutenant Bligh à se mettre à la cape pour faire encore une tentative, bien que nous eussions déjà fait 120 milles vers l'ouest. Mais ici, les apparences favorables sont toujours les prémices du pire. De fait, le vent, revenu à l'ouest, se mit à souffler avec une violence accrue, de sorte que, le 22, nous avons pris une allure de fuite. Le thermomètre était rarement à zéro, mais nous avions une sensation de froid sans rapport avec la température, due en partie à la neige fondue qui tombait sans arrêt, en partie aux paquets de mer qui balayaient le pont, de sorte que, quand un homme montait, il lui était impossible de rester sec plus d'une minute.

Après avoir ainsi manœuvré, nous avons ouvert les panneaux, ce que nous pouvions rarement faire auparavant. Nous avons pu alors faire marcher les poêles, ce qui permit de sécher l'entrepont, et les malades se rétablirent au fur et à mesure que nous revenions sous un climat plus tempéré.

Au cours de ce passage, nous n'avons rien rencontré de particulier, ni trouvé les îles Tristan da Cunha d'après leur position sur la carte, bien que nous ayons mis en panne une partie de la nuit ; ceci est peut-être dû à ce qu'elles ne sont pas bien indiquées.

Mai 1788. – Nous relevâmes le Cap le 23 mai, et mouillâmes à False Bay ; nous y trouvâmes plusieurs navires hollandais et français et peu après, le *Dublin* de l'honorable Compagnie des Indes orientales, qui repartit aussitôt après.

Juin 1788. – Des provisions furent faites, y compris du pain frais et du vin pour la consommation immédiate ; les pois, farine d'avoine et le sucre ne furent plus distribués, sauf la farine d'avoine qui, par consentement général, fut conservée pour épaissir le bouillon. Nous pêchions au filet avec un succès inégal, et nous avons pris à la ligne plusieurs excellents poissons appelés ici « *romans* » et « *hottentots* ». Nous avons chassé quelques phoques sur un îlot rocheux au milieu de la baie que nous appelions l'île des Phoques, où ces animaux se rassemblaient en grand nombre, étendus au soleil comme des cochons.

Sur cet îlot, nous avons trouvé les restes d'un canot brisé en morceaux, et plusieurs paquets de peaux de phoque, pour la plupart pourries. Cet îlot, n'étant que du roc, n'abrite que des phoques et des oiseaux de mer – lorsque l'on tire un coup de mousquet, ils s'envolent en bandes considérables, formant un nuage au-dessus de l'îlot, qui n'a guère qu'un demi-mille de circonférence. Ce sont des fous, cormorans, mouettes, pétrels et pingouins. Nous y avons trouvé aussi un oiseau de la taille d'une oie, de couleur grise et qui paraissait incapable de voler ; en ayant assommé plusieurs, nous les avons baptisés « piqueurs d'yeux », car ils se précipitaient sur les yeux de ceux qui les approchaient. Ils étaient aussi lourds qu'une oie ; leur chair était dure, rance et médiocre.

Nous étant renseignés sur l'épave rencontrée, nous avons appris que cet îlot alimentait le comptoir en huile ; le canot avait été perdu dans une tempête et ses sept occupants noyés sans que les Hollandais n'aient eu la curiosité de connaître les circonstances de cet accident. L'atterrissage étant très mauvais, il est possible qu'elle se soit écrasée en essayant d'accoster, étant donné les débris qui étaient encore là, mais n'ayant vu aucun ossement, nous supposions que les hommes ne purent jamais atteindre l'îlot. Le gouverneur n'y a jamais envoyé un canot depuis ; l'îlot se trouve à environ trois lieues à l'est de Symons Bay.

Pendant notre séjour, le navire et son gréement furent remis en état, les voiles réparées et l'armurier fabriqua de nouvelles charnières pour les panneaux de sabord qui avaient été arrachés. Le charpentier et ses deux aides, avec deux calfateurs hollandais, calfata les bordés et répara les panneaux. La cale fut désarrimée pour en sortir l'ancre de bossoir et y mettre l'ancre maîtresse.

Le plein d'eau fut fait et plusieurs chaloupes de cailloux furent amenées à bord pour servir de ballast. On tria le pain et, en plus, neuf quintaux de pain furent embarqués comme réserve de bord, avec trois tonneaux d'eau-de-vie et deux d'arak, de la farine et des raisins secs. La poudre fut envoyée à terre et mise à l'air avec, en plus, deux tonneaux de poudre hollandaise de bonne qualité provenant du fort. Du foin et de l'orge furent pris à bord pour les moutons, chèvres et poulets.

Juillet 1788. – Tout cela ayant été achevé le 1er juillet, nous avons levé l'ancre, ayant à bord cinq moutons vivants pour l'équipage et des pigeons.

Nous avons fait route vers l'est avec une belle brise ; puis un peu au sud. Le vent forcit, passa à la tempête et cela se poursuivit sans grand changement.

Nous sommes passés à proximité de l'île Saint-Paul, mais n'avons vu aucun atterrissage convenable. L'île est haute et désertique, ayant très peu d'arbres et quelques arbustes ; mais comme nous étions en plein hiver, il est possible qu'elle ait meilleure apparence en été. Nous ne vîmes de l'eau douce nulle part. Une forte tempête s'approchant, on ne put pas continuer notre inspection.

Le 2 ou le 3 septembre, nous arrivions dans la baie de l'Aventure, en Nouvelle-Hollande [Adventure Bay, au sud de la Tasmanie], sans accidents matériels. Nous y avons fait du bois et de l'eau et sommes repartis pour Tahiti vers le milieu du mois.

Cette baie est large et spacieuse et le mouillage bon à toutes profondeurs, de 20 à 5 brasses sur fond de sable blanc. Les navires, en grand nombre, peuvent s'y tenir en sécurité.

Le pays est montagneux, boisé depuis la plage jusqu'au sommet des montagnes ; les arbres sont de plusieurs espèces et atteignent des dimensions prodigieuses ; nous en avons mesuré un qui était tombé, le pied ayant été brûlé par les indigènes ; il faisait 27 mètres jusqu'à la première branche et 9 mètres de circonférence.

Les vagues, sur la plage, rendent la corvée d'eau et de bois très difficile pendant l'hiver et, bien qu'il y ait de l'eau en grande quantité, elle n'est ni bonne ni facile à charger.

Près de la mer, le sol est sablonneux mais, dans les collines, c'est une glaise rougeâtre. Dans les clairières, il y a de l'excellente herbe, qui fut coupée et séchée pour les moutons et les chèvres. Sur la partie est de la baie, nous avons planté de la vigne, des poiriers et des bananiers apportés de Ténériffe et du Cap avec beaucoup d'espèces de graines, inscrivant sur les arbres voisins le nom du navire, de son commandant, et l'année.

Nous n'avons pas vu de quadrupèdes, en dehors d'une sarigue morte, mais plusieurs espèces d'oiseaux parmi lesquels des cygnes noirs, des canards, des éperviers, perroquets huîtriers et beaucoup d'autres dont nous ignorons les noms, ainsi que beaucoup de fous et autres oiseaux de mer.

Nous avons utilisé le filet, mais sans beaucoup de succès. Nous avons vu des morceaux d'écorce posés contre un arbre, et autour, plusieurs vestiges de feux avec des coquilles de crabes, moules et autres ; quelques jours avant notre départ, des indigènes descendirent vers les rochers à l'ouest de la baie. M. Bligh, accompagné de M. Nelson, s'en fut à leur rencontre dans le cotre, leur apportant des présents auxquels ils parurent prêter très peu d'attention. Ils s'approchèrent du cotre, les femmes restant en arrière, et se groupèrent sur les rochers après avoir jeté les courts bâtons qu'ils portaient. Leur couleur est presque noire, mais ils semblent couverts de charbon de bois sur plusieurs parties de leur corps. Leurs cheveux sont à peu près rasés ce qui nous empêcha de voir s'ils étaient crépus ou non. Leur aspect est loin d'être agréable, leurs dents noires et irrégulières. Ils sont nus et semblent des créatures misérables et inoffensives. Parmi eux se trouvait un individu très difforme, que M. Nelson déclara avoir déjà vu au cours d'un précédent voyage.

Sans curiosité pour les objets que nous leur avions donnés, ils parlaient avec vivacité une langue incompréhensible, bondissaient et criaient, et manifestaient de la joie lorsque le cotre se balançait plus que d'habitude sur les vagues. Sans aller à terre, il n'était pas possible de connaître leurs moyens de subsistance, mais le nombre de coquilles vides nous fit penser que les fruits de mer étaient leur nourriture principale. Nous n'avons pas vu de pirogues parmi eux, mais, la nuit, les lumières indiquaient qu'ils étaient sans doute nombreux, ce qui nous fait penser qu'ils vivent de ce que la mer rejette. Dans l'ensemble, ils paraissent les plus misérables créatures de la terre.

Pendant que nous faisions de l'eau et du bois, les charpentiers débitaient des planches ; il était alors distribué une pleine ration de pain ainsi que du gruau pour le petit-déjeuner. Mais dès que nous eûmes repris la mer, nous retrouvâmes les rations d'avant. C'est là que furent semées les graines d'une discorde éternelle entre le lieutenant Bligh et ses officiers.

M. Bligh fit enfermer le charpentier et accusa les autres de négligence dans leur travail, ce qui provoqua des disputes, chacun accusant l'autre. Les hommes évitaient les retombées de l'orage en soignant leur travail. Ils y trouvaient leur compte, et se réjouissaient en privé de leur bonne fortune.

Peu de temps après notre départ, nous avons découvert un groupe de petites îles à l'est de la Nouvelle-Zélande que nous appelâmes îles de la Bounty [nom toujours utilisé].

Jason Valentine, qui avait été saigné, vit son bras s'infecter, et il s'ensuivit une mortification dont il mourut. Plusieurs marins, particulièrement les plus âgés, commencèrent à se plaindre de douleurs dans les membres et quelques symptômes de scorbut apparurent. Une certaine faiblesse s'emparait de l'équipage. Pour y parer, de l'essence de malt fut donnée à ceux qui paraissaient les plus atteints, ainsi que de la soupe concentrée et du riz provenant des réserves du chirurgien. Les provisions salées furent supprimées et remplacées par de la farine.

Octobre 1788. – Pendant ce passage, M. Bligh et ses compagnons de table, le second et le chirurgien, se disputèrent. Ils se séparèrent alors, chacun avec sa part des provisions, et se retirèrent dans leurs cabines. Après quoi, il y eut encore plusieurs querelles, si bien qu'ils ne s'adressaient la parole que pour le service, et là encore, avec beaucoup de réserve.

Avant d'arriver à Tahiti une dispute éclata entre M. Bligh et le second [Christian], relative à la signature de certains livres que le second avait refusé de signer pour des raisons personnelles. Sur ce, l'équipage fut rassemblé sur le pont et lecture fut faite des articles du code de discipline ; après quoi, les livres et les papiers furent produits, avec de l'encre et une plume, et M. Bligh dit :

— Maintenant, Monsieur, signez ces papiers.

Le second prit la plume et répondit :

— Je signe en obéissance à vos ordres, mais ceci pourra être annulé plus tard.

Les livres signés, les hommes furent renvoyés à leur travail.

Le 24 octobre, nous sommes arrivés à l'île Meetia (ou île Osnaburgh, [atoll de Mururoa]). Nous étant approchés, nous vîmes plusieurs indigènes descendre sur les rochers, dans la partie nord, agitant des morceaux d'étoffe blanche, mais aucun n'essaya de venir jusqu'à nous.

Ayant repris le large, nous sommes arrivés à Tahiti, dans le NO, entre 5 et 6 heures du soir. A 8 heures, nous avons mis en panne et, le 25 à 4 heures du matin, ayant hissé les voiles, nous avons mouillé à 10 heures à Port-Royal (baie de Matavai).

Nous fûmes bientôt entourés par les indigènes dans leurs pirogues, qui nous apportaient des cochons, des fruits de l'arbre à pain et des noix de coco en abondance. On incita les malades à boire le lait des noix de coco en quantité, et cela contribua si bien à leur rétablissement qu'en quelques jours, il n'y avait plus la moindre apparence de maladie ou de dérangement à bord du navire, l'abondance de provisions fournies par les indigènes leur rendant rapidement les forces.

Dès le mouillage, un ordre signé de M. Bligh fut placardé sur le mât de misaine interdisant l'achat de curiosités et de tout autre objet en dehors de provisions. Il n'y eut que peu ou pas de désobéissance à cet ordre, rien n'excitant la curiosité des hommes plus qu'un cochon rôti et les fruits de l'arbre à pain ; ils étaient apportés en si grande abondance que toutes les rations du bord furent supprimées, sauf le grog.

Novembre 1788. – Aussitôt après le mouillage, une tente fut dressée sur la pointe Vénus. M. Nelson et son assistant allèrent à terre pour rassembler des plants. Le canonnier s'y rendit aussi pour acheter des cochons, ce qui parut plus commode que de négocier ces achats le long du bord – les pirogues étaient si nombreuses que les hommes cessaient alors tout travail. M. Christian,

M. Heywood, M. Peckover le canonnier et quatre hommes furent également envoyés à terre comme gardes, au cas où les indigènes montreraient une attitude dangereuse.

Un abri fut construit pour recevoir les plants et les pots envoyés à terre au fur et à mesure que M. Nelson les garnissait. Entre-temps, le charpentier et son aide préparaient l'entrepont pour les recevoir. Quelques hommes furent employés à couper du bois et à faire de l'eau pour les besoins immédiats, et l'armurier se mit au travail pour fabriquer de la pacotille. Le sel du bord fut bientôt utilisé pour saler le porc en vue des provisions de mer ; tout semblait donc aller au mieux.

Pendant le temps de la salaison, les provisions étaient abondantes, car chacun avait droit aux morceaux qui ne convenaient pas à la salaison, y compris deux livres d'os par jour. Avec ce qu'ils achetaient eux-mêmes, cela leur permettait de bien vivre.

Décembre 1788. – Le 11 décembre, M. Thomas Huggan (le chirurgien) quitta cette terre, et, le jour suivant, ses restes furent inhumés à la pointe Vénus. Près de sa tombe, sur un arbre, fut fixée une planche portant une inscription à sa mémoire.

Ce même jour, le voilier envoya les voiles à terre pour les réparer.

Le marché des cochons commençant à faiblir, M. Bligh se saisit de tous ceux qui arrivaient à bord, petits et gros, vivants ou morts, comme sa propriété. Il les utilisait comme ration du bord à raison d'une livre par tête et par jour. Il s'empara également de tous ceux qui appartenaient au second, les triant pour la consommation du bord, bien qu'il en ait eu quarante à lui, de tailles différentes. On pouvait alors s'en procurer facilement, et le prix n'avait pas beaucoup augmenté depuis le début. Lorsque le second lui dit que ces cochons étaient sa propriété, il lui répliqua :

— Tout m'appartient du moment où cela se trouve à bord. Je prendrai les neuf dixièmes de ce qui appartient à chaque homme et je voudrais voir qui osera me dire le contraire.

Les cochons qui appartenaient aux marins furent saisis sans cérémonie, et cela devint une faveur d'obtenir une livre supplémentaire de son propre cochon.

Les indigènes remarquaient que les cochons étaient saisis dès leur arrivée à bord. Ne sachant pas si on les leur prendrait, ils hésitaient à en apporter en présence du lieutenant Bligh, et profitaient des occasions où il était à terre pour apporter des provisions à leurs amis. Mais M. Bligh s'en aperçut. Voyant sa surveillance déjouée, il donna des ordres pour qu'un livre soit conservé dans l'habitacle, sur lequel seraient portés par l'officier de quart le nombre et le poids des cochons arrivant à bord. Pour contourner cela, les indigènes utilisèrent une autre méthode, qui consistait à découper les cochons et à en envelopper les morceaux dans des feuilles, puis à les placer dans des paniers et à les recouvrir de fruits d'arbre à pain et quelquefois de noix de coco sans la bourre ; par ce moyen, les fruits ne furent jamais saisis. Ainsi furent déjouées les tentatives du commandant ; jamais il ne soupçonna leur ruse et ainsi les provisions restèrent abondantes.

Le 20, nous eûmes de fortes pluies accompagnées de vent soufflant du NO en tempête, qui leva une forte mer brisant sur le banc du Dauphin avec une telle violence que les vagues passaient par-dessus le pont. Le charpentier qui, la veille au soir, avait été consigné dans sa cabine, fut libéré pour fermer les panneaux. Sans l'excellente qualité des câblots de mouillage, le navire aurait été drossé à la côte.

Le lendemain, la tempête diminua de violence, mais les hautes vagues qui déferlaient sur la plage empêchèrent tout atterrissage en canot. Malgré cela, plusieurs indigènes parvinrent à les traverser, chargés de grappes de noix de coco. Celles-ci étaient si lourdes qu'on ne les hissait à bord qu'à grand-peine, et pourtant, ils avaient nagé ainsi à travers d'énormes rouleaux.

Le temps étant devenu plus clément, les pirogues revinrent, et, par elles, nous avons appris ce qui était arrivé au groupe d'hommes resté à terre, en danger d'être emporté par la crue de la rivière. Nous les avons vus, pratiquant dans le rivage un fossé qui prit rapidement l'aspect d'une rivière.

Dès qu'une embarcation put aller à terre, les voiles furent amenées et enverguées et les plants apportés à bord. Les ancres furent relevées, sauf une, et le second fut envoyé pour examiner le port de Pare, la baie de Matavai étant jugée trop dangereuse.

Le matin du 25, la tente fut repliée et envoyée dans la chaloupe et à 19 heures on leva l'ancre. Le navire, qui commençait à prendre de l'erre, vint s'échouer sur un pâté de coraux dont la présence avait échappé au second. La brise de mer, qui s'était levée, nous donna du mal pour nous dégager. On y parvint cependant avant la nuit. Nous avons mouillé avec l'ancre principale et une petite ancre jusqu'au matin. Puis, au lever du jour, nous avons mouillé une deuxième grosse ancre. Nous avons envoyé les plants à terre, et une maison, qui remplaçait la tente, fut fournie à l'équipe à terre par Tu ou Mati (le chef dont parle le capitaine Cook). Un enclos fut érigé pour les plants.

Le navire ainsi en ordre, nous avons célébré Noël le 28 : chaque homme reçut une double ration de grog – sauf ceux qui n'avaient pas traversé l'équateur avant ce voyage. Le 1er janvier, ceci fut renouvelé ; après quoi le grog fut réduit à une demi-ration, mais comme nous avions beaucoup de lait de coco, le grog ne nous manqua pas, et les indigènes prirent soin de bien nous approvisionner malgré les fréquentes saisies opérées par M. Bligh, qui ne mettait rien dans son grog.

Janvier 1789. – Il serait difficile de donner un compte rendu de chaque transaction faite pendant que nous étions dans cette île. Je me à faire quelques remarques :

Dès notre arrivée, des habitants de tout genre vinrent visiter le navire. Parmi ceux-ci plusieurs chefs, qui apportèrent des présents importants et qui, en retour, en reçurent de M. Bligh. Celui-ci, de même que M. Nelson et M. Coleman qui étaient déjà venus, retrouva quelques-unes de leurs connaissances. Chaque officier et chaque homme se découvraient de nouveaux amis.

Bien que personne ne comprît leur langue, on trouvait

cependant très facile de converser par signes. Ces gens étaient des adeptes du système. Quelques-unes des femmes le possédèrent rapidement et y convertirent leurs maris du moment, si bien que toutes les transactions étaient faites ainsi. Nous avons ainsi appris que le bétail laissé par le capitaine Cook avait été dans sa plus grande partie détruit. Il ne se trouvait plus sur l'île qu'un mouton, qui fut tué par les chiens peu de temps après notre arrivée. Je constatai que ce mouton, contrairement à ceux des Tropiques, n'avait pas perdu sa laine. Le seul bétail à cornes, sur l'île, était un vieux taureau et une jeune vache (le reste ayant été détruit et emporté par les habitants de Moorea peu de temps après le départ du capitaine Cook) – et ceux-ci étaient à 25 ou 30 milles l'un de l'autre. M. Bligh les acheta et, les ayant fait venir à Matavai, les confia à Poino – Poino, chef de Matavai, avait la garde du portrait du capitaine Cook[1] qu'il apporta à bord pour le faire réparer ; il y demeura jusqu'à notre départ.

Nous apprîmes également par eux que Omai[2] était mort sans qu'il nous fût possible de savoir comment ; on crut qu'il avait été tué pour ses biens, toutefois nous apprendrons plus tard que la vérité était tout autre. Ceci sera relaté plus loin.

1. Ce portrait, peint au cours du dernier voyage du capitaine Cook par M. Webber, avait été présenté au chef de Matavai. Les indigènes le vénéraient et les commandants des navires de passage prirent l'habitude d'inscrire au dos de ce portrait les dates de leur arrivée et de leur départ.

2. En 1773 le capitaine Furneaux, commandant de l' *Aventure*, qui accompagnait la *Resolution* du capitaine Cook, avait emmené Omai avec lui en Angleterre, où il avait été bien reçu. Il rentra en 1777 avec le capitaine Cook.

Tu, le chef que nous supposions être le roi, et Itia, sa reine, passaient souvent la nuit à bord. De leur côté, ils invitaient souvent M. Bligh et ses officiers à des heiva (danses, spectacles, etc.) et autres distractions, que ceux-ci trouvaient fort plaisantes et dont ils revenaient généralement avec des présents d'étoffe, etc. Ils nous informèrent que le nom de Tu était maintenant transféré au fils (de l'homme que nous connaissions sous ce nom), qui était maintenant Arii rahi, ou roi, et que le père, dont le nom était maintenant Mate, était régent pendant la minorité de son fils. Notre connaissance imparfaite du langage nous empêcha de nous enquérir de ces coutumes mystérieuses. Toutefois, nous apprîmes que, dès la naissance d'un enfant, le père devenait le gardien de l'enfant et l'honorait comme son supérieur. Le Tu actuel, roi de Tahiti, est un garçon de neuf à dix ans, mais pour des raisons qui seront expliquées plus tard, il ne vint jamais à bord. M. Bligh alla le voir une fois à terre. Il pagayait souvent autour du navire dans sa pirogue, et recevait l'hommage de tous ceux qui l'apercevaient. Il était en général porté sur les épaules d'un homme qui se tenait assis à l'avant de la pirogue, la coutume étant dans ce pays de préférer l'avant à l'arrière.

Lorsque des visiteurs inconnus venaient à bord, ils étaient reçus par M. Bligh, qui satisfaisait leur curiosité en tirant un coup de fusil, ce qui les remplissait d'étonnement. Ils se bouchaient les oreilles en se laissant tomber dès qu'ils apercevaient la lueur de la déflagration. Un pistolet leur faisait, semblait-il, aussi peur qu'une pièce de quatre. M. Bligh profitait de ces occasions pour leur montrer les effets de la mitraille et du boulet. Ils s'écriaient toujours d'étonnement lorsqu'ils voyaient le boulet tomber.

Pendant que nous étions dans la baie de Matavai, la bouée d'orin fut enlevée de la meilleure ancre de bossoir, le gouvernail du cotre volé et plusieurs crocs et cosses du gréement ainsi que plusieurs autres choses encore disparurent. M. Bligh demanda à Tu ou Mate de faire en sorte que tout cela soit rapporté. Quelques objets furent rendus, mais, la bouée et le gouvernail ayant été détruits, seuls quelques morceaux de bois en furent récupérés. La facilité avec laquelle ces choses furent trouvées fit penser que les chefs étaient complices, le nombre des visiteurs rendant toute surveillance impossible. Cependant, les vols n'étant pas très importants et M. Bligh faisant preuve de beaucoup d'indulgence pour les indigènes, on estima que le meilleur moyen de les empêcher était de mettre tout hors de leur portée. On installa des bouées en bois, et on rangeait dans les magasins tous les objets de métal lorsqu'on ne les utilisait pas. Par la suite, il se produisit peu d'incidents de ce genre.

Pendant que nous étions à Pare, nous avons coupé du bois pour les réserves du bord, fait le plein d'eau et examiné les poulies, les voiles et le gréement. C'est alors que nous nous sommes aperçus que le navire était envahi de cancrelats. Tous nos efforts pour nous en débarrasser furent vains. Après que nous ayons lavé et porté à terre toutes les caisses, vidé leur contenu, ils réapparurent deux ou trois jours après en aussi grande quantité. Les câbles en étaient couverts, et ils paraissaient augmenter au lieu de diminuer malgré les quantités détruites. Nous appliquions de l'eau chaude deux fois par semaine, les câbles et le bateau furent entièrement lavés de la proue à la poupe sans résultat. Ils s'enfuyaient dans le gréement et sur les mâts, puis revenaient comme auparavant.

Notre attention fut alors portée sur la soute à voiles et le magasin dans lesquels l'eau chaude avait pénétré sans autre dommage que de mouiller tout ce qui s'y trouvait. On cessa d'utiliser l'eau chaude, et les voiles et les amarres, etc. furent envoyées à terre, lavées à l'eau de mer et séchées tandis que les charpentiers calfataient le magasin et la soute à voiles.

Le 24 janvier à 4 heures du matin, il fut constaté que le petit cotre avait disparu du long du bord. Le lieutenant Bligh en fut informé et l'équipage ayant été appelé, on découvrit que Churchill, Millward et William Musprat étaient manquants. Comme M. Hayward, le midship, avait dormi pendant son quart et qu'un petit sac de pacotille fut trouvé sur le pont, il parut vraisemblable qu'ils avaient pris le bateau, d'autant que Millward avait été de garde de minuit à 2 heures. On découvrit également qu'ils avaient emporté huit armes et huit boîtes de munitions.

Le grand cotre fut mis à la mer et le maître d'équipage envoyé à Matavai à la recherche du bateau, tandis que M. Hayward était mis aux fers. Le maître d'équipage revint vers 8 heures, ayant trouvé le cotre qui revenait vers le navire avec cinq indigènes à bord. Ceux-ci nous informèrent que les trois hommes avaient conduit le canot jusqu'à Matavai, et, embarquant la caisse d'armes sur une pirogue, étaient partis pour Tetiaroa, un groupe de petites îles entourées d'un récif qui se trouve à 8 lieues dans le N de la pointe Vénus. En examinant le coffre de Churchill on trouva un papier portant son nom ainsi que celui de trois hommes du groupe qui était à terre ; le lieutenant Bligh se rendit alors à terre. Ayant informé M. Christian de cette affaire, il rassembla les hommes et les accusa d'être de connivence avec Churchill pour déserter. Ils protestèrent avec une telle énergie qu'il décida de les croire, étant donné les circonstances, et ne leur en parla plus.

Il s'en fut ensuite à la recherche de Mate, qui, pendant ce temps, avait été informé de cette affaire par ses hommes et se dirigeait vers la tente ; dès que M. Bligh le vit, il lui raconta l'incident et lui demanda de faire ramener les hommes, ce qu'il promit de faire. Plusieurs pirogues, sous le commandement de Moana, un vieux chef, et Ariipaea (chef de Pare), frère de Mate, furent envoyés à leur poursuite avec des instructions sur la manière de les capturer par ruse.

Trois semaines avaient passé sans que l'on eût entendu parler d'eux, lorsque, le 15 février, Hitihiti[1] (le même dont parlait Cook) vint à bord et informa M. Bligh qu'ils avaient accosté dans le haut de Tetaha, à environ 6 milles dans l'ouest. M. Bligh fit alors armer la chaloupe et partit à leur recherche. Lorsqu'il arriva, les fugitifs lui déclarèrent qu'ils avaient chaviré à l'intérieur du lagon, avaient perdu un mousquet et failli se noyer. La nuit étant très mauvaise, il ne revint au navire que le lendemain matin et on mit les hommes aux fers. Après un mois

1. Cet homme avait passé sept mois avec le capitaine Cook à bord de la *Resolution* en 1773-1774, visitant les îles des Amis, la Nouvelle-Zélande, l'île de Pâques et les Marquises.

d'incarcération, Churchill fut puni de vingt-quatre coups de fouet et les autres de quarante-huit coups. Après quoi, ils reprirent leur travail et M. Hayward, sévèrement réprimandé pour négligence dans son service, fut remis en liberté et retourna à ses occupations.

Février 1789. – On constata peu de temps après que la petite amarre à l'avant avait deux brins de coupés, mais comme elle avait beaucoup de mou et disparaissait sous la coque, on ne s'en aperçut qu'à l'occasion d'un grain d'ouest qui fit surnager la partie coupée. On l'amena à bord et on lui fit une épissure avant que le vent ne devienne assez fort pour la rompre.

Cet incident provoqua de nombreux commentaires et une enquête sérieuse fut menée. Mais personne à bord ne put en donner une explication. Les officiers et la plupart des hommes pensaient en leur for intérieur qu'aucun indigène n'aurait été assez audacieux pour ce faire ; certains, au contraire, pensaient qu'ils en étaient capables, dans l'espoir d'être payés pour récupérer la bouée qui avait sombré, de même que leur aide avait été payée pour dégager les amarres des rochers lorsque le navire s'était échoué – ils avaient passé une amarre autour de la bouée qui avait coulé par 17 brasses de fond, travail dans lequel ils excellaient. Toutefois, et bien qu'ils ne fussent pas très portés à garder des secrets, celui-ci demeura entier, et nous n'en sûmes jamais rien.

Pendant que nous faisions de l'eau, tous les tonneaux furent envoyés à terre pour que le tonnelier les remette en état dans la tente. Au lendemain d'une nuit noire et pluvieuse, on constata qu'un poinçon avait disparu ainsi que du matériel de couchage. Un compas d'azimut (qui était gardé dans la tente pour faire des levés topographiques, M. Bligh ayant fait un levé précis du port et de la baie de Matavai) fut retrouvé brisé et une partie emportée. M. Bligh ayant appris cela, vint à terre et admonesta les officiers de la tente pour cette négligence dans leur service. Ils répondirent que la nuit était si noire et la pluie si violente qu'ils ne pouvaient ni entendre ni se voir, et que le voleur avait emporté un tonneau plein alors que des vides se trouvaient à proximité. M. Bligh s'en fut ensuite, plein de colère, chez Mate, exigeant que le voleur lui soit livré. Peu de temps après, le voleur et le tonneau étaient apportés à la tente, et Mate dit à Bligh de le fusiller, ce qui effraierait les autres et les empêcherait de voler.

Dès qu'il fut livré, on attacha le voleur et il fut conduit à bord où, après cent coups de fouet, on le mit aux fers. M. Bligh avait l'intention de le garder prisonnier jusqu'au départ, mais il trouva le moyen de s'échapper à l'insu de tous, sauf de la sentinelle, qui l'entendit plonger. Il disparut ensuite, l'obscurité favorisant sa fuite, et nous n'en avons plus entendu parler. Il avait observé, semblait-il, que le sous-officier rangeait les épissoirs près du mât de misaine, où il se trouvait lui-même, dans la cuisine. C'est avec une de ces épissoires qu'il brisa la serrure en la tordant avant de sauter par-dessus bord.

Vers la fin du mois de mars, nous avons mis le gréement en ordre et, M. Nelson ayant rassemblé un millier de plants d'arbres à pain, avec d'autres plants de valeur, nous les avons transportés à bord pour le 1er avril. Les indigènes, en dernier témoignage de leur amitié, nous comblèrent de cadeaux. Le navire était encombré de cochons, noix de coco, bananes vertes. Les bananes furent toutes portées à l'arrière et les cochons que M. Bligh décida de garder furent parqués à l'avant. Le reste tué ou vendu au gré de leurs propriétaires. Tous les tonneaux étaient pleins, et nous avions une bonne provision de bois.

Le 4, nous avons placé des bouées dans le chenal, et, la matinée étant calme, nous avons levé l'ancre et halé le navire hors du lagon. La brise s'étant levée, nous avons mis en panne pour mettre à bord les canots et les ancres, dont une perdit son jas, dévoré par les tarets. Le portrait du capitaine Cook fut alors envoyé à terre par Poino, le nom de la *Bounty* et le but de son voyage ayant été inscrit au dos.

Avril 1789. – Nous étions accompagnés par beaucoup de nos amis. Mate et Itia, avec beaucoup d'autres, restèrent à bord jusqu'à 3 heures de l'après-midi, puis furent envoyés à terre dans le petit cotre. Leurs adieux avec le lieutenant et les officiers furent attendrissants.

Le reste du groupe ayant regagné la terre, M. Bligh donna à Mate un mousquet, deux pistolets, de la poudre, des balles et des pierres à fusil et un coffre pour garder ses affaires et ses munitions – ce coffre contenant également tous les présents que M. Bligh lui avait faits. Le charpentier lui donna également un mousquet américain. Devant tous ces cadeaux, Mate semblait très heureux, mais incapable de s'exprimer en cette circonstance. Après avoir gagné la terre, ils renvoyèrent le cotre chargé de noix de coco et celui-ci fut hissé à bord.

Le travail ayant été particulièrement lourd, une double ration de grog a été donnée à tout l'équipage et, tout ayant été assuré, nous sommes partis à 5 heures faisant route à l'O-N-O, passant Moorea ou Aimeho dans la nuit. Chacun semblait de très bonne humeur et commençait déjà à parler du pays, supputant la durée du voyage et comptant son salaire. A les entrendre, on aurait cru qu'ils venaient de quitter la Jamaïque et non Tahiti, tant leur imagination les entraînait vers l'avenir.

A dix heures du matin, nous fûmes en vue de Huahine. L'équipage ayant été rassemblé, comme d'habitude, le grog fut presque entièrement supprimé pour malpropreté.

A midi, nous mîmes en panne devant le port de Fare pour demander des nouvelles de Omai[1], mais la seule information fut qu'il était mort depuis quelque temps. Les indigènes apportèrent des ignames et un ou deux cochons qui furent achetés pour M. Bligh.

Dans la soirée, nous avons fait voile, laissant Raiatea à tribord et faisant du SO jusqu'à minuit ; nous avons fait ensuite route à l'ouest, après avoir passé Raiatea et Tahaa et dit adieu aux îles de la Société.

On distribua alors des bananes à la place de pain, à raison de six par homme et par jour, avec une livre de porc frais. Lorsqu'elles furent épuisées, on distribua des

1. Omai était un indigène de Raiatea, que le capitaine Cook avait emmené en 1773 jusqu'en Angleterre et ramené à Tahiti en 1776.

ignames et du taro à raison d'une livre par jour jusqu'à l'arrivée à Nomuka.

Le dimanche 12, fut consacré à des exercices, mais le vent, tournant à l'ouest en grand frais, nous donna l'occasion de manœuvrer pour de vrai.

Le 13 nous avons découvert une île dont nous avons fait le tour ; elle paraissait entourée d'un récif, à l'intérieur duquel, dans une eau profonde, se trouvaient cinq ou six petits îlots. Trois indigènes se détachèrent du rivage dans une pirogue.

Le 15, le temps étant beau et calme, ils revinrent. Arrivés à bord, ils parurent très surpris de tout ce qu'ils voyaient, et se précipitèrent aux pieds de M. Bligh, lui offrant les nacres qu'ils portaient sur leur poitrine, suspendues à un collier de cheveux tressés. Celui-ci donna en retour à chacun un couteau et des perles de verre, ce qui parut leur faire grand plaisir bien qu'ils en ignorassent l'usage. Il leur donna également un jeune verrat et une truie, ayant appris qu'ils n'avaient pas ces animaux. Leur langue semblait différer de celui des îles de la Société, bien qu'ils connussent l'arbre à pain sous le même nom. Ils quittèrent le bord à regret. L'un d'eux particulièrement aurait voulu rester pendant que les autres allaient chercher des noix de coco. Mais il se faisait tard et nous ne pouvions rester. Ils s'éloignèrent à contre cœur, tournant la tête de notre côté tandis qu'ils pagayaient vers la terre. Les pirogues sont différentes de celles des îles de la Société, l'arrière et l'avant étant semblables ; elles sont de construction médiocre.

Dans la soirée une trombe passa près de nous entre 7 et

8 heures, nous faisant presque virer de bord. Après quoi, une brise se leva et nous reprîmes notre route.

Le 16 à 10 heures du soir, nous avons passé l'île Sauvage.

Le 19, nous avons atteint les îles de Kao et Tofua, deux îles de l'Archipel des Amis (constitué de nombreuses îles), mais les calmes et le courant nous empêcha de toucher l'île de Nomuka avant le 23. Elle se trouve à 48 ou 51 milles à l'ESE de Tofua, qui est un massif surmonté d'un volcan. Kao est un sommet pointu, ressemblant à un pain de sucre qui, par temps clair, peut être vu à 45 ou 60 milles de distance. Kao et Tofua ne sont distantes l'une de l'autre que de 6 milles.

Le 24, nous envoyâmes à terre une corvée d'eau et de bois.

Nomuka ou île de Rotterdam avait été découverte par Tasman, le navigateur hollandais, qui avait réduit les indigènes à la soumission. Cependant, leur attitude présente semble plutôt dictée par leur connaissance des armes à feu. Ils tentaient de s'emparer des tonneaux de la corvée d'eau et des haches à la corvée de bois, mais lorsqu'on les visait avec un mousquet, ils nous retournaient le compliment en brandissant leur massue ou leur lance avec un regard menaçant. Or, le lieutenant Bligh avait donné l'ordre strict de ne les affronter en aucun cas, si bien que, leur insolence n'amenant aucune riposte, ils se trouvaient encouragés. En fait, ils devinrent si gênants que M. Christian, qui commandait la corvée d'eau, jugea difficile d'accomplir son travail. S'en étant ouvert au lieutenant Bligh, il se fit traiter par celui-ci de lâche. Comme M. Bligh lui demandait si, lui un homme armé, il avait peur d'une bande de sauvages nus, M. Christian lui répondit :

— Les armes ne sont d'aucune utilité tant que vos ordres interdisent de s'en servir.

Dans la matinée du 25, M. Fryer fut envoyé avec le cotre, armé pour protéger la chaloupe. Mais, à peine avait-il mouillé son grappin, que les indigènes trouvèrent le moyen de le détacher de l'amarre – ils remuaient le fond pour rendre l'eau trouble et plongeaient ensuite pendant que d'autres entouraient le bateau. Un homme reçut l'ordre de tenir l'amarre dans sa main. Malgré cela, ils réussirent à emporter le grappin avant le départ du bateau, sans que l'homme qui était à l'avant ne s'aperçoive qu'il y avait du mou dans l'amarre. M. Frayer insista auprès des chefs pour qu'ils rapportent le grappin, sans succès, et fut obligé de supporter sa perte.

Lorsque les bateaux rentrèrent, il informa le lieutenant Bligh de ce qui s'était passé. Celui-ci en parla aux chefs qui étaient à bord, sans plus de succès, malgré de belles promesses de leur part.

Pendant notre séjour, les indigènes vinrent en grand nombre à bord pour faire du troc de cochons, poulets, ignames, noix de coco, etc. dont ils semblaient très bien connaître la valeur. Ils ne voulaient pas se défaire d'une seule banane sans recevoir quelque chose en échange. Plusieurs chefs et autres personnages importants restaient à bord, et il n'était pas rare de voir une centaine de pirogues autour du navire. Leurs pirogues portent de deux à quarante hommes. Elles sont équipées pour la voile, avec des manœuvres de bonne qualité et de grandes voiles utilisées de différentes manières, les unes étant hissées à l'aide d'une drisse, les autres ayant une vergue pouvant tourner autour du mât, l'extrémité de la vergue étant retenue au vent par une écoute de 12 à 15 centimètres de section, faite de bourre de coco et tressée à trois brins. Les voiles ont une forme triangulaire avec vergue et bôme, elles sont faites de nattes doublées et cousues ensemble, certaines de ces bômes étaient plus longues et plus grosses que notre vergue de misaine. Les pirogues qui hissent et amènent leurs voiles naviguent au plus près de la même manière que les praos des Ladrones, l'avant et l'arrière étant semblables. Les autres sont différentes, et naviguent toujours par l'avant. Elles sont bien construites et bien finies. Sur une mer calme, elles ont une vitesse étonnante, mais dans une mer agitée, elles sont impossibles à manœuvrer.

Leurs hameçons sont faits de nacre, d'os et d'écaille de tortue. Ils en possèdent en grande quantité. Leurs armes consistent en bâtons de trois pieds de long d'un bois dur agréablement sculpté et incrusté d'os et de nacre. De longues lances munies de pointes de 7 à 8 centimètres de long régulièrement réparties sur un mètre de longueur, des arcs d'environ 2 mètres de hauteur d'un bois très souple, les flèches étant terminées par une épine de raie. Ils ont également des frondes en bourre de coco tressée.

Leurs vêtements sont les mêmes pour les deux sexes. Ils consistent principalement en une pièce d'étoffe ou de natte, attachée à la ceinture et descendant au-dessous du genou. La natte est surtout portée à la mer. Il y en a de plusieurs sortes, bien fabriquées. Leur étoffe vient du mûrier et ils ont un procédé pour l'enduire d'un vernis qui la rend imperméable ; elle est teinte en marron et noir, ce qui lui donne un aspect très élégant.

Les deux sexes enduisent leurs cheveux de chaux ou de coquilles brûlées qui, bien qu'étant noires, tournent rapidement au rouge, au pourpre et au blanc. L'attitude des hommes, quoique franche, a quelque chose qui impressionne défavorablement les étrangers ; impression renforcée par leur comportement, qui ne correspond pas à leur réputation.

Nous pouvions voir de nombreuses poteries, bien faites, et plusieurs ustensiles curieux et ingénieux ; leurs pirogues semblent être les mieux construites et les mieux finies de toutes celles que nous ayons vues, quoique moins grandes que d'autres. Elles paraissent bien adaptées à leur mer, qui est assez calme, en raison des récifs entourant des lagons de peu de profondeur.

Les hommes et les femmes sont d'une taille normale, d'une couleur cuivrée, et bien faits. Leurs femmes sont belles, mais savent mettre un prix à leurs faveurs. Les hommes sont tatoués de la ceinture jusqu'aux genoux, ce qui leur donne l'air de porter une culotte. Les femmes ne sont pas tatouées, mais portent sur leurs épaules des cercles de diamètres différents, taillés dans la peau à l'aide de bambous brûlants. Beaucoup de personnes des deux sexes ont soit une partie, soit la totalité du petit doigt qui manque. Nous crûmes comprendre que cette amputation était faite en mémoire d'amis décédés.

Ayant fait le plein d'eau, embarqué du bois et de grandes quantités d'ignames, de noix de coco, de bananes etc., le 26, nous avons hissé les canots à bord. Comme il n'y avait que des brises légères, et que les trois chefs avaient promis à M. Bligh que le grappin lui serait rendu s'il voulait bien attendre le retour de la pirogue envoyée à sa recherche, deux heures de liberté furent données aux gens pour se livrer au commerce. Cette île étant probablement la dernière où la monnaie de fer avait autant de valeur, tous se mirent à acheter des nattes, des lances et autres curiosités, ainsi que des provisions personnelles d'ignames, de noix de coco, etc. Le navire était si encombré qu'il était presque impossible de s'y déplacer.

Vers midi, nous avons levé l'ancre et la mîmes à poste. Sous hunier de misaine bordé à contre, nous nous sommes tenus dans l'ouest par une brise légère.

L'équipage fut armé et aligné tandis que les chefs faits prisonniers recevaient l'ordre de se tenir à l'arrière, et les pirogues celui de s'éloigner du navire. Ceci déplut beaucoup aux chefs, qui furent conduits à la salle du mess, suivis de M. Bligh, qui leur fit décortiquer des noix de coco pour son dîner. Il remonta ensuite sur le pont et fit rompre les rangs, sauf à deux hommes qui restaient sous les armes. Il haranguait les officiers et les hommes, leur disant qu'ils étaient une bande de canailles maladroites et qu'il serait capable de les désarmer tous avec quelques solides bâtons. Pointant un pistolet sur McCoy, il menaça de lui tirer dessus pour inattention.

Vers 4 heures, on se tint en en panne, les pirogues étant parties, sauf une pirogue double ayant à son bord des femmes qui pleuraient et se tailladaient le visage et les épaules d'une façon terrible. De même, le plus âgé des chefs se donnait de violents coups sur le visage, se coupant les pommettes à coups de poing. Sans signe du grappin, M. Bligh fit signe à la pirogue de s'approcher et les renvoya tous avec des présents, qu'ils acceptèrent. Le plus jeune se serait défait de son vêtement de natte, s'il en avait eu la permission, mais les autres semblaient réprimer avec difficulté leur ressentiment, sans pouvoir se venger de l'insulte. Toutefois, ils s'en furent, prenant la direction de l'île. A bord, l'opinion générale était qu'ils se souviendraient de cette journée, et que, si un navire pauvrement armé s'aventurait ici, ils lui en feraient supporter les conséquences.

Les produits de ces îles sont, sous tous les rapports, semblables à ceux des îles de la Société, mais ils cultivent la terre avec beaucoup de difficultés. Leurs ignames sont les plus gros du monde et aussi bons que ceux des Antilles ou des Indes orientales. Ils sont médiocrement arrosés, la seule réserve d'eau à Nomuka étant une mare stagnante, qui disparaît sans doute si la saison est très sèche. Ceci ne doit pas beaucoup déranger les indigènes, qui utilisent peu d'eau dans la préparation de leur nourriture – les noix de coco leur fournissent la boisson en cas de besoin. Leurs animaux sont les mêmes qu'aux îles de la Société, mais les cochons sont en général petits. Les récifs abondent en poissons de bonne qualité.

Les noix de coco sont ici très volumineuses, mais leur coque est d'un grain grossier ; certaines d'entre elles contiennent jusqu'à 2 litres et demi, et les indigènes les utilisent comme réserves d'eau dans leurs pirogues.

Notre séjour ayant été trop court pour nous permettre

d'étudier les mœurs et coutumes de ces populations, je renvoie le lecteur au voyage du capitaine Cook, qui en a donné une description très détaillée, et j'en reviens à une partie plus intéressante des événements.

Une fois les chefs étant partis, les voiles furent hissées, mais le vent étant tombé, nous avons fait très peu de route pendant la nuit.

En approchant de Tofua, nous avons aperçu des colonnes de fumée et des flammes échappées du volcan, qui paraissait très important.

Le temps ne changea pas, notre position non plus, à 7 ou 8 lieues de l'île pendant toute la journée, faute de brise.

Dans l'après-midi du 27, le lieutenant Bligh, monté sur le pont pour faire un tour sur le gaillard d'arrière, constata qu'il manquait des noix de coco dans le tas placé entre les canons. Il dit qu'elles avaient dû être volées, et qu'elles n'avaient pu disparaître sans que les officiers n'en aient eu connaissance. Ceux-ci, rassemblés, déclarèrent qu'ils n'avaient vu personne les toucher, ce à quoi M. Bligh répliqua :

— Alors vous avez dû les prendre vous-mêmes.

Et il se demanda à chacun combien ils en avaient acheté. Quand il en fut à M. Christian, celui-ci répondit :

— Je ne sais pas, Monsieur, mais j'espère que vous ne me croyez pas assez vil pour m'être rendu coupable d'avoir pris les vôtres.

M. Bligh répondit :

— Si, damné chien, je le crois, vous avez dû les voler, sans quoi vous seriez plus à même de m'en donner le compte. Dieu vous damne, canailles, vous êtes des voleurs et de connivence avec l'équipage pour me voler ; je suppose que bientôt vous volerez mes ignames, mais je vous en ferai voir, gredins, et je ferai sauter la moitié d'entre vous par-dessus bord avant que vous n'arriviez au détroit d'Endeavour.

Il appela ensuite M. Samuel et lui dit :

— Supprimez la ration de grog de ces scélérats et donnez-leur seulement une demi-livre d'ignames demain. S'ils volent encore, je la réduirai à un quart.

Les noix de coco furent portées à l'arrière et le lieutenant quitta le pont. Les officiers se réunirent. On pouvait les entendre se plaindre avec véhémence d'un tel traitement. Parmi l'équipage, on pensait que les ignames seraient bientôt confisquées, car le lieutenant n'ignorait pas qu'ils en avaient acheté de grandes quantités. Ils se hâtèrent de les cacher du mieux qu'ils pouvaient.

La nuit étant calme, nous ne fîmes pas de route et, le matin du 28, le maître d'équipage vint à mon hamac et me réveilla. A ma grande surprise, il m'annonça que le navire avait été saisi par M. Christian.

Le récit de James Morrison reprend p. 209, après la version des faits donnée par le capitaine Bligh.

QUARANTE-HUIT JOURS SUR UNE CHALOUPE

Journal de William Bligh

An Account Of The Mutiny On Board The Said Ship,
de William Bligh,
extrait de *A Voyage to the South Sea*.
Traduit en français en 1790, à Paris,
sous le titre *Relation de l'enlèvement du navire la Bounty*

Le titre original de l'édition française du récit écrit par William Bligh est Relation de l'enlèvement du navire le Bounty, appartenant au Roi d'Angleterre, & commandé par le Lieutenant Guillaume Bligh ; avec le voyage subséquent de cet Officier & d'une partie de son équipage dans la Chaloupe, depuis les îles des Amis dans la mer du Sud, jusqu'à Timor, établissement hollandais aux îles Moluques. Ecrit en Anglais par M. William Bligh, lieutenant de la Marine d'Angleterre ; & traduit par Daniel Lescallier... *La page de garde nous apprend qu'il fut publié en 1790 à Paris, chez Firmin-Didot, le célèbre libraire (comprendre éditeur et imprimeur) sis au numéro 116 de la rue Dauphine. Ces informations que, dans les métiers de l'édition, on appelle* mentions légales *ont ici une importance considérable puisqu'elles nous apprennent que le livre en français est paru l'année même du retour de l'auteur – arrivé en Angleterre le 14 mars 1790 de Batavia* via *Le Cap.*

On peut supposer que William Bligh avait déjà rédigé son récit, ou du moins qu'il en avait effectué une première écriture durant sa traversée – deux mois entre les Indes néerlandaises à la pointe orientale de l'Afrique, deux mois et demi entre Le Cap et Portsmouth. En effet, Narrative of the Mutiny on the Bounty and the Voyage of the Ship's Launch *fut publié à Londres, par George Nicol, sans doute dans les premières semaines de son retour, puisque la traduction française fut disponible avant la fin de la même année, commercialisée dans le même temps à Paris et à Amsterdam.*

On peut s'interroger aujourd'hui sur le succès immédiat que connut, des deux côtés de la Manche, le récit de Bligh. Les raisons en sont différentes : dans l'Angleterre royaliste attachée à sa Royal Navy, le public se laissa sans doute emporter par la fascination qu'exercent toujours les grandes transgressions – or dans l'univers maritime, la mutinerie à bord en constitue une des plus graves. Dans la France de 1790, il n'en allait pas de même, au contraire.

Cette année-là à Brest, 20 000 marins se sont mis en grève et ont empêché une escadre d'appareiller. La Société des Amis de la Constitution nomme des sortes de commissaires politiques sur les navires de guerre, surveille les bureaux de la Marine et n'hésite pas à s'opposer aux décisions du ministre. Pour les Républicains, le refus d'obéir aux officiers – surtout s'ils sont issus de la noblesse – relève des droits du citoyen. L'affaire de la mutinerie de la Bounty intéresserait donc plutôt à titre… documentaire. Sans doute fut-on aussi passionné par l'extraordinaire voyage de ces marins isolés au beau milieu de populations non seulement hostiles mais réputées anthropophages. Mais seuls les gens de mer étaient capables d'apprécier le caractère exceptionnel de la navigation effectuée sous le commandement de Bligh.

Aujourd'hui, plus que la mutinerie sur laquelle tout ou presque a été dit, écrit et publié, c'est l'exploit accompli par la chaloupe de la Bounty *qui passionne le lecteur.*

Réfléchissons à ce que cache ce « voyage subséquent » *résumé dans le titre. Quelques chiffres suffisent à en donner la mesure. Dix-neuf hommes entassés dans une embarcation ouverte longue de sept mètres parcoururent 3 600 milles (6 667 kilomètres) en quarante-huit jours. Dans l'histoire de la navigation, on ne connaît guère d'expériences comparables. On songe aux survivants du baleinier* Essex *en 1820, traversant une partie du Pacifique dans des baleinières de neuf mètres, entre les confins de la Polynésie et le Chili ; ou encore à Shackleton, en 1916, sur le* James Caird, *un canot de sept mètres, entre la péninsule Antarctique et la Géorgie du Sud*[1]. *Dans le cas de la chaloupe de la* Bounty, *une particularité : sur sa route se succèdent des îles et des côtes qui pourraient offrir de nombreux refuges et des possibilités de ravitaillement. Mais, partout, les « naturels » sont hostiles, de telle sorte qu'accoster est un danger mortel, plus encore que la soif et la faim !*

Le lecteur qui découvre ce livre en ne connaissant de la mutinerie que ce que les films en ont montré ne manque pas d'être surpris de trouver dans l'ex-commandant de la Bounty *un marin hors pair et un meneur d'hommes exemplaire. L'homme a-t-il changé ? Non, sans doute, mais les circonstances oui. Toutefois, avant de se faire de William Bligh une image favorable, il est bon de connaître la suite de son histoire. En 1804, le commandant de la* Bounty *passera devant une cour martiale à la suite d'une*

1. Ces deux aventures sont racontées dans *Les Baleiniers, témoignages,* Omnibus 2013, et *Les Naufragés, témoignages vécus*, Omnibus 2014.

plainte déposée par un de ses lieutenants pour « tyrannie, comportement indigne d'un officier, conduite indigne d'un gentleman », à la suite de quoi il recevra un blâme. Plus tard, alors qu'il est gouverneur de la Nouvelle-Galles du Sud, il devra affronter encore une révolte, celle des officiers du New South Wales Corps, mais on peut s'interroger sur le fondement de cette mutinerie : les militaires réagissent à une interdiction stricte de se livrer aux trafics d'alcool !

J'appareillai de Tahiti[1] le 4 avril 1789, ayant à bord 1 015 plants d'arbres à pain et plusieurs autres d'arbres fruitiers très précieux de ces contrées, que nous avions rassemblés par une suite constante d'attentions, pendant cinq mois et dix jours, et qui se trouvaient, au moment du départ, dans l'état de la végétation la plus parfaite.

Le 11 avril, je découvris une île par la latitude de 18° 52' sud et par 200° 19' de longitude[2] orientale.

Cette île est nommée par les naturels du pays Ouaï-toutaki [sans doute Aitutaki, îles Cook] Le 24, nous mouillâmes à Nomouka, l'une des îles des Amis [Tonga] ; nous y complétâmes notre provision d'eau et de bois et nous en repartîmes le 27, ayant tout lieu d'espérer de conserver nos plants qui étaient dans le meilleur état possible.

Le 28 au soir, à cause des vents trop faibles, nous n'étions pas encore hors de ces îles, et je fis porter cette nuit le cap vers l'île de Tofua. Le maître commandait le premier quart, le canonnier celui de minuit, et M. Christian, l'un des officiers, *(Mates)* celui du matin ; c'est ainsi que les tours de service se trouvaient réglés pour cette nuit.

---

1. Le mot utilisé par les traducteurs de 1790 est O-Taïti. Nous l'avons remplacé para le nom en usage aujourd'hui. *Toutes les notes sont de l'éditeur, sauf mention contraire.*

2. Les longitudes notées sont prises à partir du méridien de Greenwich.

Un moment avant le lever du soleil, M. Christian avec le capitaine d'armes, le second canonnier et le nommé Thomas Burket matelot, entrèrent dans ma chambre pendant que je dormais encore : ils me saisirent, me garrottèrent les mains derrière le dos, me menaçant de me tuer à l'instant si je parlais ou si je faisais le moindre bruit. Leurs menaces ne m'empêchèrent pas de crier de toute ma force pour avertir tout l'équipage ; mais les rebelles s'étaient déjà emparés des officiers qui n'étaient pas de leur complot et avaient placé des sentinelles à leurs portes. Outre les quatre qui étaient entrés dans ma chambre, il y avait trois hommes à ma porte. Christian n'avait qu'un sabre à la main ; les autres étaient armés de fusils avec leurs baïonnettes. Ils m'arrachèrent de mon lit, me traînèrent en chemise sur le gaillard, me faisant beaucoup souffrir pour m'avoir attaché les mains de nœuds très serrés. Je leur demandai la raison de cette violence : mais pour toute réponse ils me menacèrent de me tuer à l'instant si je ne me taisais pas.

M. Elphinston, premier lieutenant (*Master's Mate*) était prisonnier dans sa chambre ainsi que M. Nelson, botaniste, M. Peckover maître canonnier, M. Ledward chirurgien, et le maître : il en était de même de M. Samuel le secrétaire, mais ce dernier obtint bientôt après la permission de monter.

L'écoutille de l'avant était gardée par des sentinelles : le maître d'équipage et le maître charpentier, eurent cependant la liberté d'en sortir pour monter sur le gaillard d'avant, d'où ils me virent en arrière du mât d'artimon, avec les mains liées derrière le dos, gardé par des sentinelles qui avaient Christian à leur tête.

Alors ils ordonnèrent au maître d'équipage de mettre la chaloupe à la mer, le menaçant de le maltraiter s'il n'exécutait pas cet ordre sans le moindre délai.

La chaloupe étant mise à la mer, ils y firent embarquer M. Hayward et M. Hallet, aspirants (*Midshipmen*), de même que M. Samuel.

Je leur demandai pourquoi ils donnaient un pareil ordre et je fis tout mon possible pour ramener l'un ou l'autre aux sentiments de la subordination ; mais ce fut en vain ; leur réponse constante fut :

— Taisez-vous, ou vous êtes un homme mort.

Le maître, alors, ayant demandé de monter, en obtint la permission ; mais on l'obligea bientôt après de redescendre dans sa chambre.

Je continuai mes efforts pour ramener les esprits ; mais Christian, ayant changé le sabre qu'il tenait pour une baïonnette qu'on lui apporta, me serra durement par la corde qui tenait mes mains attachées et me menaça de me massacrer à l'instant si je ne me tenais pas tranquille. Les rebelles qui m'entouraient avaient leurs fusils armés et garnis de baïonnettes. Ils appelèrent par leurs noms diverses personnes de l'équipage, qu'ils obligèrent à sortir à la hâte du bord et à se précipiter dans la chaloupe. Je jugeai alors que leur projet était de m'abandonner à la dérive avec ces gens ; cette idée me détermina à faire une nouvelle tentative pour changer leur résolution ; mais je n'en obtins qu'une menace de me faire sauter la cervelle.

On laissa au maître d'équipage et aux matelots qui étaient destinés pour la chaloupe la liberté de ramasser du fil de caret, de la toile, des lignes, des voiles, quelques cordages, un tierçon contenant environ 98 pintes d'eau ; et le charpentier prit son coffre d'outils. M. Samuel prit cent cinquante livres de biscuit et une petite quantité de rhum et de vin. Il emporta aussi un quadrant[1] et un compas de route ; mais on lui défendit, sous peine de mort, de toucher ni carte, ni éphéméride, ni livre d'observations astronomiques, ni sextant, ni horloge, ni aucun de mes relevés ou dessins.

Les révoltés se pressèrent de faire passer dans la chaloupe ceux dont ils avaient intention de se débarrasser : lorsque la plupart y furent embarqués, Christian fit donner un coup de rhum à chacun de ceux qu'il gardait pour son équipage.

C'est alors que je fus pleinement convaincu qu'il n'y avait plus aucun espoir de reprendre mon autorité ; personne ne fit mine de me soutenir et tous mes efforts ne produisirent que des menaces d'une mort instantanée.

Ils appelèrent les officiers, les obligèrent à passer dans la chaloupe. Pendant ce temps, j'étais gardé derrière le mât d'artimon et séparé de tous les autres ; Christian toujours armé d'une baïonnette et me tenant par les cordes

---

1. Le quadrant est l'ancêtre du sextant : un instrument destiné à mesurer la hauteur d'un astre au-dessus de l'horizon, ou bien la distance angulaire entre deux astres. La différence fondamentale entre les deux est que le quadrant autorise des mesures jusqu'à 90° (hauteur maximale possible du soleil), tandis que le sextant va jusqu'à 120° (ce qui élargit le champ des mesures angulaires entre astres ou amers terrestres). *Note de DLB.*

qui tenaient mes deux mains garrottées. La garde dont j'étais entouré avait toujours ses fusils prêts à tirer, mais comme je défiai ces malheureux de faire feu, ils remirent leurs fusils en arrêt.

Je m'aperçus qu'Isaac Martin, l'un des hommes qui me gardaient, avait le désir de me secourir : comme il me donnait du chadec [pamplemousse] pour me rafraîchir les lèvres (que j'avais desséchées et brûlantes à force de crier pour tâcher de ramener ces mutins à la raison), nos regards échangèrent nos sentiments ; mais comme on s'en aperçut, on éloigna Martin à l'instant. Il prit alors la résolution de quitter le vaisseau et s'embarqua à ce dessein dans la chaloupe, mais à force de menaces, les mutins l'obligèrent à remonter à bord.

L'armurier, nommé Joseph Coleman, et les deux charpentiers McIntosh et Norman, furent aussi retenus contre leur gré ; et lorsque je fus sur l'arrière de la chaloupe, ils me prièrent de me ressouvenir de la déclaration qu'ils me firent de n'avoir point trempé dans cette affaire. On m'a assuré que le nommé Michael Byrne avait eut également envie de quitter le vaisseau.

Il importe peu que je raconte par détail tous les efforts que je fis pour ramener ces révoltés à l'ordre et à la subordination ; je n'avais d'autre moyen que de leur parler à tous en commun ; mais toutes mes peines furent perdues. J'étais fortement lié et bien gardé et nul ne pouvait m'approcher que mes ingrats satellites.

C'est à M. Samuel que j'ai eu l'obligation d'avoir sauvé mes journaux, mes instructions, de même que quelques papiers essentiels du vaisseau. Sans cela, je n'aurais aucun moyen de montrer ce que j'ai fait, mon honneur pourrait être compromis et ma conduite soupçonnée, ne pouvant donner aucune pièce au soutien de ma défense. Il s'acquitta de ce service important avec zèle et courage, malgré qu'il fût strictement gardé et surveillé. Il essaya de me sauver aussi une horloge et une cassette qui renfermait tous mes plans, dessins et remarques diverses (fruit de quinze ans de travail, et qui étaient en grand nombre) mais on la lui fit laisser, en jurant et lui disant qu'il était bien heureux d'avoir pris tout ce qu'il avait déjà.

Il me sembla que Christian avait douté quelque temps s'il garderait le maître charpentier ou ses aides ; mais il se décida pour les derniers, et le maître charpentier eut ordre de s'embarquer dans la chaloupe : on lui permit, non sans opposition, d'emporter son coffre d'outils.

Il y eut de grands débats pendant toute cette transaction, parmi la partie révoltée de l'équipage : quelques-uns d'eux, parlant de moi, s'écriaient en jurant :

— Dieu me damne s'il ne trouve pas sa route, si nous lui laissons rien emporter.

D'autres voyant emporter la caisse d'outils du charpentier :

— Le diable m'emporte s'il n'a pas fait construire un bâtiment dans un mois de temps.

D'autres riaient en voyant la situation désespérée d'une pareille chaloupe, qui avait beaucoup de creux, peu de largeur, et qui ne pouvait contenir tous ceux qu'on y avait entassés. Quant à Christian, il avait l'air sombre, on aurait dit qu'il méditait sa propre destruction et celle de tout son équipage.

Je demandai quelques armes : ils se moquèrent de moi, me disant que je n'en avais pas besoin parce que je connaissais parfaitement les gens chez qui j'allais. Cependant, après que nous eûmes filé la chaloupe de l'arrière, on nous jeta quatre sabres.

Lorsque les officiers et les matelots furent embarqués dans la chaloupe, sans qu'il m'eût été permis d'avoir aucune communication avec eux, on n'attendait plus que moi. Le capitaine d'armes en informa Christian, qui me dit alors :

— Allons, capitaine Bligh, vos officiers et votre équipage sont dans la chaloupe, il faut les y suivre ; et si vous tentez de faire résistance, vous serez à l'instant mis à mort.

Et sans autre cérémonie, me tenant par la corde qui me liait les mains, cette troupe de malheureux m'entourant, je fus jeté de force hors du bord, et alors ils me détachèrent les mains. Aussitôt que je fus dans la chaloupe, ils nous filèrent en arrière du vaisseau par le moyen d'une corde : on nous jeta quelques pièces de cochon salé, quelques habillements, et les sabres dont j'ai déjà fait mention. Ce fut dans cet instant que l'armurier et les deux charpentiers m'appelèrent, pour me déclarer qu'ils n'avaient aucune part à cette transaction. Après m'avoir fait subir mille plaisanteries et m'avoir gardé ainsi quelque temps pour leur servir de jouet, ces indignes rebelles nous laissèrent enfin aller en dérive sur le grand océan.

Voici la liste des hommes
que j'avais avec moi dans la chaloupe.

LEURS NOMS	LEURS EMPLOIS
Jean Fryer	Maître,
Thomas Ledward,	Faisant fonctions de chirurgien,
David Nelson,	Botaniste,
William Peckover,	Maître canonnier,
William Cole,	Maître d'équipage,
William Purcell,	Maître charpentier,
William Elphinston,	Officier du vaisseau
Thomas Hayward,	Elève de la marine,
John Hallet,	Elève de la marine,
John Norton,	Quartier-maître,
Peter Linkletter,	Quartier-maître,
Lawrence Lebogue,	Maître voilier,
John Smith,	Cuisinier,
Thomas Hall,	Cuisinier,
George Simpson,	Bosseman,
Robert Tinkler,	Mousse,
Robert Lamb,	Boucher,
M. Samuel,	Secrétaire.

Faisant 18 hommes et en m'y comprenant, 19.

Liste de ceux qui sont restés à bord du vaisseau comme pirates.

LEURS NOMS	LEURS EMPLOIS
Fletcher Christian,	Officier du vaisseau,
Peter Heywood,	Elève de la marine,
Edward Young,	Elève de la marine,
George Stewart,	Elève de la marine,
Charles Churchill,	Capitaine d'armes,
John Mills,	Second canonnier,
Jack Morrison,	Second maître d'équipage,
Thomas Burkin,	Matelot,
Matthew Quintal,	Matelot,
John Summer,	Matelot,
John Millward,	Matelot,
William Mac-Koy,	Matelot,
Henry Hillgrant,	Matelot,
Michael Byrne,	Matelot,
William Musprat,	Matelot,
Alexander Smith,	Matelot,
John Williams,	Matelot,
Thomas Ellison,	Matelot,
Isaac Martin,	Matelot,
Richard Skinner,	Matelot,
Matthew Thompson,	Matelot,
William Brown,	Jardinier,

Joseph Coleman,	Armurier,
Charles Norman,	Second charpentier,
Thomas McIntosh,	Aide charpentier.

En tout 25 hommes, le choix de tout l'équipage.

Comme nous n'avions que peu ou point de vent, nous fîmes route à l'aviron avec assez d'avantage, nous dirigeant vers Tofô qui nous restait au N. E. à la distance d'environ dix lieues.

Pendant que nous eûmes le vaisseau en vue, il porta le Cap à l'ouest-nord-ouest ; mais je pensai que ce n'était qu'une feinte, parce que, dans le moment où on nous avait laissé aller en dérive, nous avions entendu les révoltés crier avec transport, à plusieurs reprises : « *Hourrah pour Tahiti* ».

CHRISTIAN, capitaine de cette bande, est né de parents respectables, dans le nord de l'Angleterre.

C'était son troisième voyage avec moi ; et comme j'avais jugé nécessaire de partager mon équipage en trois quarts, je l'avais chargé d'un de ces quarts, qu'il était parfaitement capable de bien commander : par ce moyen, le maître et le maître canonnier, ne faisaient pas le quart alternativement à eux deux, comme c'est l'usage.

HEYWOOD est aussi né d'une famille respectable du nord de l'Angleterre : c'est un jeune homme rempli de capacité, ainsi que Christian. Ils étaient l'un et l'autre l'objet de mes égards et de mes attentions particulières ; j'avais pris beaucoup de peine à leur donner de l'instruction, parce qu'ils promettaient beaucoup de faire honneur à leur patrie dans la profession qu'ils avaient embrassée.

YOUNG m'avait été bien recommandé : il me paraissait être un excellent et hardi marin. Je me réjouissais d'avoir fait cette acquisition, mais je fus bien trompé par l'apparence.

STEWART était un jeune homme appartenant à de très honnêtes parents des îles Orcades. Nous avions reçu tant de témoignages d'amitié dans ce pays, en 1780 (au retour de la *Résolution* de son voyage dans les mers du Sud) que ce seul motif aurait suffi pour m'engager à prendre avec moi ce marin : mais outre cette raison, qui parlait en sa faveur, il était instruit dans le métier et s'était toujours bien comporté.

Malgré la dureté avec laquelle je fus traité, le souvenir de mes bontés passées parut causer quelques remords à Christian. Pendant qu'on me mettait de force hors du bord, je lui demandai si c'était-là sa reconnaissance pour toutes les preuves qu'il avait eues de mon amitié ? Ma question parut le troubler et il me répondit avec beaucoup d'émotion :

— Oui, capitaine Bligh. Oui, c'est juste. Je suis en enfer, je suis en enfer.

Aussitôt que j'eus le temps de la réflexion, j'éprouvai une satisfaction intérieure qui soutint mon courage : fort de ma conscience et de mon intégrité, assuré d'avoir mis toute la sollicitude que je devais à l'exécution de ma mission, je me trouvai merveilleusement consolé ; et je commençai à concevoir l'espérance de pouvoir un jour, malgré cette horrible infortune, rendre compte à mon roi et à ma nation de ce désastre. Il n'y avait que quelques heures que j'étais sorti de la situation la plus flatteuse : je commandais un vaisseau dans le meilleur état, bien fourni de tout ce qui lui était nécessaire pour remplir sa mission et pour la santé des hommes. Mon attention à tous ces détails, m'avait fait pourvoir, autant qu'il avait été possible, à tous les accidents qui pouvaient m'arriver, dans le cas où je n'aurais pas pu passer le détroit de l'Endeavour, ou aux divers événements qui pourraient survenir dans ce passage.

Les plans que j'avais procurés, étaient dans l'état le plus florissant : je pouvais raisonnablement regarder mon voyage comme au deux tiers fait : je n'avais, pour ce qui me restait à faire, qu'une perspective avantageuse. Tous les individus qui étaient à bord, jouissaient de la meilleure santé, et j'avais mis la plus grande attention à la leur conserver.

Il sera naturel de demander quel a pu être le motif d'une pareille révolte ? Je ne puis répondre que par une conjecture : les rebelles s'étaient assuré que le séjour de Tahiti leur offrait une vie plus heureuse que celui d'Angleterre ; cette idée jointe à quelques inclinations pour des femmes de ce pays, montre probablement la source de toute cette aventure.

Les femmes de Tahiti sont belles, douces, agréables dans leurs manières, leur conversation est enjouée, elles ont beaucoup de sensibilité ; et leur délicatesse est bien capable d'inspirer pour elles des sentiments d'admiration et d'amour. Les chefs de cette île avaient montré tant d'attachement à nos gens, qu'ils avaient eu l'air plutôt de les encourager à rester parmi eux que de les en détourner, et même ils leur avaient promis de grandes possessions. Ces considérations et d'autres secondaires non moins engageantes, peuvent faire concevoir comment une troupe de marins, la plupart ne tenant à rien dans leur pays, a pu se laisser entraîner à une pareille démarche, quoiqu'il fût presque impossible de la prévoir d'avance. On doit encore observer que ces hommes, outre des motifs aussi séduisants, voyaient la possibilité de s'établir au milieu de l'abondance, dans la plus belle île de l'univers, où ils seraient exempts de travail et où les attraits de la dissipation et des plaisirs surpassent tout ce qu'on peut imaginer.

Malgré toutes ces raisons, un commandant ne pouvait prévoir que quelques gens de son équipage pourraient être tentés de déserter : si on avançait qu'un capitaine doit être toujours en garde contre les actes de mutinerie et de piraterie à son bord, et prendre à cet égard d'autres précautions que les règles ordinaires du service ; on ferait aussi bien de dire, qu'il doit s'enfermer dans sa chambre pendant son sommeil et être, lorsqu'il veille, toujours armé de pistolets.

Plusieurs des vaisseaux qui ont fréquenté les îles de la Société, ont essuyé plus ou moins de désertions ; mais leurs capitaines ont toujours pu se faire rendre leurs déserteurs par les chefs du pays : d'après cela, je pense que c'est la connaissance qu'avaient mes gens du peu de sûreté qu'il y avait à déserter, qui leur fit combiner qu'il serait beaucoup plus aisé d'enlever le bâtiment par surprise, et qu'il ne se présenterait jamais pour eux une pareille occasion.

Ce qui passe toute mon imagination est le secret qui a été gardé dans ce complot. Treize hommes de ceux qui étaient avec moi dans la chaloupe, avaient toujours vécu en avant avec l'équipage ; et cependant, ni eux, ni les compagnons de gamelle de Christian, de Stewart, d'Heywood et de Young n'avaient jamais rien observé qui pût leur donner le moindre soupçon de ce qui se tramait. Il est possible que, si j'eusse eu à bord un détachement de troupes de marine, une sentinelle placée à la porte de ma chambre, cela aurait pu empêcher la réussite de cette révolte. Je dormais avec ma porte toujours ouverte, afin que l'officier de quart pût à tout moment venir me parler ; mais jamais la possibilité d'une pareille conspiration n'était entrée dans ma pensée. Si j'avais donné lieu à cette mutinerie par quelques sujets de plaintes réelles ou imaginaires, des apparences de leur mécontentement auraient pu m'engager à me tenir sur mes gardes ; mais il n'y avait rien de pareil.

Au contraire, Christian surtout, était avec moi, du ton le plus amical : je l'avais engagé à dîner ce même jour ; et la nuit précédente, il s'était excusé de souper avec moi sous prétexte d'une indisposition ; j'en avais été chagriné, parce que je ne doutais nullement de son intégrité, ni de son honneur.

Il était essentiel de prendre un parti réfléchi : ma première résolution fut d'aller chercher une provision d'eau et de fruit à pain à Tofô ; et ensuite, de faire voile pour Tongatabou, où j'essaierais de persuader le roi Poulaho à me fournir de quoi équiper ma barque et à me procurer des vivres et de l'eau, pour nous mettre à même de gagner les Indes orientales.

Les vivres que je trouvai dans la chaloupe se réduisaient à cent cinquante livres de biscuit, seize morceaux de cochon salé, du poids de deux livres chacun, six bouteilles de rhum, six bouteilles de vin, quatre-vingt-dix-huit pintes d'eau et quatre barils vides.

Mercredi, 29 avril[1]. – Cette après-midi fut heureusement très calme jusqu'à environ quatre heures. Nous avions tellement gagné le vent, à l'aide de nos avirons, que nous pûmes faire voile avec une petite brise de l'est qui s'éleva alors. Il était cependant déjà nuit close lorsque nous arrivâmes sur Tofô, où je m'étais flatté de débarquer ; mais les côtes se trouvèrent si à pic et si remplies de rochers, que je fus obligé d'abandonner ce projet et de me tenir toute la nuit sous le vent de l'île, soutenu par deux avirons ; car il n'y avait aucun mouillage. Ayant donné l'ordre en conséquence, je servis à chaque homme une demi pinte

1. On doit observer que, suivant la manière des marins de calculer le temps, chaque journée finit à midi. Ainsi, la journée du 29 avril est censée commencer après-midi, le 28. *Note du capitaine Bligh.*

de grog[1] et chacun se livra, autant qu'il put, au repos que notre triste situation permettait de prendre.

Le matin, à la petite pointe du jour, nous suivîmes la côte pour chercher un lieu de débarquement ; ce ne fut qu'à dix heures, ou à peu près, que nous découvrîmes une anse pierreuse dans le nord-ouest de l'île : j'y jetai le grappin à vingt brasses de distance des rochers.

La lame se déployait fortement à terre ; cependant, comme je ne voulais pas diminuer nos provisions, je mis à terre M. Samuel et quelques autres, qui grimpèrent au haut des rochers et entrèrent dans l'île pour y chercher des vivres. Le restant de mon équipage et moi, nous restâmes dans la chaloupe, ne découvrant aucun autre lieu par où il fût possible de débarquer, que celui où M. Samuel avait passé. Ce fut pour moi une grande consolation de voir que l'excès de notre malheur, et notre situation presque désespérée, n'avaient point abattu le courage de mon monde. M. Samuel revint vers midi avec quelques pintes d'eau qu'il avait trouvée dans des trous de rochers ; il n'avait rencontré ni source, ni aucune apparence de pouvoir se procurer une provision d'eau ; mais il avait vu des traces d'hommes.

Comme il était impossible de calculer jusqu'où notre besoin pourrait s'étendre, je ne donnai à chaque homme qu'un morceau de biscuit et un verre de vin, pour dîner.

J'observai dans cette anse 19° 41' de latitude sud. Elle est située dans la partie nord-ouest de Tofô, la plus au nord-ouest de toutes les îles des Amis.

1. Eau mêlée de rhum.

Jeudi 30 avril. – Temps serein ; mais le vent souffla si violemment de l'est-sud-est que je ne pus m'aventurer en mer. Ce retard rendit absolument nécessaire de chercher quelque moyen de subsister ; car je voulais, s'il m'était possible, ne pas entamer notre provision : c'est pourquoi je levai le grappin, je fis ramer le long de terre pour aller à la recherche. Nous aperçûmes quelques cocotiers après bien du temps, mais ils étaient perchés sur des falaises élevées, et la mer qui brisait sur la côte, rendait le débarquement dangereux. Nous ne fûmes arrêtés par l'un ni par l'autre de ces obstacles. Quelques-uns de nos gens parvinrent, avec beaucoup de peines, à monter au haut des rochers et à nous procurer une vingtaine de noix de coco : les autres les ayant attachés et descendus avec des cordes, nous les prîmes dans la chaloupe, à travers les vagues. C'est tout ce que nous pûmes faire en cet endroit ; et comme aucun endroit n'était aussi favorable que l'anse que nous avions laissée, nous y retournâmes pour passer la nuit. Je donnai une noix à chaque homme, et nous nous livrâmes au sommeil dans la chaloupe.

Le jour venu, j'essayai de remettre en mer, mais le mauvais temps et le vent contraire m'obligèrent bien vite de reprendre le même mouillage.

Je donnai à chaque homme un morceau de biscuit et une cuillerée de rhum. Nous débarquâmes et je partis, accompagné de M. Nelson, de M. Samuel et de quelques autres. Nous entrâmes dans l'île, après nous être hissés sur le haut du précipice, en nous tenant à des lianes que les naturels du lieu avaient fixées là à ce dessein ; et c'était le seul chemin par où on pût s'introduire dans le pays.

Nous trouvâmes quelques cases abandonnées et une bananeraie qui paraissait peu soignée, où nous ne pûmes recueillir que trois petits régimes de bananes. Après avoir quitté cet endroit, nous vînmes à une ravine très profonde, qui descendait d'une montagne sur laquelle il y avait un volcan. Comme je pensai que cette ravine servait de débouché à de grands torrents d'eau dans la saison pluvieuse, j'espérai pouvoir en trouver quelque reste dans des trous de rocher, pour faire notre provision ; mais après une longue recherche de toute la journée, nous ne fîmes qu'environ trente-deux pintes d'eau.

Nous nous approchâmes d'environ deux milles du pied de la montagne la plus élevée de l'île, sur laquelle est le volcan qui jette du feu presque sans interruption. Le pays qui l'avoisine est tout couvert de lave et offre l'aspect le plus désolé.

Peu fortunés dans le produit de notre course et voyant aussi peu de ressources pour soulager nos besoins, nous remplîmes nos noix de coco de l'eau que nous avions trouvée et nous retournâmes vers notre chaloupe, harassés de fatigue. Lorsque j'arrivai au bord du précipice, d'où il fallait descendre vers la mer, il me prit un vertige, de manière à me faire craindre de ne pouvoir en venir à bout ; mais avec l'aide de M. Nelson et des autres, on parvint à me descendre, quoique dans un état très faible. Tout le monde étant revenu à bord à midi, je donnai à chacun à peu près une once de cochon salé, deux bananes et un demi-verre de vin. Une autre observation me donna encore 19° 41' s. pour la latitude de ce lieu.

J'avais recommandé aux hommes qui étaient restés dans la chaloupe de chercher du poisson ou quelques coquillages attachés aux rochers ; mais ils ne trouvèrent rien qui fût bon à manger : ainsi, tout bien examiné, nous vîmes que nous étions dans l'endroit le plus désolé qu'il soit possible d'imaginer.

Quoique j'eusse eu précédemment connaissance de cette île, que j'avais ouï citer comme la plus petite de cet archipel, je ne savais pas bien si elle était habitée ou si les Indiens n'y venaient qu'à de certaines époques ; j'avais grande envie de me procurer une certitude à cet égard, parce que, dans le cas où ce pays n'eût eu qu'un petit nombre d'habitants et qu'ils eussent pu nous fournir une quantité bornée de provisions, je trouvais préférable de faire nos préparatifs, quoique moins complets dans cet endroit, plutôt que nous risquer ailleurs parmi des multitudes de ces peuples, où nous pouvions tout perdre. Je décidai en conséquence, qu'un détachement assez nombreux partirait vers un autre côté aussitôt que le soleil aurait un peu baissé : ils entreprirent avec bonne volonté cette course.

Le vendredi, premier mai, le temps fut très mauvais, avec les vents à l'est-sud-est, et au sud-est. A deux heures de l'après-midi, nos gens partirent : ils revinrent très fatigués vers le soir, sans avoir rien trouvé.

Dans le fond de l'anse, il y avait une grotte éloignée d'environ soixante-dix toises du bord de la mer ; il y avait une largeur de près de cinquante toises de rochers qui bordaient la côte ; et le seul passage par où on pût venir à nous de l'intérieur de l'île, était celui dont j'ai donné la description : cette situation nous mettait à l'abri d'une surprise et je me déterminai à passer cette nuit à terre avec une partie de mes gens, afin de laisser plus d'espace aux autres pour dormir à leur aise dans la chaloupe, avec le maître. J'ordonnai à cet officier de se tenir sur un seul grappin et de faire faire le quart pour prévenir une attaque. Je fis bouillir une banane pour chaque homme et leur donnai pour souper cette mince portion, avec un huitième de pinte de grog. Je fixai le tour des quarts pour la nuit ; ceux qui n'étaient pas de service, se couchèrent pour dormir dans la grotte. Nous entretînmes un bon feu devant l'entrée ; et malgré cela, nous fûmes fort incommodés des moustiques et maringouins.

La même bande repartit à la pointe du jour, suivant un autre chemin, pour tâcher de trouver quelque chose. Ils souffrirent beaucoup du manque d'eau ; mais ils firent la rencontre de deux hommes avec une femme et un enfant. Les hommes les suivirent jusqu'à l'anse et apportèrent deux noix de coco remplies d'eau. Je liai bien vite amitié avec eux, et les engageai à retourner nous chercher des fruits à pain, des bananes et de l'eau. Il nous survint bientôt d'autres Indiens ; et à midi j'en avais une trentaine autour de moi, faisant trafic des objets dont nous avions besoin. Je ne pus néanmoins accorder qu'une once de cochon salé et un quart de fruit à pain à chaque homme pour dîner, avec une demi-pinte d'eau : car j'étais bien déterminé à ne pas toucher à la provision d'eau et de *pan* que nous avions dans la chaloupe.

Je ne vis parmi ces naturels aucun qui eût l'air d'un chef : ils se comportèrent cependant civilement et furent traitables dans leur négoce, car ils nous donnaient les vivres qu'ils avaient apportés pour quelques boutons et perles de verre. Le détachement qui était sorti pour parcourir le pays me rapporta avoir trouvé plusieurs jolies habitations ; ce qui nous empêcha de douter plus longtemps que l'île n'eût des habitants à demeure. Cette connaissance me détermina à ramasser les secours que je pourrais procurer et à faire voile aussitôt que le vent et la mer le permettraient.

Samedi, 2 mai. – Il souffla une tempête de l'est-sud-est : j'avais été jusque-là fort embarrassé de savoir ce que je dirais aux Indiens sur la perte de mon vaisseau : j'étais bien sûr qu'ils étaient trop clairvoyants pour se laisser amuser du conte que j'aurais pu leur faire, que j'attendais le vaisseau, tandis qu'il n'était pas en vue du haut de leurs montagnes. Je fus d'abord en doute si je leur dirais la chose telle qu'elle était, ou si je leur ferais croire que le vaisseau avait chaviré et coulé à fond, et que nous étions les seuls sauvés du naufrage. Ce dernier parti me parut le plus convenable à notre situation vis-à-vis de ces peuples, et j'en fis part à tout mon monde, afin que tous fussent d'accord avec moi dans ce qu'on dirait aux Indiens.

Ils s'informèrent en effet de mon vaisseau, comme je l'avais prévu, et furent tout de suite persuadés de la vérité de notre conte ; on ne vit aucun signe de joie ni de chagrin sur leur physionomie ; mais je crus y apercevoir de la surprise. Une partie des Indiens continuèrent d'aller et venir toute l'après-midi, et nous achetâmes du fruit à pain, des bananes et des cocos, pour nous nourrir un jour de plus ; mais seulement environ deux bouteilles et demie d'eau.

Il arriva aussi une pirogue, avec quatre hommes, qui nous apporta quelques cocos et quelques fruits à pain que j'achetai comme j'avais fait le reste. Ils nous demandaient souvent des clous ; mais je ne voulus pas qu'il en fût montré un seul, voulant réserver le peu que nous en avions pour le besoin de la chaloupe.

J'eus la satisfaction de voir notre provision un peu augmentée vers le soir : mais ces gens ne me parurent pas être extrêmement pourvus.

Comme ils ne nous apportaient des vivres que par très petites parties, je ne pus espérer d'eux de quoi fournir à notre voyage. Au soleil couché, les Indiens nous laissèrent tranquilles possesseurs de l'anse. Je regardai cela comme de bon augure et je me persuadai qu'ils reviendraient le lendemain avec une plus grande quantité de vivres et d'eau : je me proposais de faire voile sans délai dès que j'aurais obtenu ce renfort. Je considérais qu'en tâchant de gagner Tongatabou, nous pouvions être forcés par le temps contraire de nous éloigner de toutes ces îles, et en ce cas une provision plus considérable nous aidait à supporter cet inconvénient.

Le souper de cette soirée fut un quart de fruit à pain et un coco pour chacun ; nous fîmes bon feu et tous s'endormirent, excepté celui qui faisait la garde.

Je me réjouis à la pointe du jour de voir à tout mon monde un air plus satisfait ; ils ne jetaient plus constamment sur moi leurs regards tristes et inquiets, comme ils avaient fait depuis que nous avions perdu notre vaisseau de vue.

Chacun me parut avoir de la gaieté et du courage pour supporter de leur mieux notre fâcheuse position.

Peu sûr d'obtenir de l'eau des Indiens, j'envoyai du monde dans les ravines qui descendent des montagnes, avec des cocos vides, pour tâcher de les remplir d'eau. Pendant leur absence, les habitants de l'île vinrent nous visiter, comme je m'y étais attendu, mais en plus grand nombre que la veille. Il vint aussi du côté du nord de l'île deux pirogues, dans l'une desquelles était un chef âgé, dont le nom était Macaquevaou.

Quelque temps après, la partie de l'équipage qui avait été à la recherche des provisions, revint accompagnée d'un chef de bonne mine, appelé Idgijifaou, ou mieux à ce que je crois Ifaou, parce que le mot *Idgi* ou *Igui*, signifie dans leur langue un chef. Je fis présent à chacun d'eux d'une vieille chemise et d'un couteau, et il me fut aisé de comprendre ou qu'ils m'avaient déjà vu, ou qu'ils avaient entendu parler de moi à Anamouca. Ils étaient informés que j'avais fait le voyage du capitaine Cook ; ils demandèrent de ses nouvelles et de celles du capitaine Clerk. Ils me firent plusieurs questions pour savoir de quelle manière j'avais perdu mon vaisseau. Pendant cette conversation, il survint un jeune homme nommé Najite qui témoigna une grande joie de me voir. Je m'informai de Poulaho et de Finaou ; ils m'apprirent qu'ils étaient l'un et l'autre à Tongatabou. Ifaou convint de m'accompagner jusqu'à cette île, pourvu que je voulusse attendre que le temps devint plus traitable. Je fus très satisfait de l'air de franchise et de l'affabilité de cet homme.

Cette position riante ne fut pas de longue durée ; les Indiens commencèrent à venir en foule et je crus m'apercevoir qu'il se tramait contre nous quelque chose. Bientôt après, ils tentèrent de haler la chaloupe à terre ; je menaçai Ifaou le sabre levé, pour l'obliger à leur faire lâcher prise ; cela me réussit et tout redevint tranquille.

Nos gens qui avaient été courir les montagnes, revinrent peu après, avec environ dix pintes et demie d'eau. Je continuai d'acheter le petit nombre de fruits à pain qu'on nous apporta et aussi quelques lances pour armer mon monde ; car nous n'avions pour toutes armes que quatre sabres, dont deux étaient restés dans la chaloupe. Comme nous n'avions aucun moyen d'améliorer notre position, je prévins mon monde, que j'attendrais le coucher du soleil, espérant qu'à cette époque nous pourrions trouver quelque moyen de nous tirer d'embarras. Je leur dis que nous ne pouvions nous en aller dans ce moment, sans nous voir obligés de percer toute cette multitude en combattant, ce qui serait plus praticable la nuit ; que d'ici-là nous tâcherions d'embarquer petit à petit dans la chaloupe tout ce que nous avions acheté. Le rivage était bordé d'Indiens, et on entendait de toutes parts le bruit des pierres qu'ils tenaient dans chaque main, les frappant les unes contre les autres ; je connaissais ce signal pour être celui de l'attaque.

Comme il était alors midi, je donnai à chacun de mes gens un coco et un fruit à pain pour dîner ; j'en donnai également aux chefs avec qui je conservais toujours l'apparence de l'intimité et de la bonne intelligence : ils m'invitaient fréquemment à m'asseoir mais je refusai constamment de le faire car il nous sembla à M. Nelson et à moi, qu'ils avaient dessein, si nous nous étions laissé persuader, de profiter de cette attitude pour me saisir. Ainsi nous tenant toujours sur nos gardes, nous pûmes prendre notre triste repas avec quelque tranquillité.

Dimanche 3 mai. – Forte brise du S.E. et de l'E.S.E., variant ensuite jusqu'au N.E., et qui devint un coup de vent.

Aussitôt que le dîner fut fini, nous commençâmes peu à peu à transporter nos effets dans la chaloupe ; ce fut une besogne difficile à cause des fortes lames qui se déployaient sur la côte.

J'observai attentivement tous les mouvements des Indiens dont le nombre augmentait toujours ; et je vis que bien loin de songer à nous quitter, ils allumaient des feux et s'établissaient pour passer la nuit dans cet endroit. Ils tenaient conseil ensemble et tout me démontrait que nous allions être attaqués. J'envoyai ordre au maître de tenir la chaloupe accostée à terre lorsqu'il nous verrait descendre, afin que nous pussions tous nous embarquer promptement.

J'avais mon journal avec moi à terre dans la grotte pour y écrire les événements ; je l'envoyai à bord, et en le descendant, il eut été arraché par les Indiens des mains de celui qui le portait sans le secours qui fut donné bien à temps par le maître canonnier.

Le soleil était prêt de se coucher lorsque je donnai le mot pour le départ, chacun de ceux qui étaient avec moi à terre prit sa part des effets pour les porter à bord. Les chefs voyant ce mouvement, me demandèrent si je ne passerais pas la nuit avec eux.

— Non, leur répondis-je, je ne découche jamais de mon bâtiment, mais demain matin nous recommencerons de trafiquer avec vous ; je compte rester ici jusqu'à ce que le temps devienne meilleur, et nous irons ensemble voir Poulaho à Tongatabou, comme nous en sommes convenus.

Macaquévaou se levant à ces mots, me dit :

— Tu ne veux pas dormir à terre ? Eh bien ! *Mattie* (ce mot signifie : nous te tuerons). Et aussitôt il me quitta.

On se disposa à l'instant à l'attaque ; chacun des Indiens, frappant deux pierres l'une contre l'autre, ainsi que je l'ai déjà décrit ; Ifaou me quitta aussi. Il ne nous restait plus à terre que deux ou trois objets ; alors je pris Nagite par la main et nous descendîmes au bord de la mer, tout le monde gardant un morne silence.

Comme je fus vers la chaloupe, faisant embarquer mon monde, Nagite voulut m'engager à m'arrêter pour parler avec Ifaou ; mais je m'aperçus qu'il excitait les Indiens à nous combattre, et si l'attaque avait commencé dans ce moment, j'étais résolu de le massacrer pour punir sa fausseté. J'ordonnai au charpentier de rester avec moi jusqu'à ce que tous les autres fussent embarqués. Nagite, voyant que je ne voulais pas rester, me fit quitter prise et s'enfuit. Nous entrâmes tous dans la chaloupe à l'exception d'un seul matelot qui, à mesure que je m'embarquais, sauta à terre et monta pour démâter l'amarre de poupe, malgré les cris que firent, pour l'engager à revenir, le maître et les gens de l'équipage, qui m'aidaient à sortir des vagues pour entrer dans la chaloupe.

A peine fus-je à bord que deux cents hommes ou environ, commencèrent l'attaque ; l'infortuné qui était à terre fut assommé, et les pierres commencèrent à voler comme la grêle. Plusieurs Indiens se saisirent de l'amarre de poupe pour tâcher de tirer à terre la chaloupe, et ils y seraient certainement parvenus si je n'avais pas lestement coupé la corde avec un couteau que j'avais dans ma poche. Nous nous halâmes aussitôt sur le grappin, chacun de nous étant déjà plus ou moins blessé. Je vis dans ce moment cinq Indiens autour du malheureux matelot qu'ils avaient tué, et deux d'entre eux lui battaient la tête avec des pierres qu'ils tenaient dans leurs mains.

Nous n'avions pas encore eu le temps de la réflexion lorsque, à mon grand étonnement, je les vis remplir de pierres leurs pirogues, et douze hommes venir à nous pour renouveler le combat ; et ils le firent avec tant de vigueur, qu'ils étaient presque venus à bout de nous désemparer. Notre grappin était engagé ; mais la Providence vint à notre secours, une des pattes cassa et nous prîmes le large à l'aide de nos avirons. Les Indiens cependant pagayaient tout à l'entour de nous et nous fûmes obligés de recevoir leurs coups sans pouvoir leur riposter qu'avec les pierres qui tombaient dans la chaloupe ; et à cet égard, la partie était fort inégale. Nous ne pouvions en voir la fin, à cause de l'encombrement et du poids de notre bâtiment, et nos adversaires s'en apercevaient bien. Voyant cela, j'imaginai la ruse de jeter à la mer quelques hardes ; ils perdirent du temps à les ramasser, la nuit se fit ; ils abandonnèrent leur poursuite et retournèrent à terre et nous laissèrent la faculté de réfléchir sur notre triste position.

L'homme que je venais de perdre s'appelait John Norton ; c'était son second voyage avec moi en qualité de quartier-maître ; c'était un excellent sujet dont la perte m'a été très sensible. Il a laissé un père âgé, à ce qu'on m'a dit, à qui il fournissait des secours.

Il m'était arrivé une autre fois d'essuyer une pareille attaque, avec un plus petit nombre d'Européens, contre une foule d'Indiens. Ce fut après la mort du capitaine Cook, au Morai d'Oouaï-hi, où j'étais par ordre du lieutenant King. Je ne pus concevoir alors qu'un homme pût, à l'aide seule de son bras, jeter des pierres qui pesaient de deux à huit livres, avec autant de force et de justesse. Ici j'étais sans armes et les Indiens le savaient ; nous fûmes bien heureux qu'ils n'eussent pas commencé l'attaque pendant que nous étions dans la grotte ; en ce cas, notre perte eut été inévitable et il ne nous serait resté d'autre parti à prendre que de combattre, pied à pied, et de vendre chèrement notre vie, en quoi j'avais trouvé chacun bien résolu de me seconder.

Notre air de fermeté les avait contenus et déterminés à ne nous attaquer qu'après notre embarquement, ayant pensé qu'ils réussiraient alors sans courir de risques.

Cet exemple des dispositions des Indiens à notre égard, ne faisaient pas beaucoup espérer d'une visite à Poulaho, comme j'en avais eu le projet. Je considérai que la bonne conduite que ces gens avaient tenue avec nous jusqu'alors était un effet de la crainte que leur inspiraient nos armes à feu ; que nous les trouverions tout autres dès qu'ils sauraient que nous en manquions ; qu'en supposant même que nous ne nous exposerions pas à y être massacrés, il était fort probable qu'on nous enlèverait notre chaloupe et tout notre avoir, et que par-là, nous perdrions à jamais toute espérance de rentrer dans notre patrie.

Nous faisions voile, en suivant la bande de l'ouest de l'île Tofô, et je réfléchissais à ce qu'il était plus convenable de faire, lorsque tous se réunirent pour me demander de les ramener vers notre patrie. Je leur dis que nous n'avions aucun secours à espérer (excepté ce que nous pourrions tâcher de nous procurer à la côte de la Nouvelle-Hollande [Australie]) jusqu'à l'île de Timor, éloignée de nous de plus de 1 200 lieues, où il se trouve un établissement hollandais, dans je ne savais quelle partie de l'île. Là-dessus, ils consentirent tous à vivre avec une once de biscuit et un huitième de pinte d'eau par jour. Je fis la visite de notre provision de vivres, et leur ayant recommandé d'être fidèles à cette promesse, comme au serment le plus sacré, nous arrivâmes vers la pleine mer.

Nous entreprîmes donc, dans une barque ouverte, longue seulement de vingt et un pieds neuf pouces, surchargée et portant dix-huit hommes, sans aucune carte, et avec le seul secours de la connaissance géographique que ma mémoire pouvait me fournir, sans autre guide qu'une table de latitudes et longitudes des lieux, nous entreprîmes, dis-je, de traverser cette vaste mer dont la navigation n'est presque pas connue. Je me trouvai fort heureux, dans cette position alarmante, de ce que tous mes compagnons d'infortune en étaient moins affectés que moi.

Nos provisions consistaient en cent cinquante livres de pain ou environ, quatre-vingt-dix-huit pintes d'eau, vingt livres de cochon salé, trois bouteilles de vin et cinq de rhum. La différence qui se trouve entre ces quantités et celles que nous avions en quittant le vaisseau provenait presque en entier de la perte que nous avions essuyée par la hâte et la confusion que nous avait occasionnées l'attaque imprévue des Indiens. Il y avait en sus dans la chaloupe quelques cocos et quelques fruits à pain, mais les derniers étaient écrasés et foulés par les pieds des gens.

Ce fut à peu près à huit heures du soir que j'arrivai sous la misaine, voile au tiers avec son ris pris. Je réglai les quarts, je mis quelque ordre dans le bâtiment ; nous fîmes une prière pour remercier Dieu de notre délivrance miraculeuse. Alors, plein de confiance dans la protection de sa souveraine bonté, je me trouvai l'esprit plus calme que je ne l'avais eu depuis longtemps.

Le vent renforça à la pointe du jour ; le soleil se leva rouge et enflammé, marque certaine d'un coup de vent. A huit heures, il souffla une tempête, la mer était très haute, de manière que la voile ne portait plus dans l'entre-deux des vagues, quoique sur leur sommet, elle en eut plus que le bâtiment n'en pouvait charrier ; mais il fallait absolument faire de la voile ; nous éprouvions le plus grand danger par les vagues qui se déployaient par-dessus l'arrière de la chaloupe, et nous fûmes obligés de passer toute la nuit à jeter l'eau. On a peut-être rarement éprouvé à la mer une situation plus alarmante.

Notre biscuit, qui était en sacs, courait grand risque d'être gâtés par l'eau de mer ; nous ne pouvions éviter de périr de faim, si on ne venait pas à bout de le garantir. J'examinai donc quelles hardes il y avait dans la chaloupe et de quoi on pourrait se passer. Je réglai que chacun ne garderait que deux habillements complets : le reste fut jeté à la mer, de même que quelques cordages et voiles inutiles, au moyen de quoi la chaloupe fut considérablement allégée, et nous eûmes plus de facilité à pouvoir jeter l'eau. Heureusement le charpentier avait un excellent coffre ; nous y plaçâmes le biscuit au premier moment favorable ; son coffre d'outils fut aussi vidé ; les outils furent placés au fond de la chaloupe, ce qui nous procura un moyen de plus.

Je donnai à chaque homme pour le dîner une pleine cuiller à café de rhum (car nous étions mouillés et tremblant de froid) avec le quart d'un fruit à pain, qui était à peine mangeable ; le moment était venu d'exécuter scrupuleusement notre règlement économique ; j'étais bien déterminé à faire durer nos vivres pendant huit semaines, quelque petite que dût être la ration journalière.

A midi je fis mon point et je me trouvai éloigné de Tofô de 86 milles, la route valant le O. N. O. 8° ½ O. latitude estimée 19° 27' sud. Je fis route à l'O. N. O. afin de pouvoir passer en vue des îles appelées Fidji, si elles étaient véritablement dans la position qui m'avait été indiquée par les Indiens.

Lundi 4 mai. – Le temps fut très mauvais ; il souffla un coup de vent du N. E. et de l'E. S. E. la mer encore plus élevée que la veille. La fatigue de jeter l'eau pour nous empêcher d'emplir, fut extrême. Nous fûmes obligés de fuir vent arrière ; et dans cette situation, notre chaloupe se comporta si supérieurement que je fus parfaitement rassuré de ce côté. Mais de toutes les peines que nous avions à endurer, celle d'être toujours mouillés était une des plus cruelles ; les nuits étant très froides, le matin, tous nos membres se trouvèrent engourdis et nous avions peine à nous remuer ; alors je servis une cuillerée à café de rhum à chaque homme, ce qui nous fut très salutaire.

Je continuai de faire route à l'O. N. O., comme je l'avais ci-devant décidé, pour gagner davantage dans le nord, non seulement parce que j'espérais d'y trouver le temps plus traitable, mais aussi pour avoir la vue des îles Fidji que j'avais ouï souvent citer par les habitants d'Anamouka, comme étant dans cette direction ; le capitaine Cook les a supposées également dans le N. O. ¼ d'O. de Tongatabou.

Un peu avant midi nous découvrîmes une petite île plate et peu élevée qui nous restait à l'O. S. O. à 4 ou 5 lieues de distance. J'observai 18° 58' de latitude sud ; la longitude arrivée, était de 3° 4' à l'O. de l'île Tofô ; et la route, 95 milles à l'O. N. O. 4° 30' O. depuis hier midi. Notre dîner à tous consista en cinq petits cocos, que nous partageâmes, et tout le monde s'en contenta.

Mardi 5 mai. – Le vent baissa considérablement vers le soir et souffla dans la partie du S. E. Nous aperçûmes encore d'autres îles, peu après midi ; et à trois heures ¼, nous en comptions huit qui nous restaient depuis le sud, passant par l'ouest, jusqu'au N. O. ¼ N. Celles qui étaient dans la partie du sud, les plus proches de nous, étaient à la distance de quatre lieues.

Je fis route au N. O. ¼ d'O. entre les îles ; et à six heures du soir, je découvris trois autres petites îles au N. O. ; celle la plus occidentale restant au N. O.5° 45' O., à la distance de sept lieues. Je fis route pendant la nuit à l'O. N. O. pour passer au sud de ces îles, ayant les ris pris dans la voile.

Je servis quelques débris de fruit à pain pour le souper, et nous fîmes la prière.

La nuit fut belle : on reposa assez bien et chacun se trouva beaucoup mieux le lendemain matin. On se contenta pour déjeuner de quelques morceaux d'ignames que nous avions trouvés dans la chaloupe. Après le déjeuner, nous préparâmes un coffre pour y enfermer le biscuit ; mais malheureusement, il s'en trouva beaucoup de gâté, que nous fûmes néanmoins contents de garder tel qu'il était.

Jusque-là, j'avais à peine pu faire mon point ; nous nous arrangeâmes un peu mieux, nous marquâmes une ligne de loch ; et nos gens, qui étaient habitués à compter les secondes, le firent avec assez d'exactitude.

Les îles que nous venions de passer, sont entre 19° 5', et 18° 19' de latitude méridionale ; et entre les 3° 17' et les 3° 46' de longitude occidentale, estimée depuis l'île Tofô. La plus grande peut avoir environ six lieues de tour ; il m'est impossible d'en donner un détail fort exact ;

tout ce que ma situation m'a mis à portée de faire est d'indiquer où on peut les retrouver. Le dessein que j'en ai fait présente une idée de leur grandeur respective. Je crois que toutes les plus grandes de ces îles sont habitées ; elles m'ont paru très fertiles.

A midi, j'observai 18° 10' de latitude S. Je calculai ma route depuis hier midi au N. O. ¼ O. 5° 37' O., le chemin 94 milles, et la longitude estimée depuis Tofô, 4° 29' O.

Je donnai pour dîner un peu de biscuit gâté et un huitième de pinte d'eau.

Mercredi 6 mai. – Nous eûmes de fortes brises de l'E. N. E., le temps beau, mais l'horizon très gras.

A peu près à six heures de cette après-midi, je découvris deux îles, dont l'une me restait à l'O. ¼ S. O. à six lieues de distance ; et l'autre au N. O. ¼ de N., distance de huit lieues. Je me tins au vent de la plus septentrionale que je dépassai à dix heures, et je remis le cap au N. O. et à l'O. N. O.

Le matin à la pointe du jour, je découvris un nombre d'autres îles, restant depuis le S. S. E. jusqu'à l'ouest, et faisant le tour jusqu'au N. E. ¼ E., je me déterminai à passer entre celles du N. O. A midi, une petite île ou caye de sable me resta depuis l'est jusqu'au S. 8° 37' O. J'avais dépassé dix îles, dont la plus grande peut avoir six ou huit lieues de tour. On aperçut alors des terres beaucoup plus étendues dans le S. O. et le N. ¼ N. O. entre lesquelles je dirigeai ma route.

Latitude observée 17° 17' S. ; route depuis hier midi

au N. O. 5° O. ; chemin 84 milles ; longitude arrivée, par estime, 5° 37' O. depuis Tofô.

Le souper, le déjeuner et le dîner consistèrent en un huitième de pinte d'eau de coco, avec de la viande dans la quantité de deux onces par personne. Cette ration fut reçue avec satisfaction, mais nous souffrîmes beaucoup de la soif. Je n'osais pas débarquer, parce que nous n'avions point d'armes, et nous étions encore moins en état de nous défendre qu'à Tofô.

La mer qui brisait sans cesse dans la chaloupe et qui nous mouillait tout rendait très difficile de tenir le journal ; mais à mesure que nous nous approchâmes de terre, la mer se trouva plus belle et je pus tracer un dessin de ces îles, qui pourra servir à donner une connaissance générale de leur étendue. Celles dont j'ai approché sont fertiles et montueuses ; quelques-unes ont de hautes montagnes.

Nous éprouvâmes une grande joie de voir un poisson pris à la ligne ; mais notre espoir fut malheureusement trompé : nous le perdîmes en voulant le mettre à bord.

Jeudi 7 mai. – Temps variable et le ciel couvert, le vent au N. E. avec calme. Je continuai ma route au N. O. entre les îles qui, vers le soir, parurent être fort étendues, bien boisées et montueuses. Au coucher du soleil, celle plus méridionale restait depuis le S. jusqu'au S. O. ¼ O. et la plus au nord restait depuis le N. ¼ N. O. 5° 37' O. jusqu'au N. E. 5° 37' E. A six heures, j'étais à peu près à mi canal entre ces deux îles, à six lieues de distance de chacune, lorsque je me trouvai sur un banc de corail où je n'avais que quatre pieds d'eau, sans qu'aucun brisant, ni clapotage nous en eût pu faire douter. Je ne pus distinguer l'étendue de ce banc qu'à un mille de chaque côté de nous ; mais comme il est probable qu'il s'étend beaucoup plus, je l'ai tracé ainsi dans ma carte.

Je réglai la route à l'O. ¼ N. O. pour cette nuit et je donnai à chaque homme une once de biscuit endommagé et un huitième de pinte d'eau pour souper.

On peut aisément se figurer que nous étions logés misérablement et fort à l'étroit ; le seul moyen de réparer ce dernier inconvénient, était de faire courir à tout le monde la grande bordée, de manière que la moitié veillait, tandis que l'autre moitié était couchée dans le fond de la chaloupe ou sur un coffre, avec le ciel pour toute couverture. Tous nos membres étaient misérablement pris de la crampe, nous ne pouvions les étendre. Les nuits étaient si froides et nous étions si constamment mouillés, qu'après quelques heures de sommeil, nous nous trouvions engourdis à pouvoir à peine nous remuer.

A la pointe du jour, nous découvrîmes encore une terre restant depuis l'O. S. O. jusqu'à l'O. N. O. et une autre île au N. N. O. : cette dernière n'était qu'une masse ronde et peu étendue. Je pouvais encore apercevoir la terre la plus sud que nous avions dépassée pendant la nuit. Comme nous étions tout mouillés et tremblants de froid, je donnai une cuillerée de rhum et un morceau de biscuit pour le déjeuner.

Comme j'approchais la terre qui était dans l'ouest, elle m'offrit une variété de formes ; on voyait des rochers d'une hauteur prodigieuse et le pays était agréablement entremêlé de plaines et de coteaux, dont quelques endroits étaient boisés. Au large de la partie du N. E. il y a deux petites îles de rochers qui en sont éloignées de quatre lieues.

Je passai entre ces deux îles et la grande ; mais le courant, qui portait sous le vent, nous jeta à l'improviste très près de terre. Nous ne pûmes nous en éloigner qu'en nageant[1], et encore nous longeâmes de très près le récif qui entoure les îles de rochers. Nous vîmes en ce moment deux grandes pirogues à la voile qui paraissaient nous poursuivre avec vitesse ; persuadés que telle était leur intention, nous voguâmes pleins d'inquiétude, connaissant notre faiblesse et l'impossibilité de nous défendre.

Il était midi ; le temps était calme et le ciel couvert de nuages ; je ne pouvais par cette raison être assuré de ma latitude à trois ou quatre milles près. La route, depuis hier midi, m'a valu le N. O. ¼ O. soixante-dix-neuf milles ; latitude estimée 16° 29' S. et la longitude aussi estimée 6° 46' O. de Tofô. Comme nous étions constamment inondés, c'était avec beaucoup de difficulté que je pouvais trouver les moyens d'ouvrir mon journal pour écrire, et je ne regarde ce que j'ai fait que comme un moyen d'indiquer où on peut retrouver ces terres et de donner quelque notion sur lcur étendue.

Vendredi 8 mai. – Temps fort pluvieux toute l'après-midi, avec tonnerre et éclairs ; le vent N. N. E.

Une seule des pirogues nous gagnait ; à trois heures de

1. En nageant : en ramant.

l'après-midi, elle n'était qu'à deux milles de distance de nous, lorsqu'elle abandonna la chasse.

Ces pirogues, autant que j'en ai pu juger par la forme de leur voile, sont pareilles à celles des îles des Amis ; et comme la distance entre ces peuples n'est pas grande, on ne peut pas douter qu'elles ne se ressemblent. Il est incertain que ces pirogues aient quelque intention malfaisante à notre égard ; il est possible que la communication avec eux nous eût été avantageuse ; mais l'épreuve était trop dangereuse dans l'état désarmé où nous nous trouvions.

Je crois que ces îles sont les îles Fidji, parce que leur étendue, leur position et leur distance des îles des Amis, se rapportent avec ce que nous en ont dit ces insulaires. Il survint une forte pluie à quatre heures : chacun tâcha de ramasser de l'eau et nous parvînmes à augmenter notre provision jusqu'à cent vingt pintes, outre que nous en bûmes à notre soif pour la première fois depuis notre mise en mer. Mais si nous reçûmes ce bienfait de la pluie, il nous en résulta un inconvénient qui nous fit passer une nuit bien fâcheuse : nous en fûmes percés, sans pouvoir changer de hardes ni nous couvrir, et nous éprouvâmes un froid et des frissons dont on peut à peine se faire une idée. La matinée heureusement fut belle, et nous pûmes nous mettre nus pour faire sécher nos habits.

La ration de cette journée fut une once et demie de cochon salé, une cuillerée à café de rhum, un quart de pinte d'eau de coco et une once de biscuit. Le rhum, quoiqu'en aussi petite quantité, fit grand bien. Nous avions toujours une ligne de pêche à la traîne, mais nous ne pûmes prendre un seul poisson, quoique nous en vissions un grand nombre.

A midi, j'observai 16° 4' de latitude sud ; ma route depuis hier midi valut le N. O. ¼ O. 5° 30' ouest ; chemin estimé soixante-deux milles ; la longitude, aussi estimée, 7° 42' à l'ouest de Tofô.

Les terres que j'ai dépassées hier et avant-hier sont un amas d'îles, au nombre de quatorze ou seize, situées entre les 16° 26' et les 17° 57' de latitude méridionale, et suivant mon estime, entre les 4° 47' et les 7° 17' de longitude ouest de Tofô.

Il y a trois de ces îles dont l'étendue est considérable, ayant entre trente et quarante lieues de côtes.

Samedi 9 mai. – Beau temps et petits vents depuis le N. E. jusqu'à l'E. ¼ S. E.

Cette après-midi, nous nettoyâmes la chaloupe et nous passâmes tout le temps jusqu'au coucher du soleil, à faire tout sécher et à mettre de l'arrangement dans le bord. Jusqu'à ce moment, j'avais délivré les vivres à l'estime et au coup d'œil ; je me procurai une balance composée de deux noix de coco ; je me trouvai par hasard quelques balles de fusil, dont vingt-cinq pesaient une livre ou seize onces ; je pris une de ces balles pour peser ce que chaque personne devait recevoir de biscuit à chaque distribution. J'amusai aussi mon monde en leur faisant la description de la Nouvelle-Guinée et de la Nouvelle-Hollande, et en les instruisant de la situation, gisement et autres circonstances relatives à ces contrées, afin que dans le cas où je viendrais à leur manquer, ceux qui resteraient pussent avoir une idée du voyage que nous avions entrepris, et se trouver dans le cas de trouver l'île de Timor ; car ils n'en connaissaient encore que le nom, et même plusieurs n'en avaient même jamais entendu parler.

Le soir je distribuai pour souper un huitième de pinte d'eau et une demi once de biscuit ; le matin, un huitième de pinte d'eau de coco et un peu du biscuit avarié pour déjeuner ; pour dîner, je partageai entre tous, la pulpe de quatre cocos et le reste du biscuit gâté qui ne pouvait être mangé que par des gens comme nous, mourants de faim.

A midi, j'observai 15° 47' de latitude sud. La route depuis hier O. ¼ N. O. 3° 45' N. Chemin estimé soixante-quatre milles ; longitude arrivée 8° 45' O. de Tofô.

Dimanche 10 mai. – La première partie de cette journée fut belle ; mais après le coucher du soleil, il venta fort, par grains de pluie très abondante, accompagnés d'éclairs et de tonnerre, les vents soufflant de l'E. ¼ S. E., du S. E. et du S. S. E.

L'après-midi, je fis garnir une paire de haubans à chaque mât ; je fis arranger une toile de bastingage tout autour de la chaloupe et je fis relever les côtés vers l'arrière d'environ neuf pouces, en faisant clouer contre le bord les bancs de la poupe, ce qui nous fut très avantageux.

Les nuages se ramassèrent d'une grande épaisseur vers neuf heures du soir, et nous eûmes une pluie affreuse avec de forts coups de tonnerre et beaucoup d'éclairs. A minuit, nous avions ramassé soixante-dix pintes d'eau. Comme nous étions trempés et tremblants de froid, je donnai à chaque personne une cuillerée à café de rhum pour leur faire supporter cette triste position. Le vent augmenta et le temps fut affreux toute cette nuit ; nous la passâmes sans dormir, excepté ceux qui le pouvaient avec la pluie sur le corps. La lumière du jour n'apporta que sa vue pour améliorer notre état ; la mer continuait de briser au-dessus du bord et il fallait constamment employer deux hommes à jeter l'eau. Il n'était pas question d'indiquer la route, car nous étions obligés de fuir devant la mer et de gouverner à la lame, pour éviter de nous remplir.

La ration que je distribuais régulièrement à chaque homme était un vingt-cinquième de livre de biscuit et un huitième de pinte d'eau, au soleil couché, à huit heures du matin et à midi.

Aujourd'hui, je donnai une demi-once de cochon salé à chacun pour dîner, et quoique tout homme très sobre eut pu ne regarder cette quantité que comme une bouchée, on en faisait trois ou quatre morceaux.

A midi, la pluie ayant diminué, je pus observer la latitude que je trouvai être de 15° 17' sud. La route O. N. O. 0° 30' N. le chemin parcouru soixante-dix-huit milles, et la longitude estimée 10° ouest de Tofô.

Lundi 11 mai. – Fortes brises depuis le S. S. E. jusqu'au S. E., temps orageux ; la mer fort élevée et brisant sur nous. Nous étions horriblement mouillés et nous souffrîmes beaucoup du froid toute cette nuit. Le matin à la pointe du jour, je donnai à chacun une cuillerée à café de rhum.

Nous avions tous des crampes à tous nos membres, de manière à ne pas les sentir nous-mêmes. Notre position était devenue des plus alarmantes ; la mer passait fréquemment par-dessus la poupe et nous étions obligés d'employer tous nos efforts à vider l'eau.

Le soleil qui se montra à midi, nous fit une sensation aussi agréable qu'il peut la faire en Angleterre dans un jour d'hiver. Je distribuai le vingt-cinquième d'une livre de biscuit et un huitième de pinte d'eau à chacun pour dîner, comme hier. La latitude observée fut de 14° 50' sud. La route estimée valut l'O. ¼ N. O. quatre vingt-neuf milles de chemin ; la latitude estimée 14° 33' sud. La longitude arrivée 13° 9' ouest de Tofô. Ma route actuelle me conduit à passer au nord des Nouvelles-Hébrides.

Mercredi 13 mai. – Le temps est très orageux et les vents dans la partie du sud. Comme je ne voyais aucune apparence de faire sécher nos habillements, j'engageai chacun à se déshabiller, à tremper leurs hardes et à les tordre dans l'eau salée, qui leur procura une certaine chaleur, tandis que l'eau de pluie les tenait beaucoup plus froides : par ce moyen, nous fûmes bien moins exposés aux crampes et aux rhumatismes.

L'après-midi, nous vîmes flotter sur l'eau une sorte de fruit que M. Nelson reconnut pour être la *barringtonia* de Forster ; et le lendemain matin, en ayant revu encore de la même espèce et aussi quelques-uns de ces oiseaux que nous nommons *frégates*, j'en conclus que nous ne devions pas être fort éloignés de quelque terre.

Nous embarquions toujours des lames, nous étions sans cesse occupés à jeter l'eau et nous fûmes trempés et souffrants du froid toute la nuit.

A la pointe du jour, je ne pus allouer la dose ordinaire de rhum ; je donnai seulement un vingt-cinquième d'once de biscuit et la quantité d'eau accoutumée. A midi, je vis le soleil et la latitude fut de 14° 17' sud : la route me valut l'O. ¼ N. O. soixante-dix-neuf milles de chemin ; la longitude arrivée 14° 28' ouest.

Jeudi 14 mai. – Brises fraîches, temps couvert et vent de sud. Nous embarquions toujours des lames : nous passâmes encore cette nuit continuellement mouillés et tremblants de froid. Je distribuai la ration accoutumée de biscuit et d'eau, trois fois par jour.

A six heures du matin, nous vîmes une terre qui nous restait depuis le S. O. ¼ de sud, à la distance de huit lieues, jusqu'au N. O. ¼ O. 8° 26' O., à la distance de six lieues. Je reconnus bientôt après que c'était quatre îles toutes hautes et remarquables. A midi, nous aperçûmes une île de rochers au N. O. ¼ N. à 4 lieues de distance et une autre île restant à l'ouest à huit lieues : ce qui faisait en tout six îles : les quatre que j'avais vues les premières, nous restaient alors depuis le sud 5° 37' E. jusqu'au S. O. ¼ de sud ; notre distance de l'île la plus proche était de trois lieues.

J'observai 13° 29' de latitude sud ; et la longitude estimée depuis Tofô 15° 49' ouest ; la route depuis hier midi N. O. ¼ O. 6° 45' O. et le chemin quatre-vingt neuf milles.

Vendredi 15 mai. Nous eûmes les vents au S. E. bon frais, le temps très couvert et de la pluie, la mer très haute, deux hommes occupés sans cesse à jeter l'eau de la chaloupe.

A quatre heures de l'après-midi, je dépassai l'île la plus occidentale. A une heure du matin, j'en découvris une autre, restant à l'O. N. O. à cinq lieues de distance, et à huit heures, je la vis pour la dernière fois, restant au N. E. et distante de sept lieues ; nous vîmes divers oiseaux comme goélands, fous et frégates.

Ces îles sont situées entre 13° 16' et 14° 10' de latitude sud ; leur longitude, suivant mon estime, s'étend depuis 15° 51' jusqu'à 17° 6' ouest de l'île Tofô[1]. La plus grande peut avoir vingt lieues de tour et les autres seulement cinq ou six ; la plus petite est la plus est ; elle est très reconnaissable par une montagne en pain de sucre.

La vue de ces îles ne fit qu'augmenter la tristesse de notre situation. Nous étions presque mourants de faim, avec l'abondance devant les yeux ; mais il y avait un danger si imminent à chercher là quelque soulagement à notre misère, que nous préférâmes la supporter, tant qu'il y avait une lueur d'espérance de pouvoir arriver au terme. Quant à moi, je regarde cette longue suite de pluies et de temps couvert comme un bienfait de la Providence envers nous ; un temps chaud et serein nous aurait fait périr de soif, et il est probable que l'humidité continuelle, causée par la pluie et par les vagues dans laquelle nous existâmes tout ce temps, nous a garantis de cette calamité.

---

1. Après avoir corrigé l'erreur trouvée à la fin du voyage sur ma route estimée et l'avoir répartie proportionnellement, je place ces îles entre 167° 17' et 168°34' de longitude est du méridien de l'observatoire de Greenwich. *Note de William Bligh.*

N'ayant rien qui pût aider ma mémoire sur la position géographique des lieux, je ne pus décider si ces îles faisaient partie ou non de celles appelées les Nouvelles-Hébrides. Je jugeai avoir fait une découverte entièrement nouvelle et j'ai trouvé depuis que la chose était ainsi ; car quoique ni M. de Bougainville, ni le capitaine Cook ne les aient vues, elles sont cependant si voisines des Nouvelles Hébrides qu'on doit les regarder comme faisant partie du même groupe. Je les crois fertiles et habitées, ayant vu de la fumée dans plusieurs endroits.

Samedi 16 mai. – Vent au S. E. bon frais et pluie ; la nuit fort noire ne permit d'apercevoir aucune étoile d'après laquelle on pût se gouverner, et la mer nous inondait sans interruption. Je jugeai très nécessaire de nous précautionner le plus qu'il serait possible contre les vents de sud pour tâcher de n'être pas jetés trop près de la Nouvelle-Guinée. Nous étions si fréquemment obligés de fuir vent arrière que si je n'avais pas eu l'attention de prendre du sud toutes les fois que le temps devenait plus maniable, il eût été presque inévitable, après une telle constance des vents dans cette partie, de nous voir pousser en vue de cette côte ; et dans ce cas, il était fort à craindre pour nous de terminer là notre voyage.

Ce jour-là, pour augmenter la triste portion d'un vingt-cinquième de livre de biscuit et d'un huitième de pinte d'eau, je distribuai à chaque homme environ une once de cochon salé. J'avais essuyé de fréquentes sollicitations pour cette viande ; mais je préférais de la donner par petites quantités pour la faire durer, car si je les avais écoutés, elle serait partie en une ou deux distributions.

A midi, la latitude observée fut de 13° 33' sud ; la longitude arrivée, 19° 27' ouest de Tofô ; la route, l'O. ¼ N. O. 3° 15' O. et le chemin parcouru, cent un milles. Le soleil, qui se montra, nous donna espoir de pouvoir sécher nos hardes.

Dimanche 17 mai. – Le soleil ne parut pas longtemps ; nous eûmes de très fortes brises du S. E. ¼ de S., avec un temps noir et couvert de nuages, des grains de pluie, des orages, du tonnerre et des éclairs. Cette nuit fut vraiment épouvantable ; on ne vit aucune étoile et on ne put être assuré de la route. A la pointe du jour, tout le monde se plaignait et quelques-uns demandaient une augmentation de ration, à quoi je me refusai avec fermeté. Notre état était des plus déplorables : toujours mouillés, souffrant des froids excessifs toute la nuit, sans le moindre abri, toujours obligé de jeter l'eau pour empêcher la chaloupe de se remplir ; mais cette dernière circonstance a eu peut-être un avantage, celui de nous tenir en action.

La petite provision de rhum que j'avais, nous était de la plus grande utilité ; lorsque nous avions passé des nuits désastreuses, j'avais coutume d'en distribuer une pleine cuillère à café, ou même deux par personne ; et lorsque j'annonçais cette intention, cette nouvelle répandait la joie parmi l'équipage.

A midi, nous fûmes au moment d'avoir une trombe à bord. Je distribuai une once de cochon salé avec la ration de pain et d'eau. Avant de dîner, chacun se déshabilla, trempa ses hardes dans l'eau de mer et les y tordit au moyen de quoi nous les trouvions moins froides et plus supportables.

La route depuis hier midi valut l'O. S. O. et le chemin parcouru, cent milles ; la latitude estimée, 14° 11' sud ; la longitude arrivée, 21° 3' ouest.

Lundi, 18 mai. – Vent bon frais de la partie du S. E. avec pluie. La nuit fut sombre et désastreuse ; la mer brisant sans cesse dans le bord, et rien pour nous diriger dans notre route, que le vent et les lames. Je me déterminai à atterrer sur la Nouvelle-Hollande, au sud du détroit de l'Endeavour. Je crus nécessaire de conserver une telle position, que les vents de sud pussent nous servir, afin de pouvoir longer les récifs qui bordent cette côte jusqu'à ce que nous pussions trouver quelque ouverture pour nous introduire entre eux et la terre, dans une eau plus tranquille, et pour avoir quelque espoir de nous procurer quelques subsistances.

Le matin, la pluie diminua. Nous nous déshabillâmes, nous trempâmes et tordîmes nos hardes dans l'eau de mer, comme de coutume, et nous nous en trouvâmes très bien. Quoique chacun se plaignît de douleurs, il n'y avait encore, à mon grand étonnement, personne de malade. Je distribuai un vingt-cinquième de livre de biscuit et un huitième de pinte d'eau, comme à l'ordinaire, tant pour le souper que pour le déjeuner et pour le dîner.

A midi, je n'eus que l'estime pour régler mon point, n'ayant pas aperçu le soleil. Ma latitude estimée fut 14° 52' sud. La route depuis hier midi, O. S. O. cent six milles de chemin ; la longitude arrivée, 22° 45' ouest de Tofô. Nous vîmes plusieurs oiseaux, de l'espèce des fous et des butors, qui nous firent juger que nous n'étions pas loin de terre.

Mardi 19 mai. – Vent frais de l'E. N. E. et forte pluie, le temps noir et couvert ; on ne vit pas le soleil. Nous fûmes toute cette journée mouillés sans cesse de l'eau de la mer et de la pluie ; et nous souffrîmes beaucoup du froid, dont nous ne nous soulagions un peu que par moment, en quittant nos habillements et les trempant dans la mer. Nous eûmes toute cette nuit beaucoup d'éclairs, et dans les intervalles qu'ils laissaient entre eux, le temps était si noir que nous ne pouvions pas nous voir les uns les autres. Le matin, j'entendis faire beaucoup de doléances sur la rigueur du temps et j'aurais bien désiré pouvoir distribuer la petite ration de rhum ; mais comme je craignais que nous n'eussions encore à passer de plus rudes épreuves, je préférai conserver le peu qui nous en restait pour quelque autre occasion où nous pourrions en avoir un besoin plus urgent, et être moins en état de supporter tant de maux. Pour les dédommager du manque de rhum, je leur donnai à chacun une once de cochon salé, jointe à la portion ordinaire de biscuit et d'eau pour le dîner. Nous fûmes obligés toute cette nuit et toute la journée, de jeter l'eau sans interruption.

A midi, le temps était effroyable et la pluie continuelle ; la latitude estimée, 14° 37' sud ; la route estimée depuis hier valut l'O. ¼ N. O. 3° 15' O. ; le chemin parcouru, cent milles ; et la longitude arrivée, 24° 30' ouest de Tofô.

Mercredi 20 mai. – Brises fraîches de l'est-nord-est, avec pluie continuelle, semblable par moments à un déluge ; nous fûmes sans cesse occupés à jeter l'eau. A la pointe du jour, quelques-uns de nos gens me parurent à moitié morts, leurs regards faisaient peur ; et je ne pouvais jeter les yeux d'aucun côté que je ne rencontrasse ceux d'un malheureux dans les souffrances. On apercevait chez tous les horreurs d'une faim extrême. On n'éprouvait du moins pas la soif, car ce besoin était satisfait, même à travers la peau. Nous n'avions pu prendre un peu de sommeil qu'au milieu des eaux, et nous ne nous réveillions jamais sans sentir des crampes et des douleurs dans les os. Cette matinée, je donnai à chaque personne à peu près deux cuillerées à café de rhum avec la ration ordinaire de biscuit et d'eau. A midi, le soleil se montra et nous fit tous renaître. J'observai 14° 49' de latitude sud ; la longitude arrivée, 25° 46' ouest de Tofô ; le chemin, soixante-quinze milles, à l'O. 2° S.

Jeudi 21 mai. – Vents bon frais dans la partie de l'E. N. E., avec de forts grains de pluie.

Nos souffrances étaient au comble ; nous étions si inondés de pluie et d'eau de mer que nous pouvions à peine ouvrir les yeux. Le sommeil, que nous désirions ardemment, ne nous apportait aucun soulagement. Quant à moi, je me passais presque entièrement de dormir ; nous étions toujours très tourmentés du froid, et l'approche de la nuit nous inspirait toujours de l'effroi. A deux heures du matin, nous fûmes inondés d'un déluge de pluie qui tomba d'une telle violence que nous craignions qu'elle ne remplit la chaloupe ; et pour l'empêcher, nous passâmes toute la nuit à jeter l'eau de toutes nos forces. A la pointe du jour, je donnai une forte portion de rhum.

Vers midi la pluie cessa et le soleil se montra, mais nous étions toujours mouillés et tremblants de froid. La mer, qui ne cessait de briser sur nous, nous avait empêchés de profiter de cette forte pluie pour augmenter notre provision d'eau fraîche. La distribution ordinaire, d'un vingt-cinquième de livre de pain et d'un huitième de pinte d'eau, eut lieu le soir, le matin et à midi.

La latitude observée fut de 14° 29' sud ; la longitude arrivée, 27° 25' ouest de Tofô ; le chemin corrigé depuis hier midi, quatre-vingt-dix-neuf milles à l'O. ¼ N. O. 0° 45' N. Je m'estimai alors sur le même méridien de la partie la plus orientale de la Nouvelle-Guinée et à soixante-cinq lieues de distance de la côte de la Nouvelle-Hollande.

Vendredi 22 mai. – Vent grand frais de l'E. S. E. jusqu'au S. S. E., avec une très grosse mer.

La nuit fut noire et triste.

Notre situation était misérable au dernier degré. Nous étions obligés de gouverner à la lame avec la plus grande attention ; et la plus petite négligence de la part du timonier nous aurait exposés à périr dans l'instant. La mer brisait et passait continuellement par-dessus nous tous ; cependant, comme nous ne souffrions pas autant de froid que dans les temps de pluie, je ne donnai que la portion ordinaire de biscuit et d'eau.

A midi, le vent souffla avec la plus grande violence, et

l'écume des vagues passait continuellement par-dessus la poupe et les deux côtés, cependant, en me faisant tenir, je pus prendre hauteur et je trouvai 14° 17' de latitude sud. La route à l'ouest, 5° N. ; chemin fait, cent trente milles ; longitude arrivée, 29° 38' ouest de Tofô.

Samedi 23 mai. – Grand frais du S. E. et du S. S. E., avec des grains pesants et de la pluie.

Les maux que nous éprouvâmes dans cette journée surpassèrent encore ceux de la veille : la nuit fut horrible. La mer, qui nous inondait avec une violence inexprimable, nous obligeait de jeter l'eau sans interruption avec la crainte de périr à chaque instant. Le jour me montra tout le monde dans l'état le plus effroyable et je commençai à craindre qu'une autre nuit semblable ne terminât les jours de plusieurs qui me paraissaient hors d'état de supporter tant de souffrances. Chacun criait et se plaignait de fortes douleurs ; je les soulageai un peu par une distribution de deux cuillerées de rhum à chacun ; après quoi, nous trempâmes et tordîmes nos hardes à l'eau de mer, nous déjeunâmes avec notre portion ordinaire de biscuit et d'eau et nous nous trouvâmes un peu mieux.

Le temps s'éclaircit vers le midi mais le vent ne diminuait presque pas et la mer était toujours également grosse. Ce fut avec beaucoup de peine que je pus observer 13° 44' de latitude sud ; le calcul de la route me donna depuis hier midi, cent seize milles à l'O. ¼ N. O. 4° 45' N., la longitude arrivée 31° 32' O. de Tofô.

Dimanche 24 mai. – Beau temps et vent bon frais au S. S. E. et au sud.

Le temps s'améliora beaucoup vers le soir, ce qui causa beaucoup de satisfaction à tout l'équipage et leur fit prendre leur mince repas avec plus d'agrément qu'ils n'avaient fait depuis longtemps.

Nous eûmes aussi une fort belle nuit. Cependant la mer nous mouillait toujours et nous souffrîmes beaucoup du froid. Le matin, qui se montra beau, opéra un changement heureux dans toutes les physionomies, ce qui me causa bien de la joie. A midi, le temps s'embellit encore et nous sentîmes la chaleur du soleil pour la première fois depuis quinze jours. Nous quittâmes nos habillements pour les faire sécher : ils étaient si usés, qu'ils ne nous garantissaient plus ni du froid ni de l'humidité.

A midi, j'observai 13° 33' de latitude méridionale ; longitude estimée 33° 28' ouest de Tofô ; le chemin cent quatorze milles, la route valant l'O. 6° N. J'ajoutai à la portion accoutumée de biscuit et d'eau, une once de cochon salé à chaque homme.

Lundi 25 mai. – Beau temps et vents bon frais au S. S. E. Nous vîmes cette après-midi, beaucoup de ces oiseaux qu'on ne voit qu'aux approches de terre, comme fous et butors.

A trois heures, la mer devint plus belle et nous n'embarquions presque plus de lames ; j'en profitai pour tâcher de reconnaître la quantité exacte de biscuit que nous avions de reste. Cet examen me fit connaître qu'en suivant les mêmes distributions, j'avais de quoi fournir vingt-neuf jours de ration. J'espérais bien être au bout de ce terme rendu à Timor ; mais comme on ne pouvait pas en être assuré, et comme il était même possible que nous fussions forcés par les circonstances à pousser jusqu'à l'île de Java, je me décidai à faire durer mes vivres encore six semaines et à régler les distributions en conséquence.

J'avais tout lieu de craindre que cette proposition ne fût mal reçue et je pensai que j'aurais besoin de toute ma fermeté pour la mettre à exécution car quelque petite que fût la diminution que je comptais faire sur chaque repas, pour notre plus grand avantage, je craignais que mon équipage ne regardât ce retranchement comme un tort que je leur faisais au détriment de leur existence et je m'attendais même à de forts obstacles de la part de quelques-uns plus impatients que les autres. Je parvins cependant à représenter avec succès la nécessité indispensable où nous nous trouvions de nous précautionner contre les retards que pourraient apporter à notre voyage, soit les vents contraires, soit d'autres causes ; je promis en même temps d'augmenter la ration à mesure que nous aurions avancé notre chemin, et tous y consentirent sans murmures. Je réglai en conséquence que, dès ce moment, la ration du déjeuner serait d'un vingt-cinquième de livre de biscuit, celle du dîner autant ; et que le souper serait retranché ; au moyen de quoi nous avions encore de quoi subsister pendant quarante-trois jours.

A midi, quelques fous nous approchèrent tellement qu'on en prit un avec les mains. Cet oiseau est à peu près gros comme un petit pigeon.

Je le partageai, y compris les intestins, en dix-huit parts ; et on employa, pour fixer les parts, la méthode usitée en pareil cas par les matelots anglais, avec le cri : *à qui cette part ?* On y ajouta la distribution accoutumée de biscuit et d'eau pour le dîner, et l'oiseau fut dévoré, os et tout, avec de l'eau de mer pour toute sauce.

J'observai 13° 32' de latitude sud ; longitude estimée 35° 19' ouest de Tofô, la route à l'ouest 1° N. O. ; chemin corrigé, cent huit milles.

Mardi 26 mai. – Beau temps et vents bon frais au S. S. E.

Le soir nous vîmes voltiger plusieurs butors qui s'approchaient tellement de nous qu'on en prit un avec les mains. Cet oiseau est de la grosseur d'un bon canard : les marins lui ont donné ce nom, comme au fou, parce qu'ils se laissent prendre l'un et l'autre à la main sur les mâts et vergues des navires. Nous ne connaissons pas d'oiseau qui donne un indice plus assuré du voisinage de la terre que celui-ci. Je fis tuer cet oiseau pour le souper et j'en fis donner le sang à trois de nos gens qui soufraient le plus de la faim. Le corps, les intestins, le bec et les pieds furent partagés en dix-huit portions et en y ajoutant une ration de biscuit que je me fis un mérite d'accorder, nous fîmes un bon souper en comparaison de ceux que nous faisions ordinairement.

Le matin, nous prîmes un autre butor ; ainsi le ciel semblait s'occuper, d'une manière extraordinaire, de soulager nos besoins. Vers midi nous vîmes passer le long du bord plusieurs morceaux de branches d'arbres, dont quelques-unes paraissaient n'être pas dans l'eau depuis bien longtemps.

Je fis une très bonne observation de latitude, que je trouvai de 13° 41° S. Ma longitude estimée fut 37° de ouest de Tofô. La route O. 5° S. O. ; et le chemin corrigé cent douze milles. Chacun reçut sa portion de l'oiseau, et cette augmentation au dîner répandit la joie parmi nous ; je fis cette distribution comme la veille et donnai le sang à ceux qui étaient les plus affamés.

Nous trempions souvent notre biscuit dans l'eau salée pour le rendre plus appétissant ; quant à moi, j'avais coutume de le briser en petits morceaux, de le tremper dans ma ration d'eau, dans une noix de coco, et de le manger ainsi à la cuillère. Je mettais une attention économique à ne pas prendre de gros morceaux à la fois, afin de faire durer ce mince repas aussi longtemps que si c'en eut été un plus abondant.

Mercredi 27 mai. – Vents au S. E., bonne brise et beau temps.

Le temps devenu serein eut pour nous un inconvénient : nous ne pouvions supporter la chaleur du soleil ; plusieurs en éprouvèrent un état de langueur et de faiblesse qui leur faisait regarder la vie avec dédain. Nous eûmes le bonheur aujourd'hui d'attraper deux butors ; nous trouvâmes dans leur gésier plusieurs poissons volants et autres petits poissons que je conservai très précieusement pour en augmenter la distribution du dîner.

Nous vîmes passer le long du bord beaucoup de bois en dérive et nous aperçûmes beaucoup d'oiseaux ; d'après cela, je n'hésitai pas d'annoncer que nous devions être près des récifs qui bordent la côte de la Nouvelle-Hollande et d'assurer tout le monde que nous atterrerions incessamment, en suivant le même parallèle, que nous longerions le récif jusqu'à ce qu'on pût trouver un passage au moyen duquel nous entrerions dans une eau plus tranquille, et que nous pourrions y ramasser quelques subsistances. D'après ce que ma mémoire me rappelait de la reconnaissance qui a été faite de cette côte par le capitaine Cook, je la regardais comme courant S. E. et N. O., et j'étais assuré que le vent au sud de l'est me mettait à même de parer tous les dangers.

A midi, j'observai 13° 20' de latitude sud. La route estimée depuis hier me donna cent neuf milles, à l'O. ¼ N. O. 3° 45' O. La longitude arrivée, 39° 4' ouest de Tofô. Après avoir écrit mon journal, je partageai en dix-huit portions les deux oiseaux et ce qui avait été trouvé dans leurs gésiers, et comme cette capture était de grande conséquence, la distribution se fit comme je l'ai expliqué précédemment, par le cri : *à qui cette part ?* Ainsi dans cette journée, j'eus le plaisir de voir chacun complètement rassasié, au moyen de l'addition du vingt-cinquième d'une livre de biscuit, tant à déjeuner qu'à dîner.

Jeudi 28 mai. – Beau temps et brises fraîches de l'E. S. E. et de l'est.

Le soir, nous vîmes un goéland. Je vis les nuages si fixement arrêtés dans la partie de l'ouest, que je ne pus plus douter que nous ne fussions très près de la Nouvelle-Hollande.

Chacun, après avoir pris sa portion d'eau pour le souper,

commença à se réjouir de l'idée probable de ce que nous allions bientôt découvrir.

A une heure après minuit, l'homme qui était au gouvernail entendit le bruit des brisants. Je levai la tête et je les aperçus en effet sous le vent à nous, presque à nous toucher, c'est-à-dire à un quart de mille de distance. Je fis lofer au N. N. E. et, au bout de dix minutes, nous ne les voyions ni ne les entendions plus.

J'ai déjà rendu compte de mes motifs en atterrant autant dans le sud sur la côte de la Nouvelle-Hollande ; je ne doutais nullement de trouver diverses ouvertures au récif pour pouvoir approcher de la terre. Sachant que la côte courait au N. O. et que les vents règnent fréquemment au sud de l'est, il m'était facile de longer cette barre de récifs jusqu'à ce que je pusse trouver une entrée qui nous devenait absolument nécessaire, sans perte de temps. Le courage de tout mon monde était soutenu par l'idée d'entrer dans une eau plus tranquille et d'y trouver quelques vivres.

Leur joie fut très grande lorsque nous nous fûmes dégagés des brisants, dont nous avions été beaucoup plus près que je ne l'aurais cru possible avant de les apercevoir.

Le matin à la pointe du jour, je fis arriver, pour nous rapprocher des récifs que nous revîmes à neuf heures. La mer y brisait partout avec violence. Aussitôt que je m'en fus approché, le vent vint à l'est et nous ne pûmes que suivre le long de ces récifs. Nous voyions au-delà l'eau si tranquille, que chacun jouissait d'avance de la satisfaction qu'il se promettait lorsque nous pourrions y parvenir. Dans ce moment, je m'aperçus que nous étions affalés ; je ne pouvais parer les dangers par le secours des voiles, le vent nous ayant coiffés et la mer nous poussait vivement vers les rochers, ce qui rendait notre position très périlleuse. Nous ne pouvions pas produire nos plus grand effet avec nos avirons, nous avions à peine la force de les soutenir. Il devenait à chaque minute plus apparent que notre unique ressource serait de tâcher de nous pousser par-dessus les récifs, en cas qu'il nous fût impossible de nous en éloigner en voguant. Je ne désespérais pourtant pas encore d'y réussir, lorsque par un heureux hasard, nous découvrîmes une ouverture entre les récifs, à environ un mille loin de nous ; nous aperçûmes en même temps, en dedans et en droite ligne de cette ouverture, une île d'une hauteur bornée, qui nous restait à l'ouest 5° 38' N. O. J'enfilai ce passage, poussé par un fort courant qui portait à l'ouest ; je reconnus que cette entrée avait à peu près un quart de mille de largeur, avec apparence d'une grande profondeur d'eau.

A l'extérieur, le récif courait au N. E. pendant quelques milles, et ensuite au N. O. ; dans la partie du sud de ce passage, le récif courait au S. S. O., autant que j'en pus juger. Je présume qu'il y a un passage semblable à celui-ci vers les récifs que nous avions approchés les premiers, qui sont situés à vingt-trois milles plus sud.

Je ne me rappelais pas la latitude du chenal de la Providence, mais je pensai qu'il était à quelques milles seulement de distance de celui-ci qui est situé par 12° 51' de latitude méridionale.

Comme nous étions heureusement entrés dans les

eaux intérieures et tranquilles en dedans des récifs, je fis en sorte de me tenir près d'eux pour tâcher d'attraper quelque poisson ; mais la marée qui portait vivement au N. O. nous obligea d'arriver dans cette direction ; et comme j'avais promis de prendre terre au premier endroit convenable qui se présenterait, il sembla dès ce moment que tous nos maux étaient oubliés.

A midi, j'eus une bonne hauteur qui me donna 12° 46' de latitude sud : d'où on peut conclure que les situations précédemment indiquées ont été déterminées avec assez d'exactitude. L'île que nous avions d'abord reconnue nous restait à l'O. S. O. à la distance de cinq lieues.

Cette île à laquelle j'ai donné le nom d'île de la Direction, peut servir à montrer la passe dans un beau temps ; elle est droit à l'ouest de l'ouverture et peut se voir, aussitôt que les récifs, de la tête des mâts d'un vaisseau.

Elle est par 12° 51' de latitude sud. Au reste ces remarques ne seront pas suffisantes pour les faire retrouver par un bâtiment, à moins qu'on ne puisse par la suite vérifier si en effet il y a, le long de cette côte, un nombre d'ouvertures entre les récifs, comme je penche à le croire. En ce cas, on ne courrait presque aucun risque d'aborder cette côte, excepté lorsque le vent porte droit à terre.

Le calcul de ma route me donna 40° 10' de longitude ouest, de l'île de Tofô au chenal entre les récifs. Le chenal de la Providence est, je crois, à peu près sur le même méridien que celui où nous avons passé. D'où il est résulté que nous nous étions faits trop de l'avant d'un degré 9'.

Nous rendîmes grâces à l'Etre Suprême[1] de la protection spéciale qu'il nous avait accordée ; et ce fut avec contentement que nous prîmes notre mince repas d'un vingt-cinquième de livre de pain et d'un huitième de pinte d'eau à dîner.

Vendredi 29 mai. – Beau temps et brises modérées de l'E. S. E.

Comme nous avancions chemin en dedans des récifs, nous commençâmes à voir la côte très distinctement ; elle était entremêlée de montagnes et de plaines et on y voyait quelques espaces couverts de bois. En faisant route vers la terre, nous trouvâmes la pointe d'un récif qui se tient avec celui qui est au large ; j'y jetai le grappin pour tâcher de prendre du poisson, mais ce fut sans succès.

L'île de la Direction nous restait alors au sud, à trois ou quatre lieues. Il y avait deux autres îles à l'O. ¼ N. O., éloignées de nous d'environ quatre milles ; elles me parurent propres à nous procurer du repos et j'espérais même quelque chose de mieux ; mais en approchant la première, je ne vis qu'un amas de pierres, et son étendue ne suffisait pas pour y tenir notre chaloupe à l'abri.

En conséquence, je gagnai l'autre île, qui était voisine de la première et plus à terre ; j'y trouvai dans le N. O. une anse et une belle pointe de sable propre au débarquement. Dans cette position, nous n'étions pas éloignés de plus d'un quart de mille, d'une partie avancée du continent qui

1. « Etre suprême » est le mot par lequel les traducteurs de 1790 ont traduit « *God* », Dieu – Révolution oblige.

nous restait depuis le S. O. ¼ S. jusqu'au N. O. ¼ N. 2° 49' N. Je débarquai pour examiner s'il y avait quelques traces qui désignassent que les naturels du pays fussent dans le voisinage. Je trouvai quelques marques de feux anciennement allumés, mais rien qui pût faire craindre de passer là la nuit.

Chacun s'occupait de chercher de quoi manger, et, comme la mer était basse, j'appris bientôt qu'on avait trouvé des huîtres ; mais la nuit approchait et on ne pût en ramasser qu'une très petite quantité. Je décidai d'attendre le matin pour savoir ce que nous aurions de mieux à faire ; et je réglai que la moitié du monde coucherait à terre et l'autre moitié dans la chaloupe. Nous aurions bien voulu faire du feu mais n'ayant pu y parvenir, nous nous décidâmes à nous étendre pour dormir et la nuit se passa parfaitement calme et sans inquiétude.

Le jour venu, nous nous trouvâmes plus forts et plus contents que je ne m'y étais attendu.

Quoique chacun fût très affaibli, il me parut qu'il nous restait à tous assez de forces pour me faire concevoir l'espoir le plus favorable de surmonter les fatigues subséquentes auxquelles nous étions encore dans le cas de nous exposer.

Aussitôt que je vis que nous n'avions point de naturels du pays dans notre voisinage, j'envoyai divers détachements chercher des provisions ; d'autres s'occupèrent de mettre la chaloupe en état afin de pouvoir remettre en mer si nous y étions forcés par quelque événement imprévu. Dans ce travail, le premier objet qui dut attirer notre attention, fut le gouvernail : un des éguillots s'était démonté dans la nuit et était perdu. Si cet accident nous fût arrivé en pleine mer, il était probable qu'il aurait causé notre perte, parce qu'il eut été impossible de gouverner le bâtiment, avec la précision qui avait été indispensable pour nous tirer des terribles mers que nous avions eues. J'avais fréquemment témoigné de l'inquiétude sur la possibilité d'un pareil événement, et par précaution, j'avais fait placer des estropes d'avirons aux deux côtés du plat bord vers l'arrière. Mais il eut été fort à craindre que toute l'attention possible à conduire ces avirons ne nous eut pas sauvés. Ainsi nous devons bien louer la Providence de n'avoir pas éprouvé un pareil accident avant d'arriver en cet endroit, où il était en notre pouvoir d'y apporter remède. Nous trouvâmes, par un heureux hasard dans la chaloupe, une longue crampe de fer qui pût remplir notre objet.

Les gens revinrent de leurs courses, fort satisfaits d'avoir trouvé une quantité d'huîtres et de l'eau douce. J'avais allumé du feu, par le moyen d'une loupe de verre, que je portais toujours sur moi, pour m'aider à distinguer les degrés de mes sextants ; et pour compléter notre bonne fortune, il se rencontra, parmi les effets qu'on avait jetés à la hâte dans la chaloupe pour notre usage, un morceau de soufre et une boîte à briquet, de façon que j'avais pour l'avenir des moyens assurés de faire du feu.

Un des gens avait eu aussi l'excellente précaution de prendre une marmite de cuivre qui nous donna les moyens de tirer un parti avantageux des subsistances que nous avions trouvés. Je fis un mélange de biscuit et de cochon salé et j'en composai un ragoût qui aurait pu satisfaire des personnes d'un goût plus recherché ; chacun reçut la mesure d'une chopine de ce mets.

Les maux que nous éprouvions tous le plus généralement étaient des vertiges, une grande lassitude dans les jointures, et un ténesme violent ; plusieurs de nous n'avoient pas été évacués depuis que nous avions quitté le vaisseau.

J'avais pour ma part une grande douleur d'estomac. Il n'y avait néanmoins rien d'alarmant dans la situation d'aucun de nous ; au contraire, tous conservaient assez d'apparence de vigueur pour pouvoir, avec quelque force d'esprit, supporter encore d'autres fatigues bien plus considérables que celles qui nous restaient à éprouver pour arriver jusqu'à Timor.

Je ne voulus pas permettre qu'on s'exposât aux rayons ardents du soleil ; et comme il était alors près de midi, chacun se cantonna, pour dormir quelques instants, à l'ombre des arbrisseaux.

Les huîtres que nous trouvions étaient si fortement tenues aux rochers, qu'on avait bien de la peine à les en détacher ; et nous vîmes enfin que le moyen le plus expéditif de les avoir, était de les ouvrir sur leur lit même. Elles étaient d'une belle grosseur et de très bon goût, et nous procurèrent un grand secours. Une autre circonstance heureuse fut d'apercevoir, dans la partie basse de cette terre, de l'herbe fine qui nous indiquait de l'humidité. En y enfonçant un bâton, de trois pieds de profondeur, nous trouvâmes de l'eau ; nous creusâmes sans peine un puits, au moyen duquel nous en eûmes autant qu'il nous en fallait. Cette eau était excellente, mais je ne sais si elle provenait ou non d'une source. Comme nous avions besoin de beaucoup d'eau, nous fûmes obligés de creuser davantage ce puits, parce qu'il se remplissait à mesure que nous le vidions ; je jugeai de là que c'était une source, la nature du sol étant trop spongieuse pour pouvoir retenir de l'eau de pluie. La situation de ce puits n'était pas à cent toises au sud est d'une pointe qui est dans la partie du sud ouest de l'île.

Je vis des traces évidentes du séjour de quelques naturels du pays dans cette île ; outre les restes de feux qui y avaient été allumés, j'aperçus deux chétifs ajoupas qui n'étaient couverts que d'un côté. Nous trouvâmes aussi un bâton épointé et fendu par un bout, servant à lancer des pierres, et tel que les habitants de la terre de Van Diemen en ont.

On distinguait clairement la trace d'un animal que M. Nelson convint avec moi devoir être le *kangourou*, ou espèce *d'opossum*. J'ignore comment ces animaux peuvent venir du continent, à moins que les Indiens ne les y apportent pour les y faire multiplier et pour les tenir, comme une espèce de garenne, pour leur nourriture, la chasse en étant fort difficile et précaire dans un aussi grand continent.

L'île où nous étions a environ deux milles de tour ; c'est une haute masse de pierres et de rochers, couverte d'arbres de petite stature et rabougris, la nature du sol étant peu favorable à leur végétation. Les arbres que nous pûmes y reconnaître étaient principalement le *mancenillier* et une espèce de *purow* [?] ; quelques palmiers, dont nous coupâmes les têtes ou les cœurs, appelés *chous palmistes*, qui, étant très bons à manger, nous procurèrent une augmentation utile de subsistance. M. Nelson découvrit quelques racines de fougères que je crus propres à remplir l'office du pain en les rôtissant sous la cendre ; mais nous en fûmes peu satisfaits ; cependant, ces racines, dans leur état naturel, étaient bonnes pour apaiser la soif, et par cette raison j'en fis ramasser et embarquer une quantité dans la chaloupe. Nous vîmes, le long de la côte, plusieurs morceaux de noix de coco et de leur brou ; mais nous ne pûmes trouver de cocotiers ni là, ni sur le continent voisin.

J'avais fort recommandé à tout le monde de ne toucher aucune graine ou fruit du pays qu'ils ne connaîtraient pas ; mais lorsqu'ils furent hors de ma portée, ils s'aventurèrent, malgré mon injonction, à en toucher de trois espèces différentes qui croissaient abondamment dans cette île ; et même ils en mangèrent en quantité. Quelque temps après, il y en eut qui éprouvèrent les symptômes ordinaires aux gens qui ont trop mangé ; mais ayant questionné ceux qui en avaient pris avec plus de modération, ils se tranquillisèrent un peu.

Les autres cependant prirent à leur tour l'épouvante, craignant d'éprouver les mêmes symptômes et se croyant empoisonnés. Ils se regardaient tous avec les apparences de la plus grande inquiétude, attendant les effets de leur imprudence. Heureusement, les fruits se trouvèrent être de bonne qualité ; l'un d'eux croissait sur une sorte de vigne ou liane ; il était de la grosseur d'une groseille à maquereau un peu forte, ressemblant à ce fruit par sa pulpe, mais d'un goût sucré. Sa peau était d'un rouge pâle, rayé de jaune dans le sens de la longueur du fruit : le goût en était bon et agréable. Une seconde espèce se trouvait sur un arbrisseau ressemblant à ce qu'on appelle aux Antilles, *raisinier du bord de mer ;* mais ce fruit était différent de celui du raisinier, et ressemblait plutôt aux graines de sureau croissant de même en grappes. La troisième espèce était une graine noire, semblable aux prunelles, ou prunes sauvages, tant par sa grosseur que par son goût ; cette espèce était moins fréquente que les autres. Comme je vis les oiseaux en manger, je conclus qu'on pouvait en faire usage sans danger, surtout après l'épreuve des gens qui en avaient mangé sans en être incommodés.

On voyait beaucoup de pigeons ramiers, de perroquets et d'autres oiseaux, vers le sommet de l'île ; mais sans armes à feu, il paraissait impossible d'en avoir, à moins de trouver quelque endroit solitaire où on pût les prendre à la main.

On trouva un petit filet d'eau dans la partie méridionale de l'île et à un demi mille à peu près de distance de notre puits ; mais comme on n'en chercha pas l'origine, je n'en puis dire davantage.

La côte de cette île, à l'exception du lieu de notre débarquement, est bordée de rochers ; j'y ramassai plusieurs pierres ponces. On apercevait dans la partie voisine du continent plusieurs anses de sable où, à basse mer, il se découvrait un long banc de roches. Le pays avait en général l'air assez stérile, excepté quelques endroits où la terre était couverte d'arbres. Il y avait une file de rochers très remarquables à quelques milles de distance de nous, dans la partie du sud-ouest. La côte était terminée du côté de la mer par une haute montagne terminée en pointe, avec quelques autres montagnes et plusieurs îles au sud. Un gros cap fort élevé paraissait indiquer que la côte courait au N. O. ; il était éloigné de nous d'environ sept lieues, et à trois ou quatre lieues au nord de lui, il y avait deux petites îles.

Je vis des guêpes ou abeilles, plusieurs lézards ; et à tous les arbrisseaux qui portaient des graines noires, il y avait des nids de fourmis qui étaient tissés comme une toile d'araignée, mais si serrés et si épais que la pluie n'y pouvait pénétrer.

Un tronc d'arbre d'environ cinquante pieds de longueur, que je vis étendu le long du rivage, me fit juger que la mer se porte violemment dans cette anse lorsque les vents sont au nord.

Ce jour était celui de la restauration du roi Charles II. Comme ce nom avait assez de rapport avec notre position, puisque nous venions aussi de nous y restaurer, j'appelai cette île, l'île de la Restauration, pendant qu'il était probable que le capitaine Cook ne l'avait pas remarquée particulièrement. Quant aux autres noms que j'ai donnés aux différents points de la côte que j'ai parcourue, ils serviront du moins à indiquer la route que j'ai suivie.

J'observai à midi la latitude de cette île, de 12° 39' sud ; nous avions dix-huit milles de chemin corrigé depuis hier midi, la route à l'O. N. O. 1° 30' N.

Samedi 30 mai. – Nous eûmes un temps superbe et les vents à l'est-sud-est. Dans cette après-midi, je détachai diverses bandes de nos gens pour ramasser des huîtres qui, jointes aux choux palmistes, nous fournirent un bon ragoût pour notre souper ; chacun en reçut une bonne mesure de trois quarts de pinte. Je ne voulus point ajouter de biscuit à cette distribution ; je préférai le réserver pour l'avenir, cette principale base de notre subsistance et je représentai à cet effet à mon monde que nos besoins pouvaient redevenir très pressants.

Nous nous séparâmes en deux bandes, comme la veille, pour passer la nuit, les uns dans la chaloupe et les autres à terre ; j'étais de ces derniers, et nous allumâmes un bon feu. Le matin, chacun me parut changé en mieux ; je les renvoyai à la recherche des huîtres.

Il ne me restait plus que deux livres de cochon salé ; je n'avais pu tenir cet article fermé à clef, comme le biscuit ; quelque indiscret en avait fait un usage illicite ; mais personne ne voulut avouer. Je résolus d'éviter un pareil inconvénient pour l'avenir en partageant à notre dîner ce qui nous restait de cette viande. Pendant qu'on ramassait des huîtres, je mis la chaloupe en état de reprendre la mer ; je fis remplir d'eau toutes nos futailles, ce qui faisait en tout à peu près cinquante-deux ou trois pintes.

Les chercheurs d'huîtres étant revenus, on servit le dîner bientôt après, et chacun eut une portion aussi bonne que celle du souper, car ils eurent avec le cochon salé, une ration de biscuit.

J'étais déterminé à continuer notre route sans délai ; et comme il n'était pas encore midi, je dis à tout le monde de faire tout ce qu'ils pourraient pour ramasser une quantité d'huîtres pour notre provision de mer, parce que j'étais décidé à repartir cette même après-midi.

A midi, j'observai encore 2° 39' de latitude sud. Il était

alors pleine mer ; l'eau avait monté de trois pieds mais je n'avais pu m'assurer de la direction du flot. J'en conclus que le moment de la pleine mer, les jours de lunaisons, est à sept heures dix minutes du matin.

Dimanche 31 mai. – On revint de bonne heure dans l'après-midi avec quelques huîtres, et tout fut rembarqué dans la chaloupe. Je fis la visite du biscuit et je trouvai qu'il nous en restait pour trente-huit jours de rations, en la réglant au dernier taux d'un vingt-cinquième de livre à déjeuner, et autant à dîner.

Nous eûmes ce jour-là beau temps et de petites brises de l'E. S. E. et du S. E.

Tout prêt pour le départ, je fis faire une prière et à quatre heures, nous nous disposions à nous embarquer lorsque nous aperçûmes vingt naturels du pays qui couraient le long du rivage opposé, nous appelant à grands cris. Ils portaient de la main droite une lance ou javelot, et de la gauche une arme courte. Ils nous firent des signes pour nous engager à venir vers eux. Nous vîmes les têtes de plusieurs autres paraître sur les sommets des coteaux. Je ne sais si c'était leurs femmes et leurs enfants, ou d'autres hommes qui se tenaient là, pour ne se montrer que lorsque nous aurions mis pied à terre, afin de ne pas nous intimider par leur trop grand nombre. Quoi qu'il en soit, voyant que nous étions découverts, je crus qu'il était prudent de nous retirer le plus promptement possible, dans la crainte de leurs pirogues, quoique le capitaine Cook n'en ait rien dit qui pût nous faire croire d'en rencontrer aucune de considérable. Je passai, en faisant route aussi près que je pus de ces gens (c'est-à-dire à moins d'un quart de mille de distance) ; ils étaient tout nus, noirs en apparence, avec les cheveux ou laine, courts et crépus.

Je dirigeai ma route pour passer en dedans de deux petites îles situées au nord de l'île de la Restauration ; nous passâmes entre elles et le continent, vers le cap *Fair*, à la faveur d'une forte marée ; nous nous trouvâmes par leur travers à huit heures du soir. La côte que nous venions de passer était boisée et montueuse. Comme je ne voyais plus de terres au-delà de ce cap, je jugeai que la côte devait ensuite courir au N. O. ou à l'O. N. O. ; ce qui s'accordait avec la reconnaissance qu'en a faite le capitaine Cook, autant que je pouvais m'en rappeler. D'après cela, je gouvernai un peu plus à l'ouest ; mais à onze heures du soir, je vis que j'étais dans l'erreur car nous rencontrâmes une terre plate qui courait S. O. et N. E., et à trois heures du matin nous y fûmes affalés, ce qui nous força à reprendre la bordée du sud.

Au jour ma surprise fut grande de voir l'aspect de la côte tout différent de la veille, comme si pendant la nuit, nous eussions été transportés dans une autre partie du monde : nous avions devant les yeux une côte plate et désolée, presque sans verdure, sans aucun objet qui pût la faire croire habitée ni habitable, à l'exception de quelques bouquets d'arbrisseaux ou de petits arbres.

Il y avait plusieurs petites îles en vue, du côté du N. E., à la distance d'environ deux lieues.

La partie la plus orientale du continent nous restait au nord à quatre milles et le cap Fair au S. S. E. à cinq ou six lieues. Je choisis le passage entre le continent et l'île qui en était la plus voisine, n'y ayant guère entre deux qu'un mille de largeur de canal, et je laissai toutes les autres îles à tribord.

Quelques-unes de ces îles offraient de jolies positions : elles étaient couvertes d'arbres et situées avantageusement pour la pêche. Nous vîmes des bancs entiers de poisson autour de nous, mais nous ne pûmes en attraper un seul. En passant ce détroit, nous aperçûmes une autre bande de sept Indiens qui couraient pour nous approcher, faisant des cris et des signes afin de nous engager à débarquer. Quelques-uns d'eux agitaient des branches des arbrisseaux qu'ils avaient auprès d'eux, ce qui, parmi ces peuples, est un témoignage d'amitié et de paix, mais leurs autres gestes ne portaient pas tous le même caractère. Nous vîmes un peu plus loin une autre bande qui venait vers nous. Je pris la résolution de ne pas mettre à terre ; j'aurais cependant bien désiré avoir quelque communication avec eux et, accostant dans ce dessein la chaloupe contre les rochers, je leur fis signe de m'approcher ; mais aucun d'eux n'osa venir à cent toises de distance.

Ils étaient armés comme ceux que j'avais vus de l'île de la Restauration ; ils étaient également tout nus, paraissant d'un beau noir d'ébène, avec les cheveux ou laine courts et crépus, étant à tous égards le même peuple.

Nous apercevions dans ce moment une île d'une assez bonne hauteur, restant au N. 5° ½ O. à quatre milles de distance ; je résolus d'aller y voir ce qu'on pourrait se procurer et jeter un coup d'œil sur la côte. J'y débarquai vers les huit heures du matin ; le rivage était formé de rochers, avec quelques plages sablonneuses en dedans des rochers ; l'eau y était néanmoins fort tranquille et le débarquement fut aisé. J'envoyai deux bandes de mes gens à la recherche des subsistances, l'une vers le nord et l'autre vers le midi ; j'ordonnai à d'autres de rester auprès de la chaloupe.

Dans cette circonstance, l'excès de la fatigue et de la faiblesse fit tellement oublier à quelques-uns d'eux la subordination, qu'ils se mirent à murmurer et à mettre en question qui avait pris le plus de peines, disant qu'ils préféraient se passer de dîner plutôt que d'être obligés d'aller le chercher. Il y en eut un entre autres qui poussa la mutinerie jusqu'à me dire d'un air insolent : *qu'il me valait bien*. Je ne pouvais prévoir jusqu'où cette insubordination était dans le cas d'aller, si je n'en arrêtais pas à temps le progrès, et dans cette idée je voulus y couper court s'il était possible, bien déterminé à conserver mon autorité ou à mourir : c'est pourquoi je me saisis d'un sabre, je lui ordonnai d'en prendre un autre pour lui et de se mettre en défense. Sur cela, il se mit à crier que j'allais le tuer et commença à filer doux. Je ne permis pas que cette aventure dérangeât l'harmonie dans l'équipage, et tout reprit aussitôt la tranquillité ordinaire.

Les gens qui étaient allés à la recherche des provisions ne purent trouver que quelques petites huîtres, quelques seiches et un petit nombre de poissons de corail qu'ils trouvèrent dans les trous des rochers. Nous trouvâmes aussi, dans un creux de ces rochers, au nord de l'île, environ deux tonneaux d'eau de pluie ; de façon que nous eûmes encore le bonheur d'être approvisionnés de cet article de première nécessité.

Après avoir réglé la manière dont nous devions continuer le voyage, je montai vers le sommet de l'île pour voir le coup d'œil de la côte et la route qu'il convenait de faire pendant la nuit.

Je fus fort étonné de ne pas voir de là une plus grande étendue du continent que je n'en avais distingué du bord de la mer. La côte ne s'étendait que depuis le sud 5° ½ E. à la distance de quatre milles jusqu'à l'O. ¼ N. O. à environ trois lieues ; et elle était toute formée de monticules de sable. Outre les îles qui me restaient à l'E. S. E. et au sud, que j'avais aperçues auparavant, je ne voyais aucun autre objet, qu'une petite caye dans le N. O. ¼ N.

Cette caye était beaucoup plus éloignée du continent que l'île où je me trouvais : c'est pourquoi je pris le parti d'y aller vers la nuit, comme paraissant offrir un asile plus assuré pour y prendre quelque repos. Ici j'étais exposé à être attaqué, si les Indiens avaient eu des pirogues, parce qu'il était certain qu'ils m'avaient vu débarquer. Après que je me fus arrêté à ce parti, je descendis en examinant la nature du lieu où j'étais, et je vis qu'il ne produisait que quelques arbrisseaux et une herbe grossière ; cet îlet n'avait pas en tout deux milles de tour. Je vis sur une anse de sable, dans la partie septentrionale de l'île, une vieille pirogue d'environ trente et un pieds de longueur, renversée et à moitié enterrée dans le sable ; elle était formée de trois pièces, dont une faisait tout le fond d'un bout à l'autre, et les deux pièces de côté étaient cousues à cette première, à la manière ordinaire de ces peuples. La proue était saillante et pointue, sculptée grossièrement en forme d'une tête de poisson. Sa plus grande largeur était de deux pieds dix pouces, et il me parut qu'elle pouvait porter vingt hommes.

A midi, tout le monde était de retour, ayant éprouvé de la difficulté à ramasser des huîtres qui tenaient fortement aux rochers, et les autres coquillages étaient rares ; je conclus de là qu'un plus long séjour en cette île (où nous ne pourrions nous procurer chaque jour que la consommation de la même journée) serait une perte de temps infructueuse. Il fallait absolument rencontrer un local plus abondant et mieux fourni, pour pouvoir espérer une provision passable pour le voyage. Je donnai à cette île le nom d'île du Dimanche (*Sunday Island*). Elle est située au N. N. O. 2° 49' N. de l'île de la Restauration. La latitude, par observation, est de 11° 58' sud.

Lundi 1er juin. – Beau temps et bonne brise, qui finit par être carabinée, dans la partie du S. E. ¼ E.

Nous dînâmes à deux heures après-midi, avec chacun trois quarts de pinte d'une étuvée d'huîtres et de seiches, liée avec de petites fèves que M. Nelson me dit être une espèce de *dolichos*. Après avoir fait notre repas de bon appétit, je n'attendis plus que pour observer le moment de la pleine mer ; je l'eus à trois heures précises et je reconnus que la marée s'élevait d'environ cinq pieds. D'après cela, il est pleine mer en cet endroit, les jours de nouvelle et de pleine lune, à neuf heures dix-neuf minutes du matin. Je reconnus là que le flot portait au nord, quoique j'eusse cru le voir porter au sud pendant que j'avais séjourné à l'île de la Restauration. Il me semble que le capitaine Cook dit avoir trouvé beaucoup d'irrégularité dans la direction des marées le long de cette côte.

Je quittai aussitôt l'île du Dimanche et fis voile pour la caye que j'avais vue dans la partie du N. O. ¼ N. Nous y arrivâmes à l'entrée de la nuit, mais je trouvai qu'elle était tellement défendue et entourée d'un banc de roches, qu'il n'était pas possible d'y débarquer sans courir le risque de défoncer la chaloupe ; c'est pourquoi je fus obligé de mouiller pour passer la nuit.

A la pointe du jour, nous débarquâmes en halant la chaloupe vers un abri, car le vent était très frais en dehors, le fond était de roches et je craignais, en restant sur le grappin, que la chaloupe ne fût emportée au large ; il fallut donc l'échouer pendant le jusant. Des traces récentes de tortues nous firent espérer d'en avoir quelqu'une en restant là jusqu'à la nuit. Cette île sert de refuge à un nombre infini d'oiseaux de l'espèce des fous ; ainsi j'avais lieu de me flatter que je trouverais à m'approvisionner en cet endroit plus abondamment que dans tous les autres où j'avais abordé.

Nous étions là à plus de quatre lieues de la grande terre et sur la plus N. O. de quatre petites cayes, entourées d'un récif de rochers qui est entremêlé de bancs de sables, excepté vers les deux cayes qui sont dans la partie du nord. La partie où nous étions, asséchait à basse mer, et le tout forme une île avec un lagon au milieu, dans laquelle la marée entre : ce fut à l'entrée de ce lagon que je plaçai la chaloupe.

J'envoyai, comme à l'ordinaire, des détachements à la recherche des subsistances ; mais nous fûmes bien trompés dans notre attente car nous n'obtînmes que quelques seiches et un peu de ces petites fèves, appelées *dolichos ;* de cela, joint aux huîtres que nous avions apportées de l'île du Dimanche, je composai un mets pour notre dîner et j'y ajoutai une petite portion de biscuit.

M. Nelson qui, avec une autre bande, avait été visiter la caye la plus orientale, revint si faible et si abattu qu'il était obligé de se faire soutenir par deux hommes pour marcher. Il se plaignait d'une grande chaleur d'entrailles, d'une soif ardente, de la perte de sa vue et de lassitude dans les jambes. Je trouvai que ces incommodités lui étaient occasionnées par l'ardeur du soleil qu'il n'était pas en état de supporter et à laquelle il était resté exposé trop longtemps, ayant toujours voulu continuer d'aller et de faire au-delà de ses forces, au lieu de se reposer à l'ombre dès qu'il s'était senti faible et harassé de fatigue. Je trouvai avec satisfaction qu'il était sans fièvre, et dans cette occasion, la petite provision de vin que j'avais si précieusement conservée, devint d'une grande utilité. Je lui en donnai par très petites quantités avec quelques petits morceaux de biscuit trempés dedans ; je le déshabillai et le mis à l'ombre de quelques arbrisseaux touffus. Il commença à se rétablir.

Le maître d'équipage et le charpentier se trouvèrent aussi incommodés, se plaignant de maux de tête et de douleurs d'estomac ; d'autres, qui n'avaient point du tout évacué, furent horriblement tourmentés de ténesme ; et il n'y avait presque aucun individu qui ne fût souffrant. On se figura que ces maladies étaient occasionnées par les fèves que nous avions mangées, et quelques-uns en furent alarmés au point de se croire empoisonnés. Je ne me sentais nullement dérangé, non plus que d'autres qui avaient, ainsi que moi, mangé de ces fèves. On vérifia enfin que tous ceux qui étaient malades, à l'exception de M. Nelson, l'étaient pour avoir trop mangé à la fois de ces fèves crues ; de plus, M. Nelson me dit qu'à chaque graine ou fruit qu'ils rencontraient, ils étaient sans cesse à l'importuner de questions pour savoir si on pouvait en manger avec sûreté ; et il en conclut qu'il ne serait pas bien étonnant que plusieurs d'entre eux se fussent réellement empoisonnés en mangeant des fruits qu'ils ne connaissaient pas.

Notre dîner, où on avait mêlé de ces fèves, ne fut pas mangé avec le même appétit que celui de l'île du Dimanche ; mais la soupe et les huîtres convinrent à tous, excepté à M. Nelson, que je nourris avec quelques morceaux de biscuit trempés dans un demi verre de vin ; il continua de se remettre.

En me promenant autour de l'île, je trouvai plusieurs débris de noix de coco, les restes d'un vieux ajoupa et les écailles du dos de deux tortues. Je ne vis de traces d'aucun animal quadrupède. Un de nos gens trouva trois œufs d'oiseaux de mer.

Le sol n'est presque que du sable, comme on le voit assez généralement dans de pareils endroits ; il y croissait cependant quelques petits arbres qui nous étaient inconnus. Le lagon était poissonneux, mais nous n'y pûmes rien prendre.

Voyant que nous ne pouvions pas nous flatter de pourvoir à nos besoins dans cet endroit, pas même l'eau nécessaire à notre consommation journalière, je pris la résolution d'en partir le lendemain matin, après que nous aurions encore essayé pendant la nuit suivante, de prendre des tortues et des oiseaux. Je pensais aussi qu'une nuit passée à dormir tranquillement, serait un très grand bien à tous ceux dont la santé était dérangée.

La rencontre de cet ajoupa et de ces écailles de tortue prouvent que les naturels du pays ont des pirogues avec lesquelles ils viennent quelquefois sur cette île ; je ne pensai pas cependant que nous courussions aucun danger d'y passer la nuit. Je recommandai néanmoins par précaution d'allumer notre feu derrière le touffu des broussailles pour éviter qu'on ne nous aperçut pendant la nuit.

A midi, j'observai 11° 47' sud pour la latitude de cette île. Le continent s'étendait vers le N. O. et il était couvert de monticules de sable ; il y avait une autre petite île en dedans de nous restant à l'O. ¼ N. O. 3° N. à la distance de trois lieues ; comme nous étions placés fort bas, je ne pouvais rien voir du récif du côté du large.

Mardi 2 juin. – Dans la première partie de cette journée, nous eûmes quelques petits grains de pluie, le reste fut beau ; les vents au S. E. bon frais.

Nous employâmes cette après-midi à dormir et nous en avions grand besoin. Comme il y en eut cependant quelques-uns qui n'avaient pas sommeil, je les occupai à faire cuire quelques seiches pour les emporter à bord et pour le dîner du lendemain ; nous en coupâmes d'autres en tranches et les mîmes à sécher : c'était la meilleure provision à mon gré, que nous pussions trouver en cet endroit. Mais contre mon attente, on n'en ramassa que très peu.

Je recommandai le soir à tout le monde de ne pas allumer un grand feu et de ne pas le laisser trop briller dans l'obscurité. M. Samuel et M. Peckover furent chargés de cet objet, pendant que je parcourais le rivage pour examiner s'il paraissait possible d'apercevoir notre feu du rivage opposé ; je m'étais assuré qu'on ne pouvait pas le voir de cette partie du continent, lorsque, tout à coup, l'île entière parût jeter des flammes qui pouvaient se voir de bien plus loin. Je courus pour en apprendre la cause et je la trouvai dans l'imprudente opiniâtreté d'un de nos gens, qui pendant mon absence, s'était obstiné, malgré les représentations de tous les autres, à vouloir un feu à lui seul ; en allumant ce feu, il s'était communiqué aux herbes voisines qui étaient sèches et avait fait des progrès rapides. Cette action coupable aurait pu causer un très grand malheur, en faisant connaître notre position aux naturels du pays ; s'ils nous avaient attaqués, nous aurions tous péri infailliblement, victimes de leur barbarie, n'ayant aucune arme, ni même la moindre force corporelle pour pouvoir résister à un ennemi. Je fus privé par cette aventure du soulagement que j'avais désiré d'un peu de sommeil, et je n'attendis plus que le flot, non sans inquiétude, pour avoir les moyens de mettre en mer.

J'eus pleine mer cette après-midi à cinq heures et demie et j'en déduis qu'elle arrive à dix heures cinquante-huit minutes du matin, les jours de nouvelle et pleine lune. La marée monte de près de cinq pieds ; je ne pus pas observer sa direction, mais je pense qu'elle porte au nord et que j'avais fait une erreur à cet égard à l'île de la Restauration, car j'ai remarqué que le flot arrive successivement plus tard sur cette côte, à mesure qu'on va plus dans le nord.

A l'île de la Restauration, la pleine mer, les jours de nouvelle et de pleine lune, est le matin à 7 h 10', à l'île du Dimanche, à 9 h 19', à celle-ci, à 10 h 58'.

M. Samuel et M. Peckover allèrent à huit heures du soir pour guetter des tortues, et trois autres de nos gens furent à la caye de l'est pour tâcher de prendre quelques oiseaux. Tous les autres, qui se plaignaient de leur mauvaise santé, se couchèrent, à l'exception de MM. Hayward et Elphinston à qui j'ordonnai de faire la garde. Les gens qui avaient été à la chasse des oiseaux, revinrent vers minuit, n'ayant que douze fous (oiseau dont j'ai déjà parlé et qui a la grosseur d'un pigeon) ; mais, sans la folle opiniâtreté d'un d'entre eux qui s'était séparé des deux autres et avait effarouché les oiseaux, on en aurait pu prendre un grand nombre. Je fus si outré de voir mes projets dérangés par cet homme étourdi[1], que je le rossai fortement pour l'en punir.

Je vins après cela aux veilleurs de tortues qui avaient mis beaucoup de soin à bien remplir leur commission mais qui n'avaient eu aucun succès.

Je n'en fus nullement surpris, parce qu'on ne pouvait s'attendre à voir monter des tortues, après le bruit qu'on avait fait au commencement de la soirée, en éteignant le feu. En conséquence, je les priai de se désister de leur

1. Il se nommait Robert Lamb. – Arrivé à Java, il m'a ensuite avoué avoir mangé neuf oiseaux sur la caye, après s'être séparé de ses compagnons. *Note de William Bligh.*

entreprise ; mais ils m'engagèrent de leur permettre de rester encore un peu de temps, espérant trouver quelque chose de plus avant le jour. Ils revinrent cependant vers trois heures sans aucun dédommagement de leurs peines.

Nous fîmes cuire à demi les oiseaux, qui avec quelques seiches, furent toute la provision que nous pûmes nous procurer en cet endroit.

J'attachai à un arbre quelques boutons dorés et des morceaux de fer, pour les Indiens qui pourraient aborder en cet endroit après notre départ. Je vis que mes invalides se trouvaient parfaitement bien du repos de cette nuit. Je fis embarquer tout le monde et nous partîmes à la petite pointe du jour.

Nous fîmes route au N. ¼ N. O. avec les vents au S. E.

A peine avions-nous fait deux lieues que la mer devint rude, ce que je n'avais pas encore éprouvé depuis que j'étais entré entre les récifs et la côte. J'en conclus que nous étions à l'ouest de quelque chenal venant du grand océan. Nous trouvâmes peu après un grand banc sur lequel il y avait deux cayes de sables ; je passai entre elles, et deux autres pareilles situées à quatre milles plus dans l'ouest, continuant de gagner le nord, et la mer toujours grosse.

Je trouvai vers midi six autres cayes, dont la plupart produisaient quelques arbrisseaux et broussailles. Elles formaient un contraste agréable avec la partie du continent que nous venions de passer, qui n'était formé que de monticules de sable. Le pays continuait d'avoir un aspect montueux ; et la terre la plus au nord, la même que nous avions aperçue de l'île au lagon, présentait à l'œil des espèces de dunes en pente douce vers la mer.

Au sud de cette terre, est une montagne à sommet plat, que j'appelai, à cause de sa forme, *la montagne au poêlon*. Un peu au nord on voit deux autres montagnes que nous appelâmes les *mamelons*. Il y avait en cet endroit un petit espace de la côte qui n'était pas sablonneux, et sa partie la plus orientale forme un cap ; après cela la côte tourne au N. O. ¼ N.

J'observai à midi la latitude de 11° 18' sud.

Le cap dont je viens de parler, me restait alors à l'ouest, à la distance de dix milles. Cinq petites cayes nous restaient depuis le N. E. jusqu'au S. E. ; la plus voisine d'entre elles n'était éloignée de nous que d'environ deux milles ; et une caye basse et sablonneuse qui était entre nous et le cap, restait à l'ouest à la distance de quatre milles. Ma route corrigée depuis l'île du lagon me donna le N. 5° 37' N. O. trente milles de chemin.

Je suis bien fâché de n'avoir pas eu de moyens suffisants pour m'assurer des sondes ; notre situation ne permettait pas de rien entreprendre qui pût nous causer quelque retard. On peut cependant établir, autant que j'ai pu en juger par les apparences, qu'il y a passage pour un vaisseau par tout où je n'ai pas marqué de dangers.

Je fis le partage de six oiseaux pour le dîner, à quoi j'ajoutai une distribution d'un vingt cinquième de livre de biscuit et d'un quart de pinte d'eau par personne. Je donnai de plus à M. Nelson un demi-verre de vin ; il était si parfaitement rétabli qu'il n'avait plus besoin d'aucune préférence.

Le maître canonnier avait apporté sa montre en quittant le vaisseau ; elle nous avait été jusqu'à ce jour très utile pour régler les temps, mais elle s'arrêta fort mal à propos. Ainsi depuis ce moment, je ne puis plus parler avec certitude des heures de la journée, excepté de celles du midi, du lever et du coucher du soleil.

Mercredi 3 juin. – Beau temps et brises fraîches du S. S. E. et du S. E., portant le cap au N. ¼ N. O. Cette après-midi, nous trouvâmes la mer encore plus grosse, ce que nous attribuâmes au moindre abri de la part des récifs dans la partie de l'est ; étant probable que ces rochers ne s'étendent pas au nord, ou du moins ne sont pas dans cette partie aussi continue, et ne forment pas, comme ailleurs, une barrière constante qui empêche les vaisseaux d'approcher de la côte.

J'observai un courant portant au N. O. que je crus être celui de flot.

Nous vîmes le long de la côte quelques parties boisées. A cinq heures, comme nous avions le cap au N. O., nous passâmes devant une belle et grande ouverture entre les terres, qui est je crois une entrée fort praticable et sûre : elle est située par n° de latitude sud. A environ trois lieues au nord de cette ouverture est une île où nous arrivâmes au soleil couchant. Nous nous y mîmes à l'abri pour cette nuit, sous une pointe de sable, le seul endroit qui fut propre au débarquement ; je fus obligé par cette raison de me contenter d'une position assez sauvage et je restai à dormir dans la chaloupe. J'envoyai néanmoins un détachement de nos gens à terre pour chercher des rafraîchissements, mais ils ne réussirent pas ; ils virent une quantité d'écailles et d'os de tortues dont il paraissait que les naturels du pays s'étaient régalés, et même depuis peu.

Cette île, qui n'était d'ailleurs qu'une masse de rochers, était entièrement couverte d'arbres.

Nous y restâmes mouillés sur un grappin jusqu'au jour, ayant un gros vent et le temps couvert. Le continent nous restait depuis le S. E. ¼ S. jusqu'au N. N. O. 5° 37' O., à trois lieues de distance ; une île montueuse avec un sommet plat, nous restait au N. ¼ N. O. à quatre ou cinq lieues ; il y avait plusieurs autres îles entre celle-là et la grande terre. J'appelai l'île où nous étions l'*île aux Tortues ;* mon estime en place la latitude S. à 10° 52' et la distance à 42 milles à l'ouest de l'île de la Restauration. La côte qui est vis-à-vis ne représente qu'un désert sablonneux ; mais elle a meilleure apparence à environ trois lieues plus au nord ; là elle se termine en une pointe, au voisinage de laquelle il y a un nombre de petites îles.

Je fis voile entre ces dernières îles et je ne trouvai point de fond à 13 brasses dans ce chenal ; j'avais à tribord l'île montueuse, au sommet plat, de même que quatre rochers qui sont dans le S. E. de cette île, et que j'appelle *les Frères*. J'aperçus bientôt après une ouverture très vaste, dans les terres du continent, où on distinguait un nombre d'îles fort élevées ; j'appelai cet endroit *la baie des îles*. Nous continuâmes de gouverner au N. O. ayant plusieurs îles et cayes dans la partie du nord. L'île la plus nord était montueuse et avait un pic rond et très élevé ; une autre plus petite île était remarquable par une seule montagne terminée en pointe.

Au nord et à l'ouest de cette baie des îles, la côte est d'une toute autre nature que celle du sud ; elle est élevée et bien boisée, ayant auprès d'elle un nombre d'îles, et étant fort entrecoupée. Il y a parmi ces îles d'excellentes positions pour le mouillage des vaisseaux. Je donnai à l'île la plus au nord le nom d'*île du Mercredi.*

Au N. O. de cette île, je rencontrai un récif fort étendu qui, à ce que je crois, se joint à plusieurs cayes que j'avais alors en vue, restant depuis le N. O. jusqu'à l'E. N. E. Vers midi nous mîmes le cap au S. O. pendant l'espace d'une demi lieue ; j'eus bonne hauteur et ma latitude fut de 10° 31' sud. L'île du Mercredi restait alors à l'est ¼ S. E., à la distance de cinq milles ; la terre la plus à l'ouest gisait au S. O. à 2 ou 3 lieues ; les îles de la partie du nord me restaient depuis le N. E. ¼ O. à quatre ou cinq lieues de distance, jusqu'au N. E. à six lieues ; et enfin le récif, éloigné de moi d'un mille, me restait depuis l'O. jusqu'au N. E. J'assurai dans ce moment à tout mon équipage, que nous débouquerions des terres de la Nouvelle-Hollande avant le soir.

Il ne m'est pas possible de déterminer l'étendue de ce récif. Ce peut être une continuation, ou plutôt une partie détachée de cette ligne de récifs et de bas-fonds qui entourent toute cette côte. Quoi qu'il en soit, je regarde les îles montueuses comme étant absolument séparées des récifs et je ne doute pas qu'il n'y ait près d'elles plusieurs passages pour les vaisseaux. Je conseillerai cependant à ceux qui venant de l'est, voudront passer ce détroit, de le chercher de préférence, en prenant leur partance de la côte de la Nouvelle-Guinée ; je crois aussi qu'un vaisseau, venant de la partie du sud, trouverait un détroit très praticable par 10° de latitude sud. J'aurais bien voulu m'en assurer, mais dans la triste position où nous étions, il était du plus grand danger de s'aventurer à augmenter nos fatigues ou à perdre du temps ; c'est pourquoi je pris la résolution de faire route sans délai.

Je distribuai ce jour, en augmentation à la portion ordinaire de biscuit et d'eau, six huîtres à chaque homme.

Le jeudi 4 juin, beau temps et vent bon frais au S. E. A deux heures de l'après-midi, gouvernant au sud-ouest et nous dirigeant vers la partie la plus occidentale de la terre que nous avions en vue, nous rencontrâmes de grands bancs de sable qui se prolongent jusque-là depuis terre.

Nous fûmes obligés par là de remettre le cap au nord, et quand nous eûmes arrondi ces bancs, je fis gouverner à l'ouest.

A quatre heures, l'île la plus occidentale, de celles que nous avions dans la partie du nord, nous restait au N. à quatre lieues de distance ; l'île du Mercredi à l'est ¼ N. E. à cinq lieues et le cap Shoal (ou du bas-fond) au S. E. ¼ E. à deux lieues. Nous apercevions en ce moment une petite île, soit dans l'ouest ; j'y arrivai avant la nuit et je trouvai que ce n'était qu'un rocher fréquenté par les oiseaux de l'espèce des butors ; c'est pourquoi je lui donnai le nom de l'île aux Butors (*Booby Island*). Il y a une petite caye, à toucher la partie occidentale de la côte que j'ai appelée *cap Shoal*. C'est ici que se terminèrent les rochers et bas-fonds de la côte septentrionale de la Nouvelle-Hollande ; et à l'exception de l'île aux Butors, nous ne voyions plus de terre à l'ouest du sud dès les trois heures de cette après-midi.

J'ai trouvé depuis, que le capitaine Cook a eu connaissance de l'île aux Butors ; et par un singulier rapport d'idées, il lui a donné le même nom que moi ; mais je ne puis pas accorder avec exactitude la situation de plusieurs parties que j'ai vues de cette côte, avec les reconnaissances de cet illustre navigateur ; ce que j'attribue à la forme très différente sous laquelle se présente une côte, vue des hauteurs très différentes d'un vaisseau ou d'une chaloupe. Il s'en faut de beaucoup que je ne prétende substituer la carte que je donne à celle du capitaine Cook qui a eu de meilleures occasions pour faire ses reconnaissances et qui était parfaitement pourvu de tous les moyens nécessaires. Mon intention principale, en donnant cette carte, est de rendre ma relation plus intelligible et de montrer de quelle manière la côte s'est présentée à ma vue, navigant dans une petite barque non pontée.

Je suis presque certain que l'ouverture à laquelle j'ai donné le nom de baie des Iles, est le *détroit de l'Endeavour*, et que notre route a passé au nord des îles du Prince de Galles. Peut-être ceux qui navigueront par la suite dans ces parages, pourront-ils trouver quelque avantage à consulter ces deux cartes et à les comparer ensemble, plutôt que d'en avoir une seule.

A huit heures du matin, nous nous trouvâmes une autre fois lancés en pleine mer. Je fus surpris, à part moi, de voir que notre position, quelque affligeante qu'elle fut, n'affectait aucun des gens de mon équipage autant que je l'étais moi-même ; on eut dit au contraire qu'ils entreprenaient un voyage pour Timor dans un bâtiment sûr et bien pourvu. Leur air de sécurité me fit grand plaisir et je suis bien assuré que c'est ce qui les a sauvés ; car on peut croire que, si un seul d'entre eux se fut laissé abattre par le désespoir, il aurait péri avant de gagner même la côte de la Nouvelle-Hollande.

Je donnai dès lors à mon monde l'espérance d'être rendu dans un pays de ressources au bout de huit ou dix jours. Nous fîmes une prière à Dieu pour demander qu'il nous continuât sa protection spéciale ; et je distribuai une ration d'eau pour le souper. Je fis route à l'O. S. O. pour me précautionner contre les vents de sud, dans le cas où ils viendraient à souffler avec violence.

Nous avons été juste six jours sur les côtes de la Nouvelle-Hollande, et pendant ce temps, nous avions trouvé des huîtres et d'autres substances marines, des oiseaux et de l'eau. Mais toutes ces nuits passées à bien dormir, et les journées exemptes de travail dans la chaloupe, n'avaient pas été un moindre avantage. Ces causes réunies nous ont sauvé la vie ; quelque petite qu'ait été la provision de vivres que nous y ramassâmes, je sens combien nous en fumes soulagés. La nature était à cette époque prête à succomber sous la rigueur extrême de la faim, de la soif et de la fatigue. Plusieurs d'entre eux auraient cessé d'employer la moindre peine pour la conservation d'une vie qui ne semblait plus leur annoncer que misères et souffrances ; d'autres, quoique plus vigoureux, auraient nécessairement suivi de près leurs infortunés compagnons. Dans notre état actuel, nous étions des objets d'horreur, et cependant nous conservions de la force d'âme et un grand courage, soutenus par l'espoir de voir bientôt la fin de nos malheurs.

Pour ce qui me regarde, quelque étonnant que cela puisse paraître, je n'étais tourmenté extraordinairement ni du besoin de la faim, ni de celui de la soif. Je me contentais de ma portion pareille à celle des autres, parce que je savais qu'il ne m'en revenait pas davantage.

Je donnai ce jour un vingt-cinquième de livre de biscuit et une ration d'eau à chaque homme pour déjeuner ; et à dîner la même distribution eut lieu, augmentée de six huîtres pour chacun. A midi j'eus 10° 48' de latitude sud par observation ; ma route depuis hier midi valut l'O. ¼ S. O. 2° 15' O. ; et le chemin corrigé 111 milles ; longitude estimée depuis le cap Shoal, 1° 45' O.

Vendredi 5 juin. – Temps serein, mêlé de quelques grains, avec une forte brise de l'E. S. E.

Nous vîmes pendant cette journée un grand nombre de serpents d'eau qui étaient rayés de jaune et de noir ; et vers midi, nous vîmes passer le long du bord beaucoup d'herbes marines.

Quoique le temps fût beau, nous embarquions sans cesse des coups de mer, et il y avait constamment deux hommes occupés à jeter l'eau de la chaloupe.

A midi, je pris hauteur et j'eus 10° 45' de latitude sud. La route calculée depuis hier me donna l'O. 8° 26' N. ; chemin 108 milles ; la longitude estimée 3° 35' O. du cap Shoal. Je donnai un vingt-cinquième de livre de biscuit et un huitième de pinte d'eau pour le déjeuner, et à dîner la même portion avec six huîtres. Le souper consista en une portion d'eau.

Samedi 6 juin. – Beau temps mêlé de quelques grains, avec un vent bon frais du S. E. et de l'E. S. E. Nous embarquions toujours des coups de mer et nous avions toujours du monde à vider l'eau.

Le soir, quelques butors étant venus voltiger autour de nous, j'en attrapai un avec la main. J'en fis distribuer le sang à trois hommes qui étaient les plus nécessiteux, mais je fis garder l'oiseau pour le dîner du lendemain. Je donnai un huitième de pinte d'eau à chacun pour le souper et un quart de pinte à quelques-uns qui avaient un besoin plus urgent de ce secours.

Nous souffrîmes beaucoup, pendant cette nuit, du froid et des frissons. Au jour, je m'aperçus qu'on avait volé une partie des sèches que j'avais suspendues au sec pour la provision ; tous se défendirent formellement d'en avoir aucune connaissance. Nous vîmes cette matinée, un oiseau nommé *gannet*, une espèce d'alouette, et quelques serpents d'eau, dont la longueur était, pour la plupart, de deux à trois pieds.

Je donnai pour le déjeuner la portion accoutumée de biscuit et d'eau, et autant pour le dîner, avec l'oiseau que j'avais pris la veille, qui fut partagé à notre manière connue, et par le cri : *à qui cette part ?*

Je me décidai à atterrer sur Timor, vers 9° 30' ou 10° de latitude sud. A midi, j'observai 10° 19' de latitude S. ; ma route valut l'O. ¼ N. O. 1° 45' N. ; et le chemin corrigé 117 milles ; longitude estimée, depuis le cap Shoal au nord de la Nouvelle-Hollande, 5° 31' ouest.

Dimanche 7 juin. – Nous eûmes un vent frais et le temps serein jusqu'à huit heures du soir ; le reste des vingt-quatre heures le temps fut orageux, avec beaucoup de vent du S. S. E. et de l'E. S. E., et la mer haute ; ainsi nous fumes sans cesse inondés des lames et obligés de jeter l'eau.

L'après-midi, je pris un intervalle pour faire de nouveau la visite de notre provision de biscuit ; je trouvai qu'au taux précédent, d'un vingt cinquième de livre par repas et de trois repas par jour, il nous en restait encore pour dix-neuf jours de distribution. D'après cela, voyant qu'il y avait tout lieu d'espérer une courte fin de traversée, je me hasardai à donner la ration de biscuit ce soir à souper, pour tenir ce que j'avais promis lorsque j'avais retranché ce repas.

Nous passâmes cette nuit fort piteusement, mouillés et tremblants de froid, et le matin chacun poussait des lamentations sur la tristesse de notre position. La mer était fort haute et brisait sans cesse sur nous. Je ne pus donner pour le déjeuner que la portion de biscuit et d'eau, mais à dîner je distribuai une once de chair de seiche desséchée à chaque homme, et c'était tout ce qui nous en restait.

A midi, je fis arriver à l'O. N. O., pour que la chaloupe sentît moins la mer, avec le gros vent qui soufflait. La latitude observée fut de 9° 31' sud ; la route corrigée N. O. ¼ O. o° 45' O., 88 milles de chemin ; la longitude arrivée 6° 46' ouest du cap Shoal.

Lundi 8 juin. – Les vents bon frais à l'est et à l'E. S. E., avec de forts grains de vent et de pluie.

Cette journée, nous eûmes la mer très haute et nous en fûmes continuellement mouillés ; nous souffrîmes beaucoup du froid toute cette nuit. Je commençai à m'apercevoir que M. Ledward, chirurgien, et Lawrence Lebogue, qui était un vieux mais excellent matelot, dépérissaient l'un et l'autre à vue d'œil. Tout ce que je pus faire pour les secourir fut de leur donner une cuillerée à café ou deux de vin que j'avais gardé soigneusement pour un cas pareil. Je remarquai dans le plus grand nombre des autres une envie de dormir plus qu'ordinaire, qui semblait indiquer l'épuisement total de leurs forces.

Je distribuai la ration ordinaire de biscuit et d'eau, tant pour le souper que pour le déjeuner et le dîner ; nous vîmes plusieurs de ces oiseaux nommés *gannets*.

A midi, je pris hauteur, qui me donna 8° 45' de latitude sud ; la route corrigée me valut l'O. N. O. 4° 26' O. ; chemin estimé 106 milles ; longitude 8° 23' ouest.

Mardi 9 juin. – Les vents au S. E. ; le temps étant maniable, je mis le cap à l'O. ¼ S. O.

A quatre heures de l'après-midi, nous prîmes un petit dauphin ; c'était le premier secours de cette espèce que nous eussions obtenu. J'en distribuai à peu près deux onces à chacun, compris les intestins et les débris, et je conservai le reste pour le dîner du lendemain.

Vers le soir, le vent fraîchit beaucoup, et il souffla grand frais toute la nuit ; ce qui fut cause que nous embarquâmes beaucoup d'eau, et que nous souffrîmes infiniment du froid et de l'humidité. Le jour venu, j'entendis, comme de coutume, beaucoup de plaintes et de gémissements que je jugeai, par ma propre sensation, n'être que trop fondés. Je distribuai un peu de vin au chirurgien et à Lebogue, mais je ne pus leur procurer d'autre secours que l'assurance que je leur donnai, qu'un très petit nombre de jours d'une pareille navigation nous mettrait en sûreté à Timor.

Les butors, les gannets, les frégates et les oiseaux du tropique, voltigeaient en nombre autour de nous. Je distribuai la portion ordinaire de biscuit et d'eau, et à midi nous eûmes à dîner le reste du dauphin, dont chaque homme eut à peu près une once pour sa part. J'observai 9° 9' de latitude sud ; longitude arrivée 10° 8' O. du cap Shoal ; la route depuis hier midi estimée à l'O. ¼ S. O. 2° 45' S. et 107 milles de chemin.

Mercredi 10 juin. – Les vents bon frais à l'E. S. E. et beau temps ; mais toujours très grosse mer, brisant sans cesse à bord ; nous étions sans cesse mouillés d'une manière pitoyable et nous eûmes toute la nuit grand froid.

Je me trouvai fort incommodé toute cette après-midi, pour avoir mangé une partie fort huileuse de l'estomac du poisson qui m'était échu pour ma part du dîner. Au soleil couché, je distribuai une ration de biscuit et d'eau pour le souper. Après avoir passé une très mauvaise nuit, je trouvai le lendemain matin un changement visible en mal, dans l'état de plus de la moitié de mon monde. Je donnai la portion ordinaire, tant à déjeuner qu'à dîner. J'eus à midi 9° 16' de latitude sud. La longitude, comptée de la partie du nord de la Nouvelle-Hollande, 12° 1' ouest ; la route depuis hier midi me valut l'O. 5' 37' S. O. chemin corrigé cent onze milles.

Jeudi 11 juin. – Beau temps et les vents bon frais au S. E. et au S. S. E.

La vue d'un nombre d'oiseaux et de beaucoup d'herbes marines, nous indiquèrent que nous n'étions pas fort éloignés de terre ; mais j'avais lieu d'attendre dans ces parages de pareilles annonces, y ayant un nombre d'îles entre la partie orientale de Timor et la Nouvelle-Guinée.

J'espérais néanmoins atterrer bientôt sur Timor ; et j'en avais bien besoin, car l'état de plusieurs de mes gens me mettait dans le cas de craindre qu'ils ne pussent pas résister à une plus longue traversée. Une débilité extrême, des jambes enflées, des physionomies maigres et défaites, une envie de dormir continuelle et l'esprit sensiblement affaibli, tels étaient les tristes symptômes qui me présageaient leur prochaine dissolution. Mais les plus maltraités de tous étaient le chirurgien et le nommé Lebogue. Je leur donnais parfois quelques cuillerées à café de ce vin que j'avais conservé soigneusement pour ce cas désastreux ; et je ne doute pas que ce petit secours n'ait beaucoup aidé à les soutenir.

De mon côté, ce qui m'aidait le plus à supporter cette position, était une grande force d'âme et l'espoir de voir la fin de ce voyage ; cependant le maître d'équipage me dit naïvement qu'il croyait que j'avais encore plus mauvaise mine que tous les autres ; la manière simple dont il me débita cet aveu m'amusa et j'eus le bon esprit de lui riposter par un compliment plus gracieux.

Chacun reçut, pendant cette journée, sa part de vivres composée d'un vingt-cinquième de livre de biscuit et d'un huitième de pinte d'eau, aux trois repas, du soir, du matin et de midi ; et en outre une augmentation d'eau à ceux qui en demandaient.

A midi, j'observai 9° 41' de latitude sud. La route me valut l'O. ¼ S. O. 1° 45' sud, chemin corrigé cent neuf milles ; longitude arrivée 13° 49' ouest du cap Shoal. J'étais presque certain d'avoir à présent dépassé le méridien de la partie la plus orientale de Timor qui est marqué sur les cartes à 128° E. du méridien de Greenwich. Cette nouvelle répandit la joie dans tout l'équipage.

Vendredi 12 juin. – Beau temps, quoique très brumeux ; bonne brise depuis l'E. jusque au S. E.

Nous vîmes cette après-midi voltiger un nombre d'oiseaux de plusieurs espèces qui nous indiquaient le voisinage de la terre. Au soleil couchant nous examinâmes avec attention l'horizon et nous fîmes bon quart en avant toute la nuit. Cette soirée, nous prîmes un butor que je gardai pour le dîner du lendemain.

A trois heures du matin, quel fut l'excès de notre joie, lorsque nous découvrîmes l'île de Timor qui nous restait depuis l'O. S. O. jusqu'à l'O. N. O. ! je fis tenir le lof, le cap au N. N. E. jusqu'au jour ; alors la terre nous resta depuis le S. O. ¼ de sud, à environ deux lieues de distance, jusqu'au N. E. ¼ de nord à sept lieues. Je n'essayerai pas d'exprimer la sensation délicieuse que nous éprouvâmes tous à cette vue si désirée de la terre. Avoir pu gagner la côte de Timor en quarante et un jours depuis l'île de Tofô, avoir fait cette route de 3 618 milles marins mesurés au loch, dans une chaloupe ouverte et malgré notre extrême disette, n'avoir pas perdu un seul homme dans toute cette traversée ; c'est un événement auquel il est presque impossible d'ajouter foi.

J'ai déjà dit que j'ignorais la situation de l'établissement qu'ont les Hollandais dans cette île ; j'avais seulement quelque idée qu'il devait être dans la partie du sud-ouest. C'est pourquoi, lorsque le jour fut fait, je fis arriver au S. S. O., en élongeant la terre ; je le fis avec d'autant plus de raison que le vent ne nous aurait pas servi pour aller au nord-est, à moins de perdre beaucoup de temps.

La lumière du jour nous fit paraître l'aspect de la terre très agréable ; elle était entremêlée de forêts et de plaines de verdure ; l'intérieur du pays était montueux, mais le voisinage de la côte était bas. Vers midi, la côte parut plus élevée, avec quelques caps avancés. Le pays en général nous sembla délicieux, plein de sites charmants, et cultivé par espaces ; mais nous n'aperçûmes dans tout cela que quelques petites cases ; ce qui me fit juger qu'il n'y avait point d'habitation d'Européens dans cette partie de l'île.

La mer brisait violemment à terre, ce qui rendait le débarquement d'une chaloupe impraticable.

A midi, je me trouvai par le travers d'un cap très élevé ; les parties extrêmes de la terre nous restaient en ce moment S. O. 5° 37' O. et N. N. E. 5° 37' E. N'étant éloignés de terre que de trois milles, j'eus pour la latitude observée 9° 59' sud ; la longitude estimée, 15° 6' O. du cap Shoal, au nord de la Nouvelle-Hollande.

Je donnai à dîner la portion ordinaire de biscuit et d'eau, à quoi j'ajoutai le partage de l'oiseau que nous avions pris la veille ; je donnai de plus au chirurgien et à Lebogue un peu de vin.

Samedi 13 juin. – Nous eûmes un horizon très gras, avec des vents bon frais à l'E. et à l'E. S. E.

Nous fîmes route toute cette après-midi, en continuant de suivre une côte basse et couverte de bois, où on voyait un nombre infini de lataniers, espèce de palmiste, dont la feuille a la forme d'un éventail. Cette partie de l'île était absolument dénuée de culture, et son aspect était moins agréable que celui des endroits que nous avions vus plus dans l'est. Cependant, après un petit intervalle de ce pays sauvage et inhabité, le coup d'œil devint plus flatteur ; nous aperçûmes au coucher du soleil, plusieurs fumées, et des habitants qui défrichaient et cultivaient leurs terrains.

Nous avions fait depuis midi, vingt-cinq milles à l'O. S. O., et nous n'étions plus qu'à cinq milles d'une pointe basse qui nous restait droit à l'ouest, et que j'avais cru, dans l'après-midi, devoir être l'extrémité la plus méridionale de l'île.

Ici la côte formait un grand enfoncement, et dans le fond du golfe, il y avait des terres plates qui ressemblaient à des îles. La côte de l'ouest était écore ; mais depuis cet endroit-ci de la côte, jusqu'au cap montueux, par le travers duquel nous avions passé la veille, la côte est basse et j'ai lieu de croire que la mer y a peu de fond.

Je fais remarquer cette situation, parce que la très haute chaîne de montagnes qui traverse l'île depuis sa partie de l'est, vient finir ici ; et tout à coup, l'apparence du pays change en mal, tellement qu'on croirait être dans une autre contrée.

Je me décidai à conserver ma position jusqu'au lendemain matin, dans la crainte de dépasser de nuit quelque établissement ; c'est pourquoi je mis à la cape sous la misaine avec tous ses ris pris, sous laquelle la chaloupe se comporta fort bien. Nous avions dans cet endroit peu de fond, notre distance de terre n'était pas de plus d'une demi lieue ; la partie la plus occidentale de la terre que nous avions en vue nous restait à l'O. S. O. 5° 37' O. Je distribuai du biscuit et de l'eau pour le souper ; après quoi, la chaloupe tenant fort bien la cape, chacun tâcha de dormir, à l'exception de l'officier de quart.

Nous fîmes servir à deux heures du matin, et nous mîmes le cap à terre jusqu'à la pointe du jour ; alors je m'aperçus que nous avions dérivé pendant la nuit d'environ trois lieues à l'O. S. O., la partie la plus méridionale de la terre en vue nous restant à l'ouest. Comme en examinant la côte, je ne vis aucune apparence d'établissement, nous arrivâmes à l'ouest avec un vent grand frais, et le courant portant au vent, ce qui nous occasionnait une très grosse mer.

La côte en cette partie était haute et boisée, mais nous ne fîmes pas beaucoup de chemin avant de retrouver la terre basse et plate. Voyant alors ses pointes tourner vers l'ouest, je me persuadai une seconde fois être parvenu à la partie la plus méridionale de l'île ; mais à dix heures, nous trouvâmes que la côte se dirigeait encore au sud et qu'une partie de la terre nous restait à l'O. S. O. 5° 37' O. Nous aperçûmes en même temps des terres hautes, restant depuis le S. O. jusqu'au S. O. ¼ O. 5° 37' O. ; mais comme l'horizon était très gras, je ne pus décider si ces deux terres étaient séparées ; l'intervalle apparent entre l'une et l'autre n'étant que d'une aire de vent de la boussole. Par cette raison, je fis gouverner sur la plus avancée ; et en l'approchant, je la reconnus pour être l'île de Rotti.

Je retournai alors vers la côte que j'avais quittée ; et là, je jetai le grappin pour pouvoir calculer avec plus de tranquillité ma position.

Nous vîmes en cet endroit plusieurs fumées à terre et les habitants occupés à défricher leurs terrains.

Pendant le peu de temps que je restai mouillé en cette partie, je fus fort sollicité par le maître et par le charpentier pour les laisser aller à terre chercher des provisions ; j'y consentis après quelques importunités ; mais comme ils ne trouvèrent personne qui voulut les y suivre, ils restèrent à bord. N'ayant séjourné là que pour pouvoir remplir l'objet dont j'ai fait mention, nous continuâmes bientôt après, de faire route en suivant la côte. Nous eûmes le coup d'œil d'un superbe pays qui semblait avoir été formé par la nature en parc de plaisance, entremêlé de bois et de plaines de verdure. La côte est basse et couverte de forêts, où l'on voit s'élever un grand nombre de lataniers qui ressemblent à des plantations de cocotiers. L'intérieur du pays est montueux mais beaucoup moins élevé que celui de la partie de l'est de l'île ; et ici, le terrain paraît beaucoup plus fertile.

A midi, l'île de Rotti nous restait au S. O. ¼ O., à la distance de sept lieues. Je ne pus prendre hauteur mais j'estimai la latitude à 10° 12' sud.

Notre route depuis hier midi me donna l'O. ¼ S. O. 1° 45' S. ; chemin corrigé, cinquante-quatre milles. Je distribuai la ration accoutumée de biscuit et d'eau, tant à déjeuner qu'à dîner ; à quoi j'ajoutai un peu de vin pour le chirurgien et pour le nommé Lebogue.

Dimanche 14 juin. – Nous eûmes toute l'après-midi un temps très brumeux et un fort vent à l'E. S. E., après quoi il devint plus maniable. A deux heures de cette après-midi, après avoir passé un intervalle où la mer était très rude et clapoteuse (ce que j'attribuai à une forte marée portant au vent et au peu de fond), nous découvrîmes une vaste baie ou enfoncement dans les terres, avec une très belle entrée qui avait deux ou trois milles de largeur. Je commençai à prévoir la fin de notre voyage, parce que cet endroit me paraissait très favorable pour former une rade aux vaisseaux, et très propre à être choisi pour la situation d'un établissement de commerce européen. Dans cette idée, je fis jeter le grappin vers la partie orientale de cette entrée, dans une petite anse de sable où nous vîmes une case, un chien et quelques pièces de bétail. J'envoyai tout de suite à terre le maître d'équipage et le canonnier pour aller voir à cette case les habitants de l'endroit.

La pointe sud-ouest de l'entrée nous restait à l'O. 5° 37' S., à la distance de trois milles. La pointe du sud-est nous restait au S. ¼ S. O., à trois quarts de mille ; et l'île Rotti, depuis le S. ¼ S. O. 2° 49' O., jusqu'au S. O. 2° 49' O., à environ cinq lieues.

Pendant que nous étions là mouillés, j'observai que le jusant portait au sud ; et, avant notre départ, la mer perdante nous découvrit un banc de rochers qui est éloigné de terre d'environ deux encablures ; comme la totalité de ce banc est couverte à mer haute, il peut être fort dangereux.

On voyait aussi sur la rive opposée de très hauts brisants ; il y a néanmoins un grand espace et un bon chenal, même pour un vaisseau du premier rang.

La baie ou rade intérieure me parut être d'une grande étendue ; sa partie du nord que j'avais en vue, était éloignée de moi d'environ cinq lieues. La terre y était formée de petits monticules, entrecoupés de petites plaines ; mais l'île Rotti, qui reste au sud de cette ouverture, est la meilleure remarque pour trouver cette rade.

A peine avais-je eu le temps de faire ces observations, que je vis revenir à bord le maître d'équipage et le canonnier, accompagnés de cinq naturels du pays. Dès ce moment, je me persuadai que nos peines étaient finies et que tout réussirait au gré de nos désirs. Ils m'informèrent qu'ils avaient trouvé là deux familles d'Indiens dont les femmes les avaient reçus avec une politesse digne de l'Europe. Ces gens m'apprirent que le gouvernement hollandais résidait dans un lieu nommé *Coupang*, situé à quelque distance, dans la partie du nord-est. Je fis signe à un d'eux de venir dans la chaloupe pour me piloter vers cet endroit, en lui faisant comprendre que je récompenserais ses peines ; il y consentit aisément et s'embarqua.

Ces gens étaient de couleur basanée très foncée ; ils avaient les cheveux longs et noirs. Un morceau de toile carré leur entourait les hanches, et dans cette ceinture était placé un grand couteau.

Ils avaient un mouchoir autour de la tête, et un autre, attaché par les quatre coins et pendu à leur cou, servait comme de sac pour enfermer leur provision de bétel dont ils mâchaient continuellement une grande quantité.

Ils nous apportaient quelques morceaux de tortue séchée et quelques épis de maïs ; ce dernier mets nous fut très agréable ; mais la tortue était si dure, qu'on ne pouvait en manger sans la tremper dans l'eau chaude. Ils auraient apporté d'autres provisions si je m'étais arrêté plus longtemps en cet endroit ; mais je me décidai à partir tout de suite pour profiter de la bonne volonté du pilote, et nous mîmes à la voile à quatre heures et demie.

Notre pilote nous fit suivre de très près la côte de l'est, toutes voiles dehors ; mais le vent étant tombé à l'entrée de la nuit, nous eûmes recours aux avirons, et ce ne fut pas sans étonnement que je vis que nous étions encore en état de les faire agir. Comme j'observai cependant, vers dix heures du soir, que nous faisions fort peu de chemin, je fis jeter le grappin et je donnai pour la première fois, une double portion de biscuit avec un peu de vin, à chaque homme.

Nous appareillâmes à une heure après minuit, après avoir joui du sommeil le plus heureux. Nous continuâmes de longer de près la côte de l'est, navigant dans une eau fort tranquille ; mais quelque temps après, je reconnus que nous étions encore à l'ouvert de la pleine mer.

La terre que nous avions laissée à l'ouest, est une île que le pilote me dit porter le nom de *Poulo Samo*. L'entrée de ce canal, du côté du nord, a un mille et demi ou deux milles de largeur, et je n'y trouvai point de fond à dix brasses.

Nous fûmes tous ravis d'entendre deux coups de canon ; et nous aperçûmes peu après deux trait-carrés et un cutter, mouillés dans la partie de l'est. J'essayai de louvoyer pour gagner le vent ; mais comme je vis que nous perdions à chaque bordée, nous fûmes obligés comme autrefois d'armer les avirons. Nous voguâmes en nous tenant très près de terre, jusqu'à quatre heures que nous jetâmes le grappin. Je donnai à chacun une autre distribution de biscuit et de vin, et après un peu de repos, nous levâmes le grappin et on se remit à voguer jusqu'aux approches du jour, que nous mouillâmes devant un petit fort et une ville, que le pilote me dit être Coupang.

Il s'était trouvé, parmi les objets que le maître d'équipage avait jetés dans la chaloupe à notre départ du vaisseau un paquet de pavillons de signaux, qui avaient été faits pour l'usage des bâtiments à rames, pour servir à désigner les brasses de profondeur d'eau en sondant. Je m'étais occupé pendant la traversée, d'en faire un petit pavillon qui me servit en ce moment à hisser aux haubans du grand mât, pour faire signal d'incommodité ; car je ne voulais pas débarquer sans en avoir obtenu la permission.

Un peu après la pointe du jour, je fus hélé par un soldat, qui me dit de descendre à terre, ce que je fis à l'instant, me trouvant parmi une foule d'Indiens. Je fus bien agréablement surpris de rencontrer là un matelot anglais appartenant à un des vaisseaux qui étaient mouillés dans cette rade.

Il me dit que son capitaine était la seconde personne du lieu ; c'est pourquoi je le priai de me conduire chez lui, ayant appris que je ne pouvais pas voir le gouverneur qui était malade.

Je fus reçu par le capitaine Spikerman (c'était son nom) avec de grands témoignages d'humanité. Je lui fis part de notre état pitoyable, le priant de faire donner sans délai des secours à mes compagnons d'infortune. Il donna ordre à l'instant de les recevoir dans sa propre maison, et fut lui-même chez le gouverneur demander l'heure à laquelle je pourrais être admis à lui faire ma visite qui fut fixée à onze heures.

Je fis ensuite débarquer tout notre monde ; et ce ne fut pas sans peine, quelques-uns d'eux pouvant tout au plus mettre un pied devant l'autre.

Ils parvinrent enfin tous jusqu'à la maison du capitaine Spikerman où ils trouvèrent un déjeuner de thé, de pain et de beurre, qu'on leur avait fait préparer.

Je ne crois pas qu'un habile peintre pût trouver un sujet plus intéressant pour son pinceau, que le tableau des deux groupes de figures qui se présentaient en ce moment ; d'un côté un nombre de spectres affamés, les yeux brillants de joie du secours qui leur était offert ; de l'autre la surprise extrême mêlée d'horreur de ceux qui les secouraient, à la vue de ces figures haves et défaites, plus capable d'inspirer la frayeur que la pitié à des gens qui en auraient ignoré la cause. Nous n'avions plus que la peau collée sur les os ; nous étions couverts de plaies et nos habits tombaient en lambeaux. Dans cet état, la joie et la reconnaissance nous arrachaient des larmes et le peuple de Timor nous observait avec des regards qui exprimaient ensemble l'horreur, l'étonnement et la pitié.

M. Guillaume Adrien Van Este, gouverneur de l'endroit, s'occupa tellement de moi, malgré sa maladie très grave, qu'il me fut permis de le voir avant l'heure qu'il m'avait d'abord fait indiquer. Il me reçut avec beaucoup d'amitié et me prouva par ses manières, que son cœur était rempli de tous les sentiments les plus honnêtes et les plus humains. Il me dit que tout chagrin qu'il était du malheur que nous venions d'éprouver, il regardait comme le plus beau moment de sa vie celui qui nous avait conduits auprès de lui ; que puisque sa maladie le privait de la satisfaction de nous recevoir et secourir lui-même, il allait donner des ordres pour qu'on me procura tout ce que je pourrais désirer. On me loua une maison, et notre nourriture à tous fut préparée chez le gouverneur lui-même, en attendant que l'on pût faire un arrangement plus commode. Quant à mon monde, M. Van Este me dit qu'ils pourraient avoir des logements à l'hôpital ou à bord du vaisseau du capitaine Spikerman, mouillé dans la rade ; il me témoigna beaucoup d'inquiétude du peu de moyens de Coupang, me dit que la maison qu'il me procurait était la seule vacante de toute la ville, et que le peu de familles qui y habitaient, étaient tellement à l'étroit qu'il leur était impossible de loger aucun étranger.

Après cette conversation, on me servit un superbe repas

que M. Van Este me pria de recevoir, en excusant le peu de ressources et l'usage du pays, peu capable de me satisfaire ; et par cette tournure honnête, il semblait chercher à affaiblir le mérite du plus grand bienfait que j'aie jamais pu recevoir.

Quand je retournai vers mes gens, je trouvai qu'on leur avait fourni toutes sortes de secours. Le chirurgien avait pansé leurs plaies ; on avait songé à leur propreté et on leur avait donné amicalement toute espèce de hardes.

Ayant prié qu'on me montrât la maison que je devais occuper, je la trouvai prête, avec des domestiques, dont un était, par ordre du gouverneur, attaché en particulier à ma personne. La maison était composée d'un salon, avec une chambre à chaque côté, et un plancher supérieur ; elle était entourée d'une galerie et avait un appartement extérieur à un des coins. On pouvait communiquer du derrière de la maison dans la rue.

D'après cette distribution, je me décidai à loger tout le monde avec moi et à ne pas me séparer d'eux. Je réglai les logements ainsi qu'il suit : je pris une chambre pour moi et je destinai l'autre chambre de vis-à-vis au maître, au chirurgien, à M. Nelson et au canonnier ; le plancher supérieur aux autres officiers et l'appartement extérieur aux matelots. Le salon était commun à tous les officiers et les matelots eurent en commun la galerie de derrière. J'informai de cet arrangement le gouverneur qui me fit passer tout de suite des chaises, des bancs, des tables et tous les objets dont nous pouvions tous avoir besoin.

Lorsque j'avais pris congé du gouverneur, il m'avait prié de lui faire savoir les choses dont je pourrais manquer.

J'appris ensuite qu'il n'avait que très peu de moments de libre à pouvoir s'occuper de quelque affaire, que son mal était incurable et qu'il allait mourir. D'après cela, je sus qu'il convenait que je m'adressasse, pour toutes les affaires que j'aurais à transiger, à M. Timothy Wanjon, le second de l'endroit, gendre du gouverneur, qui s'efforçait déjà par toutes les attentions possibles, de rendre notre position commode. Il était donc faux que le capitaine Spikerman fût le second personnage de l'endroit après le gouverneur, comme le matelot anglais avait voulu me le faire croire.

A midi, on apporta à la maison un fort joli dîner qui aurait pu tenter même des personnes plus accoutumées que nous à l'abondance, à donner dans l'excès. D'après cela on aurait dû craindre que les avertissements que je donnai de prendre garde à cet inconvénient, ne fussent pas écoutés ; je craignais surtout qu'ils ne mangeassent trop de fruits ; mais il est difficile de se persuader que des personnes dans une pareille situation aient pu observer autant de modération. Après que j'eus assisté à cet abondant repas de mon monde, je fus dîner avec M. Wanjon ; mais je ne me trouvai pas une envie extraordinaire de manger ni de boire. Le repos et le sommeil me semblèrent plus essentiels à ma santé ; et je me retirai dans ma chambre que je trouvai commodément meublée. Mais au lieu de dormir, je ne fis que penser aux maux que nous venions d'éprouver et à mon expédition manquée. Je réfléchis surtout aux grâces qui étaient dues au souverain qui nous avait donné la force de supporter d'aussi graves infortunes et qui m'avait enfin permis d'opérer la délivrance de dix-huit hommes.

Les circonstances difficiles pèsent plus sur un commandant que sur ses subalternes. Un de mes plus grands tourments, dans la triste aventure que nous venions d'essuyer, était l'importunité continuelle des piteuses sollicitations de tous mes gens pour obtenir quelque augmentation à la distribution des vivres, que j'étais au désespoir de refuser. Sentant combien il était indispensable d'observer à cet égard la plus stricte parcimonie, je résistai à toutes leurs demandes avec la fermeté la plus soutenue, sans m'écarter jamais du règlement dont j'étais convenu avec eux au départ.

Par l'effet de ces soins, il nous restait encore, à notre arrivée à Timor, pour onze jours de distribution, au taux borné qui avait été établi.

Ainsi, dans le cas où nous eussions eu le malheur de manquer l'établissement hollandais de Timor, nous aurions pu continuer jusqu'à Java où on était assuré de trouver toute sorte de secours.

Une autre raison qui rendait ma position bien déplaisante, était la nécessité d'essuyer les caprices de gens mal appris. Si je n'avais pas su me comporter avec eux convenablement, ils auraient mis la chaloupe à terre, au premier endroit de la côte de Timor, sans faire réflexion qu'en débarquant là, au milieu des naturels du pays, loin de l'établissement européen, on s'exposait peut-être aux mêmes dangers que parmi les autres Indiens.

Nous n'aurions eu, en quittant le vaisseau, que pour cinq jours de vivres, au taux ordinaire, et s'il n'y avait pas eu nécessité absolue de le ménager. Les révoltés s'étaient naturellement persuadés que nous ne pouvions chercher asile que dans quelqu'une des îles des Amis ; il n'était aucunement probable que nous pussions tenter le retour en Europe, aussi mal pourvus et mal armés que nous étions. Ils ne se doutent pas que l'on est déjà instruit dans leur patrie de leur action infâme.

Quand je réfléchis au bonheur incroyable qui nous sauva la vie à tous dans l'île de Tofô, par le retard des Indiens à nous attaquer ; quand je pense que nous avons passé un espace de plus de 1 200 lieues de mer, presque sans vivres, sans aucun abri contre les injures du temps, dans une barque ouverte ; quand je pense que malgré tant de mauvais temps et de mauvaises mers, nous n'avons pas coulé à fond, que personne de nous n'a été emporté par maladie, que nous avons été assez favorisés du sort, pour passer auprès des barbares habitants de plusieurs autres contrées, sans éprouver d'accidents ; et qu'enfin nous avons abouti chez les gens les plus affables et les plus humains, où tous nos maux ont été soulagés ; quand je réfléchis, dis-je, à une délivrance aussi miraculeuse et à tant de bienfaits de la Providence, ce souvenir me donne la force nécessaire pour supporter avec résignation, le manque de réussite d'une mission que j'avais si fort à cœur et dans le moment où j'avais la plus belle apparence de la terminer complètement et à la satisfaction de S. M. et des dignes protecteurs d'un aussi superbe projet de bienfaisance.

Une des causes qui a contribué à nous conserver la santé pendant seize jours de pluie forte et continuelle, a été le moyen que j'imaginai de tremper nos hardes dans l'eau de la mer et de les y tordre à chaque fois qu'elles se trouvaient imbibées d'eau de pluie. On ne peut se figurer à quel point cela ressemble à un changement de hardes sèches et combien cette idée nous a été salutaire ; je ne puis que recommander à toutes les personnes qui seraient dans le cas d'éprouver quelque chose de pareil, d'employer cette même ressource. Mais nous avions eu besoin de la répéter si souvent, qu'à la fin nos habillements, à force de les tordre, s'étaient mis en lambeaux ; car si on en excepte le petit nombre de jours que nous passâmes le long des côtes de la Nouvelle-Hollande, nous n'avons cessé d'être mouillés pendant toute cette traversée, soit de la pluie ou de l'eau de mer.

C'est ainsi que, par le secours de la divine Providence, nous avons surmonté toutes les infortunes et les difficultés d'un voyage aussi dangereux ; que nous sommes arrivés sains et saufs dans un port où des personnes bienfaisantes et hospitalières nous ont procuré, de la manière la plus généreuse, tous les secours et toutes les consolations possibles.

Les bienfaisantes attentions du gouverneur de Coupang et des autres personnes de l'endroit et les ressources de tout genre qu'ils nous procurèrent, nous rendirent la santé à vue d'œil. Ainsi, pour pouvoir arriver à Batavia avant le départ de la flotte du mois d'octobre pour l'Europe, j'achetai, le premier de juillet, une petite goélette de trente-deux pieds de longueur, qui me coûta mille piastres fortes, que j'équipai sous le nom de la goélette du Roi *Resource*.

20 juillet. – J'eus le malheur de perdre M. David Nelson qui mourut d'une fièvre inflammatoire.

Je le regrettai infiniment ; il s'était acquitté avec beaucoup d'attention et d'activité de l'objet de sa mission et je l'avais toujours trouvé prêt à seconder toutes mes idées pour le bien du service que nous avions à remplir. Il avait été fort utile aussi sans cette dernière traversée jusqu'à Timor, pendant laquelle il m'avait donné beaucoup de satisfaction, par le courage et la patience dont il avait donné l'exemple.

21 juillet. – J'employai cette journée à assister aux funérailles de M. Nelson. La bière fut portée par douze soldats vêtus de noir, précédés par le ministre. Je marchais ensuite, accompagné du gouverneur en second ; après nous, venaient dix habitants de la ville et les officiers des vaisseaux qui étaient dans le port, et enfin mes propres officiers et mon équipage.

Après avoir lu les prières et l'office de l'enterrement, le corps fut inhumé derrière la chapelle, dans le cimetière appartenant aux Européens de cette ville ; je fus bien affecté de n'avoir pu me procurer une pierre pour pouvoir mettre, avec une inscription, sur sa tombe.

C'était le second voyage de M. Nelson dans la mer du Sud ; il avait été du dernier voyage du capitaine Cook où M. Banks l'avait employé pour lui faire une collection de plantes, graines et objets d'histoire naturelle ; et voilà qu'après avoir fait le plus difficile, plein de reconnaissance envers la Providence et au moment où il s'y attendait le moins, la nature lui demande son tribut.

Je m'embarquai le 20 août, après avoir pris congé cordialement de mes excellents hôtes ; nous fîmes voile du port de Coupang, en nous saluant réciproquement avec le fort et les bâtiments qui étaient au mouillage. M. Van Este était expirant au moment de mon départ. Nous devons à ce gouverneur les témoignages les plus vifs de reconnaissance, pour les procédés et les attentions dont il nous a comblés, malgré l'état fâcheux de sa santé. Il est malheureux de ne rendre ce tribut qu'à sa mémoire. Nous avons eu également à nous louer de M. Wanjon, second du gouverneur qui, non moins humain et non moins disposé à nous rendre service, n'a cessé de nous obliger ; et qui lorsque je trouvai de l'embarras à me procurer des fonds de la part du gouvernement pour pouvoir acheter un bâtiment, me le fit avoir sur son propre crédit. Sans ce secours essentiel, il est certain que j'aurais manqué l'occasion de la flotte de Batavia pour l'Europe au mois d'octobre. Je n'ai d'autre moyen de reconnaître tant de bienfaits, que mes sentiments et l'éternel souvenir que j'en conserverai.

M. Max, chirurgien de l'endroit, s'est comporté avec nous de la manière la plus obligeante et la plus généreuse ; il donna ses soins à tous, et lorsque je voulus lui faire accepter un paiement ou lui demander un compte, je ne pus obtenir de lui, pour toute réponse, sinon qu'il n'avait fait que son devoir.

Coupang est situé par les 10° 12' de latitude sud et par 124° 41' de longitude est du méridien de Greenwich.

29 août. – Je passai à l'extrémité occidentale de l'île de Flores, à travers un détroit fort dangereux, semé d'îles et de rochers. Lorsque j'eus atteint 8° de latitude sud, je fis route à l'ouest et passai les îles de Sombava, Lomboc et Bali ; enfin j'atterrai sur Java le 6 septembre. Je continuai alors de faire route à l'ouest par le détroit de Maduré.

10 septembre. – Je mouillai devant Passourouang, par 7° 36' de latitude sud et à 1° 44' en longitude, à l'ouest du cap Sandana qui est à l'extrémité du N. E. de l'île de Java.

J'appareillai le 11 et j'arrivai le 13 à Soutabia, par 7° 11' de latitude sud et 1° 52' de longitude ouest du cap Sandana.

17 septembre. – Je fis voile de Soutabia et je mouillai le même jour à Crissey d'où je repartis après y avoir séjourné deux heures. La latitude de Crissey est de 7° 9' sud et la longitude 1° 55' ouest du cap Sandana. Ayant dirigé ma route vers Samosang, j'y mouillai le 22 septembre. La latitude de Samosang est de 6° 54' sud, sa longitude 4° 7' ouest.

26 du même mois. – J'appareillai de là pour Batavia où je mouillai le premier octobre ; sa latitude est de 6° 10' sud et sa longitude 8° 12' à l'ouest de l'extrémité la plus orientale de l'île de Java.

Le lendemain de mon arrivée, ayant eu quelques fatigues à essuyer pour parvenir à négocier le débarquement de mes gens qui étaient restés à bord de la goélette, mouillée dans un endroit malsain de la rivière, je fus saisi d'une forte fièvre.

Le 7 octobre, on me transporta à la campagne chez le

principal médecin, où le gouverneur général me fit dire que je trouverais toute sorte de secours et de soins, et c'est à cela que je dois mon rétablissement. Il me devint cependant indispensable de m'éloigner de Batavia sans délai ; et le gouverneur me donna en conséquence la permission de m'embarquer avec deux autres, sur un paquebot qui devait partir avant la flotte. Il m'assura qu'il ferait partir les autres peu après moi, dans la flotte dont le départ était fixé pour tout le courant de ce mois. Il m'observa que j'exposerais beaucoup ma santé à rester plus longtemps dans cet endroit et que d'ailleurs il lui était impossible de nous donner passage à tous dans le même vaisseau. Il était donc essentiel de partir tout de suite, quand même ma santé ne l'aurait pas exigé. En conséquence, je m'embarquai sur le paquebot le *Vlydt* qui appareilla le 16 octobre.

16 décembre. – J'arrivai au cap de Bonne-Espérance où je commençai à sentir le retour de ma santé ; quoique j'aie encore après continué d'être faible et languissant.

Le gouverneur général de l'île de Java et toutes les personnes qui y occupent des emplois, m'ont comblé d'honnêtetés et d'attentions ; j'ai reçu aussi mille politesses et des marques de la plus sincère affection de la part de M. Van de Graaf, gouverneur du cap de Bonne-Espérance. Nous partîmes du cap pour l'Europe le 2 janvier 1790 ; et le 14 mars, je fus mis à terre à Portsmouth par un bateau de l'île de Wight.

DEUX ANS AU PARADIS

Journal de James Morrison
Deuxième partie

Journal de James Morrison, second-maître à bord de la Bounty, traduit de l'anglais par Bertrand Jaunez, *Publication de la Société des Océanistes*, n° 16, 1966.
Traduction révisée par Dominique Le Brun et Clara Mouche

Retour sur le 29 avril 1789. James Morrison donne sa version des faits.

J'ai couru sur le pont et constaté que c'était vrai. M. Bligh était en bras de chemise, les mains liées derrière le dos. M. Christian était à côté de lui, une baïonnette nue dans sa main et les yeux brillants de vengeance. Plusieurs hommes étaient en armes, le canot mis à la mer et le cotre prêt à l'être.

Je demandai au maître d'équipage ce que je devais faire, mais il était aussi perplexe que moi. Il me dit d'une manière embarrassée d'aider à la mise à la mer du grand cotre. Quand cela fut fait, le petit fut remis à poste. M. Christian appela M. Hayward et M. Hallet pour embarquer et donna l'ordre à Churchill d'y installer le second puis l'écrivain… Le lieutenant commença alors à discuter, mais M. Christian répliqua :

— *Mamu*[1], Monsieur, pas un mot ou vous êtes mort.

M. Hayward et M. Hallet, supplièrent, les larmes aux yeux, qu'on leur permît de rester à bord, mais M. Christian leur ordonna de se taire.

Le maître d'équipage et le charpentier vinrent à l'arrière (le second et le canonnier étaient enfermés en bas) et

1. « Taisez-vous » en tahitien.

supplièrent qu'on leur donne la chaloupe, ce qui leur fut accordé après beaucoup d'hésitations. Des ordres furent donnés de la mettre à la mer.

Tandis que je m'y employais, le maître d'équipage s'approcha et, après avoir parlé à M. Bligh, me demanda si j'avais participé à la mutinerie. Je lui répondis que non, et il me dit alors qu'il souhaitait que je fasse l'impossible pour constituer un groupe afin de reprendre le navire. Ce que je promis de faire. En conséquence, Millward, qui se trouvait à ce moment-là à côté de moi, jura qu'il serait avec moi. Il alla vers Musprat, Burket et le maître d'équipage dans ce but. Mais Churchill, voyant le maître d'équipage en conversation avec moi (bien qu'il fût aussitôt éloigné et envoyé dans sa cabine par Quintrell) s'approcha pour me demander ce qu'il avait dit. Je lui répondis qu'il avait été question de la chaloupe. Mais Alex Smith, qui se tenait de l'autre côté de la chaloupe, dit à Churchill de m'avoir à l'œil. Il ajouta :

— C'est un sacré mensonge, Charles, car je l'ai vu serrer la main à Millward, lorsque le maître d'équipage leur a parlé.

Ne trouvant personne près de moi disposé à tenter le coup – les officiers étaient occupés à mettre la chaloupe en état –, je n'étais pas tenté de le faire seul.

La chaloupe fut mise à l'eau, chacun courant pour y jeter ce qu'il y pouvait et pour embarquer le plus vite possible. Le lieutenant Bligh, constatant qu'il lui fallait partir, supplia M. Christian de renoncer :

— Je mets mon honneur en gage, M. Christian, je

fais le serment de ne plus jamais penser à cela, si vous renoncez.

Puis il fit état de sa femme et de sa famille. A quoi M. Christian répondit :

— Non, capitaine Bligh, si vous aviez quelque honneur, les choses n'en seraient pas là ; et si vous aviez quelque considération pour votre épouse et votre famille, vous auriez dû penser à eux avant et ne pas agir comme un scélérat.

Le lieutenant Bligh essaya encore de parler, mais reçut l'ordre de se taire. Le maître d'équipage ayant tenté aussi de l'apaiser, M. Christian lui dit :

— C'est trop tard, j'ai été en enfer pendant plus d'une quinzaine et je suis décidé à ne plus le supporter. Vous savez bien, M. Cole, que j'ai été traité comme un chien pendant tout le voyage.

Le maître d'équipage supplia qu'on lui permît de rester, mais reçut l'ordre d'embarquer. M. Christian donna des ordres à Churchill pour qu'aucune arme ne soit mise dans la chaloupe.

Tandis qu'on installait les affaires dans la chaloupe, une dispute éclata entre Churchill et le charpentier au sujet de la caisse à outils, que Churchill voulait garder. M. Christian ordonna qu'on la laisse au charpentier, mais qu'on garde ses aides et l'armurier à bord. Les mâts et les voiles furent placés dans la chaloupe, ainsi que toute la toile neuve légère, avec des clous, des scies, de la pacotille, les uniformes du lieutenant et du second, deux tonnelets d'eau, trois sacs de pains, le coffre de M. Bligh, quelques bouteilles de vin, et encore beaucoup d'autres choses, à tel point qu'elle paraissait prête à couler le long du bord.

Le lieutenant supplia que l'on permette à quelques-uns d'entre eux de rester et demanda à M. Christian que le second reste à bord, mais celui-ci répondit :

— Les hommes peuvent rester, mais le second doit partir avec vous.

M. Bligh dit alors :

— N'ayez pas peur, mes braves, vous ne pouvez tous partir avec moi, je vous rendrai justice si jamais j'atteins l'Angleterre.

Il fut alors amené à la coupée et, ses mains ayant été déliées, il monta à bord de la chaloupe.

Tandis que le maître d'équipage installait ses affaires dans la chaloupe, je lui fis part de mon intention de rester et de courir ma chance avec le navire. Je lui rappelai la promesse du capitaine, et, comme il voyait la situation de la chaloupe, qui avait à peine 18 centimètres de franc-bord, je n'eus pas besoin de pointer le danger. Il répéta la promesse du lieutenant, ajoutant :

— Dieu vous bénisse mon garçon, si je n'avais femme et famille, je resterais moi-même.

Après s'être placé dans la chaloupe, M. Bligh réclama son brevet et son sextant. Le brevet ainsi que son porte-feuille et son journal privé lui furent immédiatement remis sur l'ordre de M. Christian, qui lui donna aussi son propre sextant avec les éphémérides, avec ces mots :

— Voilà, capitaine Bligh, qui suffit pour toute éventualité et vous savez que le sextant est bon.

La chaloupe fut ensuite tirée sur l'arrière et plusieurs

choses furent jetées à la mer pour faire un peu de place, car ils étaient dix-neuf à bord. Lorsque le bateau fut en ordre, M. Bligh demanda un mousquet, ce qui lui fut refusé, mais M. Christian fit donner quatre coutelas. J'ajoutai vingt-cinq ou vingt-six quartiers de porc de quatre livres chacun et deux gourdes d'eau. Plusieurs choses leur furent encore passées par l'arrière. Comme le navire était presque immobile, ils s'apprêtèrent à ramer et furent largués, faisant route sur la terre distante de 8 ou 9 lieues. Il était alors environ 8 heures du matin.

Le grand cotre fut hissé et mis à poste, les armes rassemblées et placées dans le coffre, en tout dix mousquets, deux pistolets et deux coutelas. Les pistolets avaient été pris dans la cabine du second et chargée avec de la poudre destinée aux canons.

Le comportement des officiers, au cours de ces événements, fut d'une indescriptible lâcheté. Aucun d'eux n'a jamais fait la moindre tentative pour récupérer le navire, tentative qui aurait certainement été couronnée de succès, car, parmi ceux qui étaient en armes, il y en avait qui ignoraient ce dont il retournait. Robert Lamb, qui était de garde à l'écoutille d'avant quand je montai sur le pont, partit dans la chaloupe. Isaac Martin avait abandonné les armes pour monter dans la chaloupe, mais avait reçu l'ordre d'en sortir.

L'obéissance passive aux ordres de M. Christian ne manqua pas de le surprendre lui-même. Aussitôt après le départ du canot, il déclara que quelque chose de plus que la peur s'était emparé d'eux pour qu'ils supportent d'être expédiés d'une telle manière, sans opposer résistance.

Lorsque la chaloupe se fut éloignée, M. Stuart et M. Heywood, qui avaient été prisonniers dans leur cabine, montèrent sur le pont. Christian leur exposa les raisons de cette triste affaire.

Se trouvant fort meurtri du traitement qu'il avait subi de M. Bligh, il avait, la veille au soir, décidé de quitter le navire et en avait informé le maître d'équipage, le charpentier, M. Hayward et M. Stuart. Ceux-ci lui fournirent des clous, des perles de verre et un quartier de cochon rôti qui, avec d'autres objets, furent mis dans un sac fourni par M. Hayward (le sac fut monté, je le reconnus comme celui que j'avais fait pour M. Hayward, il y a quelque temps). Le sac avait été placé dans les attaches du hamac de Robert Tinklers, qui le trouva la nuit. Mais l'affaire, à ce moment, avait été abandonnée. M. Christian avait également fixé de solides montants de bois sur une forte planche qui se trouvait sur la coupée de bâbord, qu'il pensait utiliser pour s'échapper, mais, ayant constaté qu'il ne pouvait s'enfuir pendant le premier et le deuxième quart à cause de l'agitation qui régnait, il alla dormir vers trois heures du matin.

Lorsque M. Stuart l'appela pour prendre le quart, il avait peu dormi et se sentait mal à son aise. Stuart le supplia de ne pas s'enfuir à la nage, ajoutant : « Les gens sont prêts à tout. » Ceci lui fit une forte impression. Voyant ensuite que M. Hayward, son second de quart (avec lequel il refusait de parler) s'était endormi sur le coffre à armes qui se trouvait entre les canons, et que M. Hallet n'apparaissait pas, il prit la décision de se saisir du navire. Il fit part de ses intentions à Quintrell et Martin, puis appela Churchill et Thompson, qui dressèrent un plan. Avec Smith, Williams et McCoy, il alla trouver Coleman pour lui demander les clefs du coffre à armes (que Coleman l'armurier conservait toujours), disant qu'il avait besoin d'un mousquet pour tirer un requin qui s'était approché du bord. Trouvant M. Hallet endormi sur le coffre, il le réveilla et l'envoya sur le pont. Les clefs furent données immédiatement, et le petit groupe fut armé, ainsi que tous ceux qui se trouvaient là, sans qu'ils sachent pourquoi.

Pendant ce temps, Norman avait réveillé M. Hayward pour qu'il s'occupe du requin, ce qu'il était en train de faire lorsque M. Christian sortit de l'écoutille d'avant avec sa bande – Thompson était à la garde du coffre à armes, Burkett et Lamb à la garde de l'écoutille. Il ordonna à Hayward et Hallet de garder le silence, puis procéda à l'arrestation du lieutenant Bligh qu'il conduisit sur le pont. Enfin, plaçant deux sentinelles devant la cabine du second, il garda le canonnier et M. Nelson dans le cockpit, et procéda ensuite comme il a été décrit.

Vers 9 heures, une brise se leva et les voiles furent établies. Après consultation des hommes présents, il fut décidé de se diriger vers Tahiti et nous fîmes route au sud-ouest.

Tandis que M. Christian faisait son récit, je me souvins l'avoir vu fixer les montants de bois sur la planche, la nuit précédente. J'avais aussi entendu le maître d'équipage dire au charpentier :

— Ça va barder, cette nuit.

Et, plus tard, j'avais vu M. Stuart et M. Christian monter et descendre plusieurs fois dans le cockpit avant, où se trouvaient les cabines du maître d'équipage et du charpentier, lieu où il ne se rendait presque jamais.

A midi, on voyait Tofua à 10 lieues dans le NE. Le canot était maintenant caché par la terre.

M. Christian, ayant décidé de sa route, obliqua vers le sud, de façon à passer par Tupuai sur le chemin de Tahiti. Il répartit les hommes qui restaient à bord en deux quarts, chargea Stuart de l'un des quarts, gardant l'autre pour lui, et m'ordonna de prendre en charge les magasins et de faire fonction de maître d'équipage, McIntosh étant nommé charpentier et Mills canonnier. Ceci n'était pas à proprement parler des nominations, mais simplement la conséquence de son besoin d'avoir quelqu'un pour chaque tâche nécessaire, qui fasse son devoir et obéisse aux ordres.

D'après la liste [de ceux qui étaient restés à bord], il apparaît que M. Christian avait le groupe le plus fort. Mais si l'on consulte le récit de M. Bligh lui-même, on voit bien que, parmi les premiers, une partie était restée contre leur gré. Ils avaient même fait savoir au capitaine au moment du largage qu'ils n'avaient pris aucune part à la mutinerie. Certains, qui, dans la confusion générale, n'avaient pas été mis au courant des événements, lui demandèrent de monter avec lui dans la chaloupe, à quoi il avait répondu :

— Mes garçons, plus personne ne peut monter dans cette embarcation.

Et c'est avec la promesse du capitaine Bligh qu'il leur serait fait justice qu'ils ont continué le voyage avec M. Christian.

Cependant, personne ne semblait désireux de contester à ce dernier sa supériorité, et à la tête de huit ou neuf hommes, il fut laissé libre d'agir, comme il a été décrit plus haut. Même après le départ de la chaloupe, certains semblaient ignorer le rôle qu'ils avaient eux-mêmes joué dans cette affaire.

M. Christian étant maintenant maître du navire, il donna l'ordre de jeter tous les plants à la mer afin de débarrasser la cabine, ce qui fut terminé le 1er ou le 2 mai. On rassembla dans la cabine les affaires des officiers, ainsi que les étoffes et curiosités de Tahiti et de l'Archipel des Amis. M. Christian prit possession de la cabine de M. Bligh.

Mai 1789. – Je pensais, d'après la situation, que le navire pourrait encore être repris si un groupe pouvait être constitué dans ce but. Sachant que des hommes n'étaient pas contents de leur état, je dressai un plan et en gagnai plusieurs à mon projet : il s'agissait, la nuit de notre arrivée à Tahiti, de débarquer ceux que nous n'aimions pas, avec l'aide d'une distribution supplémentaire de grog. Je ne doutais pas que chacun se montrât à la hauteur de la situation et, pour éviter que les autres n'apprissent nos projets, nous affections une grande réserve les uns vis-à-vis des autres. Mais je découvris bientôt, à mon indicible surprise, que M. Christian était au courant de nos intentions – quelques-uns de sa bande avaient entendu parler de nos plans. Comme il ignorait le nombre des hommes impliqués, il se contenta de menacer Coleman de le débarquer à Tupuai, jusqu'à ce que le bateau soit revenu de Tahiti. Il plaça le coffre à armes dans sa cabine, prenant les clefs à Coleman pour les donner à Churchill, qui installa son lit sur le coffre. Chaque homme de M. Christian fut armé d'une paire de pistolets. M. Christian lui-même ne se déplaçait jamais sans un pistolet dans sa poche, le même que M. Bligh utilisait auparavant. Sa bande exerçait une étroite surveillance, chacun prenant soin de faire le troisième dès qu'il voyait deux hommes en conversation.

Le 9, par la latitude 30 sud, le vent passa à l'ouest, et un fort grain déchira le petit hunier. Ce fut le premier accident de ce genre, dû, sans aucun doute, à la grande usure des voiles. Cependant, il fut vite remplacé, et nous bénéficiâmes d'une bonne brise jusqu'à l'arrivée à Tupuai[1], le 28 mai.

Au cours de ce passage, M. Christian fit découper dans les vieilles bonnettes des uniformes pour tout l'équipage, et utilisa le sien comme parements. Rien n'avait plus d'effet sur l'esprit des Indiens, faisait-il observer, qu'un uniforme – ce qui, soit dit en passant, est vrai aussi pour les Européens, l'uniformité du vêtement étant toujours synonyme de discipline, particulièrement sur les navires de guerre britanniques.

---

1. Tupuai, île du groupe des Australes est à environ 300 milles dans le sud de Tahiti. Aucun Européen n'y avait jamais débarqué, mais le capitaine Cook l'avait relevée au cours de son troisième voyage et l'avait indiquée sur les cartes.

Comme nous étions à proximité de l'île, Stuart fut envoyé, sur le petit cotre pour examiner le récif et reconnaître la passe décrite par le capitaine Cook. Tandis qu'il était occupé à ce travail, il fut attaqué par des indigènes en pirogue, qui s'emparèrent d'une vareuse et de plusieurs autres choses. Il n'avait pas d'autres armes qu'une paire de pistolets dont l'un ne partit pas. Cependant, les longues lances des indigènes étaient inutilisables dans le combat de près et, finalement, effrayés par la détonation du pistolet restant, ils s'enfuirent. Le cotre ayant mouillé un grappin pour marquer le passage, le navire entra et mouilla dans l'après-midi du 29. Le lendemain matin, il s'ancra et se toua dans une baie à fond de sable par trois brasses et demie de fond et à deux encablures du rivage.

Les indigènes commencèrent alors à se rassembler sur la plage. Beaucoup d'entre eux encerclèrent le navire dans leurs pirogues, tout d'abord plutôt timides, pagayant autour du navire et soufflant dans leurs conques – dont ils avaient un ou deux exemplaires dans chaque pirogue. Après avoir examiné le navire, ils allèrent retrouver ceux de la plage, qui paraissaient armés de massues et de lances d'un bois noir et brillant. Habillés d'un costume rouge et blanc et soufflant dans leurs conques, ils avaient l'air redoutable.

Ils se tinrent éloignés pendant toute la journée. Il fut impossible de les persuader (alors qu'ils semblaient parler la langue tahitienne) de venir à bord. Le lendemain matin, le nombre d'hommes et de pirogues avait beaucoup augmenté. Enfin, un homme âgé, que nous supposions être un chef, vint à bord. Il parut étonné de tout ce qu'il voyait, et, effrayé par les cochons, chèvres, chiens, etc., il s'enfuyait quand l'un de ces animaux s'approchait. M. Christian lui fit plusieurs cadeaux. Il s'en retourna à terre apparemment satisfait, promettant de revenir, mais nous soupçonnions que sa visite n'avait pas été amicale, car il avait pris soin de nous compter. Les armes furent sorties, leur aspect féroce ne nous laissant aucun doute sur le sens de la visite promise.

Vers midi, nous avons observé une certaine agitation sur la plage. De nombreuses pirogues chargées d'hommes furent mises à l'eau et se dirigèrent vers le navire. Parmi ces pirogues se trouvait une pirogue double remplie de femmes bien habillées, la tête et le cou ornés de fleurs et de nacres. En approchant du navire, elles se mirent debout, commençant à battre la mesure d'une chanson lancée par l'une d'elles, personne de conséquence que nous apprîmes plus tard être la fille d'un chef. Elles étaient toutes jeunes et belles, leurs longs cheveux bouclés leur tombant dans le dos. Au nombre de dix-huit, elles vinrent à bord sans cérémonie, accompagnées de cinq hommes sur les six qui pagayaient la pirogue. Pendant ce temps, cinquante pirogues de quinze à vingt hommes chacune, pagayant vers l'autre bord, encerclèrent le navire en soufflant dans leurs conques, ce qui nous fit supposer que les femmes avaient été envoyées en guise de piège. Mais ayant constaté que nous étions sur nos gardes et que nous avions changé de costume, les visiteurs ne firent aucune tentative d'attaque.

Les femmes furent traitées civilement et chacune reçut des cadeaux. Mais les hommes qui les accompagnaient se mirent à voler tout ce qu'ils pouvaient trouver. L'un d'eux s'empara de la rose du compas, dont le verre était cassé. M. Christian l'ayant vu alors qu'il cherchait à la cacher, la lui reprit non sans la déchirer, car l'homme était vigoureux, et une bagarre s'ensuivit. M. Christian eut finalement le dessus, lui donna deux ou trois coups avec un cordage, et le renvoya dans la pirogue, suivi des autres – qui n'avaient pas perdu leurs temps. Les femmes partirent aussi car nous n'estimions pas prudent de les retenir.

Lorsqu'ils s'écartèrent du bord, ceux qui étaient dans les pirogues se mirent à brandir leurs armes avec des gestes menaçants. L'un d'eux, se saisissant de la bouée, en coupa l'orin et s'apprêtait à l'emmener avec lui quand M. Christian, l'ayant aperçu, tira un coup de mousquet dans sa direction. Puis, une pièce de quatre ayant été chargée de mitraille et tirée, ils s'enfuirent tous vers le rivage. Les canots furent envoyés à leur poursuite, mais sur la plage, l'atterrissage fut vigoureusement disputé. Les indigènes faisaient tomber une pluie de pierres sur les embarcations, sans prendre garde aux mousquets jusqu'au moment où ils virent les leurs tomber. Ils s'enfuirent alors vers les bois et, en quelques instants, ils avaient tous disparu.

Comme ils avaient de nombreuses pirogues sur la plage, M. Christian les fit prendre en remorque et amarrer à l'arrière, pensant qu'elles serviraient à faire la paix. Cependant, comme le vent avait tourné au NO, les pirogues s'emplirent et se détachèrent pendant la nuit. Elles dérivèrent jusqu'au rivage où elles demeurèrent, aucun indigène n'ayant fait son apparition. Dans les pirogues se trouvaient des quantités de cordes qui, à notre idée, étaient destinées à nous attacher si leur plan avait réussi. Nous apprîmes, plus tard, que c'était dans ce but qu'elles avaient été apportées. Cette baie se trouve dans le NO de l'île, face à la passe (la seule dans le récif), décrite par le capitaine Cook. Après cela, nous l'avons appelée la baie Sanglante.

Le matin du 30, les indigènes n'ayant pas réapparu, les canots, armées, se dirigèrent vers l'est de l'île. L'une d'elle portait un drapeau blanc à l'avant et l'autre un Union Jack. M. Christian accosta en plusieurs endroits, laissant des présents de hachettes, etc. dans les maisons, mais, malgré ses recherches, il ne vit aucun indigène et fut obligé de s'en retourner.

Le 31 au matin, quelques-uns apparurent et hissèrent les pirogues à terre sans intervention de notre part. Ils se retirèrent avant que notre canot n'eût atteint le rivage. Il était envoyé à terre pour débarquer une jeune chèvre et deux cochons malades, et revint sans avoir aperçu aucun indigène. Les ancres levées, nous sortîmes en mer, faisant route au NNE vers Tahiti.

M. Christian avait formé le projet de s'installer dans cette île, et décida d'y revenir dès qu'il aurait pu se procurer un stock de cochons, de chèvres et de poulets, qui semblaient ne pas exister sur cette île, pourtant bien fournie en arbres à pain cocotiers et bananiers. Il était d'autant plus tenté que l'île avait à peine 18 milles de tour et qu'elle comptait apparemment peu d'habitants, dont il espérait s'assurer l'amitié par force ou par persuasion.

De plus, le mouillage n'étant pas attrayant, il pensait que personne ne le choisirait quand il était possible d'aller à Tahiti et qu'ainsi, il pourrait y vivre en paix, ce qui était tout ce qu'il désirait, sachant que ses actions lui interdisaient le retour en Angleterre et en tout lieu civilisé. Il ne rêvait de rien d'autre que de s'installer à Tupuai.

Toutefois, je ne puis pas dire que j'ai jamais été d'accord avec M. Christian sur ce projet, ni eu une impression favorable des indigènes de Tupuai.

Juin 1789. – Au cours du passage, M. Christian donna l'ordre de ne jamais prononcer le nom de cette île, ni d'en parler aux indigènes. Il se dit prêt à punir sévèrement quiconque lui désobéirait et à fusiller les déserteurs. Nous savions qu'il était en mesure de tenir sa promesse, et sa bande effectuait sur nous une surveillance constante.

Il distribua la pacotille dans l'équipage pour que chacun en fasse le meilleur commerce possible – ce serait le dernier que nous aurions l'occasion de faire. Il fit aussi distribuer les vêtements des officiers à des hommes tirés au sort avec des tickets. Il se trouvait toujours que la bande de M. Christian était mieux servie que les hommes considérés comme tièdes. On n'y fit pas attention sur le moment, car les opinions différaient là-dessus.

Le 6 juin, nous mouillâmes dans la baie de Matavai et les indigènes se pressèrent à bord en grand nombre. Heureux de nous revoir, ils demandèrent où étaient les autres, ce qui nous avait fait revenir si tôt et où nous avions laissé les plantes. Ils savaient que notre absence avait été de trop courte durée pour avoir pu rentrer chez nous, d'après la description que nous leur avions faite auparavant de la distance à parcourir.

A toutes ces questions M. Christian répondit que nous avions rencontré le capitaine Cook, qui avait pris à son bord M. Bligh et les autres, ainsi que les plants et la chaloupe. Il nous avait envoyés chercher des cochons et des chèvres pour un nouvel établissement, sur les instructions du roi, en Nouvelle-Hollande. Personne n'osa le contredire, car toute déclaration contraire serait revenue à ses oreilles, les Tahitiens n'étant pas connus pour savoir garder un secret. De toute façon, nous n'aurions pu expliquer la vérité, ne connaissant pas suffisamment la langue.

L'armurier se mit au travail pour fabriquer de la pacotille. Churchill et moi-même fûmes envoyés à terre pour acheter des cochons, des chèvres, etc. Pendant ce temps, M. Christian recevait les chefs à bord, les abreuvant de vin et d'arak, dont ils devinrent très friands.

A bord, chacun achetait du bétail et des provisions et si, à notre précédent départ, l'opinion générale était que nous avions appauvri l'île, nous fûmes alors convaincus du contraire, car le pays était plein de cochons et semblait à même d'approvisionner une flotte entière. Les demandes en objets de métal crûrent à un tel point que l'armurier, bien que travaillant sans relâche, ne pouvait y suffire, et cela malgré un stock qui n'avait pas été utilisé lors de notre précédent séjour.

Le 10, William McCoy fit feu sur un groupe d'indigènes qui encombraient la coupée et ne dégageaient pas assez rapidement à son idée, mais sans dommage et on n'y fit pas attention. La nuit du 14, Churchill apercevant une pirogue à l'avant du navire, la héla, et ne recevant pas de réponse, fit feu dans sa direction ; elle s'éloigna.

Il est à remarquer ici, que le récit de M. Christian avait été très bien accepté par les indigènes, qui n'avaient pas encore été informés de la mort du capitaine Cook. M. Bligh avait ordonné de dire qu'il était en vie, en Angleterre et qu'il reviendrait probablement à Tahiti. M. Christian leur ayant dit qu'il reviendrait dès qu'il aurait procédé à l'établissement du pays, qu'il appelait Aitutaki, ils en furent satisfaits. Plus intéressés par le commerce que par tout autre chose, ils ne posèrent que peu de questions et n'y pensèrent plus.

Nous restâmes jusqu'au 16. Pendant ce temps, nous fûmes ravitaillés abondamment par nos vieux amis, et je ne pense pas qu'ils auraient eu une plus mauvaise opinion de nous s'ils avaient connu la vérité, ou qu'ils auraient été hésitants à nous ravitailler, car M. Christian était très aimé de tous. Par contre, M. Bligh n'était aimé de personne, bien qu'ils eussent pris soin de le flatter pour ses richesses, comme c'est le cas dans les nations civilisées, ceux qui détiennent le pouvoir étant toujours courtisés.

Le but principal de ces gens est de se procurer du métal, et, comme l'or pour nous, peu leur importe d'où il vient et comment ils l'obtiennent.

A la date du 16, nous nous étions procuré 460 cochons, surtout des producteurs, 50 chèvres et une quantité de poulets, quelques chiens et un chat ; et pour quelques plumes rouges, nous eûmes le taureau et la vache, dont ils ne faisaient pas grand cas.

Avec tous ces animaux ainsi qu'une quantité de provisions pour l'usage immédiat, nous étions prêts pour prendre la mer. Nous avions à bord neuf hommes, huit jeunes garçons, dix femmes et une petite fille, dont certains s'étaient cachés dans le navire jusqu'à ce que nous fussions en mer. Ayant halé sur le câble, le navire prit de l'erre, mais il s'approcha trop du banc du Dauphin, et nous fûmes obligés d'abandonner l'ancre pour faire voile.

Lorsque nous avons été au dehors, les indigènes cachés firent leur apparition, parmi lesquels Hitihiti et plusieurs de nos vieux amis. Comme il était trop tard pour les envoyer à terre, M. Christian consentit à les emmener, à la demande de quelques-uns de sa bande. Il leur annonça qu'ils ne verraient plus jamais Tahiti, ce qui parut les laisser tout à fait calmes ; ils ne donnèrent jamais le moindre signe de tristesse d'être séparés de leurs amis, et je ne les ai jamais entendus se plaindre.

Le temps étant mauvais, le taureau, qui ne pouvait se tenir sur ses pattes et refusait de se coucher, fit plusieurs chutes qui finirent par le tuer – si bien que nous avons dû le jeter par-dessus bord. Bien que les cochons et les chèvres se fussent piétinés les uns les autres, faute de place, nous ne perdîmes que quatre cochons et une chèvre.

Nous sommes arrivés le 23 dans la baie Sanglante. Les pigeons furent lâchés, dont un couple s'envola vers la terre.

Les indigènes se montrèrent à présent très amicaux, on aurait cru un peuple différent. Ils vinrent à bord, paisibles, sans armes, sans conques, et sans la moindre apparence d'hostilité. En conséquence, M. Christian débarqua la vache et deux cents cochons sur l'île, ce qui effraya les indigènes plus que ne l'avaient fait les armes. Le reste du bétail fut débarqué sur des îlots, où il serait plus facile de les surveiller, les autres étant laissés libres sur l'île.

Le débarquement du bétail prit plusieurs jours. Pendant ce temps, nos Tahitiens apprirent rapidement la langue des Tupuai et devinrent nos interprètes. Ils nous apprirent ainsi que onze hommes et une femme avaient été tués dans l'affaire de la baie Sanglante – nous n'en avions vu tomber que deux, mais nous fûmes bien obligés de les croire. Ils dépendaient d'un chef appelé Tinirau. Ils nous montrèrent aussi des balles de mousquet qui avaient frappé du bois de fer, et qui, tombées à terre, étaient maintenant par les indigènes autour du cou sur une ficelle.

Juillet 1789. – Le chef de cette partie de l'île avait pour nom Tamatoa. Il fit de M. Christian son ami[1] à la mode de l'île. M. Christian fut conduit au marae et, assis sur un tas d'étoffes placées là pour l'occasion, se trouva entouré de la famille du chef et de chefs de famille qui étaient, soit ses sujets, soit des membres de son district.

Le chef fit tout d'abord un long discours. Tout en lui offrant un bananier plantain jeune (ici l'emblème de paix) et une racine de kava, il salua M. Christian du nom de Tamatoa ; ses parents se présentèrent ensuite,

1. Sur la coutume qui consiste à adopter un ami, voir en annexe « Description de l'île de Tahiti », chapitre « Coutumes religieuses ou autres ».

chacun à son tour avec le même cérémonial, avec cette différence que chacun lui offrait une pièce d'étoffe en plus du bananier et du kava ; après eux vinrent les gens du district, chacun accompagné d'un homme (au nombre de cinquante) portant deux paniers pleins de vivres et une pièce d'étoffe. Les vivres étaient constitués par du poisson cru mariné, des fruits de l'arbre à pain, du taro, des bananes plantain, des noix de coco, etc. qui furent toutes placées devant lui. Puis vinrent les femmes de la famille du chef, suivant ce même cérémonial, et, quand tout fut terminé, les hommes prirent l'étoffe, les vivres et le kava pour le porter aux canots. Le chef vint à bord avec M. Christian et y resta toute la nuit, passant la plus grande partie de celle-ci à prier au chevet de M. Christian.

Le lendemain matin, M. Christian lui fit plusieurs cadeaux : hachettes, plumes rouges, étoffes de Tahiti et nattes, ce qui parut lui faire grand plaisir. Il appréciait les plumes rouges plus que tout le reste. M. Christian se rendit ensuite à terre avec lui pour faire le choix d'un terrain qui conviendrait à son installation. Comme il n'en trouvait aucun qui lui plaise dans le district de Tamatoa, il se rendit au district voisin, à l'est, qui appartenait à un chef appelé Taroatoa. Celui-ci n'était pas allié à Tamatoa, mais il reçut M. Christian avec aimabilité. Quand il sut ses intentions, il l'invita à venir sur ses terres, avec le navirre, et à choisir le terrain qu'il voudrait. M. Christian accepta la proposition, trouva un emplacement qui lui convenait, et, en conséquence, procéda avec lui à l'échange de noms.

L'affaire suscita la jalousie de Tamatoa, qui s'efforça de convaincre M. Christian de ne pas y aller. N'y parvenant pas, il devint furieux. M. Christian lui promit de rester son ami, mais cela ne lui suffisait pas. Avec Tinirau, il œuvra contre cette nouvelle alliance, interdisant à ses sujets d'avoir une quelconque relation avec M. Christian, qui s'efforçait, en vain, de les regagner à sa cause avec force cadeaux. Poursuivant son plan, il ne prêtait pas attention à leurs manœuvres bien que l'interdiction de monter à bord faite aux indigènes ait réduit de beaucoup l'approvisionnement. Le district de Taroatoa était trop petit pour nous ravitailler.

M. Christian essaya plusieurs fois de rencontrer Tinirau, mais lui et sa suite disparaissaient à son approche. Il prit alors la décision de s'installer à terre et donnant les ordres nécessaires pour économiser les vivres et pour soigner le bétail. Ayant choisi un terrain à quatre milles dans l'est de la passe, il se prépara à faire haler le navire jusque-là. Mais l'entreprise se révéla laborieuse. Le passage était tellement encombré de pâtés de corail qu'il était impossible d'avancer droit. De surcroît, nous étions souvent arrêtés par la brise, qui se levait chaque jour entre 10 et 11 heures et soufflait jusqu'à 4 heures. Nos embarcations n'étaient pas faites pour porter de longues touées et des ancres – la plus grande étant un cotre de six mètres.

A mi-chemin, il devint nécessaire d'alléger le navire en commençant par les réserves d'eau. Comme c'était insuffisant, tous les espars de rechange furent donc mouillés à l'aide d'un grappin. Mais un vent frais s'étant levé, ils dérivèrent et nous les perdîmes – ce que M. Christian ne considéra pas comme une grande perte, ayant renoncé à toute navigation.

Le 8 juillet, nous avons atteint le lieu choisi et mouillé le navire avec une ancre à l'avant et une autre à l'arrière par 3 brasses de fond, la pointe la plus à l'est de l'île étant dans l'ESE et l'îlot le plus à l'ouest N par E, à une demi-encablure de la terre. Les voiles furent désenverguées et les vergues et mâts de perroquet amenés.

Le 10, M. Christian alla à terre pour délimiter le terrain sur lequel il voulait construire un fort, par le travers du navire, et reçut la permission du chef Taroatoa d'en faire l'usage qui lui plairait. Rentrant à bord, il s'aperçut que Sumner et Quintrell étaient allés à terre sans permission. Quand ils revinrent, le lendemain matin, il les fit venir à l'arrière et leur demanda compte de ce manquement. Ils répondirent :

— Le navire est à l'ancre et nous sommes maintenant nos propres maîtres.

A ces mots, M. Christian braqua son pistolet (qu'il gardait toujours dans sa poche) sur la tête de l'un des deux et dit :

— Je vous montrerai qui est le maître.

Et il ordonna de leur mettre les fers aux deux jambes. Cette attitude énergique eut pour résultat de convaincre les hommes qu'il ne fallait pas plaisanter. Le lendemain, ils lui demandèrent pardon et promirent de se mieux conduire à l'avenir. Ils furent alors relâchés. Toutefois, pour éviter que cela ne se produise, M. Christian autorisa que, chaque nuit, deux hommes aillent dormir à terre, et tout le monde le dimanche.

Il fit également une distribution de plumes rouges à tout l'équipage. C'est alors qu'il constata qu'il en manquait.

Thomas Ellison fut soupçonné de les avoir prises, car il se trouvait fréquemment dans la cabine, où elles étaient rangées. Amené à la coupée, ligoté et dévêtu, Thomas Ellison continua à affirmer son innocence. Mais personne ne l'ayant vu, il fut relâché.

Enfin, M. Christian donna des instructions pour que le bétail soit surveillé chaque dimanche à tour de rôle, et tout se trouva réglé.

La forge fut montée et l'armurier chargé de forger des baguettes pour les mousquets, celles en bois étant pour la plupart brisées ; lorsque celles-ci furent terminées, il entreprit de convertir les haches utilisées pour le bœuf salé pour couper du bois et abattre des arbres. Dès qu'elles furent prêtes, les règles suivantes furent édictées : Brown et son Tahitien furent chargés de défricher un terrain pour y planter des ignames ; Coleman et McCoy de fabriquer des bêches, des binettes et des pioches ; Heildbrandt de la cuisine ; Byrn et Ellison de l'entretien des embarcations. Les hommes à terre emporteraient leurs armes, qui gardées par une sentinelle tandis que les autres défrichaient le terrain ; l'une des embarcations retournerait au navire, l'autre restant mouillée près de la plage avec un grappin.

Le 18, nous avons rencontré le chef et quelques-uns de ses amis. Ils offrirent à M. Christian deux jeunes bananiers plantains et deux racines de kava en cadeau de paix. On prit possession du terrain choisi pour le fort en retournant une motte de terre et en hissant l'« Union Jack » sur un poteau. Pour célébrer l'événement, on but une ration supplémentaire de grog, et le lieu fut baptisé

« Fort George ». Le terrain étant infesté de rats, des chats y furent amenés depuis le bord.

Un jour que nous étions occupés à notre travail, nous fûmes alertés par un concert de hurlements et de cris affreux, que nous prîmes tout d'abord pour des cris de guerre. Nous avons attrapé nos armes et envoyé quelques Tahitiens pour voir ce qu'il se passait. Ils revinrent nous apprendre que ces cris étaient ceux d'une cérémonie funèbre. Selon la coutume, lorsqu'un notable meurt, au moment où le corps est placé dans la tombe, les assistants font retentir l'air de cris horribles, se tailladent la tête et la poitrine avec des coquillages et se badigeonnent le corps avec le sang. Après quoi la tombe est recouverte et on retire, laissant la famille du défunt à son deuil.

Ainsi informés, nous sommes retournés à notre travail. Une fois le terrain défriché, les dimensions du fort furent marquées au sol ; de forme quadrangulaire, il avait 100 mètres de côté (à l'extérieur du fossé) ; la largeur du fossé était 6 mètres, sa profondeur de 7 mètres, l'épaisseur du mur à la base de 6 mètres, au sommet de 4 mètres, avec un pont-levis du côté faisant face à la plage. Les canons du navire devaient être installés de la façon suivante ; une pièce de 4 à chaque angle, et, sur chaque côté, deux canons à pivot avec deux en réserve, qui pouvaient être amenés en un point quelconque en cas de besoin ; de cette façon, deux pièces de 4 et 4 pièces à pivot pouvaient être mises en action, dans n'importe quelle direction et dans certaines directions, trois pièces de 4 et 6 pièces à pivot.

Tout étant ainsi décidé, nous nous sommes remis au travail, bien qu'aucun de nous n'eût de connaissances en fortifications. Les uns coupaient des pieux, d'autres faisaient des voliges, découpaient des mottes, d'autres encore construisaient ou creusaient le fossé. Les charpentiers fabriquaient des brancards pour le transport des matériaux et coupaient des arbres pour les portes et le pont-levis. Ainsi les travaux avançaient rapidement. M. Christian était loin d'être un spectateur inactif, car il prenait toujours part aux travaux les plus rudes. Une demi-pinte supplémentaire de bière fut servie deux fois par jour.

Août 1789. – Nous continuâmes nos travaux sans être interrompus. Les indigènes étaient nombreux à nous proposer des vivres, et ne cherchaient plus à nous voler. La seule chose qui les intéressait était les plumes rouges ; aussi les coqs dont les plumes du cou étaient rouges devinrent un article de valeur, très supérieurs aux gris et aux noirs. Les indigènes n'avaient au contraire aucune considération pour les objets en métal, pas plus que pour nos vêtements. Alors qu'ils nous voyaient utiliser nos haches et autres outils, ils ne leur attribuaient aucune valeur et ne semblaient pas du tout désireux de les avoir en leur possession, ce qui nous arrangeait. Leurs étoffes étant recouvertes d'un enduit imperméable, ils les préféraient aux nôtres et préféraient une pièce de belle étoffe tahitienne au meilleur de nos vêtements. Nos Tahitiens n'étaient pas si ignorants, et préféraient se servir de nos haches que de leurs herminettes de pierre ; toutefois ils ne firent jamais aucun effort pour convaincre les indigènes.

Le 20 août, M. Christian, avec quelques hommes, fit le tour de l'île à la voile dans le cotre. Ayant été à terre dans la partie sud, il fut bien reçu par un chef nommé Hitirere. Il fut invité en plusieurs autres endroits à aller à terre, mais en fut empêché par les difficultés de la côte.

Sur la côte est, le chef Tinirau envoya un homme porteur d'un jeune bananier plantain et d'une racine de kava, avec une invitation. M. Christian reçut l'offrande, mais, la côte étant rocheuse, ne put s'approcher à plus de 3/4 de mille de la plage et fut obligé de rentrer à bord.

Le 25, les Tahitiens furent envoyés à la recherche de noix de coco. Ils furent bientôt assaillis par les indigènes, qui les chassèrent, tuant presque l'un d'eux avec une pierre. La nouvelle ayant été rapportée au fort, M. Christian fit armer le groupe et se rendit sur place, où se trouvaient un certain nombre d'indigènes en armes. Il tira deux coups de mousquet qui les dispersa. Le lendemain, on apprit qu'un homme avait été tué, mais, comme il avait été emporté, nous ne l'avions pas vu.

Après cela, le calme revint pour quelques jours. Mais quelques hommes furent attirés par les femmes jusqu'au district de Tinirau, et là, dépouillés de leurs vêtements. C'est ainsi que Alexander Smith fut gardé prisonnier dans la maison de Tinirau.

Quand M. Christian le sut, il décida de punir les agresseurs. Il se rendit avec sa bande dans le district de Tinirau, mais celui-ci s'enfuit à son approche. Chez Tinirau, Smith nous fut amené par la jeune femme qu'il avait suivie. Il n'avait plus que sa chemise sur lui – le reste de ses vêtements ayant été emporté. M. Christian envoya des messagers à Tinirau, mais sa demande de paix fut refusée. Après plusieurs heures d'attente, il décida de brûler la maison, ce qui fut fait. Mais avant d'y mettre le feu, il en retira des massues et des lances et deux curieuses images sculptées de dieux du foyer, décorées de nacres, de cheveux humains, de dents et d'ongles taillés d'une manière très étrange, et entourées d'une sorte de couronne de plumes rouges provenant de la queue du paille-en-queue. M. Christian supposait que ces images étaient précieuses à leur propriétaire ; aussi s'en saisit-il, espérant que leur retour pourrait aider à faire la paix. La maison étant en flammes, il retourna au navire.

La jeune femme de Smith le suivit à bord de son plein gré, disant que ses compatriotes la maltraiteraient à cause de ses liens avec lui si elle restait à terre. Lorsqu'elle trouva des compagnons à bord, elle fut tout à fait satisfaite.

Septembre 1789. – Nous sommes retournés au travail qui a continué à avancer quoique ralenti. Au 1er septembre, les montants de la porte furent placés et les trois quarts des murs terminés.

Le 2, Tinirau arriva avec une suite nombreuse chargée de paniers de vivres qu'il présenta à M. Christian en guise d'offrande de paix. Il suppliait qu'on veuille bien lui rendre ses dieux, ce que M. Christian promit de faire à la condition qu'il rapporte les vêtements volés et qu'il s'engage à ne pas molester les hommes qui s'aventuraient dans son district. Il souscrit à toutes ces conditions, puis donna l'ordre de préparer du kava. Mais M. Christian, refusa de boire. Tinirau se leva fort courroucé et partit, suivi de sa troupe – il se rendait compte que M. Christian avait eu vent de sa traîtrise : sa troupe, en effet, avait caché des armes à quelque distance du chantier ; un jeune Tahitien l'ayant vu, il en avait informé M. Christian. Tinirau avait vu les hommes de M. Christian s'installer sur les fortifications et c'est pourquoi il s'était retiré.

Le jeune Tahitien, lui, fut envoyé à bord avec des ordres pour Coleman. Celui-ci, voyant les indigènes armés sur la plage, fit feu d'une pièce de 4 dans leur direction, ce qui provoqua leur fuite. Le boulet, en traversant une maison, trancha une poutre à laquelle un homme était en train de pendre une gourde. Terrifié, il quitta la maison, lui et tous ceux qui étaient là. Ils étaient ébahis, car le boulet avait disparu et, la maison n'étant pas en vue du navire, ils ne pouvaient imaginer qu'il venait du navire. Ils croyaient plutôt à un phénomène surnaturel, et refusaient de retourner dans la maison.

Le 3, le vieux Tahuhuatama vint avec son fils Taroata, ami de M. Christian, et avec ses filles. L'une d'elle était la jeune femme qui était venue à bord, lors de notre premier mouillage. Elle s'appelait Vaiata. Ils étaient accompagnés de serviteurs portant des vivres, offerts à M. Christian. Sur la demande du vieil homme, les jeunes femmes exécutèrent une danse, marquant le rythme et chantant avec une grande régularité. Ensuite, ce fut au tour des Tahitiennes d'exécuter une danse. Au moment du départ, M. Christian invita la famille à assister à un Heiva, ce qu'ils acceptèrent avec empressement. Le lendemain matin, deux Tahitiennes revêtirent leurs plus beaux habits, deux Tahitiens se mirent en pari, ou costume de deuil, et les invités purent assister à un Heiva, à la mode des îles de la Société, ce qui sembla beaucoup leur plaire. Ils admiraient beaucoup les costumes des femmes et s'étonnèrent des costumes de deuil. Pendant que la danse était exécutée, nos hommes étaient en armes.

M. Christian commença à parler d'enlever les mâts et de désarmer le navire, puisque son intention était de construire des maisons et de vivre à terre. Comme je nourrissais toujours l'espoir de gagner Tahiti avec le grand cotre, j'en parlai à Stewart. Il me confia que Heywood et lui-même avaient le même projet. Je savais qu'une fois les mâts enlevés, je pouvais faire en sorte qu'il soit impossible de les remettre en détruisant les poulies de caliorne – ainsi, une fois à Tahiti, nous ne serions pas en danger d'être poursuivis. Je lui conseillai de faire réparer le cotre, mais il me dit que M. Christian avait déclaré que les canots ne seraient réparées qu'après son installation à terre.

Pour éviter les soupçons, nous avons décidé de ne pas en parler et de prendre le cotre dans l'état où il était. Comme nous avions quelque raison de supposer que d'autres pensaient comme nous, nous décidâmes de saisir la première occasion et nous organisâmes en conséquence, mais la Providence décida mieux des choses et nous n'eûmes pas besoin de faire cette tentative téméraire – certes, la traversée eût pu être faite en cinq ou six jours, mais nous risquions de rencontrer du mauvais temps et, dans ce cas, notre malheureuse embarcation serait devenue un cercueil, ce dont nous ne nous rendions pas compte sur le moment.

La bande de M. Christian, constatant que les indigènes empêchaient leurs femmes de venir à nous, sans pour autant faire d'objection à ce que nous passions la nuit chez elles, commença à murmurer ; ils insistaient pour que M. Christian se mette à leur tête pour ramener les femmes par la force, et refusaient de travailler jusqu'à ce que chaque homme ait une femme. Comme M. Christian préférait la persuasion à la contrainte, il refusa de prendre en considération cette demande absurde. Trois jours furent passés à débattre cette question et, pour passer le temps, ces hommes demandèrent plus de grog, ce que M. Christian refusa également. Ils brisèrent alors la serrure de la chambre aux boissons et s'en emparèrent.

Pour les garder de bonne humeur, M. Christian avait ordonné une double ration tous les trois jours, mais en vain. Constatant l'insuccès de ses efforts, le 10, il rassembla tout le monde à l'arrière pour demander quelle était la meilleure décision à prendre. Aussitôt, quelqu'un proposa qu'on aille à Tahiti, où on pourrait se procurer des femmes sans faire usage de la force. Cette proposition fut tout d'abord écartée, mais adoptée le jour suivant à mains levées, seize ayant opté pour Tahiti. Il fut alors décidé que ceux qui choisiraient de rester à terre auraient des armes, des munitions et une part de tout ce qui se trouvait à bord. Le navire serait laissé sous la conduite de M. Christian, en état de naviguer avec ses voiles, ses manœuvres, et son matériel. Une fois les décisions prises, nous nous préparâmes au voyage, faisant le plein d'eau, enverguant les voiles, etc.

On envoya une équipe chercher du bétail, dont la vache, que nous n'avions pas vue depuis notre arrivée, mais les hommes furent assaillis par les indigènes, qui la dévalisèrent et la renvoyèrent dire à M. Christian qu'il serait traité de même. Ceci se passa le 12, jour où nous avons constaté que la femme Tupuai était retournée chez elle sans nous en avertir.

Le 13, M. Christian fit armer vingt hommes pour aller chercher le bétail et châtier les offenseurs. Ils prirent avec eux les neuf Tahitiens et quatre jeunes garçons dont l'un portait « l'Union Jack ». La petite troupe n'avait pas fait un mille qu'elle fut entourée d'environ sept cents indigènes. Ils étaient tous armés de massues, de lances et de pierres et se battaient avec plus de furie que de jugement, faute de quoi la troupe serait certainement tombée entre leurs mains. Toutefois, face à une résistance obstinée, ils lâchèrent pied et se retirèrent avec de lourdes pertes. Le bétail fut rassemblé sans nouvel incident.

Ayant des raisons de croire que les indigènes nous feraient des ennuis, chaque homme avait reçu 24 cartouches, dont 6 contenaient une balle de mousquet et deux balles de pistolet. Hitihiti étant un excellent tireur, il avait reçu un mousquet, le reste des Tahitiens étant sans armes.

Lorsque nous arrivâmes au Fort, nous y avons trouvé Tahuhuatama, Taraoatoa, son jeune frère Taroamaeva et beaucoup d'autres de leurs amis, qui annoncèrent à M. Christian que Tinirau avait armé un certain nombre d'hommes, décidé à contester le droit au bétail.

M. Christian dit à ses amis de rester dans le fort pour leur éviter les ennuis. Il forma ensuite sa troupe, plaçant un Tahitien entre deux d'entre nous et, après les recommandations nécessaires, nous nous sommes mis en marche en silence à travers bois, en direction du district de Tinirau.

Après un mille à peine, nous avons pénétré dans un chemin creux bordé d'une épaisse végétation – des ordres furent donnés de bien ouvrir l'œil. Burkett, croyant avoir entendu bouger dans les broussailles, s'y avança et reçut un coup de lance dans le côté gauche. Le Tahitien qui était à ses côtés mit aussitôt l'agresseur hors de combat et s'empara de la lance. Avant même que Burkett ait pu faire usage de son arme, ils nous avaient entourés, se ruant avec une grande fureur et poussant d'horribles cris. Nous avons fait face, et dirigé sur eux un feu nourri, avec de bons résultats. Malgré cela, ils continuèrent à attaquer, ignorant le danger et la mort.

Il nous fallut finalement battre en retraite jusqu'à une petite élévation derrière nous. Les Tahitiens s'étaient alors tous armés des longues lances prises à l'ennemi, et se comportaient bravement. A peine avions-nous atteint l'élévation que les agresseurs nous poursuivaient avec une fureur redoublée, sans doute confiants dans leur nombre, tellement plus grand que le nôtre, bien que beaucoup d'entre eux fussent atteints par notre feu régulier. Mais la végétation était épaisse au-dessus de nous, et ils nous pressaient vivement depuis ces hauteurs. Plusieurs Tahitiens ayant été blessés et M. Christian lui-même, par sa propre baïonnette, nous avons jugé prudent de battre en retraite jusqu'à un champ de taro, à environ 200 mètres de là, ce que nous avons fait en bon ordre, sous un feu roulant destiné à couvrir notre retraite. Quand nous avons atteint la clairière, nous nous sommes placés derrière le talus qui coupait le champ de taro à angle droit, et nous nous sommes préparés à les recevoir. Ils nous avaient suivis de près jusqu'à ce que nous fussions hors des fourrés, mais là, ils s'arrêtèrent. Quelques-uns des plus intrépides tentaient d'entraîner leurs hommes, cependant, l'un, en particulier, qui paraissait être un chef, sortit à découvert encourageant et menaçant ses hommes restés en arrière. Il fut abattu d'un coup de feu, malgré la distance, ainsi que d'autres qui tentaient de le suivre. Le reste commença alors à céder du terrain. Pendant ce temps, Skinner ayant abîmé son mousquet hors d'usage en y introduisant une cartouche entière, il reçut l'ordre de soutenir Burkett, très affaibli, jusqu'au canot.

Nous sommes encore restés quelque temps sur le terrain, mais constatant que les indigènes n'étaient pas tentés par un nouvel assaut, nous avons lancé trois hourras, ce qui les a fait fuir définitivement, leurs morts derrière eux. Nos Tahitiens amassaient leur butin, surtout des massues et des lances, dont ils étaient très amateurs.

Il ne paraît pas impropre de relater ici qu'avant de quitter le terrain, un des garçons tahitiens avait voulu découper les mâchoires des tués pour les accrocher sur le navire comme des trophées, disant que cela frapperait les autres de terreur. Il se montrait très mécontent de voir sa proposition refusée, et suppliait qu'on le laisse en prendre une pour lui. Aucun des autres ne paraissait avoir ce penchant, peut-être parce qu'ils étaient satisfaits du butin, et avaient constaté que cela ne nous plaisait pas.

Lorsque nous sommes arrivés au Fort, le vieux chef et ses amis sont venus à notre rencontre, heureux de notre succès. Nous fûmes aussi rejoints par Skinner, qui avait conduit Burkett à bord. Une équipe fut alors envoyée pour rassembler le bétail dont nous avions besoin, et la vache fut amenée au fort sans opposition.

En rentrant à bord, nous avons pu constater que Burkett avait pansé sa plaie, qui était en bonne voie de guérison, la lance ayant frappé une des côtes sans la briser, et, en peu de temps, la blessure se cicatrisa.

Cette affaire nous donna, toutefois, une très mauvaise opinion de nos baïonnettes. Même si elles avaient tué plusieurs ennemis, elles se brisaient chaque fois, nous laissant la douille sur le mousquet tandis que la lame leur restait plantée dans le corps. Nous n'avions pour nous défendre que nos munitions, sans lesquelles, homme pour homme, nous aurions eu le dessous. Les lances indigènes, en effet, étaient si longues que nos baïonnettes auraient été à peu près inutilisables, et, nous avions observé que bien que leur attaque parût désordonnée, chaque groupe de dix-huit à vingt hommes avait un chef, qui semblait avoir une certaine autorité et dont les ordres étaient plus ou moins observés.

Le 14, nous avons tué la vache, dont la viande fut trouvée excellente. Le soir, le jeune chef Taroamaeva et deux de ses amis vinrent à bord. Il nous apprit que soixante hommes avaient été tués ainsi que six femmes qui les ravitaillaient en lances et en pierres, et que beaucoup avaient été blessés. Parmi les tués se trouvaient plusieurs hauts personnages dont le frère de Tinirau, abattu par M. Christian lui-même. Taroamaeva fit savoir qu'il était si lié avec M. Christian que, s'il restait à terre, il serait certainement tué. M. Christian lui dit qu'il partait pour Tahiti, ce qui sembla le réjouir. Il demanda si ses deux amis et lui-même pourraient faire partie du voyage, ce que M. Christian accepta. Ils en exprimèrent une vive satisfaction.

Après avoir fait suffisamment d'eau, nous avons levé l'ancre et nous nous sommes dirigés sans difficulté vers la passe, le navire étant beaucoup plus léger qu'avant. Après avoir paré le récif, nous nous sommes mis en panne quelque temps pour prendre de l'eau de mer comme ballast, et, à midi, nous faisions voile, laissant Tupuai bien garni de cochons, de chèvres, de chiens et de chats – les cochons avaient quadruplé depuis leur débarquement.

Avant de prendre congé de l'île, il convient peut-être d'en donner une description, ainsi que de ses habitants.

Tupuai se trouve entre le 22e et le 23e degré de latitude sud, et à 209 de longitude est. Avec environ 6 milles de longueur d'est en ouest et environ 22 milles de circonférence, elle est entourée d'un récif à un bon mille du rivage – dans l'est à près de 3 milles du rivage –, n'ayant qu'une passe médiocre dans le nord-ouest, bien qu'à certains endroits elle ait des fonds de 5 à 6 brasses. A l'intérieur du récif, se trouvent six îlots couverts d'arbres, en majorité des toa, un bois dur dont les indigènes font leurs lances et leurs massues. Quatre de ces îlots sont dans le nord-est et les autres dans le sud-est.

L'île est montagneuse et presque entièrement entourée d'une bande de terrain plat d'un mille à un mille et demi de large, recouvert d'arbres et de taillis, ce qui rend le passage difficile autrement que par la plage. A l'est, le terrain est fertile et la partie plate plus large qu'ailleurs, mais la côte ouest est rocailleuse et désertique. A cet endroit, le lagon a très peu de fond et le récif y est le plus rapproché. Les terres basses sont en général faites de sable de corail recouvert d'une fine couche d'humus noir, qui, en beaucoup d'endroits, n'a pas plus de 30 centimètres d'épaisseur, même si, en certains endroits, il descend à une certaine profondeur. Près du pied des collines, il y a un grand nombre de pierres plates, et la terre, de couleur rouge, y est couverte de fougères, de roseaux et de bambous. Sur les crêtes, on trouve des roches dénudées, d'une pierre dure de couleur brune. Bien que les fonds soient très faibles en certains endroits, en d'autres nous ne l'avons pas atteint avec une ligne de sonde de 40 brasses.

L'île produit des fruits de l'arbre à pain, des noix de coco, des ignames, taro, bananes, et, en général tout ce qui est commun aux îles de la Société. Le récif abonde en poissons et en grosses tortues.

Le mûrier à papier ici atteint une plus grande taille que dans les îles de la Société, bien qu'il ne soit pas cultivé. Ils ont la plupart des arbres communs aux îles de la Société et possèdent une variété de primevère. L'île est arrosée d'innombrables petits ruisseaux qui descendent des collines, et qui, étant endigués pour la culture du taro, offrent un abri aux canards sauvages, qui sont très nombreux. On y trouve aussi des anguilles, des chevrettes et un petit poisson de l'espèce des gobies.

L'île, qui est très fortement peuplée, peut avoir 3 000 âmes. Leur couleur est à peu près semblable à celle des indigènes des îles de la Société, mais ils sont plus robustes et leur aspect est plus sauvage, ce qui est accentué par le turmeric (ou curcuma) et l'huile qu'ils utilisent pour colorer leurs tissus, ce qui leur donne un aspect jaune déplaisant. Les hommes portent les cheveux et la barbe de différentes façons, selon leur fantaisie, et les jeunes femmes portent les cheveux longs, tombant en ondulations jusqu'à la taille et décorés avec les feuilles blanches (hinano) du fara ainsi qu'avec des fleurs parfumées. Elles font également des colliers avec les graines de la pomme mûre du fara et avec des fleurs joliment disposées, ce qui est non seulement très seyant, mais leur offre, à elles-mêmes et à ceux qui sont assis près d'elles, un bouquet parfumé. Dans l'ensemble, ce sont les plus belles femmes que nous ayons vues dans ces mers. Dans leurs danses, elles n'utilisent pas ces gestes et ces mouvements obscènes qui sont si courants dans les îles de la Société, bien qu'elles soient aussi douées pour ces divertissements. Elles se meuvent avec grâce et leurs danses sont plus proches de celles des îles des Amis que celles des îles de la Société.

Les enfants des deux sexes vont nus jusqu'à l'âge de cinq à six ans. Les garçons ont, pour la plupart, les cheveux coupés ras, mais les filles laissent pousser leurs cheveux, qui, longs, fins et ondulés, les rendent fort gracieuses dès l'âge de quatorze ou quinze ans. Les femmes âgées coupent leurs cheveux lorsqu'elles pleurent la perte d'un parent, mais ceci ne se voit pas chez les femmes encore capables d'avoir des enfants.

Ils ne tuent jamais leurs enfants, comme cela se fait dans les îles de la Société, et ignorent tout des sociétés du genre Arioi[1]. Ils prennent grand soin de leurs enfants et s'en occupent avec beaucoup de tendresse. Ils n'ont pas de cérémonie de mariage, mais s'unissent et vivent comme mari et femme tant qu'ils sont d'accord et, chez eux, la vertu n'a que peu de valeur. Tant qu'ils sont d'accord, ils vivent sur les terres de l'un ou de l'autre. S'ils se séparent après avoir eu des enfants, l'homme prend les garçons et la femme les filles, et chacun se retire sur ses propriétés, les enfants ne constituant aucun obstacle et aucun empêchement au choix de nouveaux partenaires.

Ils ne portent pas de tatouages et ne sont pas circoncis. Ils prennent simplement soin d'ôter tous les poils superflus sur le corps. Comme ils se baignent rarement dans la mer, et que les rivières sont trop peu profondes pour cet exercice, ce sont de médiocres nageurs et plongeurs. La plupart des femmes ne savent pas nager.

Leur costume est semblable à celui des îles de la Société. Les deux sexes portent des nacres disposées en forme de gorgerette, avec des colliers de cheveux joliment tressés. Ces nacres sont assez abondantes, mais nous n'avons vu aucune perle. Les huîtres étant ramassées sur le récif, qui

1. Société secrète de Tahiti, à caractère religieux, dont les membres, hommes et femmes, adorent le dieu de la guerre.

est fréquemment à sec, il est possible qu'elles perdent leurs perles.

Le caractère des indigènes de l'île ressemble plus à celui des Indiens de l'Amérique du Nord qu'à celui d'aucuns de leurs voisins. Ils semblent plus sérieux que gais et donnent l'impression d'être toujours en train de ruminer une affaire importante.

Lorsqu'ils se déplacent, ils portent chacun une large pièce d'étoffe imperméable de couleur pourpre. Celle-ci est pliée, sauf lorsqu'il pleut, et alors ils l'utilisent comme une cape. Si la pluie continue et s'ils n'ont pas de natte, ils ôtent leurs vêtements et s'attachent une ceinture faite d'herbe et de feuilles, puis enveloppant leurs vêtements dans la cape, ils rentrent chez eux ou bien se rendent dans une maison voisine où ils peuvent se procurer des vêtements secs.

Leurs tissus et leurs nattes sont faits des mêmes matériaux et de la même manière, mais les unes sont plus grossières que les autres. Ils ont un procédé pour les teindre et les enduire d'un genre de vernis qui les rend imperméables ; ils les parfument avec des fleurs, etc. Pour cette fabrication, ils préfèrent le mûrier à papier à tout autre, bien qu'ils aient d'autres arbres ou arbustes qui pourraient convenir, car ils estiment que le tissu en est plus durable. Ils ne le blanchissent pas aussi bien que dans les îles de la Société et leurs couleurs principales sont le pourpre, le rouge et le jaune ; le jaune est extrait du curcuma, qui croît abondamment ici, mais nous ne pûmes savoir comment ils obtenaient les autres couleurs.

Leurs maisons, de forme ovale, ressemblent de loin à

une longue meule de foin ; elles ont de 12 à 24 m de longueur, de 4,50 m à 9 m de largeur et à peu près la même hauteur. Le faîte est constitué d'une longue poutre soutenue par 2 ou 3 poteaux de toa, les murs et le toit étant constitués par un cadre de traverses solides, taillées en carré et ayant de 12 à 15 cm de côté et solidement attachées ensemble. Le toit, fait de feuilles de pandanus, est posé avec goût et soin et dure plusieurs années. Il descend jusqu'au sol derrière la maison, sur les côtés et sur le devant à environ 2 mètres du sol. Le devant est fermé par des bois bien sculptés et peints en rouge, et comporte plusieurs ouvertures de 1,20 m de hauteur environ sur 75 cm de large, qui ont des auvents faisant à la fois office de porte et de fenêtre. Ces auvents sont sculptés d'images grossières d'hommes et de femmes.

Les parois intérieures de la maison sont recouvertes de roseaux jusqu'à 1,20 m ou 1,50 m de hauteur. Le sol est recouvert d'une bonne épaisseur d'herbe, il est coupé par une rangée de pierres séparant les hommes et les femmes ; à l'extrémité de la partie réservée aux hommes se trouve un emplacement où l'on enterre les mâles de la famille ; il est séparé du reste de la maison par une rangée de pierres plates placées de champ et ayant de 1,20 m à 1,50 m de hauteur, où les femmes n'ont pas accès ; c'est là qu'ils gardent les images de leurs ancêtres ou de leurs Dieux tutélaires, car ils croient que les âmes apprécient le respect apporté à leurs dépouilles et qu'elles planent toujours au-dessus de ces images. Celles-ci sont curieusement sculptées et décorées avec des cheveux humains et avec les dents et les ongles des défunts ainsi qu'avec des plumes rouges et des nacres artistiquement disposées.

L'essentiel de leur mobilier consiste en nattes pour dormir, paniers de toutes sortes, plats de différentes tailles pour contenir la nourriture, tabourets pour y battre le pudding et un pilon de pierre pour cet usage. Les tabourets et plats sont faits de tamanu (*calophyllum inophyllum*), dont la noix sert à parfumer leurs étoffes. Lorsqu'ils se couchent, ils font un feu à chaque porte pour empêcher les moustiques de pénétrer. Ces derniers sont très nombreux et, ils doivent s'en occuper, ainsi que des puces et des poux, jusqu'à ce que le sommeil les gagne, tandis que des bandes de rats courent de tous côtés, leur passant sur le corps. Comme nous avons laissé plusieurs chats dans l'île, il est possible que, dans quelque temps, les rats diminuent. Ils n'ont ni serpents ni rien de plus venimeux que le mille-pattes et le scorpion ; leurs oiseaux et insectes sont communs à toutes les îles de la Société.

Leur nourriture est principalement le fruit de l'arbre à pain (qu'ils conservent comme les insulaires de la Société en en faisant une pâte fermentée appelée mahi) les ignames, le taro, les bananes, les noix de coco, les racines sauvages et le poisson qu'ils cuisent comme dans les îles de la Société. Ils font toujours la cuisine dehors. Les femmes et leurs serviteurs sont sous le coup des mêmes restrictions. Une femme ne peut toucher à la nourriture que son enfant a touchée tant que l'enfant est sacré, et ne peut manger de tortue, thon, bonite, mahimahi, le reste étant autorisé. Ils ont du saumon blanc en abondance, et de nombreuses espèces de poissons de roche délicieux, ainsi que plusieurs espèces de crustacés et de mollusques, dont une espèce de palourde qui, cuite à l'étuvée, est excellente. La tortue est également sacrée pour les hommes, utilisée seulement pour les sacrifices ou mangée exclusivement par les chefs et les prêtres.

Leurs pirogues sont différentes de celles que nous avons vues dans toutes les autres îles. Elles ont de 9 à 12 m de long et portent de 12 à 24 hommes. Etroites dans le fond, elles vont s'élargissant jusqu'à atteindre 40 à 45 cm à la hauteur du plat-bord et conservent la même largeur ensuite. Elles ont environ 60 cm de profondeur et sont pointues à l'avant et à l'arrière. L'avant ressemble à la tête d'un animal avec une large gueule, et l'arrière s'élève en forme de crosse finement sculptée et travaillée. Les pirogues sont constituées de plusieurs bordés bien ajustés et assujettis par un laçage en fibre de coco, le tout peint en rouge. Sur les côtés, sont disposés sous forme d'arceaux, des écailles de poissons-perroquets et de petits coquillages collés avec de la sève d'arbre à pain, ce qui leur donne une grande élégance. Elles sont construites en bois de Tamanu ou d'arbre à pain et sont bien finies, étant donné les outils qu'ils possèdent, qui ne sont rien d'autre que des herminettes de pierre ou de coquillage, des os et des dents de requin avec du corail et du sable pour les polir. Le fini en est obtenu avec la peau de raie ou de requin – tels sont tous les outils que nous leur avons vu utiliser. Leurs pagaies ont de 90 cm à 1,20 m de long, la pale est circulaire, avec une arête sur une face, comme nos avirons, mais l'autre côté est creusé au lieu d'être plat.

Leur matériel de pêche consiste en lignes et hameçons,

grands filets, harpons de différents modèles avec une pointe de toa, que chaque pêcheur fabrique lui-même. Leurs hameçons sont en nacre, travaillés avec une pierre et du sable pour leur donner leur forme, puis percés avec un coquillage ou une dent de requin fixée à un bâtonnet qu'ils roulent dans leurs mains à la façon d'un fouet à chocolat, le trou étant ensuite agrandi avec des limes de corail pour donner la courbe désirable à l'hameçon. Ces hameçons n'ont pas de barbe, mais la courbe en est plus prononcée que sur les nôtres, la pointe allant vers l'arrière. Ils ont des formes différentes selon la fantaisie du pêcheur. Leurs lignes et leurs filets sont faits avec l'écorce du roa (ramie) tordue à trois brins.

Ils n'ont pas d'embarcations à voiles et ne quittent jamais l'île, à moins d'être emportés par le vent, les îles dont ils ont connaissance étant trop éloignées pour rendre les relations possibles. Lorsqu'ils pêchent à l'intérieur du récif, ils utilisent rarement leurs pagaies, mais plutôt de longues perches pour éviter d'effrayer les poissons qu'ils poursuivent. Ils prennent le saumon blanc et la tortue avec des filets dont certains sont très grands, et ils ont plusieurs belles plages de sable blanc pour les y tirer.

Ils ont du kava en abondance *(piper methysticum)*, qui pousse sans être cultivé ; ils l'utilisent comme dans les îles de la Société, préférant la méthode de mastication à toute autre.

La seule plante cultivée est le taro, une racine ressemblant à l'igname dont les feuilles constituent un excellent légume vert et qui pousse en terrain saturé d'eau. Les femmes et les hommes travaillent à cette culture prenant beaucoup de peine pour niveler le terrain et l'entourer d'une banquette de façon à ce que l'eau puisse le recouvrir entièrement. La seule méthode qu'ils aient pour creuser est un bâton pointu ; ils déracinent les broussailles en les arrachant. Lorsqu'ils doivent niveler une pièce de terrain, ils transportent la terre dans des paniers, gardant les pierres pour les banquettes. Ils vérifient s'il est bien plan en envoyant de l'eau dans le terrain. Comme ils sont toujours quelques-uns occupés à débrousser ou à planter, ils ont avec eux un long bâton avec lequel ils assomment les canards lorsqu'ils arrivent à leur portée. C'est une chasse dans laquelle ils excellent, les feuilles de taro leur permettant de s'approcher des canards sans être vus.

Leurs armes de guerre sont en toa. Ce sont des lances de 5 à 6 m de longueur avec une pointe qui commence à s'effiler à 30 ou 35 cm de son sommet. Les massues jouent à la fois le rôle de massue et de lance. Elles sont de 3 à 4 mètres de longueur, les 2/3 étant constitués par un bâton rond surmonté d'une pièce plate de 10 cm d'épaisseur fixée au bâton dans son milieu et se terminant en pointe à chaque extrémité. La pointe était assez acérée pour pénétrer la chair d'un homme. Sur l'extrémité du bâton, là où la pièce de bois plate commence, est taillée une étoile à quatre branches finement polie, d'une seule pièce, et d'un style qui surprendrait de bons artistes.

Les hommes âgés ont des cannes pour la marche et des manches de tue-mouches du même bois finement poli. La canne est généralement surmontée d'une image sculptée représentant un homme avec deux têtes, quelquefois deux hommes dos à dos. Les tue-mouches sont faits de fibre de coco tordue et tressée de façon très curieuse.

Lorsqu'ils s'habillent pour combattre, ils attachent une pièce de tissu rouge ou de natte autour de la ceinture maintenue par une corde de fibre de coco tressée terminée par un gland de même matière. Autour de la ceinture, les plis du tissu sont remplis de cailloux. L'épaule est à peu près nue et sur la poitrine pend une nacre maintenue par un collier de cheveux tressés ; sur la tête ils portent une sorte de calotte tressée en fibre de coco et ressemblant un peu à une ruche d'abeilles ; cette calotte est recouverte de tissu blanc et surmontée d'un bouquet de plumes noires de la frégate et avec une massue et une lance, cela constitue l'équipement complet. Quelques-unes de ces calottes ont une nacre sur le devant avec un demi-cercle de plumes autour, mais elles sont plutôt pour l'apparat que pour le combat, tandis que les premières peuvent amortir un coup violent et un coutelas est sans effet sur elle.

Au combat ils n'utilisent ni frondes ni arcs et, bien que leurs armes indiquent que ce sont des guerriers, il ne semble pas qu'ils détruisent leurs habitations respectives comme cela se fait dans les autres îles, de nombreuses maisons paraissant très anciennes. Il est possible que la vue du sang leur suffise, car ils semblent se battre avec furie.

Leurs instruments de musique comprennent des tambours de 30 cm de diamètre et de 1,20 m de long creusés à la manière tahitienne et recouverts de peau de requin, des conques avec de longs tubes, des flûtes plus grandes que celles de Tahiti, mais utilisées de la même manière. Le son de tous ces instruments est plus dur et plus désagréable que ceux des îles de la Société ; cependant ils sont mieux travaillés.

Leur marae ou lieux de prière sont différents de ceux des îles de la Société. Ils sont constitués par un pavage de pierres plates et dans le centre, par de grandes pierres plates placées sur champ. Ils sont plantés de ti, ou racine sucrée, qui a une tige d'environ 2 m de long et de la grosseur d'un doigt. Tous ces marae ont une petite maison sur un côté, et offrent quelque ressemblance avec un lieu de sépulture. C'est là qu'ils offrent des sacrifices humains et des tortues. Lorsqu'un sacrifice doit être offert, tous les hommes du district s'assemblent au marae. Les hommes âgés et les prêtres (qui sont nombreux) apportent leur canne dans une main et une jeune pousse de bananier plantain, dans l'autre. Celles-ci qui sont jetées en tas tandis que de longues prières sont faites, puis (s'il s'agit d'un sacrifice humain), la victime est désignée, assommée, et achevée à l'aide des cannes, qui ont une extrémité pointue pour cet usage. Le corps est immédiatement découpé avec des couteaux de bambou. Chacun en ayant pris un morceau, l'enveloppe dans des feuilles de ti et va le porter sur son propre marae, avec un jeune bananier. La tête, les os et les entrailles sont enterrés dans le marae et l'emplacement marqué d'une pierre, non pour perpétuer la mémoire de la victime, mais pour indiquer le nombre de sacrifices offerts en ce lieu. Quelques-uns de ces marae présentent de nombreuses pierres de ce genre. Un repas, destiné aux prêtres, a lieu ensuite sur le marae, composé de poissons, fruits de l'arbre à pain, taro, etc. Une partie de ce repas est également offerte avec de longues prières. Les amis de la victime – s'il en a – se tiennent tranquilles, de peur de subir le même sort à la prochaine occasion.

Pendant notre séjour, nous n'avons eu connaissance que de deux sacrifices humains, tous deux d'hommes jeunes. En plus du marae général, chaque chef de famille a le sien. Il y fait des offrandes et des prières fréquentes sinon régulières. Lorsqu'ils tombent malades, ils pensent que la colère de leurs atua (divinités) ou de leurs parents en est la cause. S'ils partent en guerre pour une mauvaise cause, ils pensent que toute maladie qui les atteint à ce moment-là est envoyée en punition de la faute commise.

Lorsque nous avions jeté l'ancre dans la baie Sanglante pour la première fois, la plupart des habitants de l'île avaient afflué dans le marécage inculte qui la borde, et, privés de leurs commodités habituelles, ils attrapèrent des rhumes, des fièvres, une irritation des yeux, etc. Tous ces maux, d'après eux, venaient de notre présence, et c'est pour cette raison que leur attitude avait changé lorsque nous étions venus y mouiller la deuxième fois. Mais les prêtres, qui semblent disposer d'une pleine autorité, semblable à celle des chefs, avaient constaté que nous n'étions que de simples hommes sujets à des accidents comme eux-mêmes. Dès lors, ils n'avaient pu admettre cette supériorité dont les Européens se prévalent en général vis-à-vis d'autres races. Ils avaient manifesté de la jalousie en raison de leur autorité religieuse, à laquelle nous ne prêtions aucune attention, allant jusqu'à la ridiculiser. En conséquence, ils firent tout en leur pouvoir pour empêcher les chefs de se lier avec nous, pensant, avec juste raison, que si nous nous installions dans l'île, leur importance en souffrirait.

L'île est gouvernée par trois chefs, Tinirau, Tahuhuatama et Hitirere, chacun étant le maître absolu dans son district. Il y en a deux qui sont parents par alliance, Tinirau ayant épousé la sœur de Tahuhuatama. Ils ne s'entendent pas pour autant, malgré la petitesse de leurs territoires, et sont constamment en train de se faire la guerre. Il existe d'autres chefs, qui sont de simples gentilshommes ; Tamatoa était l'un de ceux-là et, à notre première arrivée, il représentait Hitirere tandis que Taroatoa représentait son père. L'un d'eux est toujours en fonction et l'autre, en quelque sorte, en demi-solde. Si l'un disparaît au combat ou pour toute autre cause, l'autre le remplace, recevant les honneurs de la charge. Un chef remplacé ne souffre que de la perte de commandement, et continué à être traité avec respect, étant bien entendu qu'un homme n'accède à cet honneur que si son père était un chef. Les classes sont les mêmes que dans les îles de la Société, mais les prêtres semblent avoir plus d'influence, venant tout de suite après les chefs sous le rapport de l'autorité.

Leur langue est un dialecte qui tient de celui des îles de la Société et de celui de l'archipel des Amis, assez proche pour être compris par les uns et les autres. Il est probable qu'ils ont tous la même origine, bien que très différents dans leurs coutumes, manières et apparence.

Ailleurs, on constate en général que les habitants des régions du nord et du sud sont plus robustes que ceux qui habitent dans les tropiques. On remarque le même fait dans ces mers, entre des îles séparées par de petites distances au nord et au sud. Cela est peut-être dû à des différents degrés de fertilité de ces îles, qui le sont plus lorsqu'elles sont près de l'équateur. Les habitants de ces îles-là, où tout le nécessaire est fourni par la nature, n'ayant pas l'obligation de cultiver la terre, sont moins robustes et moins vigoureux que ceux qui doivent peiner pour se procurer leur subsistance.

Les habitants de ces îles parcourent d'étonnantes distances dans leurs pirogues, ce qui m'amène à penser que les archipels de ces mers ont pu être peuplés à partir de l'Amérique du Sud, malgré les différences de langage, de coutumes – qui ont pu évoluer, puisque le langage actuel de toutes ces îles ne diffère pas plus que d'un comté à l'autre en Angleterre. Sur l'un de leurs marae, nous avons trouvé une partie de pirogue dont la forme rappelait celles des îles de la Société. Nous étant informés, un de nos Tahitiens (du nom de Tepairu, l'ami de Coleman) déclara qu'il s'agissait d'une pirogue qui avait été entraînée loin de Tahiti avec six ou huit autres, et nous raconta l'histoire suivante :

Quelques années avant notre arrivée à Tahiti, les districts de Hitiaa, Matavai, Papenoo, Mahaena, Tiarei et Pare (appelé communément Tepoiionuu ou Teaharoa) étaient en guerre avec Atahuru – appelé quelquefois Teoropaa. Chaque district fournissait son contingent d'hommes et de pirogues, et Tepairu appartenait à l'un d'eux, étant à l'époque habitant de Papenoo. Les pirogues avaient été rassemblées à Pare, et les combattants se rendirent à un endroit de Atahuru appelé Teruapu, où ils accostèrent. Ayant attaqué les habitants de Teoropaa, ils furent repoussés et obligés de se replier sur leurs pirogues. Ils emmenèrent plusieurs cadavres d'ennemis dont un fut installé dans la pirogue de Tepairu. Pendant ce temps, la flotte adverse approcha et les prit à partie si vigoureusement qu'ils furent obligés de s'enfuir et, finalement, de sauter à la mer pour gagner le rivage de Taapuna (partie d'Atahuru) en abandonnant leurs pirogues. L'ennemi, sans se saisir des pirogues, les poursuivit à terre eet les obligèren à fuir jusqu'à Pare. Le vent, qui soufflait de la côte, emporta plusieurs pirogues qui furent brisées sur les récifs. Huit ou neuf d'entre elles partirent en mer, dont celle de Tepairu, et ne furent plus jamais revues.

Cette histoire concordait exactement avec le récit que nous firent les indigènes de Tupuai ; sans aucun doute ce morceau de pirogue faisait partie de celle que décrivait Tepairu, car l'époque de son arrivée correspondait aux déclarations et aussi le fait qu'on avait trouvé dans la pirogue un cadavre en décomposition en partie dévoré par les oiseaux. Elle avait dû dériver pendant plusieurs jours, car la distance de Tahiti est de 6 degrés de latitude, à peu près sur la même longitude.

Ce récit nous conduisit à demander si un événement analogue ne s'était pas produit antérieurement. C'est alors que nous découvrîmes que l'actuel Tamatoa était l'arrière-arrière-petit-fils d'un chef de l'île de Raiatea (une île à 120 milles dans le NO de Tahiti). Celui-ci avait été entraîné dans une pirogue de pêche, et, après avoir dérivé un certain temps, avait atterri sur cette île, alors peu peuplée et habitée par des gens arrivés de la même façon, depuis une île appelée *Parutu*, selon eux à une grande distance dans l'ouest, et depuis une autre île appelée *O'Kuiva*, dans l'est. A son arrivée dans l'île, il s'y installa, n'ayant aucune possibilité de rentrer chez lui, et fut reconnu chef par les habitants. Il donna à trois districts les noms des trois îles de Raiatea, Tahaa et Huahine, noms qu'ils ont encore.

Ceci nous fut confirmé lors de notre retour à Tahiti, où nous apprîmes par Paiere, l'actuelle reine douairière et mère de Tu, que son arrière-arrière-grand-père, appelé Tamatoa et chef de Raiatea, avait disparu, emporté dans une pirogue de pêche et dont on n'avait plus jamais entendu parler. Le jeune chef de Tupuai fut immédiatement reconnu comme un parent et adopté comme un ami de Mate, qui avait envie de se rendre à Tupuai, pour revendiquer sa parenté avec Tamatoa. L'époque de ces événements coïncidait si bien avec les deux récits qu'ils étaient sans aucun doute véridiques.

Tels sont les renseignements principaux que nous avons pu recueillir chez ces peuplades ainsi que des descriptions de plusieurs îles situées dans de différentes directions ; bien que leur apparence sauvage nous ait au début fait penser qu'ils étaient cannibales, nous pûmes constater que malgré l'absence de tout animal comestible, l'idée de manger de la chair humaine leur faisait horreur.

Maintenant retournons au navire.

Nous fîmes route au NNE avec une bonne brise et du beau temps et, pendant la traversée, Coleman s'occupa de fabriquer de la pacotille.

Le 20, nous arrivions à Meetia. Et, ayant empanné à l'abri de l'île, nous avons partagé la pacotille, les munitions, le vin, et les hardes. Après avoir fait des lots nous les avons mis en sûreté dans la cabine jusqu'au moment où le navire serait mouillé.

Le 21 nous nous sommes éloignés, et le 22, nous ancrions dans la baie de Matavai où, tout ayant été réglé, les hommes suivants débarquèrent :

Chas. Churchill	Maître d'armes
George Stuart	Midship
Peter Heywood	—
Jas. Morrison	Second maître
Jno. Millward	Marin
Chas. Norman	Aide-charpentier
Thos. McIntosh	Homme d'équipage
Wm. Muspratt	Marin qualifié
Mathw. Thompson	—
Richd. Skinner	Marin qualifié
Thos. Ellison	—
Thos. Burkett	—
Jno. Sumner	—
Michl. Byrn	—
Josh. Coleman	Armurier
Henry Heildbrandt	Tonnelier

Ceux qui restèrent à bord étaient :

Fletcher Christian	Lieutenant
Jno. Mills	Aide-canonnier

Isaac Martin	Marin
Willm. Brown	Jardinier
Edwd. Young	Midship
Willm. McCoy	Marin qualifié
Jno. Williams	—
Mathw. Quintrell	—
Alexr. Smith	—

Etaient aussi restés à bord les deux amis du jeune chef de Tupuai, qui, s'étant pris d'amitié pour M. Christian, ne voulaient plus le quitter, de même que le jeune chef de Tupuai. Ils furent aussitôt rejoints par un groupe de Tahitiens et de Tahitiennes, ce qui porta leur nombre à trente-cinq.

Dès que le navire fut ancré, ceux qui voulaient débarquer commençèrent à débarquer leurs coffres et leurs hamacs mais comme nous avions armé une seule embarcation et comme le ressac était assez fort, la nuit tomba avant que nous ne fussions tous à terre – nous avions peur de nous confier aux pirogues des indigènes. Pourtant ils atterrissaient beaucoup mieux dans les vagues que nous dans le canot. Nous étions obligés d'attendre que le canot eût transporté les munitions, qui ne furent envoyées qu'une fois tout le reste à terre ; ensuite, le canot ne prit que deux hommes à la fois.

Une fois débarqués, nous avons trouvé les Tahitiens prêts à nous accueillir avec toutes les marques d'amitié et d'hospitalité. Ils rivalisaient de gentillesse à notre égard et nous retrouvions nos anciens amis prêts à nous recevoir les bras ouverts, d'autant plus joyeux d'apprendre que nous avions l'intention de demeurer avec eux.

Parmi tout ce que nous avions envoyé à terre, se trouvaient les outils de l'aide-charpentier et une partie des outils de l'armurier, une gueuse pour servir d'enclume, une meule, du fer en barres, un jeu de pavillons, des pots de fer, une bouilloire de cuivre, environ 12 litres de vin par homme et pour chaque homme sauf Byrn, un mousquet, pistolet, coutelas, baïonnette, boîte de cartouches, 17 livres de poudre, du plomb pour faire des balles et des ceintures de rechange. Comme il se trouvait un mousqueton et deux mousquets supplémentaires, le mousqueton me fut confié, Norman et Burkett se voyant attribuer les deux mousquets. Comme Byrn était aveugle et d'un caractère difficile, il fut décidé de ne lui donner aucune arme – cela n'aurait servi qu'à lui faire avoir des histoires. Nous voulions les scies, mais M. Christian déclara qu'il les voulait lui-même, et il nous donna de la pacotille à la place. Il nous donna également deux longues-vues, et un vieux compas d'azimut, pour lequel je me procurai des roses et des verres. Il nous dit également de prendre les canons à pivot, mais ils ne nous étaient d'aucune utilité.

Les voiles dont il ne pensait pas avoir besoin et la toile furent également partagées entre nous, et les images de Tupuai me furent confiées pour être remises en cadeau au jeune roi. Comme il se faisait tard alors qu'on achevait de tout transporter à terre, M. Christian nous dit qu'ayant l'intention de rester un ou deux jours, il espérait que nous l'aiderions à faire de l'eau. Il avait l'intention de partir à la recherche d'une île inhabitée où il débarquerait son bétail (dont le navire était plein, ainsi que de plantes de toutes les espèces communes à ces îles). Il mettrait ensuite le feu au navire, avoir l'espoir de vivre là où il serait le restant de ses jours sans voir d'autre visage d'Européens que ceux qui étaient avec lui. Au cours du précédent séjour, j'avais fait mon ami de Poino, chef de Matavai. Millward, lui, était de son côté l'ami de la femme de Poino. Nous fûmes donc invités à vivre chez eux, ce que nous acceptâmes. Nous étions traités comme le reste de la famille, avec cependant plus d'attention et de respect. Les autres s'en furent dans les maisons de leurs amis de naguère et furent traités de la même façon.

Pendant la nuit, le navire quitta son mouillage et se mit hors de la baie, prêt à partir, mais, par suite du manque de vent, il ne disparut à nos yeux que vers midi, se tenant jusque-là cap au nord.

Nous fûmes très surpris de ce départ car M. Christian avait proposé de rester un jour ou deux pour nous donner le temps d'amener à terre les choses dont nous pouvions avoir besoin ou bien celles que nous aurions pu avoir oubliées. Nous avons pensé qu'il craignait une surprise, ou qu'il voulait empêcher ses compagnons de changer d'avis.

Le 23, Muspratt, McIntosh, Norman, Heildbrandt et Byrn s'en furent à Pare pour aller vivre chez Ariipaea, oncle du jeune roi, chef de ce district, les autres restant à Matavai.

M. Heywood et M. Stuart vivaient ensemble sur le terrain appartenant à la femme de Stuart, dont le père était également l'ami de M. Heywood.

Coleman et Thompson étaient chez les amis de Coleman, Churchill seul chez ses amis, Skinner seul chez le père de sa femme, et Sumner, Burkett et Ellison chez les amis de Sumner.

A peine étions-nous à terre qu'ils nous informaient qu'un navire était venu dernièrement, laissant un homme du nom de Brown. Celui-ci se trouvait alors à Taiarapu, avec Mate, en train d'arranger quelque affaire avec Vehiatua, chef de cette péninsule. Comme on racontait d'étranges histoires sur son compte, nous avons voulu savoir quelle était la raison de son séjour. Churchill et Millward furent désignés pour se rendre à Taiarapu, chargés de présents pour Mate.

En entendant notre histoire maintenant rétablie dans sa vérité, Vehiatua (frère de Mate), qui avait été l'ami de M. Heyward, nous avoua que c'était suivant ses ordres que le câble de l'ancre avait été coupé, à Pare. Il était alors fâché contre le lieutenant Bligh pour avoir mis M. Heyward aux fers. Il ajouta que, si M. Heyward avait été puni avec Churchill, Muspratt et Millward, il aurait tué le lieutenant Bligh – il s'était placé derrière lui avec une massue dans ce but. Tandis qu'il décrivait les circonstances de cette affaire, il nous revint à l'esprit de l'avoir, en effet, vu à bord près du lieutenant Bligh ce jour-là.

On nous apprit aussi que le capitaine du navire avait informé Mate de la mort du capitaine Cook, lui remettant une gravure représentant les circonstances de sa mort. Ils étaient fort en colère de ne pas en avoir été informés par nous, et accusaient M. Bligh de les avoir trompés en leur racontant que le capitaine Cook vivait en Angleterre, et que lui-même était son propre fils – le capitaine Cox leur avait appris que le fils du capitaine Cook était au même moment en Angleterre.

Vehiatua se souvenait que, lorsqu'il avait vu M. Heyward recevoir le premier coup, il avait été prêt à assommer le lieutenant puis à s'échapper. Une fois à la mer, il pouvait atteindre le rivage sans même remonter à la surface, et aurait ainsi disparu avant que personne ne sache qui était le coupable. En coupant le câble, il avait espéré que le navire serait drossé sur le rivage et qu'il ferait eau ou tout au moins subirait assez d'avaries pour l'empêcher de naviguer espérant ainsi délivrer son ami des mains de M. Bligh car il pensait que tout l'équipage serait obligé de vivre à terre ; il blâma également M. Christian de n'avoir pas tué le lieutenant Bligh ajoutant que, si jamais il revenait à Tahiti, il s'en chargerait lui-même.

Le 27, ayant décidé de nous retrouver à Pare pour présenter les cadeaux au jeune roi, nous y avons emporté les images de Tupuai et de l'archipel des Amis, des nattes, des armes de guerre, des objets en fer, etc. Sur place, nous avons été rejoints par ceux qui habitaient Pare.

A l'arrivée, un prêtre nous souhaita la bienvenue, fit un long discours et nous offrit à chacun un jeune bananier et un cochon de lait ou un poulet[1]. Après que nous avons fait part de nos intentions à Ariipaea, celui-ci nous dit

1. Les coutumes et la religion en vigueur à Tahiti sont décrites par Morrison dans le texte intitulé « Description de l'île de Tahiti », qui figure dans ce livre en annexe.

qu'il ne fallait pas approcher le jeune roi, qui était encore sacré, à moins que nous ne nous découvrions la tête et les épaules. Nous avons refusé, lui déclarant que nous n'avions pas coutume d'enlever nos vêtements, à part nos chapeaux, que, étant en armes, nous n'ôterions même pas.

Pour éviter d'être taxé d'impolitesse, nous nous sommes recouvert les épaules d'un tissu tahitien, et nous nous sommes dirigés ainsi vers la maison du roi, chacun avec un ami chargé d'enlever au moment voulu le tissu qui nous couvrait les épaules. En pénétrant sur le lieu sacré, les Tahitiens se dévêtirent, les femmes découvrirent leurs épaules et roulèrent le tissu sous les bras, et nous enlevâmes également nos tissus. Nous étions suivis d'une foule des deux sexes qui observait toutes les mêmes règles en hommage au roi.

Sur la rive opposée de la rivière, devant le Fare Raa ou maison sacrée, le jeune roi fit son apparition assis sur les épaules d'un homme. Il avait une grande pièce de tissu blanc sur les épaules, et sa tête disparaissait presque entièrement dans une couronne de plumes noires et rouges. S'approchant de la berge, il nous salua du mot *manava* (bienvenue), le répétant à chacun de nous et nous appelant du nom de nos amis tahitiens. Hitihiti, à notre tête, s'étant dévêtu pour porter les présents, notre groupe se serra sur la berge. Les images de Tupuai furent envoyées en premier au nom de nous tous, accompagnées d'une longue déclaration de Hitihiti. Elles furent appréciées comme un cadeau de valeur, car elles avaient une grande quantité de plumes rouges, et provoquèrent un murmure d'admiration dans la foule lorsqu'elles lui furent montrées sur la berge opposée de la rivière.

Après cette présentation, chacun avait envoyé son cadeau séparément, plumes rouges, tissus, etc. et, lorsque tout fut terminé, nous nous sommes divisés en trois groupes pour faire feu de nos armes. Cela plut tellement au jeune chef qu'il nous pria de conserver nos coutumes en toutes choses et d'ignorer leurs cérémonies. Sur ce, nous nous sommes retirés.

Nous avons alors été conduits à la maison d'Ariipaea, où un festin nous attendait, composé de cochon au four, poisson, fruits de l'arbre à pain, taro, noix de coco et bananes. Après le repas un terrain nous fut montré, réservé à notre usage lorsque nous serions de passage dans le district. Nous rentrâmes à Matavai dans la soirée.

Le lendemain 28, un messager arriva venant de la part de Mate avec un cochon et une pièce d'étoffe pour chacun de nous, et deux terrains nous furent indiqués pour notre usage : l'un (pointe Vénus) pour les noix de coco, l'autre bien planté d'arbres à pain près du lieu où se trouvait la maison de Poino, ceci pour notre usage immédiat, alors que nous n'avions aucun besoin de ces générosités, ayant abondance de toutes choses grâce à nos amis.

Millward et Churchill partant ce jour-là à Taiarapu, ils furent chargés de présents pour Mate, pour ne pas être en reste. Parmi les cadeaux, se trouvaient de grosses racines de kava de Tupuai, qui constituaient un très beau présent, et une bouteille de vin – qu'il donna à un malade, ayant entendu dire que c'était un remède.

Octobre 1789. – Millward et Churchill furent bien reçus dans toutes les maisons de chefs où ils s'arrêtèrent en chemin, particulièrement par Mate et Vehiatua, qui les comblèrent de présents. Mate désirait que nous nous installions chez lui, et Vehiatua les pressait de venir visiter Taiarapu. Temarii, chef de Papara, fut également très aimable avec eux, et les pria d'envoyer quelques-uns de leurs compagnons chez lui afin de faire connaissance. Ils ne visitèrent pas Atahuru, ayant eu de mauvais renseignements, et cela bien que le chef Tetoofa les eût invités alors qu'ils passaient devant chez lui en pirogue.

Ils revinrent à Matavai le 10 octobre ramenant avec eux l'Anglais qui s'appelait Brown, alias Bound, qui déclara avoir été débarqué par le commandant T. H. Cox Esq. du brick *Mercury*. D'après lui, il était resté à terre sur sa demande, après une dispute avec ses compagnons de bord au cours de laquelle il avait infligé à l'un d'eux une balafre couteau. Ceci et d'autres choses qu'il nous raconta sur sa personne nous donna une excellente idée de son caractère, mais nous mit en garde contre un homme qui pouvait être dangereux. Cependant, nous lui avons donné quelques vêtements, ce qu'il avait étant hors d'usage, si bien qu'il en eut un stock aussi important que chacun de nous. Il avait reçu du capitaine Cox une vrille à bois, des cardans[1] et un rabot. C'était tout ce qu'il possédait comme outils, mais, étant donné qu'il n'avait aucun travail à faire, c'était encore plus qu'il ne lui en fallait.

Il nous dit également que le capitaine Cox avait donné

1. Pour le compas.

à Mate un mousquet, des pistolets avec des silex et des munitions, mais qu'il n'avait rien reçu et n'avait ni hache ni scie, bien que le capitaine en eût laissé plusieurs exemplaires sur l'île. Il nous quitta le 18 avec Burkett, qui se rendait à Taiarapu pour voir Mate.

Lorsqu'il fut parti, Poino nous montra une lettre signée de T. H. Cox. Elle indiquait que le navire était le brick militaire *Gustavus III*[1] de sa Majesté Royale Suédoise, et décrivait Brown comme « un homme ingénieux et habile lorsqu'il est sobre, mais dangereux lorsqu'il est ivre ». Cette lettre confiée à Poino confirmait les déclarations de Brown, le navire d'après lui devant se rendre aux îles Sandwich et, de là, en Chine. Brown, ayant vu cette lettre dans les mains de Poino, s'en empara pour éviter qu'elle ne soit utilisée à décrire son caractère, lequel, d'après ses propres déclarations, paraissait déjà assez mauvais. Selon lui, il avait été sergent dans la division de Portsmouth de l'Infanterie de Marine mais, ayant été cassé, il était parti aux Indes sur la frégate *Eurydice* et, là, avait débarqué. Resté dans le pays, il avait été le cuisinier d'un colonel Bailly, jusqu'au jour où il avait été pris par Hyder Ally au service duquel il était rentré. Devenu musulman, il avait été nommé officier. Il avait quitté bientôt ce service. Parti pour Fort Saint-George, il avait trouvé moyen, avec quelques comparses, de s'emparer d'un petit bateau de la Compagnie chargé de marchandises et de se saisir de la cargaison. Quelque temps après, il fut pris et jugé, mais

1. La contradiction entre la déclaration de Brown et celle-ci n'est pas expliquée.

devant le manque de preuves, il échappa au châtiment. Il fut alors envoyé en Angleterre où, trouvant le pays trop dangereux pour lui, il fit un voyage sur le navire de Sa Majesté *Pomona* puis s'embarqua sur le brick *Mercury*, qui le débarqua sur cette île.

Novembre 1789. – Etant maintenant installé, j'envisageai la possibilité de construire un petit bateau avec lequel je pourrais atteindre Batavia et de là rejoindre l'Angleterre. J'en parlai à McIntosh et Millward, et nous tombâmes d'accord, décidant toutefois de garder nos intentions secrètes – nous devions dire que le bateau était destiné à des promenades autour de l'île. Ayant constaté que Matthew Thompson était en possession d'un quadrant (auparavant celui de M. Hallet) et de quelques livres de M. Hayward, bien qu'il ne sût ni lire ni écrire, je décidai de me les procurer. Avec un peu de persuasion, j'eus le quadrant contre six petites herminettes de pacotille et un gallon de vin. Mais lorsque je voulus avoir les livres, il devint soupçonneux et regretta de m'avoir donné le quadrant. Je lui déclarai que c'était seulement pour l'amusement. Il me dit que, comme il n'avait pas de papier à cartouches, les livres devaient servir à cet effet. A quoi je lui répondis que je lui donnerai du papier qui conviendrait mieux, ce qui ne fit que confirmer son opinion. Comme j'avais déjà un livre d'éphémérides nautiques, je n'insistai pas et pris une attitude indifférente – bien que désolé de n'avoir pu me les procurer.

Norman et Heildbrandt ayant accepté de faire partie de notre équipe, ils sont venus s'installer à Matavai avec

McIntosh le 1er novembre. Ils amenaient leurs affaires avec eux et ensemble, nous avons construit des maisons sur un terrain carré surélevé. Un mât y fut planté, pour y hisser les couleurs le dimanche – jour où était faite la lecture du Divin Service. Etaient venus se joindre à nous, Burkett (qui revint le 2, amenant Brown avec lui) Sumner, Ellison, Churchill et Byrn. Tout semblait en ordre. C'est alors que je rendis public notre projet de construction d'un petit bateau dans lequel nous prévoyions de nous promener autour de l'île. McIntosh déclara qu'il n'avait pas d'objection, et que c'était possible, Norman et le tonnelier étant des ouvriers qualifiés – pendant ce temps les autres pourraient dégrossir les pièces de bois qui leur seraient nécessaires.

Quand nous avons été d'accord sur ce point, j'informai Poino de notre intention de construire un petit bateau parce que nous ne comprenions pas bien le maniement des pirogues. Nous pourrions le transporter, lui et Mate et quelques-uns de nos amis, dans les îles voisines. Il fut content de ce projet et nous donna l'autorisation de couper tout le bois que nous voulions, et qui était en abondance à Matavai.

Le 6, Brown et Ellison s'en furent à Taiarapu. Ils en revinrent le 11. Brown, ayant pris le coutelas d'Ellison, avait fait l'imbécile à Atahuru, et se l'était fait enlever par les indigènes. L'un d'eux lui avait fait une entaille à la main avec un morceau de bambou et, dans la bagarre, Brown avait perdu une étoffe, qui faisait partie de sa literie, et qu'il portait dans le style du pays. A leur retour Brown, s'adressa à nous pour récupérer ses affaires mais, renseignements pris, nous découvrîmes qu'il avait été l'agresseur. Estimant que les indigènes n'étaient pas à blâmer, nous lui fîmes comprendre qu'il devait s'efforcer de vivre paisiblement et de ne pas s'attirer des ennuis, ou alors en supporter les conséquences. Ce qu'il accepta, constatant que nous ne prendrions pas sa défense.

Poino lui ayant donné un terrain, il se tint tranquille à Matavai pendant quelque temps. Les indigènes, avec qui il était souvent déplaisant, l'ignoraient, croyant qu'il était sous notre protection, même s'il n'était pas un des nôtres. Pour nous être agréables, il lui donnait pour excuse son ignorance de leur langue et de leurs coutumes.

Le 11, nous avons commencé à abattre des arbres pour le bateau projeté et ayant dégagé un emplacement ombragé près de notre lieu d'habitation, nous avons installé les supports de la quille et, le 12, posé la quille qui avait 9 mètres.

Le plan fut établi d'après les dimensions suivantes : longueur de la quille 9 mètres, longueur sur le pont 10,50 mètres, longueur de l'étambot 1,95 mètre, longueur de l'étrave 2,15 mètres, plus grande largeur 2,85 mètres, profondeur de la cale 1,50 mètre, largeur des couples 10 centimètres à 8,75 cm ; épaisseur 8 centimètres à 6,25 cm, étambot et étrave 20 centimètres par 10 centimètres.

Samedi 14. – passé à dégrossir des pièces pour faire des gabarits et à abattre des arbres pour des planches.

16. – Ayant fait quelques gabarits, j'en pris quelques-uns et me fis aider par quelques indigènes pour me procurer deux ou trois couples et des membrures. Churchill en prit également quelques-uns et s'en fut à Pare et à Tetaha dans le même but et revint le 20 avec quelques pièces de purau mais une seule correspondait aux gabarits. Pendant ce temps, McIntosh surveillait l'abattage des arbres et leur découpage en planches, et j'avais rassemblé plusieurs pièces de purau, qui convenaient le mieux pour les membrures, l'arbre à pain convenant pour les bordés.

20. – Ayant rassemblé encore beaucoup d'autres membrures, nous nous sommes mis en devoir de les dégrossir, travail auquel je participai en faisant le plus gros tandis que McIntosh et Norman les ajustaient. Pendant ce temps, les autres étaient occupés à abattre les arbres et à en faire des planches qui étaient mises de côté à sécher, mais ce travail n'avançait pas beaucoup car il nous fallait 2 jours pour placer un bordé de 10 mètres et le travail que nous avions préparé dura toute la semaine.

Lundi 30. – Aujourd'hui nous construisîmes un abri pour y travailler et nous protéger du soleil que nous trouvions intense et aussi pour empêcher que notre travail ne soit interrompu par la pluie que l'aspect du temps nous faisait craindre.

1er décembre. – Aujourd'hui nous reçûmes de Poino un présent de cochons et de vivres, par ordre de Mate.

Comme nous le pensions, la pluie commença ce jour-là. Elle dura, avec quelques éclaircies, près de trois semaines, pendant lesquelles aucun travail ne fut fait en dehors de l'abri. Pendant ce temps nous ajustions les couples et les membrures que nous avions pu tailler, l'étambot et l'étrave et les bordés arrière de 6,25 cm.

21. – Le beau temps étant revenu, nous sommes partis à la recherche de membrures supplémentaires et nous avons posé l'étrave et l'étambot. Il faut remarquer ici, qu'ayant peu de gabarits, nous étions dans l'obligation de les transformer pour chaque pièce, comme le bois était rare près de la mer, nous ne pûmes nous procurer qu'une ou deux pièces courbées. Ce n'était pas notre seul problème, car nous constations que plusieurs de ces pièces que nous avions dégrossies et ajustées avaient joué. Elles s'étaient redressées, et leur courbe avait ainsi changé de quelques centimètres. Nous avons pensé alors que la meilleure solution était de les mettre de côté pour les laisser sécher avant de les travailler ou de les mettre en place. Le remplacement des pièces qui avaient bougé et la mise en réserve des autres nous occupèrent, McIntosh et moi, jusqu'à la Noël tandis que Norman et les autres taillaient des bordés.

Nous avons célébré les fêtes du mieux possible, en tuant un cochon pour le dîner de Noël. Nous avons lu les prières – que nous n'omettions jamais le dimanche. Le temps était pluvieux et nous n'avons rien pu faire au dehors avant la fin de l'année.

Nous informions les indigènes des raisons qui nous faisaient observer ces fêtes et particulièrement le jour de Noël, ce que tous semblaient prendre en considération. Ils croyaient volontiers ce dont nous les instruisions, ne doutaient pas que le fils de Dieu était né d'une femme, et se tenaient toujours avec une grande correction lors des séances de prières, bien qu'ils n'en pussent comprendre un seul mot. Plusieurs souhaitaient avoir des explications, et certains voulaient apprendre nos prières, qu'ils admettaient être meilleures que les leurs. Ceux qui vivaient auprès de nous savaient fort bien quand venait le dimanche, et se préparaient en conséquence. Voyant que nous nous reposions ce jour-là, ils faisaient de même, et cela sans exception. Il s'en trouvait toujours un prêt à hisser le pavillon et, si un étranger demandait pourquoi, il lui répondait que c'était Mahana Atua (Le jour des Dieux). L'étranger en question s'arrêtait alors pour voir comment nous observions ce jour, et repartait le jour suivant, satisfait de ce qu'il avait appris.

Janvier 1790. – Le temps étant au beau, nous sommes partis chercher des membrures dans les collines, accompagnés de quelques-uns des hommes de Poino et d'un autre, qui vivait avec moi. Nous en avons rapporté plusieurs. Le purau est abondant dans les montagnes, bien qu'assez éloigné, car les indigènes prennent les arbres les plus proches pour leur usage. Nous les avons mis à sécher. Les indigènes s'assemblaient souvent autour de nous pour regarder notre travail. Ils semblaient très étonnés par nos méthodes de construction, et offraient toujours avec bonne volonté d'apporter les arbres sur place pour les équarrir. Ils sont très habiles à fendre le bois mais, n'ayant aucune idée du travail à la règle, ils ne pouvaient nous être utiles pour tailler les bordés.

Parmi nos visiteurs, se trouvait un aveugle qu'on avait conduit jusqu'à nous. Il examinait le travail en touchant chaque pièce, en en demandant l'usage et l'objet. Il était stupéfait de cette construction, dont il paraissait avoir une bonne notion, et dit à ses compagnons :

— Nos pirogues sont de stupides choses à côté de celle-ci.

Il nous posa beaucoup de questions auxquelles il fut répondu et s'en fut très satisfait.

Le 7. – Aujourd'hui nous nous sommes procuré de nouvelles membrures, qui ont été taillées comme précédemment. Norman et les autres ajustent toujours des bordés. Comme nous avions besoin de chevilles de fer, le tonnelier (Heildbrandt) a été chargé de couper du amae (miro), ce bois étant le meilleur que nous puissions trouver pour cet usage.

Le 11. – Nous sommes partis à la recherche d'autres pièces de bois tors – avec un succès mitigé. L'entreprise prenait chaque fois la journée entière, car il nous fallait parcourir plusieurs milles avant de trouver les arbres qui nous convenaient et, quand nous les trouvions, nous avions quelquefois le malheur de les briser sur les pentes abruptes où nous les laissions tomber, car il était impossible de les porter le long des précipices. Ce que nous réussissions à couper dans une journée nous occupait ensuite, McIntosh et moi, trois ou quatre heures d'affilée, les gabarits devant être modifiés pour chaque membrure.

La confection des bordés n'était pas moins difficile.

Nous n'avions que de petites scies à main et, des plus gros arbres, on ne pouvait tirer que deux épaisseurs de bordés. Certains des arbres abattus à cet effet avaient 2 mètres de circonférence, et c'était un gros travail de le réduire en bordés de 3 centimètres. Comme nous n'avions que des herminettes, nous avons été obligés d'utiliser les hachettes de pacotille (du genre de celles qu'on vend à Londres pour 9 pence pièce). Une fois attachées à un manche, à la manière indigène, elles répondirent tout à fait à nos besoins.

Je me permets de faire ici de faire une observation : il me semblait que beaucoup de travail inutile aurait été évité si les travailleurs qualifiés avaient dégrossi les pièces dans la montagne, de façon à en réduire le poids, mais j'étais un mauvais juge de ces choses. En conséquence, je les rapportais tels que pour les dégrossir ensuite. De toute façon, cet inconvénient n'était pas suffisant pour nous faire abandonner notre projet.

Le 18. – Nous avons rapporté encore des pièces de bois, et nous en avions suffisamment de sèches ; aussi avons-nous coupé un bordé pour en faire des lisses. Nous avions installé plusieurs couples pour nous guider dans notre travail, mais comme nous disposions de peu de clous, nous avons fixé un bordé sur deux avec des chevilles et l'autre avec des clous.

Ce travail nous a occupés, McIntosh et moi-même, jusqu'au 30, Norman restant occupé à la confection des bordés, car il était indispensable de garder un homme dans chaque activité de la construction.

Février 1790. – Le 1er février, nous avons été distraits de notre travail par un heiva, qui, selon la coutume, était exécuté devant le chef de district ; tous les habitants du district s'étaient assemblés pour le voir.

Quand tout a été prêt, le portrait du capitaine Cook fut apporté par le vieil homme qui en avait la garde. On enleva le tissu qui l'enveloppait ; toutes les personnes présentes lui rendirent hommage en enlevant leurs vêtements, les hommes nus jusqu'à la ceinture, y compris Poino, et les femmes se découvrant les épaules.

Le maître de cérémonie a présenté ensuite le utu (ou offrande habituelle) en adressant un long discours au portrait. Il reconnaissait le capitaine Cook comme chef de Matavai, et plaça devant le portrait un petit cochon attaché à un jeune bananier.

Le discours disait peu près :

— Salut, salut de tous à Cook, chef de l'Air, de la Terre et de l'Eau, nous te reconnaissons chef, de la plage à la montagne, chef des hommes, des arbres, du bétail, des oiseaux dans l'air et des poissons de la mer etc.

La danse fut ensuite exécutée par deux jeunes femmes élégamment vêtues de belles étoffes, et par deux hommes, le tout mené durant près de quatre heures, avec beaucoup de rythme, au son des tambours et des flûtes.

Au signal donné, les femmes enlevèrent leurs vêtements et se retirèrent. Tous les tissus et nattes sur lesquels la danse avait eu lieu furent roulés et placés près du portrait, le vieux gardien en prenant possession au nom du capitaine Cook.

Plusieurs paniers de vivres, avec du poisson, des bananes, des fruits de l'arbre à pain, des taros et noix de coco, nous furent offerts, et, à la demande de Poino, nous avons tiré avec le petit mousquet chargé à balles, sur un grand pommier (*vi*), ce qui fit tomber plusieurs fruits. L'assistance exprima son étonnement et s'en fut, satisfaite.

Le 2, arriva un autre heiva, mené par Poino jusqu'à notre terre-plein. Il se déroula de la même manière, mais le portrait du capitaine Cook ne fut pas apporté. Ce fut Poino qui reçut les étoffes et les nattes. Il nous les distribua, leur longueur totale étant de près de 200 mètres.

Après le départ des gens, nous nous sommes aperçus que la drisse du pavillon avait disparu ainsi qu'une paire de pantalons et trois cochons. L'enquête nous apprit que le voleur était à Pare. Nous avons en effet trouvé la drisse chez lui, mais les pantalons et les cochons n'y étaient pas. Nous l'avons emmené à Matavai pour lui donner cent coups de fouet. Brown, qui avait perdu un cochon, lui coupa les oreilles, sans être sûr qu'il fût le voleur. Poino nous suggéra de le tuer – sinon, disait-il, le voleur recommencerait à droite et à gauche sans inquiétude. Mais nous avons estimé qu'il avait été suffisamment puni et lui avons rendu sa liberté. Il a quitté le district sous les cris et les railleries de ses compatriotes. Un autre qui, quelques jours auparavant, avait volé un couteau, fut lui aussi amené à l'arbre et soigneusement fouetté.

Nous constatâmes bientôt que cette façon de procéder produisait l'effet désiré ; par la suite, il n'y eut que peu d'incidents de ce genre. Malgré les multiples occasions de voler nos outils, ils ne s'y risquèrent pas – ils savaient qu'ils seraient vite découverts, les gens, ici, étant incapables de garder un secret. Nous apprenions d'ailleurs vite leur langue, si bien que nous étions en mesure de comprendre tout ce qu'ils disaient, et capables de converser avec eux.

Le 3, nous avons repris notre travail de recherche de pièces coudées et de confection des bordés.

Le 6, nous avons eu la visite de Itia, venu voir le jeune roi son fils à Pare. Elle et sa sœur Teano (femme de Vehiatua, chef de Taiarapu) apportaient des présents d'étoffe pour chacun de nous. Elle demeura chez nous quelques jours. Tout ce temps-là, sur le terrain voisin, furent organisés des danses, des luttes et des concours de javelot. Les jeunes gens, hommes et femmes, prirent ainsi l'habitude de venir s'amuser en ce lieu lorsque le temps le permettait. Ainsi étions-nous divertis par des danses presque tous les soirs sans avoir à quitter notre demeure.

Lorsque Itia vit le bateau qui commençait à prendre forme, elle me dit qu'elle avait une scie, offerte par le capitaine Cox, et qu'elle me donnerait. Un homme fut envoyé pour la chercher à Taiarapu, qui la rapporta quelques jours après. C'était une très bonne scie, qui avait dû coûter au moins 5 shillings à Londres. Toute neuve, et n'ayant presque pas servi, elle fut la bienvenue car les nôtres commençaient à s'user.

A mesure que la construction avançait, les visiteurs défilaient, désireux d'examiner chaque pièce et curieux de savoir comment elles étaient assemblées. Cependant, la plupart pensaient que le bateau ne serait jamais terminé, disaient que l'entreprise était trop longue, et se demandaient comment nous pouvions continuer ainsi sans lassitude apparente.

Avant de nous quitter, Itia donna des instructions pour que nous soyons toujours approvisionnés en cochons, poissons, etc. C'était bien inutile, car aucun visiteur ne manquait de nous apporter quelque chose. Nous ne manquions jamais de rien.

Le 8. – Nous avions poursuivi notre travail jusque-là sans que rien ne l'interrompe sauf la pluie, mais un incident survint qui nous obligea à tout arrêter pour quelque temps.

Voici de quoi il s'agissait : Thompson, qui vivait à la pointe Vénus avec Coleman, avait abusé d'une jeune fille, dont le frère, pour se venger, lui avait infligé une correction avant de s'enfuir. Coleman, tout juste remis d'une maladie, vit rentrer Thompson, qui jurait de se venger sur le premier qui l'offenserait.

Un certain nombre d'étrangers étaient arrivés à la pointe (lorsqu'ils font le tour de l'île, les voyageurs s'y arrêtent généralement pour se mettre à l'abri avant que la brise de mer ne se lève). Comme d'habitude, ils s'empressaient autour de la maison pour voir les Anglais. Thompson leur donna l'ordre de partir, mais comme il parlait en anglais, ils ne comprirent pas. Il prit alors son mousquet et leur tira dessus, tuant un homme et un enfant qu'il avait dans les bras. La balle brisa ensuite la mâchoire inférieure d'une femme et érafla le dos d'un autre homme, le reste des gens prenant la fuite. L'homme et sa famille, qui étaient de Vaiuriri, faisaient le tour de l'île pour leur plaisir.

Nous pensions que ce meurtre serait vengé, mais personne n'y fit attention. M. Heywood donna une chemise blanche à la femme de la victime, et Churchill (qui cherchait toujours à commander) pensa que c'était une bonne occasion de se proposer comme chef du groupe au cas où nous serions attaqués par les indigènes. Mais, considérant que c'était bel et bien un meurtre, nous refusions de participer en quoi que ce soit à cette affaire. Face à notre opposition, Churchill envoya Brown à Taiarapu, demander des pirogues à Vehiatua pour aller s'installer à Taiarapu. Les pirogues arrivèrent et, le 20, il partit accompagné de Brown et de Thompson.

Le 22. – Constatant que les indigènes ne bougeaient pas, tenant Thompson pour seul responsable du meurtre, nous avons repris notre travail, cherchant du bois et taillant des bordés.

Le pistolet d'Ellison a été volé ce jour-là dans la maison.

Mars 1790. – Peter Heywood étant parti en visite, on nous a annoncé qu'il avait été tué à Vaiuriri. Mais il est revenu le 6 mars à Matavai. Il avait trouvé à Hitiaa une partie du pistolet d'Ellison, mais le voleur s'était enfui. Il nous raconta qu'il s'était arrêté une nuit à Atahuru, où il avait été bien reçu par le chef Toofa, mais ayant entendu des gens qui projetaient de le dévaliser, il s'était empressé de faire cadeau au chef de son chapeau et de son couteau, seuls objets d'Angleterre qu'il eût sur lui, ce qui lui permit de passer sans encombre. Il était allé ensuite à Papara où il avait été bien reçu, et passa la nuit chez le chef Temarii. Le lendemain, il partit pour Vaiuriri voir Paiereroa, qui s'y trouvait. Arrivé à Vaiuriri, il fut saisi par les cheveux par un indigène qui s'apprêtait à lui fracasser le crâne avec une pierre lorsqu'un autre lui retint le bras. L'homme était le frère de la victime de Thompson, qu'il avait confondu avec M. Heywood. Celui qui lui avait saisi le bras était le frère de la veuve, et se souvenait de la visite que M. Heywood avait faite à celle-ci pour lui apporter des présents, alors qu'elle pleurait son mari et son enfant. Quand l'homme eut compris son erreur, il en fut désolé. Il supplia Heywood de ne pas se fâcher, et l'invita chez lui, mais celui-ci refusa et s'en fut chez Paiereroa. Il y passa la nuit et, le lendemain, continua son chemin jusqu'à Taiarapu. Là, il fut aimablement reçu par Vehiatua, qui lui demanda de venir vivre chez lui. Il s'en fut ensuite chez Mate, qui le reçut de la même manière, mais le supplia de ne pas quitter Matavai ayant entendu dire que Churchill Thompson et Brown s'y étaient installés. M. Heywood lui promit de ne pas quitter Matavai et prit le chemin du retour en passant par le nord de l'île, reçu par toutes les personnes chez lesquelles il s'arrêta.

Le 8.– Encore à la recherche de bois, avec un succès passable. Travail habituel ; ce jour est arrivé un messager de Vehiatua porteur de présents et d'une invitation pour moi-même et Millward à se rendre à Taiarapu. Une lettre de Churchill renfermait la même invitation et répétait l'offre de Vehiatua, nous promettant de grandes propriétés à Taiarapu. En même temps, il nous annonçait que les armes de Thompson avaient été volées par les indigènes, ce qui était un piètre encouragement à s'y rendre. Très heureux d'être débarrassés de Thompson et de Churchill, nous avons décliné l'aimable invitation de Vehiatua, lui envoyant des présents en retour.

Le 9. – Ce matin, un messager est venu de Pare nous demander de venir. Metuaaro, venant de Moorea, y était attendu avec une flotille transportant une grande quantité de cochons et de tissus pour le jeune roi, que les gens d'Atahuru menaçaient de mettre au pillage. Nous sommes arrivés en armes à Pare, où un festin a été préparé à notre intention.

La flotille est arrivée sans incident et nous sommes rentrés à Matavai. Chemin faisant nous avons été arrêtés par le jeune roi, qui, pour nous remercier, désirait nous voir prendre du poisson dans ses pirogues chaque fois qu'elles venaient à Matavai ; sans cérémonie, nous pouvions disposer de tout ce qui lui appartenait. Pour le remercier à notre tour, nous avons fait feu de nos mousquets.

Le 12. – Travail habituel. Pendant la nuit, entre 10 heures et minuit, Thompson est arrivé pour nous signaler la perte de ses armes. Norman lui a donné le mousquet qu'il avait en supplément, et il est reparti aussitôt pour Taiarapu. Avant cela, il dit à Norman que, selon une information, c'était les hommes de Mate qui avaient pris ses armes ; il jura de tuer le coupable dès qu'il le découvrirait. La raison de son départ précipité, ajouta-t-il, était d'empêcher la nouvelle de sa présence à Matavai d'arriver à Taiarapu avant lui. En fait, la vraie raison était qu'il ne voulait pas être vu de Coleman, qu'il avait volé alors que celui-ci était malade. Il nous dit également qu'il s'était querellé avec Churchill et qu'ils s'étaient séparés. Depuis, lui vivait à Tautira et Churchill à Vaiaotea, à 18 ou 20 milles de là. Ses armes ayant été prises dans la nuit, il ne soupçonnait pas Churchill, bien que les indigènes eussent déclaré publiquement qu'il les avait prises. Je posai la question à Poino qui me confirma que l'homme de Vehiatua avait déclaré que Churchill les avait.

Le 14, est arrivé un messager de Mate qui nous invitait à ne pas quitter Matavai et Pare, confirmant que Churchill avait pris les armes de Thompson. Convaincus, nous avons promis au messager de ne pas aller à Taiarapu.

Lundi 15. – Toutes les membrures étant posées, nous pouvions préparer les bois pour les bordés. Comme Coleman était rétabli, nous l'avons chargé de faire les ferrures du gouvernail, beaupré, etc. Il demanda qu'on lui construise un soufflet et qu'on lui fournisse du charbon en quantité suffisante pour atteindre la chaleur requise, prêt à participer lui-même à la fabrication du soufflet et de la forge. Nous avons fait immédiatement un plan pour construire ce soufflet, et Heildbrandt s'est chargé d'aider Coleman. Les plaques en ont été taillées dans un arbre à pain, la toile a remplacé le cuir, et le manche en fer d'une casserole a servi d'embout. Un cadre de bois rempli d'argile fut fabriqué pour la forge, et Coleman fit un trou dans une pierre pour y faire passer l'embout du soufflet. Une gueuse de ballast faisait une bonne enclume, et un maillet de charpentier tint lieu de marteau. Pendant ce temps, nous nous étions procuré du charbon de bois. Nous avons mis la forge en marche, mais il se révéla nécessaire de mouiller la toile constamment pour qu'elle ne laisse pas passer l'air. Cette installation, cependant, répondait à nos besoins. Coleman, assisté de Heildbrandt, put bientôt produire des pièces de fer, forgeant des pitons à œil au lieu de femelots pour le gouvernail, avec un boulon pour aiguillot.

Le 16. – Sumner, parti à Taiarapu rendre visite à Mate, n'est revenu que le 26. Pendant ce temps le travail a progressé de façon satisfaisante. A ce jour, nous avons posé quatre bordés sur bâbord. Sumner a ramené Churchill, qui nous a annoncé que les armes avaient été restituées à Thompson, et il rapportait le mousquet de Norman avec les remerciements de Thompson pour le lui avoir prêté. Les armes avaient été prises par des indigènes, nous dit-il, arrêtés par les gens de Vehiatua alors qu'ils traversaient l'isthme. Ceci nous parut plausible – nous ne nous étions pas fiés aux déclarations des indigènes. Il nous informa également de la mort subite de Vehiatua, ce qui l'avait mis, lui, Churchill, en pleine possession de la souveraineté de Taiarapu, Vehiatua, son ami, étant mort sans descendance. Il nous promit de grandes possessions à Taiarapu au cas où nous voudrions aller vivre avec lui, mais nous refusâmes. Nous voyions bien que son but était de se rendre important à nos dépens. Quand je lui déclarai que je préférais être un des amis de Poino que chef de Taiarapu, il cessa ses tentatives de persuasion.

Pendant l'absence de Sumner, Churchill s'était lié avec Temarii, chef de Papara – ce dernier, étant allié à Mate, ne voyait pas d'objection à ce qu'il s'installât à Papara. Fatigués de travailler et doutant, comme les indigènes, que le bateau ne serait jamais terminé, lui et Burkett avaient pris les pirogues de Temarii dans le but de s'y transporter.

1er avril. – Burkett, Sumner et Churchill sont partis pour Papara, Byrn et Ellison pour Pare. La troupe ainsi réduite, nous avons redivisé le travail : Norman et Millward taillaient des bordés, McIntosh et moi-même les mettions en place tandis que Coleman et Heildbrandt fabriquaient les ferrures. A la date du dimanche de Pâques, nous avons terminé six bordés de tribord. Nous procédions de la manière suivante : après avoir ajusté et placé un bordé, McIntosh me laissait percer les trous et en préparait un autre ; lorsque les trous étaient faits, il le fixait avec une cheville puis un clou de fer dans chaque membrure et trois chevilles à chaque extrémité. Pendant les fêtes, on nous apprit que Churchill, à Tetaha, avait tiré sur des indigènes qui avaient fait lever des canards qu'il visait. Un homme fut blessé dans le dos, et un jeune garçon au talon ; la blessure du garçon s'étant gangrenée, il mourut peu de temps après.

Avril 1790. – Le 12, Muspratt arriva de Taiarapu, en route pour Pare où il résidait encore. Il nous raconta qu'il avait rejoint Burkett, Sumner et Churchill, et confirma le récit des indigènes. Il ajouta que Churchill s'était cassé la clavicule dans l'affaire. Il les avait laissés à Papara le 4, et avait continué jusqu'à Taiarapu pour voir Mate. Là, une dispute avait eu lieu entre Brown, qui était maintenant avec Mate, et l'un des hommes de Muspratt – dispute dans laquelle Brown s'était cassé un bras. Muspratt le lui avait réduit avant de le quitter. Il nous conta cet incident comme suit.

A son arrivée à Taiarapu, il avait été selon la coutume invité par Mate à un dîner qu'il avait proposé à Brown de partager. Après le repas, les vivres furent distribués à ses gens. Certains d'entre eux étant absents, les vivres qui leur revenaient furent gardés par un de leurs amis. Brown s'étant adressé à lui pour avoir de quoi nourrir son chien, l'homme lui répondit que le chien serait servi lorsque les absents seraient revenus, ce qui mit Brown fort en colère. Il leva la main sur l'homme, qui évita le coup de manière si efficace que le bras de Brown se cassa contre le sien ; il courut alors chercher un pistolet, mais quand il revint, l'homme avait disparu.

Nous commencions à être à court de bordés, car il nous fallait maintenant une semaine entière pour fabriquer un bordé de dix mètres. Nous nous sommes alors occupés des barrots et bauquières en attendant que les bordés soient prêts, ayant maintenant posé huit bordés de chaque bord. Pour les bauquières, je dus me rendre dans la montagne tandis que McIntosh ajustait les barrots.

Pendant ce temps, les populations de Moorea s'étaient révoltées contre Metuaaro, chef de cette île et beau-frère de Mate. Celui-ci nous fit demander s'il devait envoyer ses armes à feu pour réprimer la révolte. Nous avons donné notre accord, en lui conseillant d'envoyer ses propres gens pour les utiliser. Hitihiti fut désigné pour les commander. Les armes nous ayant été apportées elles ont été nettoyées et mises en état, et la troupe partit. Arrivés à Moorea, ils firent en peu de temps capituler les rebelles. Hitihiti tua lui-même le prêtre inspiré des rebelles, et le chef, fils adoptif de feu Mahine. Teriihaamoetua fut obligé de s'enfuir à Atahuru, laissant l'île à Metuaaro, à qui elle revenait de droit, mais dont il avait été éloigné par son oncle Mahine jusqu'au départ de la *Bounty* en avril 89. C'est alors, qu'ayant formé une troupe puissante, il fut rappelé de Tahiti, où il résidait, et fut admis comme chef conjoint avec Teriihaamoetua. Mais ce dernier, jaloux de sa puissance, avait pris les armes pour le chasser à nouveau. Cependant, les armes à feu donnèrent à Metuaaro une telle puissance que Teriihaamoetua dut abandonner et chercher refuge à Tahiti. D'Atahuru, il s'en fut à Papara, ou Temarii lui donna une terre, et c'est là qu'il réside maintenant à titre privé, avec sa mère et sa tante (Ua Vahine), qui était la femme de feu Mahine.

Le 15. – Journée passée à ajuster les bauquières et à préparer les barrots, à tailler des bordés etc. Aujourd'hui, nous avons reçu une lettre de Burkett qui nous annonçait la mort de Churchill et de Thompson, et une lettre de Brown pour les mêmes raisons.

Le lendemain 16, Brown arriva lui-même, envoyé par Mate pour nous informer verbalement de ce qu'il considérait ne pas pouvoir expliquer par lettre. Il nous donna alors les détails suivants.

Peu de temps après leur arrivée à Taiarapu, Thompson

et Churchill avaient eu une querelle (provoquée, selon nous, par Brown) et se séparèrent. Thompson alla vivre avec Tiitorea, chef de Tautira et oncle de Vehiatua, et Churchill s'en alla à Vaiaotea dans une maison préparée pour lui ; Brown avec Mate, qui était à ce moment à Tautira. Thompson, jaloux de Churchill, menaçait de le tuer si une différence ou une distinction était faite entre eux. Le bruit en arrivant aux oreilles de Churchill, il prit une pirogue emmena des hommes à lui et entra de nuit chez Thompson, qui dormait. Ils volèrent ses armes, mais lorsqu'ils retournèrent pour prendre la poudre, Thompson se réveilla. L'obscurité, cependant, favorisa la fuite des agresseurs.

Thompson, voyant que ses armes avaient disparu, s'en fut chez un ami lui demander de préparer une pirogue, et partit pour Vaiaotea, où il arriva au lever du jour. Churchill, informé de son approche, était debout, prêt à faire face. Thompson lui dit :

— Tu n'as rien à craindre, je suis sans armes. Je suis justement venu dire que je les ai perdues la nuit dernière. J'ai besoin de toi pour les récupérer.

Churchill, convaincu de ses bonnes intentions, le laissa entrer. Thompson lui montra sa baïonnette, seule arme qu'il lui restait, et ils décidèrent d'oublier leurs querelles, comprenant que Brown avait été l'instigateur du conflit. Ils décidèrent de vivre ensemble, et Thompson s'en fut à Matavai pour emprunter le mousquet de Norman, tandis que Churchill promettait de récupérer les armes. Au retour de Thompson, Churchill lui remit ses armes retrouvées, soi-disant, grâce à son intervention – elles avaient été prises, disait-il, à des indigènes qui traversaient l'isthme. Thompson, satisfait de cette version, ne chercha pas plus loin.

Peu après, Churchill partit pour faire le tour de l'île, laissant derrière lui Thompson, qui lui remit le mousquet à rendre à Norman, avec ses remerciements. Pendant l'absence de Churchill, un homme (appelé Maititi), participant de l'expédition nocturne mais après cela rossé par Churchill, alla dire la vérité à Thompson. Ceci mit Thompson en rage. Il résolut de tuer Churchill, et le fit. En retour, il fut mis à mort par les indigènes.

Burkett précisait : « Quand Churchill s'était cassé la clavicule en chassant le canard, j'avais essayé de le persuader de rester avec nous jusqu'à sa guérison, mais il avait refusé. Il me demanda de l'accompagner chez lui le 10. Nous avons voyagé ensemble jusqu'à Vaiaotea. Thompson nous a reçus aimablement et nous avons pris le souper ensemble. Dans la soirée, Thompson a laissé entendre qu'il avait trouvé son voleur mais rien de plus. Le lendemain matin, je suis allé sur la plage pour préparer ma pirogue, car j'avais l'intention de rentrer après le petit-déjeuner. Pendant que je préparais la pirogue, j'ai entendu une détonation. J'ai couru vers la maison. J'ai été arrêté sur le seuil par Thompson, qui rechargeait son mousquet. Il m'a demandé si j'étais en colère. Etant sans armes, je trouvais sans objet de dire oui. Donc j'ai répondu non. Et j'ai ajouté : “J'espère que tu ne vas pas profiter de la situation.” Il a répondu : “Non, tant que tu n'es pas en colère ; je l'ai tué.” M'approchant, j'ai constaté en effet que Churchill était mort, la balle ayant pénétré sous l'épaule et traversé le corps. J'ai pensé alors que c'était le moment de m'en aller, et je l'ai l'enterré le plus vite possible. Comme Thompson s'était emparé des affaires du défunt, je lui ai demandé quelques livres, mais il a refusé et j'ai pris le chemin du retour. J'avais l'intention de vous demander votre opinion sur l'événement, mais j'ai appris depuis que Thompson a été tué par les indigènes qui se vengeaient de la mort de leur chef, et son corps a été porté au marae. »

Nous ne savions que penser de cette affaire. Nous étions portés à croire que Thompson avait été tué plutôt parce qu'il détenait les biens de Churchill. Cependant, les indigènes déclaraient avec insistance que c'était parce qu'il avait tué celui qu'ils reconnaissaient pour chef en raison de son amitié avec feu Vehiatua, dont il portait le nom.

Très désireux de connaître les circonstances de ces morts, et souhaitant voir Mate pour lui demander des cordages et des nattes qui serviraient pour les voiles, je partis pour Taiarapu le 17, en compagnie de Brown. A Tautira, je fus bien reçu par Mate, qui me supplia aussitôt de ne pas m'installer à Taiarapu, car cela empêcherait les populations de se soumettre à son fils. Je lui promis de ne pas quitter mon ami Poino, ajoutant que j'étais venu pour entendre les circonstances de la mort de Churchill et de Thompson. Je lui dis également que j'avais besoin de cordages et de nattes pour le bateau, dont je lui fis la description. Il promit de faire le nécessaire. Un homme fut convoqué, que je reconnus comme un des favoris de Churchill. Il pilotait la pirogue avec laquelle Churchill avait fait son tour de l'île. Il fit un récit identique à celui de Burkett. Je lui demandai alors comment et par qui Thompson avait été tué. Cela parut le gêner. Il me dit :

— Ne sois pas en colère ; c'est moi qui l'ai tué parce qu'il avait tué mon chef et ami.

La chose s'était passée ainsi. Patiri (c'était son nom), attristé par la mort de son ami, avait décidé de se venger. Il rassembla quatre ou cinq hommes (également furieux) et se rendit chez Thompson. Il le salua du nom de Vehiatua, lui disant qu'il était maintenant le chef et autres flatteries. Alors, ayant réussi à se placer entre ses armes et lui, il le fit tomber – aisément car il est d'une stature puissante. Ils appuyèrent alors une planche qui se trouvait là en travers de sa poitrine, après quoi Patiri lui fracassa le crâne avec une grosse pierre. On lui trancha ensuite la tête et on enterra le corps. Pendant ce temps, Maititi ramassait les armes et la maison fut pillée. La tête fut portée par Patiri au marae de Tautira. Elle s'y trouvait encore, et je pouvais aller la voir si je voulais. J'allai donc avec lui au marae, où il me montra une partie du crâne, que je reconnus par la cicatrice que Thompson avait au front. Je lui demandai pourquoi ils n'avaient pas conduit le meurtrier chez nous, à Matavai. Il répondit.

— La distance est trop grande. Notre colère aurait été apaisée avant l'arrivée. Ainsi, apaisés, nous ne l'aurions pas puni, et le sang du chef serait resté sur nos têtes.

Je promis à l'homme de ne pas lui faire de mal en retour, le considérant comme un instrument de la Providence, destiné à punir un grand crime.

Je suis resté trois jours sur place, pendant lesquels je fus fêté tous les jours par Mate. Celui-ci m'annonça que le neveu de Vehiatua (un garçon d'environ quatre ans) avait accédé à son nom et à ses honneurs. Son père, Teipo, serait régent pendant sa minorité. La population de Taiarapu avait refusé de reconnaître le jeune Tu, qui, d'après eux, était un bâtard et non le fils de Mate. Cependant, ayant des biens à Taiarapu, Mate était décidé à y demeurer, avec l'espoir de gagner un parti en faveur de son fils. Lorsque je le quittai, il m'offrit un gros cochon, trois bambous pleins d'huile parfumée et une certaine quantité de tissu. Je rentrai à Matavai le 24, reçu partout où je m'étais arrêté, tant à l'aller qu'au retour.

Pendant mon absence, le travail avait bien progressé. Le 30, les bordés de chaque côté étaient terminés et le vaigrage en place, ainsi que les barrots. A ce moment, Norman et Heildbrandt abandonnèrent le travail pour ne revenir qu'au milieu de mai. Mais les grosses ferrures étaient fabriquées, et Coleman était à même de forger seul les clous et les petites ferrures.

Nous avons commencé à récolter de la gomme d'arbre à pain qui, une fois bouillie, convenait très bien au calfatage. Avec les cordages apportés du navire (par nous-mêmes et par les indigènes), nous avons pu fabriquer assez d'étoupe pour calfater tout le bateau.

Nous avons reçu la visite de Metuaaro. Il nous a donné deux cochons cuits et du tissu – tout ce qu'il avait pu trouver, disait-il. Il avait avec lui le chien Bacchus, laissé chez Poino avec une chienne nommée Venus, lorsque nous étions partis en avril 89. L'animal ne nous avait pas vus depuis notre retour, et pourtant il nous reconnut immédiatement et vint se frotter à nous, à la grande surprise des indigènes.

Mai 1790. – En fait, le chien et la chienne avaient été séparés dès le départ et n'avaient jamais été ensemble depuis, ce qui avait réduit à néant le projet de Bligh – créer une race de grands chiens dans l'île. La sœur de Poino, qui avait eu envie de la chienne, l'avait emmenée à Vaiari, et Metuaaro avait emmené le chien lorsqu'il avait été rappelé chez lui.

Comme le ramassage de la gomme étant fastidieux, nous avons employé des indigènes pour ce travail. Nous avons donné un festin pour quelques-uns des plus pauvres, en échange duquel nous leur demandions d'apporter une part de gomme – ce qu'ils firent volontiers, ayant soin de donner une quantité proportionnée à la quantité de cochon qu'ils avaient reçue. Nous avons répété cette opération jusqu'à obtenir une provision suffisante.

Nous avons constaté qu'en faisant bouillir la gomme, nous obtenions une bonne résine et qu'en y ajoutant de la graisse de cochon, le mélange tenait lieu de brai.

La méthode, cependant, était onéreuse, même si les cochons ne nous coûtaient rien et si les gens n'étaient pas trop payés : un cochon de 100 kg rapportait moins de 25 kg de gomme.

La récolte se fait de la façon suivante : ils prennent un petit bâton pointu de toa, et, avec un caillou, ils l'enfoncent à travers l'écorce en plusieurs endroits. Ayant ainsi incisé plusieurs arbres, ils les laissent jusqu'au lendemain matin, et quand ils reviennent, la gomme qui s'en échappe a eu le temps de durcir. Ils la grattent alors avec une coquille et en font une boule. Un homme seul peut difficilement en récolter plus d'une livre en deux jours.

Aucun autre arbre ne donne une gomme semblable. Lorsqu'elle coule, au début, elle est blanche et liquide comme du lait, mais durcit rapidement et ressemble alors à de la cire blanche. Bouillie, elle devient noire et ressemble à tous égards à la résine extraite du pin – à cette exception près qu'elle provient de l'écorce et non de l'arbre.

Le 17. – Norman et Heildbrandt sont revenus, et au travail. Nous avons posé le pont, qui a été achevé le 1er juin. Pendant ce temps, Heildbrandt a fait des tonnelets dans un bois blanc appelé faifai, et dont le grain ressemble au chêne blanc. Les jeunes châtaigniers, mape, qui croissent en abondance sur les collines, fournissent les cercles. Nous avons également coupé les mâts, les bômes, un beaupré et des pics, ayant l'intention de gréer le bateau en goélette. Nous avons ensuite fabriqué un grappin avec du toa, lesté avec du plomb.

Le 4. – Aujourd'hui nous avons tiré une salve et bu un tonnelet de cidre préparé spécialement pour cette occasion avec les pommes appelées vi, pommes de Cythère. Nous avons reçu la visite de Byrn et Ellison, en route pour Tetiaroa.

Notre travail, à présent, consistait à calfater, à faire des cordages, des poulies, etc. Le purau était utilisé pour les joues des poulies, et le toa pour le moyeu et la jante.

L'écorce de purau nettoyée faisait de l'excellent cordage et, avec une feuille de cuivre, on fit un corps de pompe. En calfatant le bateau, nous avons constaté qu'un insecte appelé ici huhu avait mangé une partie de l'étrave, et nous avons été obligés de la changer. Le gouvernail installé, le calfatage terminé, nous avons recouvert la coque de résine.

Le 1er juillet, le bateau était prêt à être lancé, tout équipé de ses mâts, guis, beaupré et pics.

Pendant que nous le construisions, nous avions eu de fréquents visiteurs, qui l'examinaient au dedans et au dehors et examinaient chaque partie avec étonnement, se demandant comment il était possible de construire un tel bateau. Ce qui semblait le plus attirer leur attention, c'était notre méthode pour courber les bordés – au-delà, quelquefois, de nos possibilités : nous en avons brisé plusieurs après les avoir travaillés pendant une semaine entière avec du feu, de l'eau et un bon ouvrier ; malgré cela, malgré tous les procédés que la nécessité nous suggérait, nous avons souvent été obligés de jeter des bordés, faute d'instruments de fer.

Nous n'avons perdu, au cours du travail, qu'une paire de compas, probablement parmi les débris. Après avoir rangé nos outils, nous nous sommes préparés au lancement. Avec tous les cordages dont nous pouvions disposer, nous avons élingué les mâts sur les côtés pour constituer une sorte de brancard sous la carène. Puis, comme les tarières ne nous étaient plus d'aucun usage, nous les avons utilisées comme tire-fonds, les enfonçant à travers la quille et les varangues pour renforcer cette partie du bateau.

Tout fut prêt le 5. Poino me dit que le prêtre devait faire les prières pour le bateau et qu'ensuite, on le mettrait à la mer. On envoya chercher le prêtre, et, après avoir reçu en présent un cochon et un jeune bananier, il se mit à tourner autour du bateau, s'arrêtant à la proue et à la poupe, prononçant de courtes phrases dans un dialecte inconnu. de temps à autre, il jetait sur le pont un des jeunes bananiers qu'on lui avait donnés sur ordre de Poino. Ceci dura toute la journée, toute la nuit, et était à peine terminé le matin du 6.

Poino et Teu, père de Mate, arrivèrent alors avec trois ou quatre cents hommes. Les serviteurs de Teu ayant reçu un cochon et du tissu donné par Poino, les hommes furent divisés en deux groupes. L'un des prêtres monta sur le pont, et reçut plusieurs bananiers qui lui étaient jetés de chaque côté. Il se mit à courir à l'avant et à l'arrière pour exhorter à l'effort et, au signal, les hommes entourèrent le bateau, ceux qui ne pouvaient atteindre le bateau de la main étant munis de longues perches. Un chant fut lancé, tous entonnèrent, et le bateau commença bientôt à avancer. En une demi-heure, il avait atteint la plage. Là, il fut mis à l'eau et baptisé *Resolution.* Plusieurs arbres avaient été abattus pour lui frayer un chemin, et il ne subit aucun dommage sur ce parcours d'environ trois quarts de mille – mis à part les mâts, qui furent brisés.

Ayant enlevé les cordages passés sous la coque et mis une pirogue à l'eau, nous avons remorqué le bateau dans une petite baie, à l'est de la pointe Vénus. Là, nous l'avons mouillé avec le grappin et un câble à terre, à l'abri d'une pointe, à l'intérieur du récif.

La goélette étant maintenant à flot, nous nous sommes consacrés jusqu'au 12 à construire deux maisons et à déménager nos affaires. Coleman venait vivre avec nous sur cette pointe, que nous avons appelée Cancrelat car tel était son nom en tahitien (Popoti).

La fabrication du sel par ébullition nous a pris tout le reste du mois. dans un fourneau en argile, nous remplissions un pot de fer et une bouilloire de cuivre de façon continue, au fur et à mesure que la vapeur s'échappait, cela nuit et jour ; Nous divisions la nuit en gardes de deux heures et demie, ce qui était facile grâce aux étoiles. Cependant, l'eau de mer était, à cette pointe, si diluée par l'eau douce qui se jetait dans la mer, qu'il nous fut impossible de faire plus d'une livre de sel par jour.

2 août. – Nous avons abattu deux arbres pour en faire des mâts. Pendant ce temps, nous avons recouvert la goélette de feuilles de cocotier tressées comme des nattes. Tout en fabriquant les mâts et les tonnelets, nous avons profité du beau temps pour tuer et saler des cochons, enlevant les os pour ne saler que les bons morceaux. Le tonnelet une fois rempli d'environ 100 livres de viande, il fut porté à bord. Nous n'avions aucun moyen de peser, mais nous coupions la viande au jugé de façon à ce qu'elle ressemblât à des morceaux de 4 livres, prenant bien soin de ne pas faire de morceaux trop petits. Ceci, ainsi que la fabrication de cordages, dura presque jusqu'à la fin du mois.

C'est à ce moment que nous avons reçu de Mate 400 brasses de corde, en majeure partie de petit diamètre, ce qui nous obligea à la commettre pour en faire du câble. Une fois façonnés les haubans et étais, nous avons mis en place les mâts et le gréement. Pendant cela, je me mis en devoir de réparer ma montre, dont la chaîne du mécanisme était cassée, à l'aide d'une paire de compas et d'un clou que je limai pour en faire un tournevis. J'arrivai à la démonter et, avec beaucoup de difficulté, réussis à réparer la chaîne, mais de façon grossière, et, par suite du manque d'outils et d'habileté j'eus beaucoup de mal à la remonter. Je réussis tout de même, avec un succès tel que Stuart me demanda d'examiner la sienne. Je la démontai et trouvai que 5 centimètres environ du centre du ressort principal étaient cassés. Pour remédier à cela, je dus assouplir la partie cassée et percer un nouveau trou pour l'arrêtoir ; l'ayant remontée, je constatai qu'elle fonctionnait très bien.

Nous préparions aussi un loch avec sa ligne. Par ailleurs, nous avons coupé en deux une fiole de verre, joint les morceaux par une pièce de plomb coulée à la bonne dimension, et l'ensemble devint un sablier à demi-minutes convenable, comptant les secondes avec une balle de mousquet pendue à un fil. Cela, avec la montre, nous donna un résultat à peu près correct.

La boîte de compas azimutal étant trop importante pour être conservée sans gêne, nous nous sommes procuré une calebasse correspondant à la taille du verre, et en avons fait une boîte à compas montée sur cardan dans l'habitacle où elle devait être utilisée, c'est à dire seulement pour gouverner. Le verre supplémentaire fut utilisé pour empêcher l'eau de pénétrer dans l'habitacle, qui comportait une lampe à huile placée au-dessus du compas. L'installation était satisfaisante. Nous avons également coulé quelques bougies avec de la graisse de chèvre, que nous avions conservée à cet effet.

Une cuisine fut ensuite construite par McIntosh avec des planches. Coleman tailla des pierres pour contenir le feu, et les assembla ensuite avec de l'argile en lieu de mortier.

Tout avait été fait sans difficulté, sauf les voiles. Nous ne savions pas comment nous en procurer, les nattes étant rares et, de toute façon, à peu près inutilisables. Bien que nous ayons découpé tout ce que nous possédions comme étoffe, nous n'avions, à nous tous, pas assez de toile pour faire une voile susceptible d'être utilisée en mer.

Septembre 1790. – Nous avons continué toutefois à préparer tout ce qui était dans nos possibilités, faisant du sel, salant du porc, fabriquant des tonnelets, et tenant prêtes toutes choses dont nous pensions pouvoir avoir besoin. Pour le reste, nous devions nous fier à la Providence. Pendant ce temps, le bateau, demeuré à l'eau, resta bien étanche, et le soleil ne lui faisait pas de mal car il était recouvert en permanence.

12 septembre – Aujourd'hui est arrivé un messager de la part du roi. Il désirait notre aide immédiate pour réprimer une révolte de la population du district de Tetaha, qui avait effectué une incursion à Pare, brûlant tout devant elle. Le messager nous informait également que les gens de Pare les avaient repoussés, les obligeant à laisser derrière eux leurs morts, qu'on avait portés au marae du jeune roi. Ils s'attendaient à une autre attaque, les gens d'Atahuru étant prêts à fondre sur eux. Il nous dit également qu'Ariipaea Vahine, tante du jeune roi, qui vivait à Raiatea depuis quelques années, était arrivée à Pare avec une flotte importante prête à la guerre.

Ne sachant pas si nous pourrions jamais atteindre nos buts de voyage, bien que les choses eussent bien progressé, nous pensions qu'il était de notre intérêt de les aider. En réponse, nous avons déclaré que nous serions à Pare le lendemain matin, armés en conséquence.

Le 13, laissant quelqu'un pour garder la goélette, nous sommes allés à Pare, où Ariipaea Vahine nous a reçus. Un cochon tout préparé nous a été offert. Byrn et Ellison étant à Tetiaroa, et Muspratt en visite à Papara, nous n'étions que huit. Mais nous avons été rejoints par Brown, qui nous a appris que les gens d'Atahuru avaient fait la guerre à Temarii, ce qui nous fut confirmé par une lettre de Burkett demandant notre assistance.

Après avoir préparé notre petit-déjeuner, nous sommes partis pour Tetaha entourés d'une multitude (avec Poino et Paitia, deux chefs à leur tête) venue de Matavai.

Nous avions à peine parcouru un demi-mille que nous avons vu le Maro Atua ou signal de guerre (qui consiste en plusieurs brasses d'étoffe d'une seule pièce enroulée autour des arbres, d'un bord à l'autre du sentier) et un cochon attaché à chaque arbre qu'entoure l'étoffe. En le posant avec un certain cérémonial, on défie l'ennemi de venir l'enlever.

Voyant cela, notre troupe se saisit de l'étoffe et des cochons, et l'ennemi, resté caché jusqu'alors, fit son apparition. Une bataille s'ensuivit, et de violents coups furent échangés avant qu'ils se rendent compte de notre présence. Ils s'enfuirent à notre approche, mais cette méthode confuse d'engager le combat nous avait empêchés de distinguer nos gens, si éparpillés qu'il était impossible de savoir à distance qui était ami ou ennemi. Nous avions été par conséquent inutiles, et nous contentions de regarder tandis que les fuyards se retiraient dans les montagnes et que notre troupe emportait son butin et des pirogues que l'ennemi n'avait pu enlever.

Nous avons dit alors aux chefs qu'ils devaient changer de tactique ; ils devaient amener leurs gens à une certaine discipline s'ils avaient l'intention de faire encore la guerre, ce qu'ils nous promirent.

Après leur avoir demandé des nattes pour en faire des voiles, nous avons pris congé d'Ariipaea Vahine et nous sommes rentrés à Matavai. Cette femme étant la première née, elle avait droit à la souveraineté de Tahiti mais comme elle était sans enfant, elle avait transféré, pendant ses absences, ce droit à son frère et faisait de même à présent pour le fils de ce dernier. Elle n'était toutefois pas éloignée du pouvoir elle-même, toujours honorée et respectée lorsqu'elle visitait Tahiti. Dans ses terres, elle tenait les rênes du gouvernement. Pleine d'égards pour nous, elle rassembla en peu de temps assez de nattes pour faire trois voiles, c'est-à-dire grand-voile, trinquette et foc. Elle consacra beaucoup d'énergie à cette affaire, et veilla à ce que nous fussions toujours bien approvisionnés.

Le jeune roi également nous envoya une pirogue double

de 48 pieds de long et, pour chacun, un cochon, une pièce d'étoffe et un bambou d'huile.

Brown s'en fut à travers la montagne pour rejoindre Burkett et Sumner à Papara et nous promîmes d'aller les retrouver dès que les voiles seraient terminées.

Coleman ayant fabriqué deux aiguilles, nous avons entrepris de faire les voiles, avec l'écorce de purau en guise de fil, piquant la natte et faisant tous les 30 centimètres des coutures pour la renforcer.

Pendant ce temps, les gens de Tetaha et d'Atahuru nouèrent une alliance et recommencèrent les hostilités, à la fois contre Papara et contre Pare. Le 20, notre assistance fut requise. Pour notre réputation, nous ne pouvions refuser, car la confection des voiles n'était pas une excuse. L'ennemi, interprétant nos paisibles occupations comme un effet de la peur, nous fit savoir qu'il viendrait à Matavai brûler la goélette. Les guerriers nous envoyaient chacun un défi particulier, comme quoi ils auraient chacun leur victime à porter au marae et ainsi de suite. Ils avaient envahi Pare, et brûlé tout derrière eux.

Nous sommes partis le 21 au matin, de bonne heure avec nos pirogues en direction de la limite inférieure de Pare, laissant un homme pour s'occuper de la goélette. Nous avons été accueillis par Poino, Teu, Ariipaea Vahine et les hommes de Matavai – ils avaient à leur tête Paitia et Matahiapo, tous deux hommes d'importance et chefs guerriers. Nous n'étions que huit, mais les chefs promirent de respecter les instructions que nous estimions nécessaires.

Pour profiter de la fraîcheur du matin, nous nous

sommes mis en marche en bon ordre, entourés d'une multitude de tous âges provenant des deux districts. Les gens de Matavai se maintenaient près de nous, réclamant la prééminence. A notre approche, l'ennemi se retira jusqu'à un sommet escarpé qui commandait un défilé étroit, le seul par lequel on pouvait les approcher. Cet endroit ayant résisté à toutes les attaques précédentes, l'ennemi y avait amené tous ses biens et constitué un camp de huttes, prêt à en défendre l'entrée. Il n'était pas possible d'espérer la paix sans les avoir chassés de cette place forte.

Comme elle se trouvait à plusieurs milles dans la montagne, il fut midi avant que nous soyons assez proches pour inspecter le défilé et la position de l'ennemi, que nous avons trouvé bien retranché. La marche avait été plutôt lente, la chaleur était si intense que nous aurions été dans un triste état si nos amis n'avaient pas amené avec eux de grandes quantités de noix de coco.

Après quelques minutes de pause, nous nous sommes dirigés vers le défilé, qui se trouvait le long d'une crête étroite où deux hommes pouvaient à peine passer de front. Les Tahitiens avaient fait halte en arrivant au défilé mais, nous voyant continuer, Paitia et Matahiapo se placèrent en avant-garde pour nous conduire.

En traversant le défilé, nous étions exposés aux pierres que l'ennemi faisait pleuvoir sur nous depuis la hauteur, nos mousquets ne pouvant les atteindre. Malgré cela, malgré l'impossibilité de courir, aucun de nous ne fut gravement blessé. Coleman avait reçu sur la jambe une pierre qui ne le mit pas hors de combat, mais son ami tahitien fut touché entre la bouche et le nez, ce qui le fit tomber. Comme il portait des vêtements anglais, il fut pris pour l'un de nous, et l'ennemi poussa des cris en multipliant ses jets de pierres, si bien qu'il toucha vingt d'entre nous avant que nous ayons fait feu une seule fois.

Après avoir traversé le défilé, nous avons gravi la colline tout en envoyant un feu nourri. Quand notre troupe vit que l'ennemi lâchait pied, elle se précipita dans le camp. Trois des chefs guerriers avaient été abattus, et leurs hommes fuyaient, poursuivis par notre troupe sur l'autre versant de la montagne. Pendant ce temps, les gens de Pare pillaient le camp, ceux de Matavai étant plus soucieux de poursuivre leurs ennemis ; Une fois la plus grande partie des maisons détruites ou brûlées, nous sommes rentrés à Matavai dans la soirée. Un nombre de cochons incalculable avait été capturé dans ce camp. Beaucoup, parmi les plus gros, crevèrent de fatigue dans la descente, incapables de supporter leur propre poids de graisse.

Les gens d'Atahuru étant encore en armes, le jeune roi désirait que nous l'aidions à les écraser – il s'agissait de les obliger à restituer le maro-ura ou ceinture royale ; le marae taputapuatea, autel mobile de sacrifice ; le fare ia manaha, où sont conservés les images et les objets de valeur appartenant aux divinités ; le fare atua, ou maison du dieu, et plusieurs autres choses que le père de l'actuel Tettoofa, chef d'Atahuru, avait pris à Tu ou à Mate, à la suite d'une guerre. Mais nous étions fatigués de marcher, aussi avons-nous préparé les voiles.

Nous avions alors de 3 à 400 kg de porc de bonne qualité salé. Nous l'avons porté à bord et, ayant envergué les voiles et placé nos munitions à bord, nous sommes partis le 6 pour Pare. Nous avions confié les maisons aux soins des indigènes, y laissant ce dont nous n'avions pas besoin. Skinner, qui souffrait des yeux, resta à Matavai – ce qui faisait que notre nombre était toujours de huit.

A Pare, nous avons trouvé Hitihiti, qui arrivait de Papara, où il avait été avec Burkett et Sumner. Ces derniers, assistés de Muspratt, Brown et lui-même, avaient repoussé les gens d'Atahuru et de Tetaha en faisant un grand massacre. Mais ces hommes ne voulaient pas se soumettre à Temarii, on nous les avait donc envoyés pour les occuper. Nous gardâmes Hitihiti, armé d'un des mousquets de Mate.

A Pare, nous avons trouvé une large flotte rassemblée sous le commandement des chefs de Teporionuu, qui attendaient nos ordres. Les pirogues de vivres arrivèrent des différents districts.

Le matin du 27 étant calme, les pirogues se mirent en ligne et prirent la goélette en remorque. La ligne consistait en quarante pirogues pagayées par 50 ou 60 hommes ; des morceaux de tissu peints étaient hissés à l'arrière et les tambours, et les flûtes se faisaient entendre. Avec les combattants gesticulant sur leurs plateformes, coiffés de plumes et vêtus de leurs plus beaux costumes, c'était un spectacle très guerrier. Des pirogues plus petites demeuraient à une certaine distance, de chaque côté. La ligne commença à avancer à l'intérieur du récif en direction d'Atahuru. Pendant ce temps, une foule allait en avant, par la terre, et la plage était couverte de monde tout au long du chemin.

Quand nous avons pénétré dans son territoire, l'ennemi

s'enfuit dans la montagne, poursuivi par nos troupes à terre, qui brûlaient les maisons, arrachaient les bananiers et les taros, faisaient des incisions circulaires sur les arbres à pain pour les arrêter dans leur croissance, ne laissant que des cendres derrière eux.

Vers midi, nous avons mouillé à Taapuna, partie d'Atahuru commandée par Pohuetea, celui-là même qu'avait connu Cook sous le nom de Potato. Tandis que nous avancions vers les montagnes, on pouvait voir l'ennemi avec la lunette monter en groupes importants vers l'endroit où il avait l'intention de soutenir un siège.

Un conseil de guerre fut tenu. Constatant qu'il serait difficile de les approcher, il fut décidé d'envoyer plusieurs équipes qui mettraient le feu aux roseaux, sur les pentes, de façon à les empêcher d'approcher sans être vus et d'éviter qu'ils ne surprennent les éventuels guerriers attardés. Hitihiti fut chargé de mettre ce plan en œuvre et, pendant ce temps, des ambassadeurs furent envoyés pour demander une reddition. Un drapeau blanc fut hissé sur la goélette et un autre fut envoyé pour être dressé à environ 2 milles de là. Pendant que les pentes brûlaient, il y eut quelques escarmouches entre nos hommes et les leurs, mais Hitihiti, qui avait le mousquet, les repoussa si bien qu'ils furent obligés de se retirer dans leur lieu fortifié.

Comme nous n'approuvions pas la destruction des arbres, les combattants furent rappelés et placés en sentinelles. Hitihiti faisait crier à ses hommes : « *All's well* » (tout va bien) phrase qu'ils prononçaient du mieux qu'ils pouvaient, toutes les demi-heures, au signal donné depuis la goélette – à savoir un coup donné au marteau sur un organeau d'ancre, qui servait ainsi de cloche. Le cri était répété par tous ceux qui étaient éveillés dans le camp. Cela, accompagné de feux alimentés toute nuit, servait à indiquer à l'ennemi que nous étions prêts.

Dans l'après-midi du 29, nous avons vu un drapeau blanc descendre de la montagne, et des ordres furent donnés de ne pas molester ceux qui l'accompagnaient. Avant le coucher du soleil, le chef Pohuetea accompagné de sa femme et d'un prêtre porteur du drapeau arriva au camp. Un conseil composé des chefs et des gens importants fut alors tenu, au cours duquel il fut décidé que la paix serait faite à condition que tout soit rendu au jeune roi, et que les chefs d'Atahuru le reconnaissent comme leur souverain. Pohuetea accepta toutes ces conditions, et vint avec sa femme à bord de la goélette en tant qu'otage pour garantir l'exécution des clauses qui le concernaient. Toutefois, comme beaucoup des choses réclamées étaient en possession de Tetoofa, des messagers lui furent envoyés pour les demander, en précisant que si ce n'était pas fait dans les vingt-quatre heures, il n'y aurait pas de quartier.

Pendant la nuit, Burkett arriva de Papara nous indiquant les dispositions qui y avaient été prises, et nous l'informâmes de nos intentions au cas où Tetoofa s'obstinerait. Puis, après s'être fait indiquer l'heure choisie pour l'assaut, il repartit pour Papara. Il nous raconterait plus tard, qu'à la suite de leur attaque, Tetoofa avait été obligé de se retirer dans les montagnes, ayant eu plusieurs morts et blessés.

Le 31. – Ce matin, on nous a informé que Tetoofa était passé par là pendant la nuit, se rendant à Pare avec le Maro Royal, qu'il avait l'intention de présenter en personne au jeune roi, avec l'espoir que cela suffirait pour obtenir la paix sans avoir à rendre le marae, etc. A cette nouvelle, nous avons pris une pirogue double, et Millward a été envoyé pour conduire Tetoofa sur la goélette, ce qu'il fit dans la soirée.

Ce même jour, Ariipaea et Muspratt arrivèrent de Papara. Venu à bord, Ariipaea fit présent à chacun de nous d'un cochon et d'une pièce de tissu. Puis ils partirent ensemble pour Pare pour nous y recevoir.

Lorsque Tetoofa fut à bord, il sembla craindre que nous ayons l'intention de le tuer, et en fit part à Pohuetea. Celui-ci le rassura, lui disant qu'il connaissait les Anglais, et que, par égard pour le capitaine Cook, ils veilleraient à leur sécurité. Lorsque nous avons eu connaissance de ces craintes, nous avons déclaré à Tetoofa qu'il ne lui serait point fait de mal, car les Anglais ne maltraitaient pas ceux que les hasards du combat faisaient leurs prisonniers. Ceci sembla le soulager. Il promit que tout ce qui était en sa possession serait restitué, et qu'il se soumettrait aux demandes que nous ferions en faveur du jeune roi. Quand les amis de Tetoofa vinrent à leur tour bord, pour s'enquérir de sa personne, il leur donna l'ordre d'apporter tout ce qui appartenait au marae, ce qu'ils firent. C'était un bel homme de vingt-deux ans, de 1,80 mètre environ, tandis que Pohuetea est un vieil homme de soixante à soixante-dix ans, fort corpulent.

1er octobre. – La pirogue portant le marae, l'arche, etc. a été apportée et confiée aux prêtres de Matavai et de Pare. L'armée et la flotte ont reçu d'escorter la pirogue.

Dans l'après-midi, la brise s'étant levée, nous avons levé l'ancre. Nous avions à bord Poino et deux chefs d'Atahuru.

Nous sommes allés jusqu'à Tetaha, où nous avons mouillé pour la nuit.

Le lendemain matin 2 octobre, nous avons levé l'ancre à 9 heures, rejoints par Burkett et Amo, qui venaient assister à la paix.

Nous sommes arrivés au port de Toaroa, où nous avons mouillé dans l'après-midi. Nous avons accompagné les chefs à terre, jusqu'au Marae, où la paix fut conclue. Sur notre conseil, les chefs concernés purent garder leurs territoires, et Paa, un vieux chef sans emploi, fut nommé substitut de Metuaaro pour le district de Tetaha. De leur côté, les chefs d'Atahuru promirent de toujours honorer le jeune roi comme leur souverain et, pour renforcer la paix, chacun d'eux prit l'un de nous comme ami.

De grandes festivités eurent alors lieu, et le 4, ayant levé l'ancre, nous avons remonté jusqu'à Matavai, où nous sommes arrivés vers midi après avoir cassé le haut de notre mât de misaine. Ayant ainsi constaté que l'arbre à pain ne convenait pas aux mâts, nous les avons abattus tous les deux.

Le 6, nous avons eu la visite de Burkett et de Amo (dont parle le capitaine Cook), père de Temarii. Ils restèrent trois jours puis rentrèrent à Papara.

Norman et Millward s'en furent à Hitiaa à la recherche

de mâts, ayant entendu dire qu'on y trouvait du bois meilleur. Pendant ce temps, nous avons tout apporté à terre pour nettoyer la coque et l'enduire de poix.

Nous avons eu ensuite la visite de Tetoofa, qui demeura quelque temps à Matavai. Il mourut peu après d'une fièvre. Son neveu, un garçon de quatre ans, lui succéda et prit son nom. Il est le fils de la sœur de Tetoofa, qui devenait régente le temps de sa minorité.

Le 26, Norman et Millward étaient de retour. Ils avaient coupé deux mâts, l'un de faifai, l'autre de tou, avec des espars pour faire une corne, une bôme, deux avirons et une lisse. Le tout fut apporté le lendemain matin par deux indigènes qui en avaient fait un radeau, avec quelques bambous pour augmenter la flottabilité. Ils avaient navigué avec une voile faite de feuilles de cocotier.

Nous nous sommes mis immédiatement à tailler les mâts, etc. tout en fabriquant du sel et en salant du porc. Nous avons eu le malheur de briser notre pot de fer, ce qui nous a obligés à nous arrêter, et à garder notre bouilloire pour cuire nos aliments. Nous avions alors environ 400 kg de porc salé.

1er novembre. – Les mâts étant terminés furent mis en place, gréés et, le gréement noircis puis enduits de graisse. Nous les trouvions très lourds, mais nous n'avions plus la crainte qu'ils se rompent. Les avirons, cornes, bômes, et même une vergue pour une petite voile carée, ainsi que les lisses, furent confectionnés et le tout mis à bord, y compris une petite pirogue pour servir de canot.

Le 9, Muspratt arriva à la pointe, en route pour les îlots

Tetiaroa, et, le 10, ayant tout à bord, nous partîmes pour rendre visite à Tetiaroa. Muspratt devait nous suivre dans sa pirogue, mais les indigènes, qui connaissaient mieux le temps que nous, ne sortirent pas.

Nous fîmes route au nord, avec une brise d'ESE soufflant d'abord grand frais puis bientôt en tempête, ce qui nous obligea à mettre à la cape, avec grosse mer. En l'absence d'un mouillage, nous étions obligés de nous tenir à une certaine distance.

A 4 heures de l'après-midi, nous avons viré de bord et mis à la cape en direction du sud, avec un vent toujours très fort et une mer grosse.

Dans la matinée du 11, le vent ayant diminué, nous avons fait voile vers l'île, sans oser nous en approcher. Le bateau se comportait très bien, mais les voiles souffraient du mauvais temps.

Le 12, à quatre heures de l'après-midi nous sommes rentrés à l'intérieur du récif, à Tetaha, et nous avons fait route sur Taapuna avec l'intention d'aller à Moorea dès que nos voiles seraient réparées. Pohuetea vint à bord après que nous eûmes mouillé, apportant deux cochons rôtis et des fruits de l'arbre à pain, des ignames et des taros. Nous rencontrâmes également Poino, qui avait quitté Matavai en même temps que nous pour faire le tour de l'île. Nous avons embarqué un de ses hommes comme pilote et, ayant réparé nos voiles, nous avons levé l'ancre le matin pour faire route sur Moorea, où nous avons mouillé le même jour dans la baie de Vaiare, à une distance d'un peu plus de 8 milles.

Nous avons été fort bien reçus par Ariipaea Vahine,

qui se trouvait là en visite et, le matin suivant, Metuaaro nous a envoyé un messager nous demandant de venir à Opunohu ou Port du capitaine Cook, près du lieu de sa résidence. Nous avons accepté, et le 14, nous avons fait le tour, accompagnés de la pirogue d'Ariipaea Vahine. Un des hommes de Metuaaro nous pilota jusqu'à une petite anse, à l'ouest du port, et là, dans l'après-midi, nous avons mouillé.

Metuaaro et sa femme Terereatua vinrent à bord avec plusieurs de nos anciennes connaissances, et nous les saluâmes d'une salve de six mousquets. Après nous avoir souhaité la bienvenue, ils nous demandèrent le but de notre visite, à quoi nous répondîmes « voir nos amis ». Ils exprimèrent alors l'espoir que nous n'étions pas pressés de les quitter, et mirent à notre disposition tout ce que l'île pouvait nous fournir. Ayant pris nos dispositions de façon à laisser tous les jours quelqu'un à bord pour s'occuper du bateau, nous allâmes à terre voir nos amis.

Ma préoccupation, à ce point, était de trouver des nattes, mais elles étaient rares. Nous nous en procurions juste assez pour réparer les voiles. Cette rareté était due, pensions-nous, au peu de désir de nos amis de se séparer de nous. Sachant que, sans voiles, nous ne pouvions les quitter, ils cachaient les nattes. Tout le reste nous était généreusement donné, et nous étions encombrés de présents.

Pendant notre séjour nous allâmes voir le bétail, qui se trouvait à environ 6 milles dans l'ouest de l'île. Il ne restait qu'un taureau, cinq vaches et une génisse, l'une des vaches étant sur le point de vêler. Le taureau s'était, il y a quelque temps, désarticulé la hanche en voulant sauter un fossé, ce qui avait causé un dessèchement de la cuisse et de la patte, mais Metuaaro nous dit que des veaux étaient nés depuis cet accident. Le bétail est gras et en bonne condition, mais sauvage, et conservé à titre de curiosité. Comme il y a abondance d'herbe de bonne qualité, il est possible qu'il se multiplie dans l'avenir, ce qui auparavant n'était pas possible puisque le taureau avait été seul jusqu'au retour de Metuaaro. Celui-ci ayant observé que le lieutenant Bligh s'était donné beaucoup de mal pour amener à grands frais ce taureau et cette vache ensemble à Tahiti, il avait décidé de faire la même chose à Moorea, pour voir s'ils se multiplieraient, ce qui se produisit, Nous lui avons appris que ce bétail avait une grande valeur, et qu'il en tirerait un bon prix si un navire venait là. Il promit de les laisser ensemble tant qu'il serait au pouvoir à Moorea.

Notre visite avait assez duré, et certains d'entre nous pensaient que nous étions restés trop longtemps loin de chez nous. Aussi avons-nous l'ancre, le 25, ayant à bord Metuaaro et sa femme et plusieurs personnages de marque. Nous avons remonté jusqu'à Vaiare, où nous avons mouillé le même jour. Metuaaro était très désireux de nous voir rester quelques jours de plus, mais nous pensions que les visites les plus courtes étaient les meilleures, et nous lui promettions de revenir prochainement. Il fit cadeau à chacun de nous d'un cochon et de pièces d'étoffe. Norman, désireux de rester encore quelque temps à Moorea, accepta son invitation. Prenant congé de nous, il s'en alla, tandis que nous nous préparions à partir le lendemain matin, ayant à bord quarante-huit cochons et une grande quantité de tissu, etc.

Coleman était allé à terre pour chercher une espèce de sable qui paraissait pouvoir servir d'émeri pour nettoyer les armes. Il se trouvait à environ deux milles de la goélette lorsqu'il fut saisi par un homme (qui savait que Coleman travaillait le fer). Celui-ci le menaçait de le tuer, une pierre à la main, l'accusant d'avoir amené sa femme à bord et abusé d'elle. Des gens, arrivés comme par hasard sur les lieux, l'en empêchèrent et établirent que l'affaire serait réglée si Coleman lui faisait un beau cadeau. A cette condition, il put rentrer à bord avec le sable. Lorsqu'il nous eut relaté l'incident, nous avons été persuadés qu'il s'agissait d'un stratagème pour obtenir quelque chose. Comme ignorer cette affaire les encouragerait à continuer, nous avons décidé d'aller en armes punir l'offenseur si nous pouvions le trouver.

Le lendemain matin de bonne heure, le 26, Coleman, Millward, McIntosh et Heildbrandt descendirent à terre armés, et se dirigèrent vers le lieu de l'incident. Mais on eut vent de leur approche, et ceux qui y avaient été mêlés s'enfuirent – pas assez vite, cependant, car deux d'entre eux furent blessés l'un à la hanche et au corps et l'autre au bras. Ils avouèrent tous deux avoir participé à l'opération et supplièrent qu'on les épargne. Quant au personnage principal, il s'était échappé. Nos hommes pillèrent sa maison, et rentrèrent à bord avec du tissu, des cochons, de l'huile et une voile de pirogue pouvant servir à réparer les nôtres ; ils avaient laissé les blessés se panser eux-mêmes.

A leur retour, un messager fut envoyé à Metuaaro pour l'informer des faits. Celui-ci chassa l'homme de son territoire, et nous invita à tuer tous ceux qui nous insulteraient à l'avenir. Il regrettait que les blessés n'aient pas été tués sur le coup, ce qui aurait découragé d'autres tentatives. Pendant ce temps une offrande de paix nous était faite, venue des propriétaires du district, qui espéraient que nous ne serions pas fâchés contre tous pour les mauvaises actions d'un seul. Nous avons accepté l'offrande, disant qu'il n'était pas dans nos intentions de faire mal à qui que ce soit, mais que nous punirions toujours les offenseurs si nous les trouvions, sans, toutefois, faire pâtir les innocents pour les coupables. Nous n'avions d'ailleurs pas l'intention de donner suite à cette affaire. Nous avons écrit à Norman pour lui dire comment nous avions réglé cette affaire, lui demandant de nous faire connaître toute agitation à ce sujet.

Le 27, levé l'ancre pour Papeete.

Vaiare est un havre confortable dans l'est de l'île. L'entrée se fait par une passe étroite dans le récif, qui se trouve à un demi-mille environ du rivage. Le chenal est profond et un bateau peut se tenir par 7 brasses de fond à une demi-encablure du rivage. Bien que ce havre soit ouvert à la brise de mer, la houle n'arrive jamais jusqu'au rivage, comme le prouvent les arbres et l'herbe, qui poussent à la limite des plus hautes eaux. D'autre part, la brise de terre qui souffle toutes les nuits permet d'en sortir. Pour un navire seul, je préférerais ce mouillage à tous ceux de Tahiti. On y trouve toutes sortes de vivres communs aux deux îles, et l'eau et le bois sont d'un accès beaucoup plus facile qu'en aucun endroit de Tahiti, placés à portée de voix. Le mouillage du capitaine Cook est large et spacieux, mais étant sous le vent, il est soumis à de violentes pluies (du fait des nuages massés sur les sommets) tandis que Vaiare jouit d'un temps beau et toujours sec, sauf à la saison pluvieuse.

La brise étant faible, nous ne sommes arrivés à Taapuna que le 28. Une fois à l'intérieur du récif, nous avons remonté jusqu'à Pare. Là, nous avons débarqué les cochons, les envoyant chez nous par voie de terre.

Le 29, Ariipaea nous donna un gros cochon cuit au four et nous accompagna à Matavai le même jour avec plusieurs de ses amis.

Quand la plage, à la pointe, a été visible, nous l'avons vue envahie par les habitants qui s'étaient précipités dès que la nouvelle de notre approche s'était répandue pour nous recevoir. Une fois mouillés et débarqués, c'est à peine si nous pouvions arriver jusqu'aux maisons, car nos vieux amis étaient aussi empressés et réjouis que s'ils avaient retrouvé des parents perdus.

On désarma le bateau. Coleman, parti s'installer dans la maison de ses amis, est tombé malade d'une sorte de fièvre qui, faute de connaissance et de médicaments, ne pouvait que suivre son cours. Après avoir été au bord de la tombe, il se trouva mieux et il se remit.

Byrn et Ellison, revenus de Tetiaroa, s'en furent à Moorea pour passer quelque temps chez Metuaaro.

Décembre 1790. – Tout ayant été débarqué du bateau au 10 décembre, pensant que la saison des pluies allait commencer, nous avons halé la goélette hors de l'eau et l'avons mise sous abri pour la protéger des intempéries.

Coleman avait déclaré qu'il ne voulait rien avoir à faire avec la goélette, et nous estimions nous-mêmes que nos chances d'arriver sans voiles à Batavia ou ailleurs étaient bien minces. Les nattes étant introuvables, nous avions décidé de renoncer à toute tentative de ce côté. Nous avons donc partagé le porc salé, qui se révéla excellent, supérieur à n'importe quel porc salé fait sur le navire. Nous attribuions cette qualité à un tonnelet de poudre que nous avions utilisé pour conserver la saumure, pensant que le salpêtre dont les douves étaient imprégnées s'était communiqué au porc.

Le 23, Byrn arriva de Moorea, resta avec nous pour la Noël, puis retourna à Moorea.

Nous n'avions rien d'autre à faire que de nous préparer à la saison des pluies qui commençait en consolidant nos maisons et en installant des paravents.

Le 27. – Ce soir, un homme est entré dans la maison et, sans se faire voir, a emporté la boîte qui contenait mon nécessaire pour écrire, papier, etc. avec les roses de compas, les lunettes, montre, etc. Dès que nous nous en sommes aperçus, nous nous sommes mis à sa poursuite, mais, malgré tous les moyens mis en œuvre, nous n'avons pas entendu parler de la boîte avant le lendemain vers midi, où elle fut découverte par un jeune voisin. Grimpé à un cocotier pour cueillir des noix, il avait aperçu la boîte et était descendu aussi vite que possible. Il nous l'apporta intacte, et refusa la récompense que nous lui offrions, disant qu'il était heureux d'avoir eu la chance de la trouver. Deux jours plus tard nous avons appris que le voleur était un fou, venu à la pointe dans la flotille de Raiatea. Celle-ci, venue avec Ariipaea Vahine, faisait maintenant le tour de l'île ; elle était venue à la pointe avec l'intention d'aller du côté du vent dès que le temps le permettrait.

Le voleur fut bientôt appréhendé, mais il ne paraissait pas aussi fou qu'on avait voulu le dire. Ayant vu la boîte ouverte, posée sur la table sans autre protection que sa serrure, il avait été tenté par les choses qu'elle contenait. Il avait réussi à s'échapper avec, mais sa disparition ayant été immédiatement constatée, il avait entendu l'agitation provoquée et l'avait déposée dans la broussaille, où on l'avait retrouvée. Il s'était alors enfui de peur d'être pris. Un de nos amis nous avait fait connaître l'identité du voleur. Lorsqu'il fut en nos mains, nous lui avons donné quelques bons coups de fouet et donné ensuite la liberté. Il nous promit de ne plus jamais voler, chez nous ou ailleurs.

Janvier 1791. – Nous avons eu de fréquentes visites de gens de diverses provenances, particulièrement des gens de Raiatea, qui nous posaient beaucoup de questions sur le capitaine Cook, Sir Joseph Banks, etc. Nous avons eu également la visite de plusieurs personnes de Huahine, l'île ou le capitaine Cook avait laissé Omai[1]. Nous avons appris qu'il était mort (de hotate, sorte de

1. Pour rappel, Omai était un indigène de Raiatea, que le capitaine Cook avait emmené en 1773 jusqu'en Angleterre et ramené à Tahiti en 1776.

fièvre récurrente) environ quatre ans après son retour, et les jeunes gens de Nouvelle-Zélande étaient morts peu après – ils se languissaient de leur pays, et, après la mort de Omai, ils avaient perdu tout espoir et moururent de chagrin. Ils nous dirent également que Omai, qui appartenait à la classe inférieure (appelée Manahune), avait été condamné à être sacrifié pour avoir blasphémé contre un des chefs, mais que son frère, ayant eu vent de ce danger, l'avait éloigné. Se trouvant ainsi à Tahiti au passage de l'*Aventure*, il s'était embarqué. A son retour, son amitié avec le capitaine Cook lui avait gagné le respect, bien plus que ses richesses. Sa naissance modeste lui valait peu de considération de la part de ses compatriotes, mais ses armes en imposaient. Son cheval fut éventré par une chèvre peu de temps après son débarquement, et sa seule vengeance fut de tuer la chèvre. La jument est toujours à Huahine, ainsi qu'une partie de la maison que le capitaine Cook avait construite pour lui. Après sa mort, ses biens furent partagés – il en avait déjà distribué beaucoup de son vivant. Les mousquets sont en possession d'un chef qui était son ami (appelé Tenania, frère de Teriitaria, roi de Huahine), mais leur état les rend inutilisables. Ces renseignements nous furent confirmés par un homme fort intelligent qui a vécu quelque temps avec Omai en qualité de serviteur. Il nous raconta que, de son vivant, Omai faisait très attention à ses biens, qui, après sa mort furent distribués à ses mis. Il nous dit également que ses armes et la façon dont il les utilisait le rendaient redoutable au combat, car il abattait tous ceux qui lui faisaient face – ceux qui le savaient disparaissaient à son approche. Lorsqu'il était à cheval, avec son casque et son plastron, on le pensait invulnérable et personne ne s'y frottait, si bien que la victoire le favorisait toujours, lui et ses troupes. Il n'était pas moins redoutable en mer, et personne ne se serait risqué à affronter la pirogue dans laquelle il se trouvait.

Son jardin, nous dit-on, fut détruit par les cochons et les chèvres, faute d'entretien, et la volaille était morte, sauf une oie, qui fut, après sa mort portée dans différents endroits de l'île comme curiosité.

Le 10, Itia arriva de Taiarapu, avec sa sœur Teano et une nombreuse suite. Elle nous félicita de nos succès au combat, qui avaient beaucoup favorisé son fils, bientôt revêtu du Maro royal. C'était pour les préparatifs qu'elle était venue. Elle fit un cadeau à chacun de nous, et, le lendemain, elle nous divertit avec un match de boxe disputé par des hommes de Raiatea, de la lutte et des danses exécutées par des hommes et des femmes de Tahiti. Itia était maîtresse de cérémonies, et les spectateurs très nombreux. Parmi eux se trouvait Ariipaea Vahine, revenue de Moorea pour assister à la cérémonie d'investiture du jeune roi.

Le lendemain, le 12, j'accompagnai Itia, à sa demande, dans une visite à Pare, au jeune roi. Elle était obligée de changer ses vêtements pour ceux du roi avant de pouvoir pénétrer dans sa maison ; le roi me pria d'ignorer ce cérémonial, et me reçut avec grande courtoisie. Un cochon fut préparé à mon intention. Itia ne pouvait toucher à aucun mets sous le toit de son fils, ni manger dans une maison ou sur une pirogue lui appartenant tant que les cérémonies n'eussent été terminées. Le jeune roi reste lui-même dans certaines limites, pour éviter qu'à son contact, des choses non destinées à son usage deviennent sacrées. Pour cette raison, il ne fut jamais autorisé à s'approcher de notre bateau, car sa présence aurait sacralisé tout, au point d'empêcher non seulement sa propre famille mais tout le monde, soit de manger à bord, soit d'utiliser un quelconque objet provenant du bateau, ce qui rendait les présents inutilisables à tout autre que lui. Après avoir pris congé de lui, j'allai avec Itia aérer la poudre, que je trouvai en bon état, et, après avoir nettoyé les armes, je rentrai à Matavai.

Le 14, Burkett arriva ici en visite et, le 17, je partis avec lui pour Papara pour rencontrer son ami Temarii, que je ne connaissais pas encore. C'est un bel homme âgé de vingt-six ou vingt-sept ans, mesurant plus d'un mètre quatre-vingt. Il me reçut avec toutes les manifestations d'amitié, et me demanda de devenir un de ses amis. Nous fûmes intimes au bout de peu de temps. Pendant mon séjour, il me régala tous les jours, me suppliant de ne mettre aucune hâte à m'en retourner.

Pendant que j'étais là, le drapeau du jeune roi fut reçu par Temarii et conduit à son marae ; il suivit la plage et le bord de l'eau jusqu'à ce que les porteurs de l'emblème soient à la hauteur du marae. Là, coupant court, ils se rendirent au marae. Au passage du drapeau, les habitants se cachaient et les feux étaient éteints. Nous les avons accompagnés au marae. Là, les prêtres de Temarii ayant dressé le drapeau, on fit les offrandes de paix habituelles, un bananier et d'un cochon. Les prêtres répétèrent l'offrande ; plusieurs bananiers et cochons furent ainsi offerts, avec de longues harangues. Temarii fit un long discours pour déclarer que Tunuieaaiteatua était son chef et ordonna qu'un festin soit préparé à l'intention des porteurs du drapeau. Ce drapeau était l'Union Jack, qui leur avait été donné par le capitaine Cox ; il était placé en travers de la hampe, un bois passé dans le guindant à la façon d'une pendeloque, et décoré de plumes, de pendentifs, de glands, etc. Les personnages importants du district étant rassemblés, nous honorâmes la cérémonie en tirant une salve, ce qui fut interprété comme un honneur rendu au drapeau, et même comme une promesse d'aider le roi dans la conquête de l'île, car le drapeau était aux couleurs anglaises, et ils affirmaient, sans aucun scrupule, qu'ils feraient la guerre à quiconque tenterait de les arrêter. Le drapeau fut conservé au marae pendant une nuit, au cours de laquelle des prières furent dites par les prêtres qui en avaient la garde. Puis il reprit comme auparavant la route du bord de mer, le long de la plage, en direction de Taiarapu.

Le 23, je pris congé de Temarii, qui me donna deux pirogues, plusieurs cochons, des étoffes etc. Accompagné de Burkett, je suis allé à Vairi où nous avons été reçus par Tutaha, père de Poino, et par Mœnanu son beau-frère ; Puis nous avons poursuivi notre route jusqu'à l'isthme, que nous avons traversé en portant la pirogue. C'est une étendue plate d'environ 3 milles de largeur. Cet isthme est très boisé, mais comme les habitants le traversent souvent, le chemin y est très convenable. Il est beaucoup plus facile de porter les pirogues à travers l'isthme que de faire le tour de la presqu'île lorsqu'on se rend à Tautira.

A notre arrivée sur la côte nord, nous avons rencontré des messagers de Mate, qui souhaitait nous avoir chez lui, à Afahiti, à environ 6 milles de l'isthme. Ayant accepté son invitation, nous avons abandonné les pirogues dans une maison voisine et continué notre chemin par terre. Nous sommes arrivés ce même après-midi, le 25.

Mate fut heureux de nous voir, et une fête nous attendait. Il nous informa de l'attitude très déplaisante de la population de Taiarapu. Le drapeau avait été accueilli avec le cérémonial d'usage, non en honneur de son fils, nous déclara-t-il, mais par peur de nous. Nous étions toujours en droit, ajouta-t-il, de punir le meurtre de Thompson, et, si nous faisions notre apparition en armes à Taiarapu, personne n'offrirait de résistance, et il prendrait à sa charge les dépenses en munitions. Il voulait que son fils soit le seul roi ; il en avait parlé à Temarii, qui était tout disposé à fournir des hommes et des pirogues au jour que nous choisirions pour mettre ce plan à exécution.

Le 27, après lui avoir dit que nous allions réfléchir à sa proposition, nous lui fîmes part de notre intention de prendre le chemin du retour. Ayant fait préparer sa pirogue, il nous accompagna jusqu'à l'isthme ; là, nous avons mis nos pirogues à l'eau et sommes partis pour Hitiaa, où nous avons débarqué chez Tito (un homme de rang), où nous avons fait préparer un repas puis nous avons continué jusqu'à Avaimai, où un festin nous fut offert et où nous avons passé la nuit.

Le matin du 28, nanti d'un cochon et de tissu, je pris

congé. Laissant Burkett repartir pour Papara, je continuai sur Matavai, où j'arrivai le 29. Je trouvai une grande foule assemblée à Matavai et à Pare pour assister aux cérémonies prochaines. Metuaaro, entre autres, s'y trouvait en compagnie de Norman, Ellison et Byrn, de Moorea, et de tous les gens importants de l'île ; la plage était couverte de pirogues.

18 février. – Millward et McIntosh partirent pour Papara pour voir Temarii et discuter avec lui de la guerre projetée contre Taiarapu.

Le 10, Itia apporta le coffre à munitions au complet, et me le confia, ainsi qu'une paire de pistolets. Elle me donna une baïonnette (qu'elle avait eue du capitaine Cox) que j'adaptai sur mon mousquet, la mienne étant brisée. Metuaaro me rendit également visite et m'invita à aller passer quelque temps à Moorea.

Le 13. – Aujourd'hui eut lieu la cérémonie d'investiture du jeune roi avec le Maro-ura ou ceinture royale. Cette ceinture est faite d'un filet très fin sur lequel on a fixé des plumes rouges et jaunes, de façon à ne plus voir le filet ; elle a environ 3 mètres de long et est terminée à chaque extrémité par six glands de plumes rouges, noires et jaunes, chaque gland portant le nom d'un esprit ou ange gardien qui protège le jeune chef tant que le Maro est en sa possession. Aucun roi ne la porte plus d'une journée ; elle est déposée dans la boîte sacrée, avec une sorte de chapeau ou d'écran pour les yeux, tressé et recouvert des mêmes plumes, utilisé uniquement pour cette occasion, le tout étant remis aux prêtres qui l'enferment soigneusement dans la maison du marae, où personne ne peut la toucher.

Cette cérémonie fut célébrée à Pare, sur le nouveau marae construit pour recevoir le marae mobile etc. que nous avions rapportés d'Atahuru, et dans lequel ces objets étaient maintenant conservés. Les chefs (ou leurs représentants) de Teporionuu et de Moorea étaient présents. Tunuieaaiteatua le jeune roi ayant été placé sur le marae, un prêtre fit une longue prière, fixa la ceinture autour de ses hanches, le chapeau sur sa tête, et le salua du nom de roi de Tahiti. Puis, Metuaaro, par l'entremise de son orateur, commença un long discours dans lequel il le reconnaissait comme roi.

Trois victimes humaines furent amenées et offertes au nom de Moorea. Le prêtre de Metuaaro les plaça la tête vers le jeune roi, et, après un long discours à chacune des victimes, offrit trois jeunes bananiers. Ensuite, avec une lame de bambou, il enleva un œil à chacune des victimes et le plaça sur une feuille. Puis, prenant un jeune bananier d'une main et les yeux de l'autre, il fit un long discours tour en les élevant vers le jeune roi assis au-dessus de lui, la bouche ouverte. Le discours terminé, les jeunes bananiers furent étendus devant le jeune roi, les corps enlevés et enterrés dans le marae par ses prêtres, les yeux placés sur l'autel avec les bananiers.

Les autres chefs présentèrent ensuite leurs sacrifices de la même manière et suivant le même cérémonial, les uns apportant une victime, les autres deux suivant l'étendue et l'importance de leur district. Puis d'immenses troupeaux de cochons et une quantité énorme de victuailles, ignames, taro, bananes, noix de coco, etc., furent apportées et présentées au jeune roi. Plusieurs grandes pirogues furent tirées jusqu'au terrain sacré, près du marae. Elles étaient décorées de plusieurs centaines de mètres de tissus, de plumes rouges, de pendentifs. Elles furent prises en charge par les prêtres et la suite du jeune roi. Enfin, le Maro ayant été enlevé et confié aux prêtres, tous se rendirent aux festins, qui durèrent plusieurs semaines. La quantité de cochons tués pour cette occasion dépasse tout ce que l'on peut imaginer, en plus des tortues, poissons, etc.

Je demandai quelle était la raison de l'offrande de l'œil. L'explication suivante me fut donnée : le roi est la tête du peuple et la tête est sacrée ; l'œil en étant l'organe le plus précieux, il est le plus digne d'être offert. Le roi se tient assis la bouche ouverte pour permettre à l'âme du sacrifié de pénétrer la sienne, qui en sera fortifiée. Ils pensent que son dieu tutélaire ou ange gardien est là pour recevoir l'âme du sacrifié.

Plusieurs gros cochons furent placés sur l'autel. Le nombre de sacrifices humains offerts en ce jour fut de trente, certains d'entre eux ayant été tués près d'un mois auparavant.

C'étaient les premiers sacrifices humains depuis notre arrivée dans l'île. Ils n'offrent en sacrifice que des hommes ayant commis de grands crimes, et encore, pour des occasions spéciales, alors qu'ils offrent des cochons, poissons, etc. sans nombre à la moindre occasion.

Le 20. – Arrivée de Millward et de McIntosh. Ils ont réglé le plan de combat, que nous avons décidé de mettre à exécution, aucun des chefs de Taiarapu n'ayant assisté à la cérémonie d'investiture du jeune roi. Temarii avait proposé d'organiser un grand festin, ce qui lui permettrait de rassembler ses hommes et ses pirogues avant de leur dire la raison pour laquelle il avait besoin d'eux, ce qui éviterait d'ébruiter la chose. Les Anglais devaient se trouver là comme invités à la fête, et, lorsque nous serions prêts à attaquer, nous pourrions être chez eux avant qu'ils ne se rendent compte de ce qui se passait – ainsi, la conquête serait facile. Ce plan était jugé excellent, nous avons décidé de nous y préparer le plus vite possible. Mais le nombre visiteurs quotidiens était tel – à cause des rassemblements dans les deux districts – qu'il nous fut impossible d'avancer, si bien que ce ne fut que le 1er mars que nous pûmes mettre la goélette à l'eau. Nous fîmes le plein d'eau pour ballast, remplîmes les tonnelets de pierres et de bois, mîmes du porc à bord et installâmes les mâts et le gréement, gardant toujours nos intentions secrètes.

Mars 1791. – Parmi nos visiteurs se trouvait souvent le jeune roi, mais comme sa présence dans une de nos maisons l'aurait rendue inutilisable à tous les indigènes, il ne pénétrait dans aucune d'elles.

Dimanche 13. – Le jeune roi fut porté le long de la plage de Matavai sur les épaules de deux hommes, habillé d'une cape de plumes noires et la tête presque cachée par une large couronne de plumes rouges et noires. Il était suivi des personnalités du district, qui portait l'Union Jack au-dessus de leurs têtes, à plat. Comme tous ne pouvaient se tenir sous ce dais, on y avait ajouté plusieurs brasses d'étoffe peinte.

Les cérémonies ne sont pas encore toutes accomplies et pour cette raison, le roi ne peut passer que par la plage, et non dans l'intérieur des terres, à moins qu'il ne s'agisse d'un terrain sacré commençant à la plage. Il nous fit des présents et donna une terre à chacun de nous, ayant beaucoup d'affection pour nous tous. Il voulait que ses sujets nous traitent comme ses parents, et nous appelait ses oncles (Metua).

Le 14, ayant envergué les voiles et installé tout à bord, nous avons levé l'ancre.

Le 21 nous faisions route sur Pare, laissant à Matavai M. Stuart, M. Heywood, Coleman et Skinner.

Nous avons mouillé dans la partie basse de Pare, et là, nous avons été rejoints par Norman, Ellison et Byrn. Nous étions ainsi sept, avec McIntosh, Millward, Heildbrandt et moi-même.

Le 22. – Levé l'ancre et partis pour Papara. Mais les faibles brises nous ont obligés à mouiller à Taapuna. Nous sommes repartis le 23, en naviguant le long d'Atahuru. Avec sa plage de sable blanc et sa bande étroite de terrain plat couvert d'arbres (surtout des purau et fara), l'île ressemble beaucoup, à notre avis, à la côte nord de Tupuai.

En plusieurs endroits, nous avons été invités à nous arrêter, et les indigènes étaient fort aimables. Pohuetea nous a supplié de nous arrêter à sa maison, mais le mouillage étant mauvais à Taitapu (partie d'Atahuru où il vivait maintenant), nous avons décliné l'invitation et avons continué, sous une très faible brise. Il faisait nuit quand nous nous sommes arrivés à Papara.

Nous avons mouillé pour la nuit dans une ouverture du récif, à environ 1 mille de la maison de Temarii. Quelques-uns d'entre nous sont descendus à terre pour aller dormir chez Temarii, et lui-même est venu examiner la goélette dès qu'on lui eut annoncé son arrivée.

Le lendemain, nous avons levé l'ancre et remonté jusqu'au marae. Là, une fois mouillés, nous avons trouvé Burkett, Sumner, Brown et Muspratt. Nous sommes allés prendre le petit-déjeuner chez Temarii.

A peine étions-nous assis qu'un ami de Hitihiti arriva en toute hâte nous annoncer qu'un navire avait mouillé à Matavai depuis notre départ, que ceux que nous avions laissés à terre étaient allés à bord, et que des canots équipés et armés étaient en ce moment à Atahuru, à notre recherche. Hitihiti, qui était leur pilote, l'avait envoyé nous prévenir pour nous permettre d'agir en conséquence.

DU PARADIS À L'ENFER

Journal de James Morrison
Troisième partie

Journal de James Morrison, second-maître à bord de la Bounty, traduit de l'anglais par Bertrand Jaunez, *Publication de la Société des Océanistes*, n° 16, 1966.
Traduction révisée par
Dominique Le Brun et Clara Mouche

Il ne fallait pas perdre de temps à discuter quelle solution adopter. Nous étions d'accord pour ne pas nous faire voir et, pour cette raison, nous sommes montés à bord, laissant Brown et Byrn à terre.

Nous avons fait route au sud, avec une brise fraîche de ESE. En restant hors de vue des canots, nous espérions atteindre le navire et ainsi monter à bord de notre plein gré, pensant ainsi être mieux traités que si nous attendions d'être faits prisonniers. Le messager de Hitihiti nous avait fait une description défavorable du traitement reçu par ceux de Matavai qui étaient montés à bord.

A une lieue environ de la terre, nous avons vu deux voiles dans le nord-ouest, mais ne pouvions distinguer s'il s'agissait d'embarcations ou de pirogues. Comme nous nous en éloignions rapidement, nous pensions qu'elles ne pouvaient être que des pirogues de pêche. Nous les avons perdues bientôt de vue et, vers 4 heures, nous avons repris la direction de la terre. Cependant, ce ne fut pas avant le dimanche 27 que nous avons pu accoster, en raison des vents contraires et des faibles brises.

Ayant mouillé, nous fûmes informés que M. Hayward, précédemment sur la *Bounty* était l'officier d'une des embarcations, précisément celle que nous avions vue ; ayant constaté qu'ils avaient peu de chances de voir leurs recherches couronnées de succès, il était retourné au navire.

Nous apprîmes également que Byrn s'était rendu sur le navire, et que Brown avait dévalisé la maison de Burkett aussi complètement qu'il le pouvait.

Temarii voyant Brown s'emparer de tout ce qui lui tombait sous la main, avait tout envoyé dans les montagnes, où Burkett, Sumner, Muspratt, Heildbrandt, McIntosh et Millward le suivirent, laissant Norman, Ellison et moi-même s'occuper du bateau. Pendant ce temps, j'allai à terre chercher des noix de coco et faire préparer quelques vivres. La mer brisant assez fort sur la plage, je n'avais pas pris d'armes en quittant le bateau.

Je me rendis chez Temarii, qui promit de me donner tout ce que je voulais. Je lui dis que je devais aller à bord du navire. Il me répondit :

— Si vous faites cela, Hayward vous tuera car il est très en colère.

Il donna l'ordre à quelques hommes de porter les noix de coco tout en m'adjurant de rester avec lui :

— Si vous allez dans la montagne, disait-il, ils ne vous trouveront jamais.

Mais je continuai à refuser, répétant que je devais aller à bord. Il me reprocha alors de l'avoir trompé, et, au même moment, j'aperçus plusieurs indigènes à bord de la goélette (ils s'y étaient rendus par ordre de Temarii sous prétexte d'y porter des noix de coco) qui jetaient Norman et Ellison par-dessus bord. Je suppliai Temarii d'empêcher qu'on leur fasse du mal. Il me dit qu'il n'y avait pas lieu de s'inquiéter. Quelques minutes plus tard, ils arrivaient sur la plage et furent conduits vers moi ; Il y avait maintenant autour de nous un millier d'indigènes, qui se mirent à grimper sur la goélette avec une telle rapidité qu'elle se coucha sur le flanc, les précipitant pour la plupart à la mer. Ils l'eurent bientôt dépouillée de tout ce qui pouvait être enlevé, puis la poussèrent à terre, déverguant les voiles et enlevant le gréement qu'ils prirent avec eux.

Nous avons demandé à Temarii ce que ça signifiait. En l'absence de nos compagnons, sans armes, nous ne savions que penser de notre situation. C'était parce que nous voulions le quitter, dit Temarii ; il fallait aller nous mettre à l'abri dans les montagnes et se tenir loin du navire. Toutes nos armes et nos biens nous seraient rendus, et il nous dédommagerait pour les dégâts.

Nous refusions encore. Il dit alors :

— Eh bien, je vous forcerai.

Ses hommes s'emparèrent de nous, et nous fûmes emmenés vers l'intérieur. Nous avons supplié Temarii de nous laisser voir nos compagnons avant de partir, ce qu'il accepta, et une garde fut placée auprès de nous jusqu'à son retour. Nous avons été conduits à la maison de Terii-haamoetua, et là, on nous a préparé des provisions en abondance. Nous y sommes restés une nuit et un jour, puis nous avons décidé de nous enfuir. Nous fûmes aidés par un ami fidèle, qui avait toujours vécu avec moi depuis que j'étais dans l'île et qui, étant un homme de Poino, nous avait découverts. Il nous promit d'avoir une pirogue prête à minuit pour nous transporter à Matavai, où Poino – d'après lui – attendait notre retour avec impatience.

Dès que la nuit fut tombée, il se tint sur la plage et, vers 10 heures, il amenait Brown dans la maison. Nous demandâmes à ce dernier s'il avait des armes. Il nous montra un pistolet qu'il avait, disait-il, pris sur le navire avec deux hachettes et un couteau. Il donna le tout à Norman et nous demanda quelles étaient nos intentions, et où se trouvaient les autres. Nous lui avons répondu que nous n'avions pas vu les autres depuis qu'ils avaient débarqué, et que nous allions nous rendre sur le navire. Nous lui avons demandé le nom de ce navire et celui de son commandant. Tout ce qu'il put nous dire fut que c'était un navire de guerre anglais. Il nous présenta également une bouteille contenant du genièvre de Hollande, dont il nous offrit à chacun une gorgée – pour moi, l'odeur était suffisante ; les deux autres en burent avec parcimonie. Brown nous dit qu'il avait été débarqué sur le côté nord de l'isthme par l'embarcation que commandait M. Hayward. Il était chargé de se rendre à Papara avec des présents pour Temarii, mais il n'avait pu le voir. Il avait été attaqué près du marae et avait failli être tué. Son pistolet, mouillé, n'était pas parti, et il avait été obligé de se cacher dans les fourrés voisins. Il s'en retournait vers le navire lorsqu'il avait rencontré notre homme sur la plage.

La pirogue étant prête, nous nous sommes armés, Norman et moi, d'une hachette, et Ellison du grand couteau. Laissant le pistolet à Brown, qui l'amorça à nouveau, nous sommes partis. Après avoir atteint la pirogue sans incident, nous avons pagayé jusqu'à Atahuru, et débarqué à environ 6 milles de Papara, sur une plage de sable blanc, ce qui nous facilita la marche. Laissant là la pirogue, nous avons fait entre 12 et 14 milles à pied, le long du rivage. Nous sommes arrivés à Taitapu, chez Pohuetea, à 4 heures du matin le 29. Là nous avons trouvé une chaloupe ancrée près de la plage et des pirogues tirées près de la maison. Nous avons hélé la chaloupe, mais sans résultat. Les occupants en étaient profondément endormis, de même que ceux qui étaient à terre dans les pirogues. On nous apprit que les pirogues appartenaient à Ariipaea, qui était là. avec L'officier commandant la chaloupe était M. Robert Cornor[1] (second lieutenant du *HMS Pandora*, capitaine Edwards), qui était endormi dans une des pirogues. L'ayant réveillé, nous nous sommes rendus à lui en donnant nos identités. Puis nous avons remis les hachettes à Brown, ainsi que le pistolet et les munitions qu'il avait laissées à Norman.

Ayant indiqué à M. Cornor où se trouvait la goélette et expliqué ce qui nous était arrivé, il nous laissa dans la chaloupe avec M. Rickards (second maître) et six hommes. Pendant ce temps, dès le jour fût levé, il partit avec dix-huit autres pour Papara par voie de terre prenant Brown avec lui.

Nous sommes restés ainsi jusqu'à 2 heures de l'après-midi. M. Hayward (qui, d'après ce que nous apprîmes, était troisième lieutenant sur ce navire) revint alors avec le canot et vingt hommes en armes. Il donna des ordres pour nous lier les mains. Puis M. Rickards, ayant été envoyé dans le canot, M. Sevill, un midship, prit le commandement de la chaloupe avec ordre de se rendre au navire,

1. Robert Corner.

distant de 25 à 30 milles. La seule question que nous posa M. Hayward fut sur l'endroit où se trouvaient les autres, ce que nous ne pouvions lui dire, n'en sachant rien.

Nous nous sommes séparés du canot, et, pendant la traversée, M. Sevill nous donna à chacun un quart de vin et nous apprit ce qui était arrivé à la chaloupe de la *Bounty*. Il nous dit aussi que le lieutenant Bligh avait été nommé capitaine. Il nous demanda également ce qu'était devenue la *Bounty* et lesquels étaient restés à bord. Nous répondions du mieux possible.

Nous sommes arrivés à bord à 9 heures. Après nous avoir placés dans l'entrepont les fers aux pieds, on nous délia les mains. Comme il n'y avait pas d'infanterie de marine ce furent deux marins et un midship qui furent placés au-dessus de nous, armés de pistolets et de baïonnettes.

Nous avons retrouvé là, aux fers, George Stuart, Peter Heywood, Joshua Coleman, Richard Skinner et Michael Byrn. Ils nous informèrent que des menottes étaient en train d'être fabriquées ; elles nous furent mises le lendemain. Ordre avait été donné aux sentinelles de ne permettre à aucun indigène de converser avec nous, et de tirer sur tout homme qui parlerait à un autre en langue tahitienne.

Nous sommes demeurés plusieurs jours dans l'entrepont. Nous recevions alors des rations complètes, sauf de grog, dont nous ne voulions pas, ayant à disposition de nombreuses noix de coco données par nos amis, qui, cependant, n'étaient pas autorisés à nous parler ni à nous regarder. Ceux qui nous contemplaient avec pitié recevaient l'ordre de quitter le bateau.

Pendant ce temps, un hamac fut donné à chacun de nous pour l'étendre sous lui, ainsi qu'une chemise et des pantalons – qui nous étaient d'aucune utilité puisque nous ne pouvions pas les mettre à cause des fers.

Les charpentiers se mirent à construire pour nous un genre de roof sur le gaillard arrière.

Le 9 avril, la goélette fut ramenée au navire par M. Hayward. Se trouvaient à bord Burkett, Sumner, McIntosh, Muspratt, Millward et Heildbrandt. On leur mit les fers aux pieds et aux mains dès leur arrivée à bord.

Le roof, ou prison, étant terminée, nous y avons été conduits et mis aux fers. Nous l'appelions la boîte de Pandore. Sur le dessus, l'entrée était constituée par une écoutille carrée de 48 à 50 centimètres maintenue par un boulon. Il y avait aussi sur les côtés deux écoutilles grillagées de 22 centimètres de large. Les hublots de poupe étaient munis de barreaux, à l'intérieur et à l'extérieur. Les sentinelles se tenaient sur le dessus tandis que le midship marchait sur les côtés. Cette boîte avait 3,60 mètres de long et 5,40 mètres de large. Personne n'était autorisé à nous adresser la parole, sauf le maître d'armes, pour nous passer notre nourriture.

Par temps calme, la chaleur de ce lieu était telle que notre sueur coulait en ruisselets jusqu'aux dalots, ce qui fit venir rapidement des asticots. Les hamacs, déjà sales lorsqu'ils nous furent distribués, attiraient une vermine dont nous ne pouvions nous débarrasser, n'ayant d'autre ressource que de dormir sur le plancher. Quant à nos amis, qui nous auraient apporté volontiers le tissu dont nous avions besoin, ils n'y étaient pas autorisés. Notre seul remède était de nous étendre nus. Cette promiscuité ainsi que les deux baquets de nécessité gardés dans le local, contribuaient à rendre notre situation très désagréable.

Pendant le temps que nous sommes restés à Tahiti, les femmes avec lesquelles nous avions vécu venaient souvent sous la poupe – six enfants leur étaient nés, quatre filles et deux garçons, et plusieurs femmes étaient enceintes. Elles se coupaient le front en signe de douleur jusqu'à ce que la mer soit rougie autour d'elles, et leurs amies faisant de même, se répandant en lamentations amères. Quand elles étaient repérées, elles étaient chassées par ordre du capitaine, avec interdiction de s'approcher du navire. Malgré cela, elles continuèrent à venir accomplir leurs rites de deuil. Lorsque le navire leva l'ancre, leur attitude aurait attendri le cœur le plus endurci.

Il était dans les attributions de l'officier de quart d'examiner nos fers. Or McIntosh, ayant un fer assez large, avait réussi à dégager une de ses jambes, ce qui fut signalé au capitaine. Une inspection générale eut lieu, et les fers de pieds furent ajustés de façon à être bien serrés. M. Larkin, premier lieutenant, avait, pour vérifier les fers, adopté un système qui consistait à mettre son pied sur nos poitrines et à tirer les menottes sur nos mains pour voir si elles pouvaient passer, ce qui avait pour résultat d'arracher la peau. Toutes celles qui laissaient passer la main furent encore diminuées, et ajustées si serrées qu'il était même impossible de tourner le poignet. Lorsque nos poignets commencèrent à enfler, il nous déclara « qu'elles n'étaient pas faites pour aller comme des gants ».

Toutefois les jambes de Coleman ayant considérablement enflé, on lui enleva ses fers, ainsi qu'à Norman et à Byrn, qui étaient tombés malades. Mais on leur remettait toujours les menottes pour la nuit. McIntosh et Ellison, ayant les bras très écorchés par les fers, en furent débarrassés jusqu'à guérison mais leurs jambes demeurèrent toujours dans les fers.

Mai 1791. – La goélette ayant été remise en état, et, le plein d'eau ayant été fait, nous avons quitté Tahiti le 19. Le 20, nous fut distribuée une ration complète de grog.

Nous faisions route dans le NO et, le lendemain, nous sommes arrivés à Huahine et Raiatea, Tahaa etc., Nous y avons séjourné plusieurs jours, envoyant la goélette à terre. Nous y avons débarqué Hitihiti, qui était venu de Tahiti avec nous.

Nous allâmes ensuite à Aitutaki et Palmerston. Au cours de l'inspection de ces îles, le petit canot monté par M. Sevill et quatre hommes (dont l'un fils du quartier-maître de la *Pandora*) se perdit après avoir été drossé sur le récif auprès duquel la goélette était ancrée. Le navire et la goélette partirent sous le vent à sa recherche, sans succès.

Juin 1791. – Nous découvrîmes dans le nord plusieurs îles. Devant celle qu'on appelle île Chatham, la goélette fut considérée comme perdue[1]. Sur ces îles fut trouvé un

1. Ceci ne concorde pas avec le récit du capitaine Edwards, qui déclare que la goélette se perdit lorsque le navire se trouvait au large de Upolu, dans le groupe des Samoa (cf. le *Voyage de HMS Pandora* de Sir Basil Thompson). L'île que Morrison appelle Chatham est Savaii ; ce n'était pas une découverte puisque Bougainville avait découvert le groupe des Samoa en 1768.

morceau de vergue de la *Bounty* ; il faisait partie de la drome qui était partie à la dérive de Tupuai.

Nous avons croisé quelque temps à la recherche de la goélette, sans succès, et avons alors fait route sur les îles des Amis [Tonga], où nous avons trouvé un temps très pluvieux. La construction grossière de notre habitation fuyait abondamment, et, lorsqu'il pleuvait, nous étions toujours mouillés. Lorsque nous avons demandé au premier lieutenant s'il était possible d'y porter remède, il nous répondit :

— Je suis mouillé comme tout le monde sur le pont ; ça séchera lorsque le temps s'éclaircira.

Notre situation était si misérable que nous n'avons pas tardé à nous tomber malades. Le chirurgien (M. Hambleton[1]), un monsieur très humain, nous donna toute l'aide possible, tout en nous informant que le capitaine Edwards avait donné des ordres tels qu'il ne pouvait nous être d'aucune utilité dans les circonstances présentes. Toutefois, avec le deuxième lieutenant, il réussit à nous procurer une bouilloire de cuivre pour bouillir du cacao servi avec du sucre au lieu de beurre et fromage – et c'est ainsi que la Divine Providence nous conserva la vie. Notre local étant lavé deux fois par semaine, nous étions lavés par la force des choses, car il n'y avait pas assez de place pour nous déplacer. Notre seule alternative était de rester debout jusqu'à ce que le pont soit sec (ce qui était difficile lorsque le navire gîtait). Lorsque la

1. George Hamilton, qui décrivit ses aventures dans son *Voyage autour du Monde* imprimé pour la première fois à Berwick en 1793 et réimprimé par Sir Basil Thompson dans le *Voyage du HMS Pandora.*

violence de la mer accentuait le mouvement du navire, nous pouvions difficilement nous tenir, et le capitaine nous avait menacés d'y remédier en nous fixer au pont avec des agrafes. M. Cornor nous donna cependant de petites planches, qui furent fixées entre chacun de nous par les charpentiers, nous empêchant ainsi de nous blesser et de blesser les autres.

Nous avons mouillé à Nomuka et, après y avoir fait du bois et de l'eau, nous sommes repartis dans le nord, à la recherche de la goélette, laissant une lettre à un chef au cas où elle arriverait pendant notre absence – si elle est venue sur cette île, il est fort possible qu'elle ait été pillée, car l'attitude des indigènes laissait à désirer, même pour le navire. Le deuxième lieutenant s'était trouvé renversé à terre et certains de nos hommes entièrement déshabillés. Quelques-uns des indigènes qui étaient à bord sautèrent par les baies de la dunette avec plusieurs des livres du capitaine, mais poursuivis, ils les abandonnèrent avant de s'échapper. L'une de leurs pirogues fut prise pour le capitaine et apportée à bord.

Nous avons croisé pendant dix ou douze jours, et nous sommes revenus à Nomuka sans avoir de nouvelles de la goélette ; elle fut considérée comme perdue corps et biens.

Les indigènes des îles nouvellement découvertes diffèrent fort peu des indigènes de l'archipel des Amis ; leur langue est à peu près le même et la construction de leurs pirogues est très semblable ; ils ont des cochons, mais qui sont tout petits. Ces îles sont hautes, mais ne paraissent pas très fertiles. Elles se trouvent dans le nord-est de Nomuka à environ deux jours de route.

Des ignames furent achetées par le commissaire pour être distribuées en place de pain à raison de trois livres d'ignames pour une livre de pain jusqu'à épuisement du stock. Après avoir fait le plein d'eau, nous avons quitté Nomuka vers le 1er août, faisant route au nord-ouest ; nous savions maintenant que notre destination était Timor.

Août 1791. – Plusieurs îles furent découvertes au cours de cette traversée.

Le 22, nous sommes arrivés au récif qui barre le détroit dans la latitude de 9°, ayant manqué de peu de nous échouer sur un banc d'environ 1 mille de longueur. Il fut appelé récif de Wells[1], ayant été découvert pendant la nuit par un jeune homme de ce nom.

Faute de trouver une ouverture dans le récif, nous avons fait route au sud en remontant dans le vent pendant quelques jours. Le dimanche 28 août, le deuxième lieutenant fut envoyé avec la yole pour trouver un passage dans le récif, le navire ayant été mis en panne.

Le lundi 29, le navire s'échoua sur le récif à 7 heures du soir. L'embarcation revenait au même moment, et quand elle fut à portée de voix pour mettre en garde contre le danger, il était déjà trop tard. Le courant, portant avec force vers le récif, soulevait une mer agitée qui drossa le navire sur le récif. Il y eut deux ou trois violentes

1. Peut être une erreur de copie ; Edwards donne le nom de Willis. Ce récif dangereux s'appelle maintenant récif de l'*Indispensable*, du nom du navire dont le commandant le découvrit. Le détroit mentionné par Morrison est le détroit de Torrès, entre l'Australie et la Nouvelle-Guinée.

secousses, qui nous donnaient chaque fois l'impression que nous allions démâter.

Voyant le navire dans cette situation, nous avons pensé qu'il ne résisterait pas longtemps. A chaque secousse, nous étions en danger de nous tuer les uns et les autres avec nos fers. Nous avons décidé de les briser pour pouvoir nous porter mutuellement assistance et éviter de nous tuer. Nous en avons informé les officiers. Dès qu'il en eut connaissance, M. Cornor vint à l'arrière, et nous nous sommes engagés à ne faire aucune tentative, ne demandant qu'une chance pour nous sauver. Il promit de nous la donner, et nous dit de ne pas avoir peur. Pendant ce temps-là, le navire avait perdu son gouvernail et une partie de son étambot.

Entre 10 heures et 11 heures, il fut tiré dans 15 brasses d'eau avec les deux ancres. Les premières nouvelles furent qu'il y avait 3 mètres d'eau dans la cale. Coleman, Norman, McIntosh furent envoyés aux pompes, et on sortit les embarcations. Dès que le capitaine Edwards eut appris que nous étions libérés, il donna des ordres pour que nous soyons remis aux fers pieds et mains, malgré nos supplications et notre offre d'aller travailler aux pompes. Rien n'y fit ; et ses ordres furent exécutés, bien que l'eau dans la cale fût montée à 3,60 mètres, et que l'une des pompes se fût brisée.

Le maître d'armes et le caporal d'armes furent armés chacun d'une paire de pistolets et placés au-dessus de nous comme sentinelles, avec l'ordre de tirer dans le tas si nous faisions le moindre mouvement. Le capitaine avait déclaré, nous dit le maître d'armes, qu'il abattrait ou pendrait aux vergues ceux qui essaieraient encore de briser leurs fers. Comme nous pensions ne jamais revoir la lumière, le seul remède était la prière, et nous nous sommes étendus, oubliant pendant quelques instants notre misérable situation ; Pendant ce temps, nous pouvions entendre les officiers occupés à transporter leurs affaires dans les embarcations amenées à l'arrière à cet effet. Nous entendions également des hommes sur le pont dire :

— Je veux bien être pendu s'ils partent sans nous.

Cette dernière phrase fit bouger certains d'entre nous, et le maître d'armes s'écria :

— Tirez sur cette racaille.

Comme il était juste au-dessus de l'écoutille, je pus lui parler.

— Pour l'amour de Dieu ne tirez pas, lui dis-je, que se passe-t-il ? Personne ne bouge ici.

Quelques minutes plus tard, un canot partit à la dérive, et comme il n'avait que deux hommes à bord, il ne put regagner le navire. Il fallut en envoyer un autre pour le ramener, et nous avons commencé à nous dire qu'ils s'éloigneraient toutes les deux, car dans ces moments, il est naturel de supposer que chacun pense à soi d'abord. Mais ils revinrent, et furent plus solidement amarrés. Nous avons appris que les bonnettes avaient été dégréées pour en faire un radeau, et qu'un mât de hune s'était abattu sur l'embelle, tuant un homme qui s'efforçait de jeter les canons à la mer. La confusion semblait extrême. A l'aube, les embarcations furent rassemblées, et nous avons constaté que la plupart des officiers se tenaient à l'arrière, armés, prêts à descendre par les échelles de poupe. Comme nous les suppliions de ne pas nous oublier, par ordre du capitaine Edwards, Joseph Hodges, l'aide-armurier, descendit enlever les fers de Muspratt et de Skinner pour les envoyer en haut avec Byrn (qui était à ce moment déjà sans fers). Skinner, trop pressé de sortir, fut hissé hors du trou avant que Hodges ait pu lui enlever les menottes, les autres le pressant. L'écoutille fut fermée et barrée après que Hodges eut brisé mes fers et ceux de Stuart. Je suppliai le maître d'armes de laisser l'écoutille ouverte. Il me répondit :

— Ne craignez rien mes enfants, nous irons tous ensemble en enfer.

A peine avait-il prononcé ces mots que le navire se souleva.

« Il coule ! » Le cri se faisait entendre de partout. Le maître d'armes et son caporal roulèrent par-dessus bord et, au même instant, nous vîmes par les sabords arrière le capitaine Edwards qui nageait vers le canot ; celui-ci se trouvait à une certaine distance de l'arrière avec toutes les autres embarcations, qui s'étaient éloignées aux premiers mouvements du bateau.

Burkett et Heildbrandt avaient toujours les menottes, et le navire était enfoncé dans l'eau jusqu'au pied du mât. Le niveau commençait à nous gagner lorsque la Divine Providence dirigea vers nous William Moulter, second maître. Comme il se retenait à la boîte, il entendit nos cris, enleva le boulon et l'écoutille et les jeta à la mer avec une étonnante présence d'esprit – lui-même étant obligé de prendre le même chemin. Grâce à cela, nous avons pu sortir, excepté Heildbrandt, et nous avons trouvé le temps de nous en réjouir, même au milieu de ce spectacle éprouvant.

Tout ce que je pus faire avant que le navire ne sombre, fut de m'écarter du grand mât. Les embarcations étaient maintenant si éloignées qu'il était impossible de les distinguer les unes des autres. Toutefois, apercevant une coupée remontée à la surface, je nageai dans sa direction. Je l'avais à peine atteinte quand j'aperçus Muspratt à l'autre extrémité, ramené par elle à la surface tandis que plusieurs autres avaient été au contraire envoyés par le fond en la recevant sur la tête.

Je me préparai à nager et, le toit de notre prison flottant près de là, j'aperçus M. Peter Heywood, Burkett, Coleman et le premier lieutenant accrochés dessus. Voyant M. Heywood se saisir d'une courte planche pour se diriger vers les embarcations, je décidai de l'imiter. Après m'être débarrassé de mes pantalons, je m'entourai la taille avec une étoffe ou maro à la manière tahitienne, je pris une planche et je le suivis ; après avoir passé une heure et demie dans l'eau, j'arrivai à la yole bleue et fus ramassé par M. Bowling, le second maître, qui avait également ramassé M. Heywood.

Après avoir recueilli plusieurs autres hommes, nous avons débarqué sur un petit îlot de sable, sur le récif, à environ 3 milles du navire. Là, nous avons appris que quatre de nos camarades prisonniers s'étaient noyés, dont deux, Skinner et Heildbrandt, avaient encore leurs menottes ; les deux autres, Stuart et Sumner, avaient été assommés par la coupée.

Burkett ayant été débarqué menottes aux mains, le capitaine donna l'ordre de les lui enlever. Nous apprîmes également que trente et un membres de l'équipage avaient disparu et, parmi eux, le maître d'armes et le caporal d'armes ; tous les officiers étaient sauvés.

Une tente fut alors dressée pour les officiers et une autre pour les hommes, mais nous n'étions autorisés à nous approcher ni de l'une ni de l'autre, bien que le capitaine nous eût dit que nous serions traités comme l'équipage. Nous pouvions voir que ce n'était pas le cas – le capitaine Edwards nous refusa même une voile de rechange qui ne servait à rien, dont nous voulions faire un abri contre le soleil, étant [presque nus][1]. Nous avons reçu l'ordre de nous tenir à part, sur un coin de l'îlot, au vent des tentes, et ne pouvions adresser la parole à personne. Peu de vivres avaient été sauvés, et notre ration, ce jour-là, fut une bouchée de pain et un verre de vin. La quantité d'eau était extrêmement faible, et nous n'en avons pas reçu.

Nous sommes restés là jusqu'au mercredi matin 31, le temps de mettre les embarcations en état. Pendant ce temps, le soleil eut un tel effet sur nos peaux restées enfermées pendant cinq mois qu'elle s'enlevait des pieds à la tête malgré notre précaution de nous couvrir de sable pendant la chaleur du jour. Il n'y avait pas d'abri sur l'îlot, qui n'était rien d'autre qu'un petit banc de sable jeté sur le récif, qu'un changement de vent aurait pu faire disparaître ; il avait seulement 150 mètres de tour

1. Ces mots sont effacés dans le manuscrit et sont reproduits sous toutes réserves.

et 1,80 mètre de hauteur à marée haute. Il y en avait deux autres semblables, celui-ci étant au milieu des deux ; entre le nôtre et celui qui se trouve dans le sud, il existe un chenal profond où un navire pourrait passer en toute sécurité. Ces bancs de sable ont été relevés par le capitaine Edwards : leur latitude se trouve entre le 10° et le 11° sud, à environ un jour de navigation du cap nord de la Nouvelle-Hollande.

Pendant la nuit, comme il faisait froid et que nous n'avions rien pour nous couvrir, nous avons dressé un talus de sable pour dormir à l'abri du vent. Mais cette barrière était inefficace, les averses fréquentes suffisaient à rendre notre situation misérable, sans nous permettre d'étancher notre soif, qui était grande. Nous avons cherché de l'eau, en vain. M. Cornor fit chauffer une bouilloire contenant de l'eau salée dont il recueillait les gouttes qui se déposaient à l'intérieur du couvercle ; en une nuit, il réussit à recueillir la valeur d'une cuiller d'eau. L'un des hommes de la *Pandora* qui but de l'eau de mer devint fou.

Le 30, le second maître alla jusqu'à l'épave avec une embarcation pour voir si quelque chose était remonté ; les têtes de mât étaient hors de l'eau, les mâts de perroquet étant tombés. Il revint avec une partie d'un mât de perroquet, qu'il scia en deux pour se débarrasser du chouquet. Il avait aussi avec lui un chat qu'il avait trouvé perché sur une des vergues. Une des bouées du navire passa à la dérive, mais on trouva inutile d'aller la chercher bien que nous n'ayons aucun récipient pour prendre de l'eau au cas où nous en trouverions.

Les embarcations étant prêtes, nous sommes partis le

31 à 10 heures du matin dans l'ordre suivant : McIntosh, Ellison et moi-même dans la pinasse, avec le capitaine Edwards, le lieutenant Hayward et dix-neuf officiers et hommes, au total vingt-quatre. Dans la yole rouge prirent place Burkett et Millward, avec le lieutenant Larkin et dix-neuf officiers et hommes, au total vingt-deux ; dans la chaloupe, Peter Heywood, Coleman et Byrn, avec le lieutenant Cornor et vingt-sept officiers et hommes, au total trente et un ; et dans la yole bleue, Norman et Muspratt avec le maître d'équipage et dix-neuf officiers et hommes. Cela faisant quatre-vingt-dix-neuf âmes en tout. Dans cette situation, nous avions une traversée d'environ 500 lieues à faire avant d'arriver à la colonie hollandaise de Timor. Les rations quotidiennes de pain représentaient en poids deux balles de mousquet et à peine un verre d'eau et de vin, sous un soleil implacable, à peu près vertical.

Nous avons quitté le banc (appelé l'îlot du Naufrage) et fait route au NO.

Le lendemain matin 1er septembre, nous étions en vue d'une terre que nous avons supposé faire partie de la Nouvelle-Hollande. Les deux yoles furent envoyées à terre tandis que nous continuions notre route vers une île où nous espérions trouver de l'eau. Dans l'après-midi, nous avons été rejoints par les deux yoles, qui avaient trouvé de l'eau et rempli leurs récipients. Ensemble, nous sommes entrés dans une baie à la recherche d'eau.

Nous approchant de la plage, nous avons constaté qu'il y avait des habitants, bien que cette île fût petite et parût peu fertile. Les indigènes apparurent au nombre de 18 ou 19 femmes et enfants, qui paraissaient membre d'une seule famille. Ils s'approchèrent librement des embarcations, et nous nous aperçûmes que la couleur de leur peau était portée au noir de jais par de la suie ou du charbon. Ils étaient tout à fait nus, avec des cheveux longs et frisés, mais emmêlés comme un faubert. Quelques-uns avaient des trous dans les oreilles qui auraient permis d'y passer le bras.

Nous avons fait signe que nous voulions de l'eau, ce qu'ils ont compris et, ayant donné à l'un d'eux un demi-quartaut vide (20 litres environ), plus quelques objets sans valeur pour l'encourager, il revint bientôt avec le demi-quartaut à peu près rempli. Nous l'avons vidé dans un autre récipient, et redonné à l'homme. Il appela alors une jeune femme qui se trouvait près de lui et l'envoya chercher l'eau. Elle revint au bout de peu de temps accompagnée d'un homme portant plusieurs lances. Elle donna le récipient à l'homme qui l'avait envoyée ; celui-ci entra dans l'eau jusqu'à la ceinture et fit signe aux embarcations de s'approcher. Comme elles ne bougeaient pas, il se mit à reculer. Pendant ce temps, deux autres hommes préparaient leurs armes. Un javelot frappa le canot et une flèche tomba non loin de là. Toutes deux furent ramassées, et nous avons fait feu de plusieurs mousquets à la fois, ce qui fit se coucher les indigènes. L'homme qui avait le tonnelet le laissa tomber et s'enfuit ; mais voyant qu'il était indemne, il revint sur ses pas et le ramassa. Tous eurent bientôt disparu.

Le capitaine Edwards donna l'ordre aux embarcations de s'éloigner du rivage, et de se diriger vers l'ouest, ou d'autres îles étaient en vue. Ceci parut déplaire au premier lieutenant, qui le dit de si forte manière que le capitaine l'entendit ; il lui commanda de se taire et d'exécuter ses ordres.

Une fois arrivés aux îles en question nous les avons explorées mais elles n'avaient ni eau ni rien de comestible si ce n'est une sorte de prune contenant une gomme gluante qui collait à la bouche, aux dents et à la gorge – que nous avons mangées tout de même. Quant aux coquillages que nous avions amenés de l'îlot, nous ne pouvions les manger, faute d'eau. Parmi les coquillages trouvés sur le banc de sable, il y en avait deux énormes qui mesuraient 30 centimètres dans le sens de la longueur.

Nous avons fait route à l'ouest et, à 3 heures le lendemain matin, nous avons trouvé une île où nous espérions trouver de l'eau. Après avoir mouillé pour attendre le jour, nous nous sommes approchés de la plage. Comme il n'y avait pas d'indigènes en vue, une équipe fut envoyée à terre, qui réussit à trouver de l'eau en creusant. Tous les récipients furent remplis. De la soupe concentrée fut préparée dans la bouilloire, dont un demi-litre fut servi à chaque homme, avec autant d'eau qu'il en pouvait boire. Pour avoir des récipients, nous en étions réduits à des expédients : après avoir fait des seaux de toile, nous avons rempli tout ce qui pouvait contenir de l'eau fut-ce pour un jour, tel qu'une paire de bottes, etc., le tout ne faisant que 800 litres environ – maigre ration pour 99 hommes qui ne pensaient pas arriver à Timor en moins de 14 jours. Malgré les réserves, nos rations n'en étaient pas augmentées, car nous ignorions la durée de la traversée.

Nous avons fait route à l'ouest et, par peur de se trouver séparés pendant la nuit, on a fait en sorte que le canot prenne en remorque toutes les autres embarcations ; il en fut ainsi toutes les nuits de la traversée.

La chaleur rendait notre soif insupportable, et les seaux de toile n'ayant pas tardé à fuir, la ration ne put être augmentée. La soif augmenta à un tel degré que plusieurs hommes burent leur propre urine. Un fou [oiseau] ayant été attrapé dans la pinasse, on but son sang avec avidité, et sa chair fut partagée ; deux autres fous pris par les autres embarcations connurent le même sort, tant la détresse était grande.

Nous avions constamment une ligne de pêche à la traîne, mais aucun poisson ne fut attrapé, bien que nous en ayons vu plusieurs.

Le 9, j'étais étendu sur les avirons, parlant à McIntosh, lorsque le capitaine Edwards m'ordonna de venir à l'arrière. Sans explication, il me fit ligoter et attacher dans le fond de l'embarcation. Ellison, qui dormait, fut puni de la même façon. Je tentai de raisonner le capitaine : je lui demandai ce que j'avais fait pour être aussi cruellement traité, évoquant la détresse générale.

— Silence, répondit-il, espèce de bandit assassin, n'êtes-vous pas un prisonnier ? Chien de pirate, quel traitement espériez-vous ?

Je lui dis alors qu'il était honteux pour le commandant d'un bâtiment de guerre anglais de traiter un prisonnier de façon si inhumaine. Il se mit dans une si violente colère qu'il menaça de me tuer avec un pistolet qui se trouvait sur les écoutes arrière. Comme je tentai encore de répondre, il jura :

— Par Dieu, si vous dites un mot de plus, je vous fais attacher à l'extrémité du loch.

Comprenant qu'il n'entendrait pas raison, et la bouche si desséchée que je ne pouvais plus bouger ma langue, je me résolus au silence. Je fus attaché de façon à ne plus pouvoir bouger. Ellison et moi-même sommes restés dans cette pénible situation durant tout le reste de la traversée, McIntosh n'étant même pas autorisé à nous parler.

Nous nous étions installés toutefois du mieux possible, et, le 15, les embarcations arrivèrent en vue de l'île de Timor après avoir eu une bonne brise et du beau temps pendant toute la traversée. Là, elles se séparèrent pour chercher de l'eau, sans succès, jusqu'au 16 au matin, où nous trouvâmes un puits près de la plage. Rejoints par la chaloupe, nous avons navigué ensemble jusqu'à Coupang, où nous sommes arrivés vers minuit. Là, nous avons mouillé un grappin pour attendre le jour. Nous pouvions voir un navire dans la rade ainsi que plusieurs bateaux de petite taille.

A 8 heures du matin, le capitaine alla voir le gouverneur. Vers 10 heures, nous avons été conduits à la maison du gouverneur et, de là, à la citadelle ou, malgré notre état de faiblesse, nous fûmes mis en cellule et entravés.

Le 19, les yoles arrivèrent et nos camarades prisonniers nous rejoignirent. Ils avaient été moins maltraités que nous, mais leurs rations avaient été les mêmes. Dès notre débarquement, de la nourriture nous fut donnée et, nos intestins recommençant à fonctionner, nous étions obligés de nous soulager sur place – ce que nous n'avions pas fait pendant toute la durée de la traversée. Certains étaient en si mauvais point qu'il fallut leur donner des clystères répétés ; le chirurgien de la place ne voulut pas nous rendre visite avant que notre prison n'eût été lavée par les esclaves.

Après six jours passés dans cet état, l'officier hollandais commandant la citadelle, informé de notre détresse, vint nous rendre visite. Prenant pitié de nous, il commanda des fers pour nous attacher deux par deux, ce qui nous permettait de marcher dans la cellule ; en plus des soldats hollandais, une sentinelle de la *Pandora* fut postée à la porte.

Comme nous étions tous à peu près nus, nous avons fait en sorte de nous procurer les feuilles d'un certain arbre, et nous avons entrepris de fabriquer des chapeaux pour les vendre et acheter des vêtements, mais tout était très cher, si bien que nous ne pouvions rien acheter. D'ailleurs, les aiguilles et le fil étant également très chers, nous n'avancions guère. Nous obtenions tout de même, à force d'expédients, du tabac et quelques rafraîchissements.

Nous apprîmes qu'il y avait d'autres prisonniers dans le fort ; il s'agissait de sept hommes, une femme et deux enfants qui s'étaient échappés de Sydney (ou Port Jackson, Botany Bay)[1] dans un bateau. Ils avaient essayé de se faire

1. Etablissement pénitentiaire à l'époque. Ainsi qu'ils l'avouèrent à l'arrivée du capitaine Edwards, ces gens étaient des *convicts,* des condamnés au bagne évadés, qui, ayant volé une chaloupe, étaient arrivés à Timor après un voyage mouvementé de dix semaines. Voir Thomson, *op. cit.*, p. 23.

passer auprès du gouverneur pour une partie de l'équipage du *Neptune* qui avait fait naufrage. Comme ils étaient incapables de vivre paisiblement, on avait découvert qu'ils étaient des imposteurs et ils avaient été enfermés dans la citadelle jusqu'à ce qu'ils eussent payé une dette qu'ils avaient contractée.

Octobre 1791. – Nous sommes restés jusqu'au 5 octobre, puis nous avons été envoyés à bord du *Rembang*, navire hollandais qui se trouvait dans la rade. M. Larkin, l'officier préposé pour ce transfert, arriva à la prison avec un garde qui nous lia les mains derrière le dos, son pied appuyé sur notre dos, si bien qu'il nous tordait les bras au point de les déboîter. Nous avons été attachés deux à deux par les coudes et, après, une fois nos fers enlevés, nous avons été emmenés à la plage et embarqués dans une chaloupe pour être conduits au navire. Plusieurs d'entre nous s'évanouirent avant d'y arriver, la circulation du sang coupée par nos liens.

Les hommes de Botany Bay arrivèrent ensuite, gardés par des soldats hollandais et comme nous mis aux fers.

Le soir, le navire leva l'ancre pour Batavia. Le lendemain McIntosh, Coleman et Norman furent libérés de leurs fers et autorisés à marcher sur le pont.

Comme nos mains étaient maintenant libres, nous espérions trouver obtenir quelque confort en recommençant à fabriquer des chapeaux, ayant apporté tout ce qu'il fallait à bord. Mais le bonheur n'est pas toujours là où l'on pense et il est toujours de courte durée. Le navire faisait eau. En conséquence, nous étions sortis des fers deux par deux, durant deux heures le matin et deux heures l'après-midi, pour travailler aux pompes sous la surveillance de sentinelles. Nous avions accepté avec joie ce que nous croyions être une nouvelle liberté, mais nous avons vite constaté que nos forces ne suffiraient pas à la tâche. Un jour, je dis à M. Larkin qu'il m'était impossible de travailler ainsi sans interruption (le navire nécessitait un fonctionnement continu des pompes). A quoi il me répondit d'une manière sarcastique :

— Espèce de gredin, ce qui t'arrive, tu t'y es mis toi-même, et je te le ferai payer jusqu'au bout. C'est à cause de toi et des autres, que nous sommes là...

Je lui répondis :

— Les ennuis arrivent souvent sans qu'on les cherche.

Il m'ordonna alors de me taire.

Toutefois, l'épreuve prit bientôt fin. En effet, étendus sans vêtements sur le pont toujours mouillé, épuisés par l'effort, nous nous sommes vite trouvés hors d'état de travailler. On nous laissa dès lors en bas, le maniement des pompes étant assuré par les marins hollandais et les esclaves malais.

Le navire était en mauvais état, et sous un commandement plus mauvais encore. Si le capitaine Edwards n'en avait pas pris la direction et mis ses hommes à la manœuvre, il ne serait jamais arrivé à Batavia. La plupart des voiles s'étaient déchirées dans le détroit de Bally si bien que, faute de rechange, nous avions failli nous échouer. Nous avons tout de même réussi à atteindre Samarang, un établissement hollandais sur l'île de Java, où nous avons mouillé le 30 octobre. Là nous avons trouvé la goélette, qui était arrivée six semaines auparavant avec tout son équipage, composé d'un second maître, d'un midship, d'un quartier-maître et de six hommes dont l'un était mort depuis leur arrivée. Ils furent joyeusement accueillis par leurs camarades de bord, et la goélette nous a accompagnés jusqu'au port de Batavia où nous avons mouillé le 7 novembre[1].

Novembre 1791. – Nous fûmes installés dans une vieille coque qui se trouvait en rade, avec les officiers et les hommes de la *Pandora*. Ici, comme auparavant, McIntosh, Coleman et Norman eurent le libre usage du pont. Nous avons reçu 10 shillings par homme comme acompte, ce qui nous permit d'acheter quelques rafraîchissements en plus des rations distribuées par le commissaire de la *Pandora*.

La goélette, mise en vente, fut achetée par le commandant, qui l'envoya en cadeau au gouverneur de Timor, et le produit de la vente fut partagé entre les membres de l'équipage.

---

1. Le second maître s'appelait Oliver ; son journal de bord ne fut jamais retrouvé. Edwards, ainsi que Hamilton, ne consacrent que quelques mots au voyage de la goélette, mais en disent assez pour laisser penser que ce voyage dut être très mouvementé. Oliver et ses compagnons semblent avoir été les premiers à avoir eu des contacts prolongés avec les Fidjiens. On trouvera des commentaires sur ce voyage dans Thomson, *op. cit.*, p. 12-16, et dans *The discoverers of the Fiji Islands*, du prof. G. C. Henderson, chap. XIII. – La goélette qui avait été construite dans des conditions si difficiles, avait d'excellentes qualités de vitesse ; elle fut plus tard utilisée pour le commerce des loutres de mer et fit un des voyages les plus rapides entre la Chine et les îles Sandwich. Plus tard, elle fut utilisée comme bâtiment hydrographique sur les côtes de Chine et sauva l'équipage du *HMS Providence* lorsque ce navire se perdit en 1797 sur la côte de Formose.

Du tissu de Nankin fut acheté et distribué à l'équipage. Ayant retrouvé la santé, nous nous fîmes tailleurs et chapeliers. Tout en travaillant pour l'équipage, nous réussissions à obtenir du tissu pour nous-mêmes, ce qui fut interdit par le capitaine Edwards quand il en eut connaissance. Restés à Batavia jusqu'au 23 décembre, nous n'avons reçu que deux fois l'autorisation de monter sur le pont, pour une demi-heure à la fois, le temps de nous laver. Nous étions en bonne santé, cependant, tandis que les marins de la *Pandora* tombaient malades et mouraient rapidement.

Pour ce qui est de la cité de Batavia, je ne puis rien dire, ne l'ayant pas vue. Du mouillage, seuls l'église et quelques hangars sont visibles. Elle est située au fond d'une baie profonde entourée de terres basses et, selon toute apparence, marécageuses, qui n'ont pas l'air d'être cultivées. La petite rivière qui remplit les canaux se jette dans la baie ; elle est d'une telle saleté que la rade où mouillent les grands navires n'est rien qu'une mare stagnante. Pendant la nuit, il tombe une forte rosée et, le matin, le ciel est généralement assombri par un brouillard épais et puant, qui demeure jusqu'à ce qu'il soit dissipé par la chaleur du soleil.

La brise de mer atteint rarement la rade avant l'après-midi, et quelquefois ne souffle pas de toute la journée. Il s'ensuit que le temps est lourd et étouffant. La brise de terre qui souffle dans la soirée apporte avec elle une odeur écœurante, qui suffit à provoquer des maladies chez les Européens. Pour nous en protéger, nous avons demandé la permission de fumer du tabac, qui nous fut donnée. Tout notre temps libre passait ainsi, surtout les matinées et les soirées ; nous trouvions la fumée très bénéfique, elle soulageait nos maux de tête etc. que nous supposions être provoqués par les vapeurs pestilentielles.

Le climat de Batavia n'est sous aucun rapport fait pour les Européens et, avec le nouvel arack (une liqueur particulièrement pernicieuse), il fait quotidiennement de nombreuses victimes. La mort avait fait de tels ravages, pendant les derniers six mois, que la flotte présentement en rade fut obligée de faire venir des équipages de Hollande pour les manœuvres. On disait que plus de 2 500 officiers et hommes étaient morts cette saison, en dehors des habitants.

Les Chinois et les indigènes de l'île font tout le travail de chargement et de déchargement, les marins hollandais étant débarqués dès que le navire est à l'ancre. Les vivres ici ne sont ni bon marché ni de bonne qualité. Le bœuf est petit et maigre. Le riz est le seul produit qui remplace le pain, tout au moins pour les équipages de navires. Les vêtements de toutes espèces, particulièrement ceux manufacturés en Europe, sont très chers. En fait, la seule chose bon marché que j'ai trouvée est l'arack, un vrai poison néanmoins consommé en quantité par les Hollandais. Les officiers de la *Pandora* eurent beaucoup de mal à empêcher leurs hommes d'en faire usage.

Le premier lieutenant M. Larkin s'était embarqué pour l'Europe le 20 novembre sur un navire hollandais avec une partie de l'équipage. Le 23 décembre, le reste fut partagé entre le lieutenant Cornor et le lieutenant Hayward, qui prirent avec eux les hommes de Botany Bay ; nous avons été placés sur le *Vreedenbergh*, sur lequel se trouvait le capitaine Edwards avec vingt-trois officiers et hommes.

Le 24, nous avons mouillé près d'une petite île dans l'entrée d'une baie appelée Onrest, où se trouvent les chantiers navals ; c'est là qu'ils envoient leurs convicts, qui y sont employés à faire des cordages et à caréner les navires.

Nous avons levé l'ancre le 25 pour passer les détroits. Ce n'est que cet après-midi-là que nous avons touché des rations, alors que nous n'avions été nourris que jusqu'au 22 par le commissaire de la *Pandora*. Elles nous étaient données à la manière hollandaise, c'est-à-dire, pour jours et par homme : 2 dram[1]s d'arack par jour soit un tiers de pinte (18 centilitres), trois livres de viande (bœuf et porc), une livre et demie de poisson, *idem* de sucre, de tamarin, une demi-pinte de gee, [beurre liquide], une demi-pinte d'huile et une pinte de vinaigre avec du riz au lieu de pain. Le riz ne valait guère mieux que des graines, n'étant en général pas décortiqué ; l'huile et les tamarins n'étaient utilisables d'aucune façon. Telle était notre nourriture, avec deux litres d'eau par jour, ce qui était amplement suffisant. Notre logement laissait à désirer, car nous couchions sur des troncs d'arbre assemblés, de différentes grosseurs ; or le peu de vêtements dont nous disposions ne nous permettait pas d'en faire une surface plane. Le pont, au-dessus de nous, fuyait abondamment, de telle sorte que nous étions mouillés sans cesse tantôt par l'eau de

1. Unité de mesure anglo-saxonne. 1/8e d'once liquide.

mer, tantôt par la pluie, tantôt par l'urine des cochons qui se trouvaient au-dessus de nous.

Nous avons passé le détroit de la Sonde le 1er janvier 1792.

Le reste du voyage fut sans histoire, en dehors de la mort de deux membres de l'équipage de la *Pandora* et de plusieurs marins hollandais. Ceci et la méthode de distribution des rations furent les seules choses notables. Cette dernière méritant d'être indiquée car elle montre le vrai caractère des Hollandais : la « rançon » ou ration de quinzaine dure chez eux seize jours, de sorte qu'à l'arrivée au Cap ils avaient gagné sur nous quinze jours de rations.

14 mars 1792. – Aujourd'hui nous avons pu quitter nos fers deux par deux et marcher sur le pont pendant deux heures, mais nous pouvions à peine tenir sur nos pieds tellement nous étions affaiblis par ces misérables rations, qui nous permettaient non pas de vivre mais tout juste d'exister. Ce fut la seule complaisance qui nous fut accordée pendant la traversée, à part la grâce accordée à un ou deux d'entre nous, relâchés pendant quelques heures après l'intercession du chirurgien hollandais.

Le temps devint d'un froid coupant.

Le 15, nous sommes arrivés au Cap de Bonne Espérance, et le 18, nous avons mouillé dans la baie de la Table. Là, nous avons vu avec une joie inexprimable un bâtiment de guerre anglais au mouillage. On nous informa qu'il s'agissait du *HMS Gorgon* de Port Jackson. Le 19, nous avons été envoyés à son bord, où nous avons été traités avec moins de rigueur ; les deux tiers de rations qui nous étaient alloués étaient de vrais festins.

Peu de temps après, arrivèrent les autres navires avec le reste de l'équipage de la *Pandora*. Nous apprîmes ici que le premier lieutenant de la *Pandora* était parti depuis quelque temps, laissant un de ses hommes, qui fut envoyé à bord du *Gorgon* par le capitaine Edwards.

McIntosh, Coleman et Norman étaient comme auparavant en liberté ; quant à nous, nous n'avions qu'une jambe aux fers et profitions de toutes sortes de petites commodités. Le lieutenant Gardner, de ce navire, en l'absence du capitaine Parker, nous donna, avec beaucoup d'humanité, une voile pour nous étendre, ce qui pour nous était un vrai luxe, n'ayant rien eu de semblable pendant douze mois.

Ayant reçu des chemises et des pantalons, nous avons dépensé le peu d'argent que nous possédions en rafraîchissements. Et nous pouvions bénéficier de l'air dont nous avions été privés pendant si longtemps ; on nous sortait de l'entrepont, en effet, pour nous laisser nous asseoir de six à huit heures par jour sur le gaillard avant. Ainsi avons-nous repris rapidement forces et santé.

Le 4 avril, le capitaine Edwards vint à bord pour prendre passage sur le Gorgon, et, le 5, nous avons levé l'ancre à destination de l'Angleterre. Le 10 les pleines rations nous furent allouées.

Le 22. – Arrivés à Ascension, nous avons mouillé le même jour. Il y avait là, à l'ancre, une goélette américaine de New Providence et, ayant pris à bord vingt-huit belles tortues, nous levâmes l'ancre le 24. Après avoir passé la ligne nous hélâmes un brigantin américain en route pour le Bengale et un brigantin anglais le *Prince William Henry* en route pour les Pêcheries du Sud.

19 *juin*. – Arrivée à Spithead. Le 21, nous fûmes conduits sur le navire de Sa Majesté *Hector* et là nous fûmes traités d'une façon qui fait honneur à l'humanité de son commandant et de ses officiers ; on nous donna des lits et toutes les facilités que permettaient les circonstances.

Le 12 septembre, commença notre procès à bord du *HMS Duke*, dans le port de Portsmouth. Pour plus de détails, je renvoie le lecteur aux minutes de la cour martiale.

À L'OMBRE DE LA POTENCE

Témoignages de John Fryer, officier, et de Thomas Ellison, marin, devant la cour martiale

Extraits des transcriptions du procès en cour martiale
conservées aux Archives nationales, Kew, Royaume-Uni.
Traduit par Dominique Le Brun et Clara Mouche.
Mis en ligne par le site Fatefulvoyage.com

Le 12 septembre 1792 à bord du HMS Duke, *ancré devant Portsmouth, se tient la première audience de la cour martiale réunie pour juger les mutins de la* Bounty *– plus précisément les dix survivants des quatorze hommes arrêtés à Tahiti par le* HMS Pandora *et ramenés dans les conditions inhumaines révélées par les récits de Peter Heywood et de James Morrison. C'est lors du naufrage de la* Pandora *que quatre des mutins ont perdu la vie.*

La cour martiale est composée de onze capitaines de vaisseau, commandants de bâtiments de la Royal Navy, sous la présidence d'un vice-amiral. Leur tâche pouvait paraître simple dans la mesure où l'acte d'accusation ne prêtait à aucune équivoque : « Enlèvement avec mutinerie du vaisseau armé la Bounty *et désertion du service de Sa Majesté. » Or, aux termes de l'article XIX du code militaire en application dans la Marine anglaise depuis le 25 décembre 1749, « si un membre de la Marine ou une personne dépendant de la flotte participe ou tente de participer à une réunion de mutins, quel qu'en soit le prétexte et s'il se trouve reconnu coupable par la cour martiale, il subira la peine de mort ».*

Autrement dit, premièrement : la question n'était surtout pas de déterminer les raisons pour lesquelles une mutinerie s'était déclenchée sur la Bounty *– même si la rébellion trouvait ses germes dans la conduite anormale* *d'un officier, l'Amirauté considérait qu'il existait pour cela des procédures idoines, et, de fait, William Bligh en serait par la suite victime, mais dans une autre affaire ; deuxièmement : ou bien les prévenus étaient individuellement reconnus coupables d'acte de mutinerie et ils étaient condamnés à mort ; ou bien leur culpabilité n'était pas reconnue, et ils étaient relaxés.*

C'est ce jugement individuel, principe évident de justice, qui va compliquer la tâche des juges. Dans le cas de la Bounty, *en effet – William Bligh le premier l'a affirmé – parmi les marins restés à bord du bâtiment, plusieurs n'ont rien à voir avec la mutinerie. Il s'agit donc de savoir précisément qui a fait quoi. Or, rappelons-le, la mutinerie a éclaté dans la nuit du 28 au 29 avril 1789, trois ans et quatre mois plus tôt. Dans une audience où tout va se jouer « parole contre parole », le risque d'erreur est patent.*

On peut supposer que, pour la Royal Navy, il paraissait indispensable de faire un exemple. En effet, les conditions de vie à bord des bâtiments de la marine étaient tout simplement atroces, et tous les officiers savaient que le fragile équilibre de la discipline était menacé. Dans le même temps, peu importe si cela se passait de l'autre côté de la Manche, l'exemple de la Révolution française inquiétait grandement. Les amiraux avaient d'ailleurs raison de s'inquiéter, puisque cinq ans après ce procès, les flottes de Spithead (mouillage de Portsmouth) et de Nore (estuaire de la Tamise) allaient tout entières se révolter contre leurs officiers. Il exista ainsi une brève République flottante de Spithead !

La volonté d'exemple n'empêchera pas les juges réunis

à bord du HMS Duke *de se montrer objectifs et même de mettre parfois en difficulté les témoins à charge.*

Pour apprécier les textes publiés dans les pages qui suivent, il faut connaître le principe de la procédure suivie par la cour martiale de la Royal Navy. Dans un premier temps, l'accusation appelle les témoins à charge à répondre aux questions posées par la cour. Ensuite, les témoins à charge peuvent faire l'objet d'un contre-interrogatoire par les accusés. Dans un second temps, les accusés sont appelés à déposer, étant ensuite questionnés par la cour et contre-interrogés par les témoins à charge. Pour déposer, les accusés ne prennent pas la parole : leur plaidoirie est un mémoire de défense écrit, lu à la cour par l'un des juges, dit juge-avocat. Les trois textes publiés dans les pages suivantes sont :

– l'interrogatoire par la cour du témoin à charge John Fryer, commandant en second de la Bounty *;*

– le mémoire de défense de l'accusé Thomas Ellison ;

– le contre-interrogatoire du témoin à charge John Fryer, par l'accusé Thomas Ellison.

Le procès va durer moins d'une semaine, et le 18 septembre 1792 est rendu le verdict suivant : six accusés sont reconnus coupables et quatre acquittés. Mais sur les six mutins (Thomas Burkett, Thomas Ellison, Peter Heywood, John Millward, James Morrison et John Muspratt), seulement trois sont exécutés. Pourquoi ? Dans sa sentence, la cour recommande Heywood et Morrison à la clémence royale « considérant diverses circonstances ». Comme on l'a vu précédemment, il est clair que la cour martiale a rendu ce jour-là une « justice de classe » : les deux hommes seront graciés quelques semaines plus tard. John Muspratt, lui, échappera à la corde grâce à son avocat qui parvint à faire casser le jugement pour vice de forme. Restent Thomas Burkett, John Millward et Thomas Ellison. En quoi étaient-ils plus coupables que les autres ?

Thomas Burkett, maître canonnier, a participé à l'arrestation de Bligh. L'accusation est donc fondée. Pourtant, malgré la lourde charge qui pèse sur lui, après la mutinerie, il n'a pas voulu accompagner Fletcher Christian sur la Bounty *en quête d'une île où se cacher. Il a préféré rester à Tahiti où, il le savait bien, la Navy le capturerait un jour.*

John Millward faisait partie des sentinelles armées dont il est question à diverses reprises dans les témoignages. Les charges réunies contre lui sont donc tout aussi lourdes. On rapporte qu'avant d'être pendu, il prononça une harangue destinée aux matelots de la Navy, qu'il encourageait fermement à rester dans le droit chemin de la discipline, mais cette rumeur ressemble fort à de la propagande militaire.

La condamnation de Thomas Ellison, qui avait seize ans au moment de la mutinerie, est plus problématique. S'il semble s'être joint aux mutins, c'est faute d'avoir trouvé un conseil pour adopter un comportement loyaliste ; et, si l'on s'en réfère à l'accusation, c'est de quolibets qu'il semble avoir été coupable. Peut-être aussi d'avoir montré trop d'énergie à monter dans le gréement pour mettre la Bounty *sous voile, une fois Bligh et ses compagnons embarqués dans la chaloupe. En somme, au lieu de l'exemple qu'elle voulait donner, dans le cas de Thomas Ellison, la cour a plutôt rendu une justice caricaturale.*

Interrogatoire de John Fryer, second à bord de la *Bounty*.

12 septembre 1792. M. John Fryer est appelé et prête serment.

Question. – Informez la cour des circonstances dont vous avez connaissance sur la fuite de la *HMS Bounty* ?

Réponse. – Le 28 avril, dans la première partie de la journée, nous avons tiré un bord au sud puis à l'ouest jusqu'à ce que l'île de Tofua soit dans le nord, puis gouverné ONO. Au début de la soirée, nous avons eu un vent léger et de la pluie. J'étais chargé du premier quart. Vers dix heures du soir, le temps s'est éclairci et a tourné au beau. La lune était alors à son premier quartier, et une brise d'E-S-E s'est levée. Entre dix et onze heures, M. Bligh est monté sur le pont suivant son habitude afin de donner ses ordres pour la nuit. Après un moment, je lui ai dit :

— Monsieur, il y a une belle brise et la lune s'est levée. C'est une chance au moment où nous allons approcher de la côte de Nouvelle-Hollande.

M. Bligh a répondu :

— Oui, monsieur Fryer, en effet.

Ce fut toute la conversation entre nous. Après avoir donné ses ordres, il a quitté le pont.

Nous avions beau temps et tout était calme à bord. A minuit, j'ai été relevé par M. Peckover, maître canonnier. Tout est resté calme jusqu'à ce qu'il soit relevé par M. Christian. A l'aube, j'ai été réveillé soit par le bruit que M. Bligh m'a par la suite dit avoir fait, soit par les hommes qui sont entrés dans ma cabine, je ne sais pas. En tout cas, quand j'ai voulu me lever, John Sumner et Matthew Quintal ont plaqué leurs mains sur ma poitrine pour me forcer à rester allongé, disant :

— Vous êtes prisonnier, monsieur.

J'ai tenté de négocier avec eux. Ils m'ont dit de « tenir ma langue » ou « que j'étais mort. Mais si vous restez tranquille, personne à bord ne touchera un cheveu de votre tête ».

Moi, me redressant sur le caisson où je dors quand je veux quelque fraîcheur, j'ai vu sur l'échelle qui monte au pont M. Bligh en chemise, les mains liées dans le dos, et Christian le tenant par la corde.

Le maître d'armes, Charles Churchill, vint ensuite dans ma cabine, où il s'empara d'une paire de pistolets et d'un baudrier en me disant :

— J'en prendrai soin, monsieur Fryer.

Les pistolets ne m'auraient été de toute façon d'aucune utilité puisque je n'avais pas de munitions. Lorsque notre grappin avait été volé et que nous nous étions armés pour retenir prisonnier le chef Anamoche, John Mill, le canonnier, avait pris la boîte à cartouches qui contenait aussi les balles de pistolets, et il y avait mis des cartouches de mousquets – M. Bligh lui avait demandé de garnir les pistolets seulement à poudre et pas à pleine charge, de façon à être prêt à amorcer les canons de quatre livres, en cas de besoin.

En voyant M. Bligh sur l'échelle, j'ai demandé ce qu'ils se préparaient à faire de leur commandant.

— Qu'il soit damné, dit Sumner, on va le mettre dans une des embarcations, et on verra bien si ce salaud peut vivre avec trois quarts de livre d'igname par jour.

— Dans une des embarcations ? Bonté divine ! Mais pourquoi donc ?

— Taisez-vous, monsieur, ont-ils répondu (Sumner et Quintal). Maintenant, c'est M. Christian qui est capitaine de ce navire – et M. Bligh s'est mis dans cette affaire tout seul.

— Mes garçons, prenez garde à ce que vous faites !

— Oh ! Monsieur, a répondu John Sumner, nous savons très bien ce que nous faisons.

— J'ai bien peur que non, ai-je répondu. Sinon, vous ne persisteriez pas dans vos intentions. Laissez-moi vous persuader de baisser vos armes, et je peux vous garantir qu'il ne vous sera fait aucun mal pour ce que vous avez fait.

— Non, monsieur, taisez-vous. C'est trop tard, à présent.

Ensuite j'ai dit :

— Dans quelle embarcation vont-ils mettre le capitaine Bligh ?

— Dans le canot, ont-ils dit.

— Bon Dieu ! mais le canot est presque hors d'usage tant il est mangé aux vers !

— Qu'il soit damné ! ont dit Sumner et Quintal. C'est déjà trop bien pour lui.

— J'espère qu'ils ne vont pas laisser le capitaine Bligh partir seul à la dérive.

— Non, ont-ils dit. M. Samuel, MM. Hayward et Hallett vont avec lui.

Je leur ai demandé qu'ils me laissent monter sur le pont pour parler à M. Bligh avant qu'il monte en bateau. Ils ont répondu que ce n'était pas possible. Enfin, j'ai obtenu qu'ils aillent demander à M. Christian de me donner la permission de monter, ce qu'après quelque hésitation il a accepté.

Quand je suis monté sur le pont, M. Bligh était au pied du mât d'artimon, les mains liées. M. Christian tenait la corde d'une main et de l'autre une baïonnette.

Je dis :

— Monsieur Christian, pensez à ce que vous faites.

— Taisez-vous, monsieur, dit-il, j'ai été en enfer pendant toutes ces dernières semaines – le capitaine Bligh a attiré lui-même sur sa tête ce qui lui arrive.

Je lui dis que son désaccord avec M. Bligh ne justifiait pas qu'il s'empare du navire.

— Taisez-vous, monsieur, a-t-il dit.

— Monsieur Christian, vous et moi sommes restés en bons termes durant ce voyage, alors permettez-moi de vous parler. Laissez M. Bligh retourner dans sa cabine, et je suis sûr qu'avant peu, nous serons tous de nouveau amis.

Il a alors répété : « Taisez-vous, c'est trop tard », en proférant des menaces.

J'ai cependant insisté :

— Monsieur Christian, puisque vous ne répondez pas à ma première demande, je vous en prie, donnez au moins au capitaine Bligh une meilleure embarcation que le petit cotre, dont le fond est pourri. Laissez-lui une chance de regagner la côte.

— Non, dit-il, ce bateau est bien assez pour lui.

J'ai alors chuchoté au capitaine Bligh de garder espoir, et que, si je restais à bord, je pourrais le retrouver.

— Par tous les moyens, restez, monsieur Fryer ! a répondu le capitaine Bligh.

Il avait dit cela si fort que M. Christian ne pouvait faire autrement que de l'entendre, mais celui-ci n'y prêta pas attention.

Capitaine Bligh me dit alors qu'un des hommes en armes, de garde près des cages à poules, était un ami, Isaac Martin. Et il me répéta plusieurs fois :

— Assommez Christian.

Christian devait entendre tout cela, mais il persistait à ne pas y prendre garde. Le capitaine Bligh devait avoir l'esprit embrouillé, à ce moment, car autrement, il ne m'aurait pas dit d'assommer Christian, quoi qu'il en pensât. Il y avait deux hommes derrière moi, Quintal et Sumner, avec des mousquets et les baïonnettes fixées dessus. Cependant, j'ai fait une tentative pour passer derrière Christian de façon à parler à Martin, dont le capitaine Bligh avait dit qu'il était un ami ; Christian a alors pointé sa baïonnette sur ma poitrine en disant :

— Si vous avancez encore d'un pouce, je vous transperce.

Et il a donné l'ordre qu'on me ramène dans ma cabine, ordre qui fut aussitôt suivi par Quintal et Sumner.

Devant l'écoutille, j'ai vu Morrison, le second maître. A ce moment, il était en train de gréer un palan, apparemment destiné à être frappé sur l'arrière de la chaloupe. Je lui dis :

— Morrison, j'espère que vous ne prenez aucune part à cette affaire ?

— Non, monsieur, je n'en sais pas un mot, répondit-il – ou quelque chose de ce genre.

Je lui dis à voix basse :

— Si c'est bien le cas, restez sur vos gardes, il pourrait y avoir une occasion de reprendre les choses en main.

Sa réponse fut :

— Descendez dans votre cabine, monsieur, il est trop tard.

Je fus alors enfermé dans ma cabine, et une troisième sentinelle vint s'y poster, John Millward, qui, je le pensais, semblait plutôt bienveillant. Je lui fis un clin d'œil et le geste de frapper, pour qu'il assomme l'homme qui était près de lui, John Sumner. Millward a aussitôt armé son pistolet et l'a pointé sur moi tout en disant :

— Monsieur Fryer, restez tranquille et on ne vous fera aucun mal.

Il a tenu son arme quelque temps dans cette position.

— Monsieur Millward, ai-je dit, votre pistolet est armé. Vous devriez le désarmer, car ainsi, vous pourriez tuer quelqu'un.

Il a relevé son arme.

— Personne ne souhaite vous tuer, dit Sumner. Nous sommes tous d'accord pour ne pas commettre de meurtre.

M. Samuel, l'écrivain, pendant tout ce temps, réunissait des affaires dans la cabine du capitaine Bligh. M. Peckover, maître canonnier, et M. Nelson, le botaniste étaient enfermés dans l'entrepont, endroit où j'ai convaincu mes geôliers de me laisser aller.

Quand j'y suis arrivé, M. Nelson était avec M. Peckover, dans sa cabine.

— Monsieur Fryer, a dit M. Nelson, que nous arrive-t-il ?

Et M. Peckover a dit :

— Monsieur Fryer, que faut-il faire ?

J'ai répondu que j'avais parlé au capitaine Bligh, lui indiquant que, si je restais à bord, je serais à même de le retrouver, et que M. Bligh m'avait répondu : « Restez par tous les moyens. » Cela signifiait que si on nous ordonnait de descendre dans le bateau, je devais rester à bord, et je me flattais alors de reprendre rapidement le navire.

M. Peckover dit alors :

— Si nous restons, nous serons considérés comme pirates.

Je lui dis que non, que je répondais d'eux et de ceux qui se joindraient à moi.

Pendant que nous parlions, Henry Hilbrandt, le tonnelier, se trouvait dans la soute à biscuits, dont il faisait une provision pour l'apporter au capitaine Bligh dans son embarcation. Je suppose qu'il a entendu notre conversation et qu'il est remonté en parler à Christian, car ordre me fut donné de retourner aussitôt à ma cabine. J'entendis alors que Christian avait consenti à laisser au capitaine Bligh la chaloupe, non pour sauver sa vie mais pour sauver celle de ceux qui partiraient avec lui. J'ai alors demandé si on savait qui partirait avec le capitaine

Bligh. Non, on ne le savait pas, mais sans doute beaucoup de monde.

J'ai ensuite entendu Christian dire :

— Distribuez à chaque homme une mesure de rhum de la réserve du capitaine Bligh – à chaque homme qui porte une arme.

John Smith, le serviteur du capitaine Bligh, fut chargé de servir le rhum. L'épisode me donna l'espoir qu'ils allaient s'enivrer et que si je restais à bord, je pourrais rapidement reprendre le contrôle du navire.

Peu après, MM. Peckover et Nelson furent appelés sur le pont, et Christian me dit :

— Monsieur Fryer, allez dans la chaloupe.

Je répondis :

— Je resterai avec vous, si vous le voulez bien.

— Non, monsieur, descendez tout de suite dans la chaloupe.

M. Bligh était alors sur la coupée, à l'extérieur de la lisse, et il avait les mains libres. Il me dit :

— Monsieur Fryer, restez à bord.

— Par Dieu, non, monsieur, dit Christian. Allez dans le bateau, ajouta-t-il pointant sa baïonnette sur ma poitrine, ou je vous transperce.

J'enjambai alors la lisse et, tout en rejoignant M. Bligh, je demandai à Christian de laisser M. Tinkler, mon beau-frère, venir avec moi.

Churchill s'écria : « Non » ! Mais après de vives sollicitations, Christian permit à M. Tinkler de monter avec moi. J'ai alors réclamé mon coffre, ce qui fut accordé, mais Christian donna l'ordre que rien d'autre ne soit sorti de ma cabine. J'ai demandé mon journal de bord et mon quadrant, ce qui fut refusé, car M. Bligh avait déjà un quadrant. Je ne peux pas dire qui est monté en premier dans le bateau, M. Bligh ou moi ; en tout cas, nous étions ensemble à la coupée.

Tout ce temps, il y eut de vilaines paroles lancées à ceux qui partaient avec le capitaine Bligh. Nous avons demandé qu'on nous donne deux ou trois mousquets. Churchill ne voulait pas y consentir, disant que M. Bligh était en excellents termes avec les gens de la côte où il allait atterrir.

Le bateau fut amené à l'arrière du navire, où il est resté quelque temps, et quatre coutelas nous furent donnés, tandis que les gens à bord usaient à notre égard d'un langage très incorrect – j'en ai entendu plusieurs dire :

— Tire sur ce salaud (parlant de M. Bligh) !

M. Cole, maître d'équipage, a fait remarquer :

— Il vaut mieux larguer et tenter notre chance, car ils vont faire une bêtise, si nous restons là.

Le capitaine Bligh a aussitôt approuvé et nous avons largué l'amarre. Il y avait un vent faible, donc nous avons pris les avirons et ramé dans l'arrière du navire – avec pour idée de nous trouver le plus vite possible hors de portée des canons. Aussitôt que nous avons largué, j'ai entendu Christian donner l'ordre d'établir les perroquets ; ils gardèrent le cap qu'avait donné le capitaine Bligh, ONO. et cela tout le temps que nous avons continué à les voir.

La confusion qui régnait à bord, depuis la première alerte jusqu'à notre départ, avait été si grande qu'il avait été impossible de prendre la moindre note ni de dresser le moindre mémorandum, même si nous en avions eu les moyens. Aussi le présent exposé est-il fait de mémoire.

Voici la liste des personnes que j'ai vues armées : Fletcher Christian, lieutenant, Charles Churchill, maître d'armes, Thomas Burkett, marin qualifié – un des prisonniers ici présents. Christian, Churchill et Burkett étaient dans la cabine quand le capitaine Bligh a été fait prisonnier. John Sumner, Matthew Quintal, John Millward – un des prisonniers ici présents – me gardaient. Isaac Martin montait la garde près des cages à poules. Les quatre hommes suivants auraient voulu monter dans la chaloupe : Joseph Coleman, armurier – un des prisonniers ici présents –, qui nous a rappelé plusieurs fois qu'il n'avait rien à faire avec tout ça ; Thomas McIntosh, second du charpentier – autre prisonnier ici présent –, et Charles Norman – un autre des prisonniers – se penchaient par-dessus la lisse, apparemment en pleurant. Michael Byrn, autre prisonnier ici présent, pleurait aussi. Je l'ai entendu dire que, s'il allait dans la chaloupe, ceux qui s'y trouvaient l'abandonneraient dès qu'ils atteindraient la côte parce que, non voyant, il ne pourrait pas les suivre, ou quelque chose de ce genre. Quant à M. Peter Heywood – autre prisonnier ici présent –, je ne l'ai pas vu sur le pont pendant la prise du navire.

Question. – Vous avez donné le nom de six personnes armées ; pensez-vous que c'était les seules personnes en armes ?

Réponse. – Non.

— Quelles sont vos raisons de le penser ?

— J'ai entendu les gens sur la chaloupe le dire. Mais, de mémoire, je n'ai vu personne d'autre en armes.

— Dites à la cour le nombre d'hommes que vous avez vus sur le pont chaque fois que vous y êtes monté ?

— Huit ou dix.

— Combien de temps êtes-vous resté sur le pont chaque fois que vous y êtes monté ?

— Entre dix minutes et un quart d'heure.

— Qu'y faisait-on à ces moments-là ?

— La première fois, ils étaient en train de mettre les bateaux à l'eau[1]. La seconde fois, il ne se passait rien de particulier, si ce n'est qu'on nous a obligés à monter dans la chaloupe.

— Pensez-vous que les embarcations pouvaient être mises à l'eau par huit ou dix personnes ?

— Non.

— Vous n'avez pas de raison de penser qu'il y avait d'autres personnes en armes à bord que ce qu'on vous en a dit dans la chaloupe ?

— Non.

— Quand vous étiez sur la dunette, avez-vous vu un des prisonniers ici présents obéir avec diligence aux ordres donnés par Christian ou par Churchill, ou pendant que vous étiez sur la coupée ?

— J'ai vu Burkett et Millward, deux des prisonniers ici présents, sous armes, pour nous garder, le capitaine

1. Comme les trois embarcations sont rangées l'une dans l'autre, pour mettre à l'eau la chaloupe, qui contient les deux autres, il faut d'abord mettre ces dernières à l'eau.

Bligh et moi-même – ce qu'ils faisaient, je suppose, sur ordre de Christian.

— Vous dites que vous avez vu Morrison, le second maître d'équipage, aider à mettre à l'eau les bateaux. Avez-vous vu un autre des prisonniers ici présents employé au même travail ?

— Non, mon attention était entièrement retenue par la conversation que j'avais avec M. Bligh.

— Quand le rhum a été servi aux gens restés sur la *Bounty*, avez-vous vu un des prisonniers ici présents participer à cette distribution ?

— Seulement un : Millward.

— Quand la chaloupe dans laquelle étaient M. Bligh et ceux qui l'accompagnaient s'est trouvée à l'arrière du navire, avez-vous observé que l'un des prisonniers ici présents ait proféré les vilaines paroles que vous avez dit avoir été prononcées ?

— Non, autant que je m'en souvienne. J'ai vu Millward sur la lisse, un mousquet à la main ; il y avait beaucoup de bruit et de confusion, dans la chaloupe, si bien que je ne pouvais distinguer une voix de l'autre.

— Vous dites aussi que, lorsqu'on vous a passé les coutelas, de vilaines paroles ont été prononcées par les mutins ; un des prisonniers ici présents s'y est-il joint ?

— Pas à mon souvenir – ça venait de partout à la fois.

— Avez-vous vu Thomas Ellison, un des prisonniers ici présents, à bord de la *Bounty* le jour de la mutinerie ?

— Non.

— Avez-vous vu William Muspratt ?

— Non.

— Au moment où l'on vous a demandé de monter sur le pont après la conversation que vous avez relatée, et qui s'était déroulée dans l'entrepont, comment et par qui les ordres vous ont-ils été transmis ?

— Les gardes, Millward, Sumner et Quintal.

— Quand M. Bligh et vous avez reçu l'ordre d'aller dans la chaloupe, est-ce que quelqu'un a assisté ou proposé d'assister M. Christian dans l'exécution de cet ordre ?

— Oui. Churchill, Sumner et Quintal – et j'ai vu Burkett en armes, sur la dunette, plus loin.

— Vous avez dit que, lorsque vous avez largué la chaloupe, vous avez ramé vers l'arrière pour sortir de l'axe de tir des canons – avez-vous vu qu'on les parait à ouvrir le feu ?

— Je voulais dire les canons des armes de petite taille, que les hommes tenaient à la main – qu'ils levaient en disant : « Tirez sur le salaud. »

— Etiez-vous assez proche du navire quand vous avez entendu Christian donner l'ordre de larguer les perroquets pour voir qui est monté sur les vergues ?

— Un seul, qui n'était qu'un jeune garçon à l'époque, Thomas Ellison.

— En tant qu'officier de la *Bounty*, savez-vous combien d'hommes sont nécessaires pour mettre à l'eau la chaloupe ?

— Cela peut être fait avec dix hommes.

— Au sujet de cette remarque que vous avez faite, de ne pas avoir vu Peter Heywood sur le pont, saviez-vous, la première fois que vous l'avez faite, qu'il avait été appréhendé par la *Pandora* ?

— J'ai appris depuis qu'il avait été appréhendé, mais

j'ai souvent dit au capitaine Bligh, au cours de nos conversations, que je n'avais pas vu les jeunes midships sur le pont.

— Combien d'hommes sont montés larguer les voiles ?

— Je n'ai vu que ce garçon, Ellison, monter larguer les voiles.

— Quelles raisons aviez-vous de penser que John Millward était plutôt bienveillant à votre égard quand il a été désigné pour vous garder ?

— Il m'avait paru être particulièrement mal à l'aise.

— Vous dites que vous avez obtenu l'autorisation que Tinkler vous rejoigne sur la chaloupe. Etait-il contraint avant cela de rester à bord ?

— Churchill lui avait ordonné de rester à bord pour être son serviteur, et il était venu me le dire en pleurant dans ma cabine.

— Dans quelle partie du navire étaient logés les midships ?

— Sous l'écoutille principale – leurs postes se trouvaient de chaque côté de l'écoutille.

— Avez-vous vu s'il y avait un garde devant l'écoutille principale ?

— Oui, j'ai omis de le préciser : par la grande écoutille, j'ai vu Thompson, assis sur le coffre qui contenait les armes. J'ai tenté de leur parler à travers une cloison, mais j'en ai été empêché par Quintal et Sumner.

— Thompson, était-il armé ?

— Si je fais un effort de mémoire, je le vois avec un sabre d'abordage à la main.

— Vous pensez qu'il se tenait en sentinelle au-dessus du poste des jeunes messieurs[1] ?

— Et en même temps, il gardait le coffre d'armes.

— Savez-vous si, ce jour-là, il a été fait une tentative quelconque pour reprendre le navire ?

— Non. Il y a seulement ce que j'ai dit au canonnier et à Morrison. Le maître d'équipage descendait en toute hâte, et je lui ai murmuré de rester dans le navire, mais je ne sais pas s'il m'a entendu ou pas. Il m'a dit, depuis, m'avoir entendu.

— Combien de temps s'est-il écoulé entre la première alerte et le moment où vous avez été forcé de monter dans la chaloupe ?

— Environ deux heures et demie trois heures, autant que je m'en souvienne.

— Pourquoi, selon vous, M. Christian a-t-il dit qu'il vivait en enfer depuis des semaines ?

— A cause des querelles fréquentes qu'ils avaient tous les deux, et le traitement dont usait M. Bligh envers lui.

— Y avait-il eu une querelle récente ?

— Le jour précédent, M. Bligh avait provoqué ces jeunes gens et tout le monde comme quoi on lui avait volé des noix de coco.

— Quand vous vous êtes trouvé dans l'entrepont, y avait-il des gardes placés près de M. Nelson et de M. Peckover ?

— Non, pas en bas. C'était les mêmes gardes qui me tenaient enfermés dans ma cabine qui les obligeaient à rester sous le pont.

1. Appellation des très jeunes aspirants dans la Navy.

Défense de Thomas Ellison, marin qualifié

17 septembre 1792. Thomas Ellison, appelé pour sa défense, a remis un texte écrit à la cour, qui a été lu par le juge-avocat.

Le mardi matin, 28 avril 1789, quatre heures avant le lever du soleil, pendant le quart de M. Christian, lui étant l'officier du troisième quart, auquel j'appartenais, c'était mon tour d'être à la barre, de quatre à six heures du matin. Je restais à mon poste, John Mill, aide canonnier, étant quartier-maître dans le même quart. Vers cinq heures, Charles Churchill, maître d'armes, vint voir M. Christian sur bâbord. Il parla à M. Christian en privé pendant environ dix minutes. Je n'ai pas pu entendre un seul mot de ce qu'ils se disaient, parce qu'ils se trouvaient à côté des canons. Je n'avais pas le moindre soupçon, entièrement concentré à bien faire mon travail.

Aux trois coups de cloche du quart, j'eus la surprise de voir M. Christian et d'autres, en armes, arriver sur l'arrière et emprunter directement l'échelle de descente.

Cinq minutes plus tard, ils sont remontés y amenant le capitaine Bligh en chemise, les mains liées derrière lui. Cela me stupéfia et m'effraya beaucoup. Ma terreur grandit encore à la vue de M. Christian ; il avait l'air d'un fou, ses cheveux longs étaient détachés, le col de sa chemise ouvert. Un certain nombre d'hommes armés se tenaient sur la plage arrière, entourant le capitaine.

M. Christian, une baïonnette à la main, se tenait debout à ses côtés.

Le capitaine Bligh a voulu parler avec lui, je crois. J'ai entendu M. Christian dire deux ou trois fois : « *Mamou*, monsieur », ce qui signifie « silence, monsieur ». Puis le capitaine, regardant autour de lui et voyant que le navire s'écartait de la terre, a souhaité que je mette un peu la barre dessous, ce que j'ai fait immédiatement.

M. Christian a ordonné qu'on mette à l'eau le petit cotre, et le bossoir d'embarcation fut placé dans ce but. Je me suis éloigné du vent. Le cotre a été descendu à la mer. J'ai vu alors Lebogue sur l'avant, debout à tribord. C'était un de mes anciens compagnons de voyage, nous avions navigué ensemble sur le *Britannia*, sous le commandement du capitaine Bligh. J'ai pensé aller lui demander son avis, puisque j'étais si ignorant de ce qui se passait. J'ai donc parlé à John Mills, le quartier-maître, et je lui ai dit que je voulais aller sur l'avant. Il a répondu que je pouvais y aller, et qu'il surveillerait la barre pendant ce temps. Je suis donc allé demander à Labogue ce que faisaient ces gens avec le capitaine. Je n'avais d'autre intention que de lui parler, lui qui était un vieux marin, depuis si longtemps dans le service sur les navires de Sa Majesté. Froissé sans doute, il m'a répondu durement d'aller en enfer et de ne plus l'importuner. Cette réaction m'a découragé de demander quoi que ce soit à quiconque.

Les hommes armés semblaient dans une confusion de plus en plus grande. D'autres préparaient le canot pour le mettre à la mer. Quand il a été prêt, John Mill est allé sur l'avant, et il ne s'est plus approché de moi. M. Christian a dit à MM. Samuel, Hayward et Hallet de se tenir prêts à embarquer dans le canot avec le capitaine. Quand ces deux derniers messieurs ont reçu cet ordre, ils se sont vivement plaints, et Hayward a demandé ce qu'il avait fait pour être chassé du navire. Sur quoi, M. Christian a répété son ordre et lui a dit de se tenir prêt, car il en avait ainsi décidé.

Pendant tout ce temps, le capitaine Bligh tentait de parlementer avec M. Christian, en vain, car celui-ci, avec force menaces, lui imposait silence.

Environ un quart d'heure après que le canot a été prêt, M. Cole, maître d'équipage, et Hayward ont supplié ensemble M. Christian de les laisser prendre la chaloupe, disant que le canot prenait l'eau de partout, qu'il ne flotterait pas longtemps et était trop petit. Au bout d'un moment, M. Christian accéda à leur demande, donna l'ordre que la chaloupe soit mise à l'eau, et dit à M. Cole :

— Veillez à ce que les vergues soient bien assurées.

Quand la chaloupe pesa de tout son poids sur les vergues, celle de l'avant bascula considérablement, et M. Christian lui dit de prendre garde à lui si l'une ou l'autre des vergues prenait à nouveau du jeu.

La chaloupe a été mise à l'eau sans encombre. M. Christian conservait son air dur, et menaçait tout le monde autour de lui.

Peu après, quand la chaloupe a été mise à l'eau, Isaac Martin, marin [en fait, second charpentier], a posé son mousquet et est monté à bord, mais on lui donna l'ordre de ressortir, et on lui dit que, s'il n'obéissait pas et que la chaloupe partait avec lui, on lui tirerait dessus. Il ressortit mais ne reprit pas son mousquet et partit vers l'avant.

Pendant ce temps, les officiers qui étaient enfermés sous le pont reçurent l'ordre d'aller à bord de la chaloupe. Comme ils montaient sur le pont, Christian répéta plusieurs fois l'ordre à Churchill de ne pas laisser partir l'armurier et le charpentier, et de les retenir sur le navire.

Quand les officiers furent sur le bateau, Christian donna l'ordre au capitaine Bligh de monter à son tour. Après avoir dit quelques mots à Christian, il monta. Puis un certain nombre d'autres se sont pressés pour monter aussi vite que possible. Et le capitaine Bligh, voyant qu'il y en avait encore beaucoup qui voulaient venir, demanda, de grâce, que personne d'autre ne monte, car la chaloupe était trop chargée et allait couler. En même temps, il demanda à ce que les hamacs et d'autres effets embarqués dans la chaloupe soient jetés par-dessus bord. Puis, pour empêcher les autres de monter, il fit amarrer la chaloupe en remorque sur l'arrière, disant à ceux qui étaient restés à bord :

— Mes garçons, je vous ferai justice, car je sais qui vous êtes.

Une fois la chaloupe sur l'arrière, on y mit du porc et d'autres choses. Le capitaine Bligh demanda des armes, mais Christian ne voulait lui en laisser aucune. Il lui fit passer quatre sabres d'abordage.

Cela, messieurs, est la vérité vraie sur tout ce que je sais de cette malheureuse affaire, et j'espère que Vos Honneurs prendront mon inexpérience en compte, car je n'ai jamais voulu faire ni jamais fait aucun mal à quiconque, encore moins à mon commandant, aux soins duquel j'étais recommandé par M. Camble, un marchand des Antilles pour qui le capitaine Bligh avait commandé le *Britannia* et le *Lynx*, deux de ses navires. Se fiant à ces recommandations, le capitaine Bligh avait pris grand soin de moi, et avait demandé à M. Samuel, l'écrivain du bord, de m'enseigner l'écriture et l'arithmétique, et je pense qu'il m'en aurait appris plus si tout cela n'était pas arrivé. J'aurais été bien ingrat de participer en quoi que ce soit à ce qui a été fait contre mon capitaine et bienfaiteur, aussi espéré-je, Honorables Messieurs, que vous serez assez bons pour prendre mon cas en considération puisque j'avais entre seize et dix-sept ans quand cela est arrivé. Honorables messieurs, je me remets à votre clémence et à la pitié de cette honorable cour.

M. Fryer est de nouveau appelé en cour, et questionné par Thomas Ellison.

Question. – Dites-vous ne pas savoir si je me suis trouvé en armes sur la dunette les deux ou trois fois où vous êtes monté sur le pont, et que vous ne pouviez pas me voir pendant que vous parliez au capitaine ?

Réponse. – Je ne suis monté sur le pont qu'une seule fois avant la fois où je suis monté sur la chaloupe. Je ne me souviens pas l'avoir vu quand je suis monté.

— Ne pensez-vous pas que, si j'avais été armé d'un mousquet et d'une baïonnette à la coupée bâbord, vous m'auriez vu en descendant l'échelle de coupée ?

— Je ne me souviens pas avoir vu quiconque sur la passerelle à bâbord quand je suis remonté. Il était peut-être là, mais mon attention était prise par autre chose, et je n'ai pas eu l'occasion de le voir.

— Ne pensez-vous pas que, si j'avais été sur la lisse à railler qui que ce soit, vous m'auriez vu ?

— Il a pu être dans l'attroupement, sur la lisse, mais comme c'était un jeune garçon à l'époque, je n'ai pas fait attention à lui.

— Quel âge pensez-vous que j'avais à l'époque ?

— Environ quinze ans.

Le témoin se retire.

Thomas Ellison a été pendu le 29 octobre 1792 à bord du HMS Brunswick.

L'EXPIATION

Lettres de Peter Heywood

Extraits du *Heywood Manuscript*,
édité par Nessy Heywood, publié en 1798.
Traduit par Dominique Le Brun

Le 20 novembre 1791, à Batavia, le tout jeune aspirant Peter Heywood a enfin la possibilité d'écrire à sa famille. Accusé de s'être placé dans le camp des mutins à bord de la Bounty, *il a été arrêté et mis aux fers à bord de la* Pandora, *dont le naufrage a manqué de lui coûter la vie. Sa lettre, qui donne de ses nouvelles après trois années de disparition, sera la première d'une longue correspondance, échangée, pour l'essentiel, avec sa mère et ses sœurs. C'est aussi la plus longue et la plus instructive.*

Afin de donner l'état d'esprit de sa famille au moment où elle se trouve enfin en contact avec le jeune garçon, nous avons fait précéder cette lettre par deux courriers adressés par William Bligh aux proches de Peter Heywood. Ils montrent combien ce dernier avait raison de craindre le pire lors de son passage en cour martiale. Et pour illustrer le happy end *de l'histoire, nous l'avons fait suivre de la lettre adressée à madame sa mère après que la grâce royale lui a été accordée. Le ton de ce dernier texte, le charme délicieusement romantique qui en émane, expliquent que les cent dix-huit lettres réunies par sa sœur Mary sous le titre* The Heywood Manuscript *aient été, dès leur première publication en 1798, un véritable phénomène littéraire.*

Peter Heywood est né sur l'île de Man, cinquième

enfant d'une famille qui en comptait onze. Les Heywood sont une des plus anciennes lignées de l'île, et chez eux, comme dans toutes ces familles, il y a toujours un garçon ou deux à servir dans l'armée ou la marine. Il se trouve ainsi que la famille de sa mère connaît celle de Fletcher Christian, l'instigateur de la mutinerie de la Bounty. *Plus frappante encore est sa proximité avec William Bligh. En effet, la famille Heywood connaissant des revers de fortune, un de ses amis demande à son beau-frère, Bligh, de prendre Peter sous sa protection. A cette époque, l'adolescent appartient à la Royal Navy depuis l'âge de quatorze ans, et il a le statut de midship. C'est ainsi que, non seulement il embarque comme élève-officier sur la* Bounty, *mais encore il est l'invité de Bligh durant l'armement du bâtiment. On comprend la fureur de ce dernier lorsqu'il découvrira son protégé parmi les mutins.*

Avant de lire la longue lettre que Peter Heywood adresse à sa mère depuis Batavia, il faut garder à l'esprit que, lorsqu'il embarqua sur la Bounty, *Peter Heywood n'avait que quinze ans, et dix-sept lorsque survint la mutinerie. Cela explique son manque de maturité, assez évident. Il faut aussi savoir, et il le dit à demi-mot, que la procédure qu'il va affronter et des questions plus générales de discipline militaire, sans doute, lui enlèvent le droit de tout dire. C'est pourquoi il se doit de « parler en catimini » et de « rester implicite ». Enfin, nous avertissons le lecteur que nous avons corrigé certaines fautes de syntaxe dues au style épistolaire non maîtrisé du jeune Peter Heywood.*

En revanche, afin de respecter l'esprit de son écriture, nous avons conservé ses phrases exagérément longues ; du moins tant que leur compréhension ne s'en trouvait pas affectée.

Ainsi qu'il l'écrit lui-même, Peter Heywood a acquis en quelques mois la maturité qui lui faisait défaut. Son attitude ambiguë pendant la mutinerie s'explique sans doute ainsi. Le voici désormais prêt à expier sa faute. Se voyant déjà dans l'au-delà – comme James Morrison – il veut laisser sa marque, faire en sorte que son aventure ait servi à quelque chose. Tandis que Morrison rédige une étude ethnologique de Tahiti, lui compose un lexique anglais-tahitien. Cela lui paraît d'autant plus naturel que, là-bas, il s'était mis en ménage régulier et avait fondé une famille. Adoptant le mode de vie local, il s'était attaché à apprendre la langue. Le lexique établi durant son emprisonnement était destiné aux futurs explorateurs du Pacifique, et, en effet, il semble que les missionnaires en aient fait grand usage durant des années. Condamné à la peine capitale de manière d'autant plus inéluctable que sa défense fut maladroite et les témoignages à charge convaincants, Peter Heywood fut cependant gracié ; il fit ensuite une brillante carrière dans la Royal Navy, où il s'illustra notamment par ses travaux d'hydrographie dans l'océan Indien.

Il paraît évident – cela vaut aussi pour James Morrison – que la grâce dont Peter Heywood bénéficia tenait uniquement à sa position sociale. Dans le verdict, on lit : « En considération de diverses circonstances, la Cour recommande humblement et instamment les personnes de Peter Heywood et de James Morrison à la Grâce de sa Majesté Royale. » *Ce dont la presse londonienne ne manqua pas de se scandaliser.*

Le capitaine Bligh à Mme Heywood,
mère de Peter Heywood

Londres, le 2 avril 1790

Madame,

J'ai reçu votre courrier ce jour et vous assure de ma compassion, étant tout à fait sensible à l'extrême détresse dans laquelle doit vous plonger la conduite de votre fils Peter. Son abjection va au-delà de toute description, mais j'espère que vous parviendrez à éviter que sa perte – pour lourde qu'elle puisse être à supporter – ne vous afflige pas trop durement. J'imagine qu'il se trouve avec les mutins retournés à Tahiti.

Je suis, Madame, votre très obligé serviteur.

Le capitaine Bligh au colonel Holwell,
beau-frère du père de Peter Heywood

Londres, le 26 mars 1790

Monsieur,

Je prends à l'instant connaissance de votre courrier. J'ai le désagrément de vous informer que votre neveu Peter compte parmi les mutins : son ingratitude envers moi est des plus noires, car à tous égards j'étais pour lui un père. Pas une seule fois, durant la traversée, il n'a entendu de ma bouche le moindre mot dur, dans la mesure où sa conduite m'apportait toujours plaisir et satisfaction. J'éprouve le plus grand regret à constater dans quelle abjection est tombé un jeune homme que je tenais en réelle estime. Et j'aurai grand plaisir à apprendre que ses proches supportent sa perte sans en ressentir une trop grande affliction.

Je suis, Monsieur, votre obligé serviteur.

PETER HEYWOOD À MME HEYWOOD (SA MÈRE)

Batavia, le 20 novembre 1791

Ma vénérée et si chère Maman,

Voici enfin arrivé pour vous le moment d'avoir à nouveau des nouvelles de votre fils infortuné, dont la conduite à bord du bâtiment sur lequel le destin le fit embarquer a été fort grossièrement (je crains de devoir le déduire à partir de ce qui m'est arrivé depuis) déformé par le commandant Bligh. Comme celui-ci ne sait pas pourquoi au juste je suis demeuré à bord, il m'a tout naturellement suspecté (pour mon plus grand malheur) de compter parmi les complices de la révolte. Pourtant à ma connaissance, jamais sous son commandement je ne me suis montré indigne de ma position, et jamais je ne me suis autorisé la moindre pensée contraire à son honneur, ou tout au moins susceptible de le conduire à entretenir envers moi un sentiment aussi peu généreux, et en tout cas immérité, car je me flatte qu'il ne soit pas en mesure de critiquer en quoi que ce soit ma conduite, tant que je me suis trouvé sous son enseignement[1]. Oh ! ma si chère Maman, j'espère que vous n'avez pas si aisément donné crédit à une telle description de moi-même. Laissez-moi vous expliquer ma conduite et vous présenter les raisons pour lesquelles je suis resté à bord du bâtiment. Vous verrez alors à quel point je ne mérite pas la critique, et combien j'ai été blessé par de si grossières assertions.

Voici un compte rendu rapide de tout ce qui m'est arrivé depuis, mais, ce n'est là que le centième, j'en ai peur, de ce que ma mémoire a engrangé. En effet, je ne suis pas autorisé à faire état de tous les événements relatifs à cette affaire ; je les évoque donc en catimini. Nous y reviendrons, mais puisse le peu que j'ai le droit de porter à votre connaissance, vous rassurer sur mon compte lorsque (j'en prends Dieu à témoin) je vous aurai assuré que je suis innocent de toutes les charges accumulées contre moi. Voici donc pourquoi je suis resté à bord de la *Bounty*.

Le matin où le navire a été pris, je me trouvais de quart en bas. Le jour venait de se lever et je me réveillais. Depuis mon hamac, j'ai aperçu, au niveau de l'écoutille principale, un homme qui se tenait assis sur le coffre à armes, un sabre d'abordage à la main, lame nue. Je me

1. « Je me suis trouvé sous son enseignement » : pour les élèves officiers (midships), le commandant du bâtiment était aussi (et surtout) un maître des études.

suis demandé ce qui pouvait bien se passer. Alors je suis descendu de mon hamac, et j'ai été le voir.

L'homme m'a dit que M. Christian, avec d'autres marins, s'était emparé du commandant et l'avait mis aux arrêts ; qu'il était maintenant maître à bord et allait ramener Bligh en Angleterre afin qu'il y soit jugé par une cour martiale devant laquelle il rendrait compte de son long comportement tyrannique et de l'état d'oppression dans lequel il avait maintenu son équipage. J'en suis resté stupéfait. Je suis retourné dans le poste prévenir un de mes camarades, toujours endormi, de ce qui venait d'arriver. Puis je me suis habillé et je suis monté sur le pont par l'écoutille avant. J'y ai constaté que ce qui m'avait été dit n'était que trop vrai. J'ai demandé aux hommes qui se trouvaient là, en armes, ce qu'il allait advenir du commandant. Celui-ci se trouvait sur le côté bâbord de la plage arrière, les mains liées derrière le dos ; à côté de lui se tenait M. Christian, armé d'un pistolet et d'une baïonnette dégainée. De ces hommes, j'ai obtenu une information tout à fait différente de celle que j'avais reçue en bas. Avec la chaloupe, on allait mettre le commandant à terre sur l'île de Tofua, et ceux qui ne voulaient pas se joindre à M. Christian pourraient, soit l'accompagner, soit être mis aux fers comme prisonniers et ramenés à Tahiti où ils seraient débarqués. La différence entre les deux situations qui m'avaient été présentées était telle que je me trouvai dans l'impossibilité de démêler le vrai du faux. Mais en voyant qu'on dégageait les embarcations de leur chantier, j'optai pour la seconde hypothèse.

Dans cette situation confuse, jeune et inexpérimenté

comme je l'étais alors[1], sans personne à qui demander conseil (ceux qui auraient pu m'aider à faire un choix étaient eux-mêmes en plein désarroi ; personne ne savait que faire), je suis demeuré longtemps spectateur silencieux de ce qui se déroulait sous mes yeux. Finalement, après avoir tourné et retourné dans ma tête la question, je me suis résolu à choisir, entre deux enfers, le moindre. Je savais, en effet, que ceux qui seraient débarqués avaient toutes chances d'être massacrés par les indigènes. Tandis que les Tahitiens étaient des gens humains et généreux dont on pouvait imaginer qu'ils nous réserveraient un bon accueil ; on resterait donc sur leur île jusqu'à ce qu'arrive un autre navire. Voilà la conduite qui m'apparut la plus raisonnable et la plus loyale. Pendant que cette résolution s'imposait définitivement à moi, emporté par les événements qui s'accéléraient et la confusion qui devenait totale, je me retrouvai en train de donner la main pour dégager les embarcations. Et comme je pensai que le choix que j'avais fait était le seul possible, l'idée ne me vint pas que je pourrais prendre conseil auprès de M. Bligh. J'ai été plus encore conforté dans mon choix en voyant deux officiers, à qui M. Christian avait donné l'ordre d'embarquer dans le cotre, lui demander de rester sur la *Bounty*. Parmi ces officiers se trouvait M. Hayward, mon compagnon de poste. Nous nous sommes retrouvés tous les deux à débarrasser la chaloupe de la provision d'ignames qu'on y stockait, et c'est alors qu'il s'est enquis de mes intentions.

1. Né en 1772, Peter Heywood avait dix-sept ans au moment où survint la mutinerie. Il n'avait donc que quinze ans lorsqu'il avait embarqué sur la *Bounty*.

Comme je lui ai dit que je resterais à bord, je suppose qu'il l'a répété ensuite à M. Bligh.

De cela, ajouté au fait que je n'avais pas parlé moi-même au commandant, est né le soupçon qui a abouti à interpréter ma conduite d'après des apparences tout à fait contraires à ma nature réelle. Ainsi, très chère Maman, un comportement dicté par ma jeunesse et mon absence totale d'expérience a été traduit comme félonie et mépris envers les lois de ma patrie. J'en supporte aujourd'hui les conséquences et les endurerai encore dans les mois qui viennent. Maintenant, après ce que je vous ai exposé là, j'espère encore pouvoir restaurer ma réputation si gravement atteinte, et retrouver l'affection et la faveur de la plus tendre des mères ; être de nouveau considéré comme son fils à jamais dévoué.

Si vous saviez comme il me pèse de devoir m'exprimer de manière implicite, alors que je voudrais me débarrasser d'un aussi lourd fardeau. Mais je n'ai pas le choix. Et je me dois aussi de poursuivre mon récit.

Lorsque j'ai enfin compris que j'avais fait le mauvais choix, il était trop tard pour revenir en arrière. Le commandant avait embarqué dans la chaloupe et j'étais en train de parler avec le maître d'armes (un des meneurs de la mutinerie). C'est alors que mon autre camarade de poste – celui que j'avais laissé dans son hamac – est venu vers moi pour me demander si j'embarquais ou non dans la chaloupe. Je lui ai répondu par la négative, ce à quoi il a rétorqué que je ne devais pas y songer, et qu'il ne fallait surtout pas rester à bord. Il m'a dit de faire comme lui, de descendre dans le poste prendre quelques effets indispensables et s'empresser de sauter dans la chaloupe. Il disait qu'en restant sur la *Bounty*, je deviendrais aussi coupable que les révoltés. Ses propos déclenchèrent une altercation avec le maître d'armes. Mais je suivis son conseil, quoique à contrecœur. A contrecœur dis-je, parce que je voyais bien que la chaloupe surchargée était déjà trop enfoncée dans l'eau pour parcourir une longue distance. Et j'envisageais clairement aussi que, si nous atteignions la terre, ce serait pour être massacrés par les indigènes, au moment où nous poserions le pied sur la plage ou un peu plus tard. J'étais d'autant plus certain de la justesse de mes raisonnements, que ceux-ci se corroboraient. Pourtant, j'accordai finalement plus de crédit au jugement de mon camarade qu'au mien propre. Tous les deux, nous dévalâmes l'échelle de l'écoutille principale pour nous préparer à embarquer, mais, à peine en bas, on entendit le maître d'armes commander à l'homme qui se tenait avec un sabre d'abordage à la main de nous empêcher de remonter jusqu'à nouvel ordre. Après avoir en vain tenté de forcer le passage, mon camarade demanda au maître d'armes d'informer le commandant Bligh que nous étions retenus à bord. Mais j'ai bien peur qu'il n'en ait rien fait. Pour notre part, il ne nous fut pas possible de remonter sur le pont avant que la chaloupe ne se trouve loin dans notre sillage. C'est alors que je pris pleinement conscience de l'erreur que j'avais commise. A la fin du mois de mai, nous avons atteint une île située au sud de Tahiti, nommée Tubuai. C'est là qu'ils voulurent fonder un établissement, mais comme il ne s'y trouvait aucun bétail d'aucune sorte, ils décidèrent de se rendre à Tahiti pour se procurer des cochons, des poules, etc., avant de revenir s'installer à Tubuai.

6 juin 1789. – On arriva donc à Tahiti le 6 juin. Je conservais l'espoir de trouver une opportunité de m'enfuir et de rester sur l'île. Mais l'occasion ne s'en présenta pas, car toutes mesures avaient été prises pour prévenir les évasions. On avait été prévenus que, si l'un d'entre nous tentait quoi que ce soit en ce sens, ils obligeraient les Tahitiens à le retrouver, et une fois ramené, il serait abattu pour l'exemple. Ils savaient très bien que, si quelqu'un demeurait sur l'île, le jour où un navire arriverait, le secret de leur établissement sur Tubuai serait éventé. Donc, puisque l'évasion s'avérait impossible, je ne vis de solution que d'en prendre mon parti et de retourner avec eux à Tubuai. Là, j'attendrais que la *Bounty* soit désarmée pour m'emparer du cotre et faire route sur Tahiti, les autres n'ayant dès lors plus les moyens de me poursuivre.

Mais le destin ne nous autorisa pas à courir notre chance. En effet, une fois de retour là-bas – et l'on y resta jusqu'aux derniers jours du mois d'août, le temps de presque achever la construction d'un fort – les projets d'installation sur l'île ne purent être menés à bien, vu l'impossibilité dans laquelle on se trouva d'établir des rapports amicaux avec les naturels. Ce ne furent qu'escarmouches et embuscades, mais cette hostilité n'était encore rien par rapport au mécontentement et aux querelles qui s'élevèrent chez les marins. La conséquence en fut que plusieurs d'entre nous affirmèrent leur désir de quitter Tubuai pour Tahiti, ce que confirma un vote immédiatement mis à exécution, le 22 septembre 1789. On mouilla l'ancre le 22 septembre[1] et, le lendemain matin, nous débarquâmes – mon camarade de poste et moi-même – pour nous rendre chez un ancien ami à nous. Puisque nous avions recouvré notre liberté, nous prîmes le parti de demeurer sur place dans l'attente d'un navire. Quatorze hommes firent le même choix et débarquèrent, tandis que M. Christian et huit autres repartirent avec le navire, Dieu seul sait vers quelle destination.

Tout le temps que nous sommes restés à Tahiti, nous avons été traités avec une amitié, une générosité et une humanité totales, que ne saurait égaler aucun autre peuple, aucune nation civilisée – cela dit pour la plus grande honte de tous les chrétiens. Il nous fallut plusieurs fois livrer bataille contre des ennemis de la communauté qui nous avait accueillis, mais j'ai toujours bénéficié de la protection de la Providence.

26 mars 1791. – Pour être bref, je vous dirai simplement que nous sommes restés sur l'île jusqu'à la fin du mois de mars 1791 ; c'est alors – le 26 de ce même mois – qu'arriva la *Pandora*. A peine le bâtiment eut-il jeté l'ancre que mon camarade et moi-même nous nous rendîmes à bord pour nous faire connaître. D'un Tahitien qui avait été à la rencontre du navire, au large, nous savions que notre ancien compagnon de poste M. Hayward (qui a accédé au grade de lieutenant de vaisseau) se trouvait à bord.

1. La traduction reproduit volontairement l'erreur de date commise par Peter Heywood.

On demanda donc à le voir, imaginant qu'il ne pourrait que corroborer nos affirmations. Mais, comme tous ces mondains lorsqu'ils connaissent la moindre ascension sociale, il nous reçut très froidement. Il prétendit même ne rien savoir de notre cas. Quand je pense à l'amitié fraternelle qui nous avait liés sur la *Bounty* ! Hélas... Les apparences étaient à ce point contre nous qu'on nous considéra comme – le terme est épouvantable – comme de vils pirates. On nous traita donc de la plus indigne façon : en nous mettant aux fers. Une telle rebuffade aurait sans doute paru insupportable à une personne inaccoutumée aux tracas de la vie. Mais pour moi qui suis depuis toujours habitué aux froncements de sourcils de la Fortune et qui garde l'inébranlable conviction de ne pas avoir démérité, la situation pouvait être acceptée avec sang-froid et une parfaite détermination à la supporter avec patience. Sachant que l'adversité est le sort de tout être humain, je l'attribuai à la main d'une Providence désireuse de me corriger. Et je persiste à penser que tout ce qui m'attendait était destiné à asseoir mon nouvel idéal de vie sur des Joies plus fondamentales ; à éviter qu'à force de bénéficier sans la moindre interruption d'une Bonne Fortune, j'en arrive à oublier la faiblesse inhérente à la nature humaine, voire à douter de l'existence d'un Etre suprême dont la puissance est absolue.

Si encore la détention avait constitué mon seul malheur ! J'aurais pu m'y résigner patiemment. Mais une infortune ne survient jamais seule, et je fus informé du plus grand malheur possible : la perte du plus indulgent de tous les pères, dont je craignis alors qu'elle n'ait été accélérée par le compte rendu si peu amène que M. Bligh avait fait de ma conduite à bord. Cette pensée me plongea dans un profond chagrin jusqu'à ce que M. Hayward m'assure que mon père avait rendu son âme à Dieu avant que le destin de la *Bounty* ne soit connu en Angleterre. Lui-même avait appris la nouvelle par une lettre de ma sœur bien-aimée Nessy. Cela me permit d'affronter plus facilement l'épreuve, comme un homme se doit de le faire.

Mais je ne vous ai pas encore dit quelle est mon inquiétude pour votre sort, chère Maman, qui, en plus d'une lourde et récente perte, devez affronter les embarras liés à ma propre situation. Puissiez-vous trouver une force suffisante pour conserver votre confiance en moi. Puisse Dieu et son infinie Miséricorde ne pas ordonner qu'il en soit autrement. Et que cela vous permette, à vous-même ainsi qu'à mes frères et sœurs, de m'offrir un appui. En ayant foi en mon innocence blessée, en cessant de juger mon comportement suspect (si tel était le cas), vous me soulageriez des pensées qui m'affligent.

Ce que j'ai souffert, je ne suis pas capable de le décrire. Mais quels que furent mes tourments, je remercie Dieu de m'avoir permis de les endurer sans me plaindre. Si je les supportai, c'est parce que trois considérations me soutenaient. La première est que, étant innocent, je ne les méritais pas. La deuxième est qu'ils ne pouvaient pas durer éternellement. La troisième est que la situation ne pouvait aller qu'en s'améliorant. A la première, je dois l'espoir ; à la deuxième, ma patience ; et à la troisième mon courage ; et je rends grâce au Seigneur de m'avoir envoyé ces épreuves à affronter. Par mon âge, je suis jeune, mais de ce que le monde appelle adversité, je possède désormais une longue expérience. Et je considère ce qui m'est arrivé comme l'événement le plus bénéfique de toutes mes jeunes années. Il m'a fait découvrir trois choses que l'on ne connaît pas assez et dont on ne mesure pas les conséquences tant qu'on ne les a pas expérimentées. Ce sont l'infamie dont l'être humain est capable, la futilité qu'on trouve dans beaucoup de ses aspirations, et la jouissance qu'il y a de se savoir capable d'accepter toutes les situations que le sort nous réserve. A elle seule, cette expérience m'a rendu plus philosophe que n'auraient pu le faire des années vécues dans la facilité et le plaisir.

Si ce courrier vous atteint, surtout, assurez mon très honoré et respecté ami M. Bentham que je suis innocent du crime dont, j'imagine, lui aussi me pense coupable. Je garde à l'esprit la gentillesse désintéressée dont il a toujours fait preuve à mon égard. Faites-lui savoir en quelles circonstances je suis resté sur le navire. Peut-être son intercession conduira-t-elle son gendre, M. Bligh, à changer d'avis sur mon attitude et à le faire revenir de la colère qu'il entretient envers moi, alors que l'heure de mon procès approche. De même, si vous pouviez contacter mon oncle Pasley ainsi que M. Heywood de Plymouth : leur aide et leurs conseils seraient bienvenus ; ils m'apporteraient peut-être un moyen d'échapper à l'ignominie qui me guette. Car ils ne sont pas sans savoir que les plus lourdes charges pèsent sur moi en tant que seul officier survivant ; et que, bien sûr, on croit toujours plus volontiers à la première version d'une histoire, tout ce qui peut être dit ensuite pour la réfuter étant perçu comme justifications et mensonges. Il se peut que mon élimination soit déjà prévue, ne serait-ce que pour faire un exemple. Mais Dieu me donnera la force d'accepter mon destin avec le courage d'un homme conscient que c'est la malchance, et non pas son inconduite, qui a attiré le malheur sur lui ; et je reste assuré que Dieu ainsi que ma conscience peuvent attester mon innocence. D'ailleurs, je garde encore tous espoirs dans cette Providence qui m'a jusqu'à maintenant préservé des plus grands dangers, et dont je sais qu'elle protège toujours ceux qui se montrent dignes d'elle. Aujourd'hui, mon salut ne tient plus qu'à elle. Telles sont les considérations qui m'ont permis de supporter les misères passées dont je vais reprendre le récit.

Douze autres marins de Tahiti s'étant livrés à la *Pandora*, une sorte de prison fut édifiée sur la plage arrière, et c'est là que nous fûmes enfermés, avec les fers aux chevilles et aux poignets. On y fut traités avec la plus implacable rigueur, sans jamais l'autorisation de sortir de cette boîte ; qu'il s'agisse de manger, de boire, de dormir ou de satisfaire nos besoins naturels. Vous pouvez vous faire une idée de la situation désagréable dans laquelle je me suis trouvé, interdit de station debout, privé de l'usage de mes mains et de mes pieds. Mais cette idée restera forcément éloignée de la vérité.

9 mai 1791. – Le 9 mai, on appareilla de Tahiti, cap sur les îles des Amis, et on croisa pendant six semaines dans ces parages ainsi que vers le nord de l'archipel, en quête de la *Bounty*. Sans succès, mais dans le même temps, on eut le malheur de perdre un petit cotre avec cinq hommes d'équipage. On découvrit aussi plusieurs îles ; et c'est dans les parages d'une d'entre elles qu'on se trouva séparé de la petite goélette que nous avions construite sur Tahiti, et que le commandant Edwards avait saisie comme annexe. A bord se trouvaient un officier et huit ou neuf hommes, qui furent donc alors considérés comme perdus.

Depuis les îles des Amis, on mit ensuite le cap à l'ouest et, aux premiers jours d'août, on se trouva au beau milieu des récifs de Nouvelle-Hollande. On y chercha un passage sans succès, et la *Pandora* joua de malchance.

29 août 1791. – Comme si le ciel avait programmé sa destruction, le 29 août à sept heures du matin, la *Pandora* fut entraînée par le courant vers un récif sur lequel déferlait une houle profonde, ce qui mit rapidement le bâtiment en pièces. Mais tous les canons d'un bord ayant été poussés par-dessus bord, avec l'aide de la marée montante, le navire passa par-dessus le récif et retomba dans un bassin où il se trouva encerclé par les récifs, par 14 ou 15 brasses de fond. Comme la *Pandora* avait été fort malmenée pendant son échouement, nous imaginions bien qu'elle pouvait se démantibuler d'un instant à l'autre. Nous étions parvenus à nous libérer de nos fers, et demandâmes au commandant d'avoir pitié de nous en nous laissant au moins une chance de survivre. Ce fut en vain. Et même, il se montra à ce point inhumain qu'il ordonna de nous remettre aux fers. Pourtant, le bâtiment risquait de sombrer d'un instant à l'autre puisque même en travaillant sans arrêt aux pompes, on parvenait tout juste à le maintenir à flot.

La nuit se passa dans cette situation de misère, la mort sans cesse attendue sous nos yeux, sans le moindre espoir de salut et dans l'état d'incertitude que l'on peut imaginer. Le navire demeura jusqu'au matin entre les mains de la Providence. Les embarcations avaient été parées, et pour abandonner le bord, le commandant ainsi que les officiers passèrent sur le couvercle de la « boîte » où nous étions emprisonnés, car l'eau arrivait déjà au niveau des hiloires des écoutilles.

Comme à nouveau, nous implorions sa grâce, le commandant fit enfin descendre le maître d'armes et l'armurier pour défaire les fers de quelques-uns d'entre nous. Trois seulement remontèrent, puis le panneau fut refermé et le maître d'armes s'y tint. L'armurier, resté en bas, libéra encore deux personnes. Les autres parvinrent à se défaire eux-mêmes des menottes, à l'exception de deux hommes. C'est alors que le navire commença à prendre une forte gîte sur bâbord. Le maître d'armes fut précipité à la mer et on put ouvrir le panneau. Tout le monde se précipita pour sortir et je fus parmi les tout derniers dehors, devant trois autres hommes. A ce moment-là, l'eau se déversait à flots à l'intérieur et, une fois que j'eus sauté à la mer, je ne vis rien d'autre autour de moi qu'un état de complète désolation. J'étais nu. Je saisis une planche et nageai en direction d'une île que j'apercevais à trois miles de distance au moins. Mais je fus bientôt récupéré par une des embarcations.

On fit terre sur un îlot de sable, pour constater que trente-quatre hommes, dont quatre prisonniers, s'étaient noyés. Parmi eux se trouvait mon camarade de poste.

Quatre-vingt-neuf hommes de la *Pandora*, et dix d'entre nous étaient saufs. Un inventaire fut établi des vivres qu'on avait pu emporter du bâtiment : deux ou trois sacs de biscuits, deux ou trois pièces d'eau et un peu de vin. On demeura sur l'île en nous rationnant à deux verres d'eau et deux onces de biscuit par jour.

30 octobre 1791. – Le 1er septembre, les embarcations de la *Pandora* quittèrent l'île et atteignirent Coupang (Kupang), sur l'île de Timor, le 16 du même mois. Après dix-huit jours de liberté, nous fûmes internés dans le fort jusqu'en octobre. Le 5 de ce mois, on nous embarqua sur un navire hollandais à destination de Batavia. Le soir, on mit sous voiles et, au terme d'une traversée particulièrement fastidieuse et dangereuse – à deux reprises, le navire s'était trouvé sur le point d'être jeté à la côte tandis qu'il prenait à ce point l'eau que les deux pompes mises en œuvre en permanence suffisaient tout juste à le maintenir à flot. Le 30, on mouilla l'ancre à Samarang où, à notre très grande surprise, se trouvait la petite goélette précédemment évoquée.

7 novembre 1791. – Le lundi 7, on mouilla l'ancre à Batavia. Et je vous envoie cette lettre grâce à un marin de la *Pandora* qui embarque sur un navire supposé appareiller d'ici à une semaine. Nous devrions lever l'ancre à notre tour une semaine plus tard, ce qui nous mettrait en Angleterre dans sept mois. Je n'en reviens pas d'avoir conservé une telle santé malgré huit mois d'emprisonnement sous un climat chaud. Exempt de la moindre indisposition, je me sens bien à tous égards, *Mens sana in corpore sano*. Si ce n'est que je n'ai plus d'ami et possède, en tout et pour tout pour me ramener au pays, une chemise et une paire de pantalons. Qu'importe tout cela, je demeure l'esprit en paix, totalement résigné à la volonté de la Providence, seule force qui me permette encore de m'élever au-dessus des atteintes du malheur.

Il y a toutes chances pour que la nouvelle de mon arrivée en Angleterre (puisse-t-elle survenir un jour) vous atteigne avant que j'aie pu vous écrire de nouveau. Il me tarde de pouvoir expliciter les choses que je peux tout juste évoquer ici. Je me prends à espérer que cette lettre suffira à détromper ceux qui ont exprimé des sentiments si peu généreux à mon égard, et ceux qui se sont montrés assez crédules pour accepter le portrait si immérité qui était brossé de moi. Je n'en peux dire plus, mais rappelez-moi au bon souvenir de mes sœurs, frères, etc.

Et croyez bien que je demeure votre fils le plus respectueux et à jamais obéissant.

Mlle Nessy Heywood, sœur de Peter,
à Mme Heywood

Lundi 29 octobre [1792] à 10 h 30 du matin
Le moment le plus lumineux de toute mon existence

Ma chère Maman,

Je l'ai vu, l'ai serré contre ma poitrine, et ma félicité est au-delà de toute expression. Et il est comme je le voyais dans les plus optimistes de mes rêves : l'ange que vous connaissez ! Je ne peux pas en écrire plus, sauf pour vous dire que les trois plus heureux des êtres humains en ce moment sont vos plus respectueux et affectionnés enfants.

Nessy Heywood – Peter Heywood – James Heywood

LE SURVIVANT DE PITCAIRN

Le récit exclusif de John Adams

Extrait de *Narrative of a Voyage to the Pacific and Beering's Strait, to Cooperate with the Polar Expeditions, Performed in His Majesty's Ship Blossom*,
par Frederick William Beechey, 1831.
Traduit par Dominique Le Brun

La Bounty *et son équipage de mutins étaient bien cachés. Nul n'en retrouva la trace jusque dix-neuf ans après la fin de ce mois de septembre 1789, lorsque Fletcher Christian et son noyau dur de mutins quittèrent Tahiti en quête d'une terre où s'établir définitivement.*

C'est en lisant Carteret que Christian avait songé à Pitcairn, réputée riche en eau douce. Et c'est pour faire aiguade que, se référant à la même information, à la fin janvier 1808, le capitaine américain Mayhew Folger, commandant le baleinier Topaz, *mit le cap sur l'île de Pitcairn. On imagine sa surprise lorsqu'il y découvrit une colonie anglaise dont personne ne soupçonnait l'existence ; et sa stupéfaction en constatant qu'il avait devant lui le dernier survivant des mutinés de la* Bounty, *entouré de ses enfants et de la descendance des autres. Ce survivant disait se nommer Alexander Smith.*

Ayant fait son plein d'eau, Folger reprit la mer et, quelque temps plus tard, fut amené à faire escale à Valparaíso, où il rencontra un officier de la Royal Navy, à qui il fit part de sa découverte. Immédiatement, celui-ci communiqua l'information à sa hiérarchie et, en mai 1809 à Londres, l'Amirauté sut enfin où l'aventure de la Bounty *avait trouvé son dénouement. Nul doute que si, à l'époque, l'Angleterre ne s'était trouvée en guerre contre la France avec une Navy épuisée, un bâtiment aurait été dépêché vers l'extrémité orientale de la Polynésie, où se trouve Pitcairn. Mais il n'en fut rien, et l'affaire fut même oubliée.*

Aussi, c'est un nouveau hasard qui fit qu'en 1814, deux bâtiments de la Royal Navy arrivant à Pitcairn eurent à leur tour la surprise de découvrir des naturels parlant anglais, auprès d'un homme qui disait s'appeler John Adams. On sait aujourd'hui que c'était son vrai nom, et qu'il avait signé son engagement à bord de la Bounty *sous le pseudonyme Smith. Les officiers anglais eurent l'intelligence de considérer que, vingt-cinq ans après la mutinerie, il n'était sans doute pas obligatoire de mettre l'homme aux fers pour le traîner devant la justice en Angleterre. Toutefois, de retour au pays, ils parlèrent de leur découverte ; la nouvelle circula ; on sut que Pitcairn réservait une belle aiguade ; et plusieurs baleiniers y firent relâche.*

Puis, en 1825, l'Amirauté britannique lança une expédition ambitieuse dans l'océan Arctique : John Franklin était chargé de descendre le fleuve Mackenzie jusqu'à la mer de Beaufort où il ferait route à l'ouest vers le détroit de Behring. Il y trouverait la corvette Blossom, *commandée par F.W. Beechey, venue le récupérer par le Pacifique. Dans les ordres donnés à ce commandant figurait un détour par Pitcairn, avec pour mission d'en tracer une carte et d'établir un rapport sur l'île et son étrange colonie.*

Tel est le contexte dans lequel, le 4 décembre 1825, Frederick W. Beechey rencontra John Adams. Une fois rassuré sur le fait qu'il n'avait plus rien à craindre de la justice, l'ancien mutin livra toutes les informations qu'il possédait et répondit à toutes les questions qu'on lui posa ; il permit même à Beechey de faire une copie d'un cahier dans lequel il avait relaté tous les événements importants survenus sur l'île.

Le récit de cette rencontre et l'histoire des mutins de la Bounty *figurent dans le compte-rendu de l'expédition de la* Blossom *publié en Angleterre sous le titre* Narrative of a Voyage to the Pacific and Beering's Strait, to Cooperate with the Polar Expeditions, Performed in His Majesty's Ship Blossom. *Nous en publions ici la première traduction en français.*

Au hurlement tombé des hunes pour annoncer Pitcairn, en vue droit devant, une singulière excitation gagna le bord. Tout l'équipage se précipita sur le pont où les conversations, en s'animant, poussèrent au paroxysme notre hâte d'entrer en contact avec les insulaires. Il nous tardait de découvrir leur petit monde, de partager un peu de leur vie quotidienne. Enfin nous allions apprendre quel destin avait été celui de la *Bounty*. Mais il était à craindre que la nuit ne tombe avant qu'on atteigne le mouillage ; devrions-nous patienter jusqu'au lendemain matin ? Cependant, comme nous faisions route sur la face de l'île dont le capitaine Carteret[1] avait sondé les approches, animés par l'espoir de parvenir à jeter l'ancre avant l'obscurité, nous eûmes le plaisir de voir une embarcation forcer la voile à notre rencontre. Tout d'abord, on fut pris d'un doute : ce n'étaient pas des gens de l'île puisque, à notre connaissance, ils ne disposaient que d'une pirogue. On en tira la conclusion que ce bateau appartenait à un baleinier qui se trouvait de l'autre côté de Pitcairn.

1. Philip Carteret (1733-1796), officier de la Royal Navy, effectua deux tours du monde en 1764-1766 et en 1766-1769. Le 2 juillet 1767, il reconnut les approches d'une île sur laquelle il ne put débarquer à cause d'une trop forte houle. Il baptisa cette terre du nom du matelot qui le premier l'avait aperçue : Pitcairn.

Mais bientôt, l'allure très particulière de l'équipage nous rassura : c'était le vieil Adams, accompagné par les jeunes gens de l'île.

Avant même d'accoster, ils s'enquirent poliment de savoir s'ils étaient autorisés à monter à bord, et sur notre réponse affirmative, ils escaladèrent les flancs du bâtiment, enjambèrent les pavois, et c'est avec une satisfaction non dissimulée qu'ils serrèrent la main de tous les officiers.

L'énergie de cette jeunesse éclipsa pour le coup la présence du vieil Adams, qui fut donc presque le dernier à nous saluer. S'il atteignait alors sa soixante-cinquième année, il ne s'en montrait pas moins solide et actif, nonobstant une corpulence hors du commun. Vêtu d'une chemise et d'un pantalon de marin, il portait un chapeau à coiffe basse que, par réflexe, il tint à la main jusqu'à ce qu'on le prie de se recouvrir. Il avait conservé l'allure déférente des matelots, mettant chapeau bas et se passant la main sur son front dégarni chaque fois qu'un officier lui adressait la parole.

Depuis la mutinerie, c'était la première fois qu'il se trouvait sur le pont d'un navire de guerre. Cette situation le ramena, corps et âme, à une autre époque. Et cela ne manqua pas de le plonger dans un embarras qu'accentuait encore la familiarité avec laquelle le traitaient des personnes auxquelles il n'avait jamais eu affaire que pour obéir à leurs ordres. D'un autre côté, comme il savait que les autorités britanniques considéraient son cas avec bienveillance, Adams ne craignait pas pour sa sécurité.

Aussi, encouragé en cela par la cordialité de chacun, il finit par se sentir tout à fait à l'aise[1].

Au nombre d'une dizaine, les jeunes gens étaient grands, robustes et pleins de santé. Ils affichaient une bonne nature qui ne pouvait que déclencher la sympathie, et ils montraient de plus une simplicité de manières et une crainte de mal faire qui prévenaient par avance toute bévue de leur part. Comme ils n'avaient aucune idée de l'immensité du monde extérieur à leur île, ils posaient des questions auxquelles seules les personnes directement concernées auraient pu répondre, en aucun cas de parfaits étrangers comme nous. Ils nous demandèrent ainsi des nouvelles de navires et de gens qui avaient récemment fait relâche sur l'île, et dont, bien entendu, jamais nous n'avions entendu parler. Leur tenue vestimentaire, composée de cadeaux faits par les équipages de navires marchands, illustrait bien leur méconnaissance de la société occidentale. Certains portaient un long manteau noir à même la peau et sur un simple caleçon ; d'autres une chemise sans la veste, ou encore un gilet sans rien en dessous. Aucun ne portait de souliers ou de bas, et seuls deux d'entre eux possédaient des chapeaux, mais dont à l'évidence, la coiffe et les bords n'avaient plus pour très longtemps à demeurer encore assemblés[2].

---

1. Le texte de Frederick W. Beechey comporte cette note : « Depuis que le manuscrit de ce récit a été envoyé à l'imprimerie, notre consul aux îles Sandwich m'a fait part du décès de John Adams. »

2. Pour comprendre l'étonnement de l'auteur, il faut savoir qu'à l'époque, les officiers de la Royal Navy trouvaient naturel de porter, sous les tropiques comme dans les régions polaires, la même tenue qu'en Angleterre.

Ils montraient le même appétit de tout savoir sur notre bâtiment, que nous de connaître l'état de leur colonie. Nous étions curieux d'entendre de leur bouche ce qu'il était advenu des marins de la *Bounty* et dont nous savions alors uniquement ce qui avait été rapporté par des visiteurs occasionnels. Nous étions venus pour recueillir le récit d'Adams en personne, puisqu'il avait été impliqué dans la mutinerie et pouvait désormais nous en narrer tous les détails dans la mesure où il se savait exempt de poursuites pour ce crime.

J'ose espérer qu'en retranscrivant les propos qui m'ont été tenus sur cette affaire, je ne me mettrai pas en situation d'être accusé de blesser inutilement les sentiments des proches de certaines des personnes concernées. Mais surtout, il me paraît satisfaisant de démontrer que ceux qui ont eu à subir la sentence de la cour martiale ont été condamnés à bon escient, sur des preuves qui se trouvent ici corroborées par les déclarations d'un complice qui ne possède aucun motif de dissimuler la vérité. Le texte qui suit est d'ailleurs le fac-similé d'un récit signé de la main d'Adams lui-même. Toutefois, j'ai complété son histoire par des informations recueillies auprès des habitants, lesquels sont parfaitement au courant des événements survenus à la suite de la mutinerie. Mais je garantis au lecteur qu'en éditant cet ensemble, je reste fidèle aux propos que toutes ces personnes ont tenus.

La *HMS Bounty* fut achetée par la Marine et mise en service en 1787, sous le commandement du lieutenant Bligh. En décembre de la même année, le bâtiment quitta l'Angleterre avec pour destination Tahiti, où il se procurerait des plants d'arbres à pain. Il devait ensuite les livrer aux établissements britanniques des Antilles, et rapporter quelques spécimens en Grande-Bretagne. L'équipage se composait de quarante-quatre marins et officiers, plus un jardinier. Bligh avait reçu pour instructions de franchir le cap Horn, mais il y affronta des vents contraires qui soufflaient en tempêtes par un froid extrême. C'est pourquoi il prit la décision de laisser porter pour faire route vers le cap d'Espérance, où il fit relâche. Arrivée à destination en octobre 1788, la *Bounty* passa six mois à Tahiti, le temps de récolter et de stocker à bord les arbres à pain. Durant tout ce temps, les officiers et les matelots eurent tout loisir de vivre à terre. Ainsi se nouèrent de nombreuses relations.

26 avril 1789. – En avril 1789, la *Bounty* prit congé de ses amis tahitiens et mit le cap sur l'île de Nomuka pour y faire aiguade[1] et embarquer cochons sauvages, fruits, légumes, etc. Le 26 de ce même mois, elle reprit la mer. Tout au long de la traversée, Bligh avait multiplié les méprises et les malentendus avec ses officiers : l'état-major aussi bien que les hommes, d'ailleurs, possédaient donc alors de réels motifs de se plaindre. Si l'on en croit Adams, quel qu'ait pu être le ressentiment éprouvé par les officiers, il n'existait pas de réel mécontentement parmi l'équipage et encore moins d'intention de s'en prendre à

1. Aux îles Tonga. Rappelons que, pour y avoir été avec Cook, Bligh connaissait cette île et la possibilité d'y faire aisément un plein d'eau douce.

son commandant. Adams confirme cependant que les officiers avaient plus de raisons de se plaindre que l'équipage, tout particulièrement John Fryer et Fletcher Christian. Ce dernier était non seulement un protégé du commandant, mais aussi son obligé : il lui devait quelque argent ; ce que Bligh ne manquait jamais de lui rappeler lorsqu'un différend se dressait entre eux. Christian, accablé par les injures et les blâmes continuels qu'il partageait avec les autres officiers, en arriva à ne plus supporter les allusions supplémentaires à ses obligations privées. Excédé, il finit par affirmer à son commandant que tôt ou tard, justice serait rendue.

La veille de la mutinerie survint une violente querelle à propos de noix de coco que Bligh prétendait avoir été subtilisées. Une fois de plus, Christian subit les foudres du commandant. Ce qui n'empêcha pas que, le soir même, il reçût une invitation à dîner dans la chambre. Mais la blessure n'était pas si tôt refermée : l'officier estima l'invitation inopportune, et s'excusa.

28 avril 1789. – Telle était la situation le 28 avril 1789 comme la *Bounty*, désormais engagée sur le chemin du retour, croisait dans le sud de Tofua, une des îles des Amis. C'était une de ces nuits splendides comme en connaissent les mers tropicales, lorsque la douceur de l'air et la quiétude des éléments naturels prédisposent l'esprit à la réflexion. Pour Christian, cela revenait à ressasser son amertume. Les injures qu'il avait essuyées avaient dépassé le seuil de l'intolérable. La simple idée d'en supporter une de plus lui paraissait un comble. Aussi, à défaut d'obtenir réparation pour le mal enduré, il pouvait cependant en éviter l'aggravation. En cette nuit tropicale, l'éloignement de son pays natal et le souvenir du récent séjour à Tahiti où de nouveaux liens s'étaient noués se liguèrent pour lui faire oublier sa culture d'officier britannique. La sérénité du moment et la proximité de la terre inspirèrent à Christian un plan dont on s'étonne qu'il ait pu germer dans l'esprit d'un jeune officier promis à une carrière prestigieuse. Il s'agissait de construire un radeau pour aborder sur l'île qui se trouvait alors en vue.

A peine conçu, le plan fut mis à exécution. Un radeau fut assemblé et un minimum d'équipement réuni, mais comme Christian se préparait à quitter le navire, un autre jeune officier survint. Ce dernier devait d'ailleurs, par la suite, disparaître lors du naufrage de la *Pandora*. Lui ayant fait part de ses intentions, Christian s'entendit répondre que, au lieu de risquer sa vie dans une entreprise aussi périlleuse, il devrait plutôt essayer de s'emparer du navire, ce qui ne posait guère de difficultés dans la mesure où une bonne partie de l'équipage était très remontée contre le commandant. De surcroît, tous apprécieraient de retourner vivre à Tahiti, où l'on avait laissé tant d'amis. Cette audacieuse idée de mutinerie paraît plus extraordinaire encore que le projet d'évasion à bord d'un radeau. Et surtout, si l'information apportée par Adams est exacte, elle exonère Christian de cette accusation odieuse qui lui est toujours attachée, d'avoir été l'unique instigateur de la mutinerie.

Ce projet s'accommodait parfaitement avec l'état d'esprit de Christian qui, au mépris de tous les risques, décida de s'associer à son camarade. Il était par ailleurs résolu à se jeter à la mer en cas d'échec. Et pour ne pas se laisser la moindre chance d'être sauvé, il s'attacha autour du cou un gros plomb de sonde qu'il dissimula sous ses vêtements.

Il se trouvait que Christian prenait le quart du matin. Dès qu'il eut relevé l'officier sur la dunette, il engagea la conversation avec Quintal, le seul homme du bord à avoir – si l'on en croit Adams – établi une relation sérieuse avec une femme de Tahiti. Après avoir longuement évoqué les heures heureuses qu'ils avaient passées sur l'île, Christian révéla son projet. Quintal réfléchit un instant avant de répondre qu'une telle affaire paraissait bien dangereuse et qu'il ne tenait pas à y prendre part. Blessé de ne pas s'être fait un allié de celui qu'il pensait convaincre le plus facilement, Christian céda un moment au désespoir. A présent qu'il avait révélé son projet, pour peu que le matelot parle, c'était une mort ignominieuse qui l'attendait. Comme preuve de sa propre résolution, il exhiba le plomb de sonde et qualifia Quintal de lâche, retenu par sa seule couardise. L'homme réfuta l'accusation. Comme Christian insistait en faisant valoir que leur succès serait récompensé par un retour sur l'île heureuse et les retrouvailles avec les amis qu'ils y avaient laissés, l'autre rompit sèchement la conversation et lui suggéra de s'adresser ailleurs, à Isaac Martin, par exemple, qui se tenait non loin. Or celui-ci se trouva mieux disposé. Ce fut même avec emphase qu'il déclara :

— J'en suis. Il n'y a que ça à faire.

Fort de ce succès, Christian approcha l'un après l'autre

tous les hommes de son quart, et la plupart d'entre eux s'affirmèrent disposés à se joindre à lui. L'aube n'était pas encore levée qu'il avait rallié à sa cause la majeure partie de l'équipage.

Adams était endormi dans son hamac lorsque Somner, un des matelots, vint lui glisser au creux de l'oreille que Christian se préparait à relever Bligh de son commandement, et à le mettre à terre ainsi que Fryer, son second. En entendant cela, Adams monta sur le pont où il trouva une situation confuse. Comme il ne désirait pas être mêlé à cette affaire, il retourna à son hamac et demeura en bas jusqu'à ce qu'il aperçût Christian, près du coffre à armes, en train de faire une distribution. Il se rendit alors compte que les choses allaient plus loin qu'il ne l'aurait pensé, et la peur le prit de se retrouver dans le camp des moins forts. Il s'en vint donc, à son tour, quémander un sabre d'abordage.

Tous ceux qui s'étaient proposés pour suivre Christian dans son entreprise reçurent une arme. Adams et plusieurs autres matelots eurent alors pour mission de s'assurer des officiers. Lui-même, accompagné du maître d'armes, se dirigea vers la chambre pour capturer le lieutenant Bligh. Ils s'emparèrent de lui sur son cadre, lui lièrent les mains dans le dos et le conduisirent sur le pont où il réprimanda vertement les hommes présents. En réponse, il reçut des injures, et le maître d'équipage le frappa du plat de son sabre. On l'avait placé près de l'habitacle, bras liés. Christian le tenait d'une main et, de l'autre, le menaçait d'une baïonnette. Dès que le commandant fut capturé, les hommes qui avaient été placés à la porte des cabines d'officiers abandonnèrent leur garde. C'est alors que le commandant en second, Fryer, sauta sur le gaillard d'avant et tenta de regrouper autour de lui du monde afin de reprendre le contrôle du bâtiment. Mais il fut rapidement maîtrisé et enfermé à fond de cale.

La conduite de Fryer était digne d'admiration. Seul officier à avoir tenté de ramener les mutins à leur sens du devoir, il était pourtant l'homme le plus en droit d'en vouloir à M. Bligh. Ce dernier ne s'était-il pas montré beaucoup plus sévère envers lui qu'envers tous les autres membres de l'état-major ?

Un premier différend survint entre les mutins lorsqu'il s'agit de décider si le commandant et les marins loyalistes embarqueraient dans le cotre ou bien dans la chaloupe. On opta finalement pour la chaloupe, que Christian fit mettre à l'eau. Mais Martin qui, rappelons-le, avait été le premier soutien de Christian, estima qu'à bord d'une telle embarcation, Bligh était tout à fait capable de trouver le moyen de revenir en Angleterre, et qu'alors on enverrait un navire à leur poursuite. Il renonça donc à son intention première et lança :

— Si vous lui donnez la chaloupe, alors je pars avec lui ; vous pourriez aussi bien lui donner la *Bounty* !

De toute évidence, il parlait sérieusement. Tout de suite après, il fut appelé sur le passavant et relevé de son poste de gardien du commandant, parce qu'on l'avait vu donner à ce dernier un pamplemousse, et échanger avec lui des regards de connivence. Il revint alors à Adams de garder Bligh, lequel s'exclama :

— Et vous Smith[1], êtes-vous contre moi ?

Ce à quoi Adams répondit qu'il ne faisait que suivre les autres. Alors le commandant s'adressa à Christian pour lui reprocher son ingratitude et lui rappeler les obligations qu'il avait contractées envers lui. Puis il se fit suppliant pour l'implorer de penser à sa femme, à la famille qu'il lui fallait nourrir. Ce à quoi Christian répondit qu'il aurait dû y songer plus tôt.

Entre-temps, la chaloupe avait été mise à l'eau. Les officiers et les marins qui accompagneraient Bligh avaient réuni ce qu'ils allaient emporter pour leur traversée : un petit tonneau d'eau, 150 livres de biscuit, un peu de rhum et de vin, un sextant, un compas de route, divers cordages, de la toile... Christian leur donna l'ordre d'embarquer. Parmi ceux qui s'assirent sur les bancs de la chaloupe figurait Martin, ce qui n'échappa pas à Quintal. Lequel, pointant un mousquet, menaça de l'abattre sur-le-champ s'il ne remontait pas à bord. Il obtempéra. L'armurier et le maître charpentier furent aussi obligés de rester sur la *Bounty*, car les mutins savaient qu'ils auraient besoin de leurs compétences. Le commandant fut alors conduit à la coupée ; on le fit descendre dans la chaloupe et, une fois à bord seulement, ses mains furent déliées. On passa la bosse de la chaloupe sur l'arrière du bâtiment afin de la prendre en remorque. La *Bounty* se trouvait en effet tout près de l'île de Tofoa [ou Tofua] ; Bligh demanda qu'on donne quelques mousquets à la chaloupe, en cas d'attaque

1. A bord de la *Bounty*, celui qui se fit appeler John Adams sur Pitcairn avait pour identité Alexander Smith.

des naturels. Ce qui lui fut refusé, mais à la place, il reçut quatre sabres d'abordage. Quand on fut à une dizaine de lieues de Tofoa, Bligh demanda qu'on largue la remorque. Alors une clameur retentit sur la *Bounty* :

— Hourra pour Tahiti !

Restèrent donc à bord du bâtiment : Christian, qui en prit le commandement ; les aspirants Heywood, Young et Stewart ; le maître d'armes, l'armurier Coleman ; les maîtres charpentiers McIntosh et Norman ; le jardinier ainsi que seize hommes d'équipage ; soit vingt-cinq personnes au total. A bord de la chaloupe se trouvaient l'ancien commandant de la *Bounty* et son second, le chirurgien, un maître, deux aspirants, le botaniste, trois sous-officiers, l'écrivain et huit matelots ; ce qui faisait donc dix-neuf personnes. Ainsi donc, en définitive, si on prend en compte les trois personnes qui avaient été obligées de rester sur la *Bounty*, le commandant avait pour lui exactement la moitié de l'équipage. On peut dès lors se demander pourquoi, disposant d'un tel parti, Bligh n'avait pas essayé de reprendre son bâtiment aux révoltés. Mais la mutinerie avait été menée avec une grande habileté qui ne lui avait pas laissé une seule opportunité de tenter quoi que ce soit. De plus, sur l'heure, la logique du mouvement avait fonctionné en faveur de Christian.

Les aventures et les souffrances du commandant Bligh jusqu'à son arrivée à Timor sont bien connues ; aussi paraît-il inutile de les répéter ici.

De manière à tromper les occupants de la chaloupe sur ses intentions, Christian fit gouverner la *Bounty* à l'ouest-nord-ouest pendant un certain temps. Puis le navire reprit un cap aussi proche de Tahiti que le vent le permettait. Quelques jours plus tard, on se rendit compte que le louvoyage serait interminable, et la décision fut prise de s'arrêter à Tubuai, une petite île située 300 milles au sud de Tahiti[1].

Par la suite, tout le monde fut d'accord pour s'y établir, à la condition que les insulaires, qui paraissaient nombreux, le veuillent bien. Il apparut très vite que tel n'était pas le cas puisque le cotre envoyé en éclaireur pour sonder les passes vers un mouillage dut faire face à une attaque furieuse. Cela ne l'empêcha pas d'accomplir sa mission, et le lendemain matin, la *Bounty* mouilla l'ancre à l'intérieur du lagon, tout près de la plage. Un nouveau débarquement fut tenté, mais les insulaires disputèrent chaque mètre de terrain à coups de lances, de massues et de pierres, jusqu'à ce qu'une salve de canons et de mousqueterie les disperse. Ils s'enfuirent à l'intérieur de l'île, et refusèrent dès lors d'établir le moindre contact avec leurs visiteurs.

L'hostilité déterminée des naturels mit fin au projet des mutinés de s'installer tout de suite à Tubuai. Après avoir tenté, deux jours durant, d'aboutir à une réconciliation, ils quittèrent l'île et mirent le cap sur Tahiti. Tubuai restait pourtant une terre idéale pour eux. Ils décidèrent donc de faire une nouvelle tentative pour s'y installer, estimant qu'il restait encore possible de persuader les insulaires de leurs intentions amicales. La

1. C'est en effet ce qu'Adams croyait. Mais le récit de Morrison laisse supposer qu'en fait, Christian voulait de toute urgence trouver un refuge où la Royal Navy ne viendrait pas chercher les mutins.

seule manière d'y parvenir était le truchement d'interprètes qu'ils trouveraient à Tahiti. De plus, afin de ne pas dépendre des habitants de Tubuai pour se trouver des compagnes, ils décidèrent de convaincre des Tahitiennes de les accompagner. Il leur fallut huit jours pour atteindre Tahiti où ils furent chaleureusement accueillis par leurs anciens amis. Ceux-ci demandèrent tout de suite ce qu'il était advenu du commandant et des officiers. Mais Christian et ses partisans avaient prévu qu'on leur poserait la question ; une histoire avait été mise au point pour expliquer leur absence. Ainsi, le commandant Bligh était supposé avoir découvert une île propice à l'installation d'une colonie ; il y avait débarqué avec une partie des officiers et de l'équipage, et envoyé les autres se procurer du bétail et tout ce qui pourrait être utile à ce nouvel établissement. De plus, ceux-ci ramèneraient avec eux les habitants de Tahiti qui souhaitaient les accompagner[1]. Les chefs se contentèrent de ce récit plausible, et leur donnèrent tout ce qu'ils souhaitaient, y compris le taureau et la vache que Bligh avait confiés à leurs soins ; c'étaient, à ma connaissance, les seuls existant sur l'île. Ils eurent aussi la bonne fortune de trouver plusieurs volontaires des deux sexes désireux de les accompagner. Ainsi dotés, ils repartirent pour Tubuai où, par l'intermédiaire des

1. Frederick W. Beechey insère ici une note à son récit. Se référant aux écrits de Peter Heywood, il évoque une autre histoire inventée par les mutins : Bligh aurait rencontré Cook en mer, et c'est ce dernier qui aurait envoyé la *Bounty* en quête de bétail pour créer un établissement sur une île nommée Wytootacke, découverte pendant leur traversée entre Tahiti et l'archipel des Amis.

Tahitiens, ils purent communiquer avec les habitants et s'en faire accepter.

L'expérience leur avait dicté le principe qu'il fallait avant tout songer à leur sécurité. Ils mirent donc en chantier un fort de quatre-vingts yards au carré, qu'entourait un large fossé. Il était pour ainsi dire achevé lorsque les insulaires imaginèrent que les Blancs allaient les exterminer, et que le fossé avait été creusé pour leur servir de sépulture. Ils décidèrent d'attaquer au petit matin, lorsque les marins se mettraient au travail. Par chance, un Tahitien entendit évoquer ce plan. Immédiatement, il nagea jusqu'à la *Bounty* et avertit l'équipage. Le lendemain matin, au lieu de reprendre le travail, les marins donnèrent eux-mêmes l'assaut aux naturels. Ils tuèrent ou blessèrent plusieurs d'entre eux, et obligèrent les autres à fuir vers l'intérieur de l'île.

A partir de ce moment, un sentiment général d'insatisfaction se répandit dans l'équipage, tandis que des différences nettes d'opinion apparaissaient entre eux : certains voulaient abandonner le fort pour retourner à Tahiti ; d'autres auraient plutôt fait route vers les Marquises ; mais la majorité maintenait qu'il fallait achever ce qui avait été commencé, et rester sur Tubuai.

A la longue, pourtant, l'état d'alerte permanent entretenu par les insulaires les décida à revenir à Tahiti, au grand dam de Christian, qui argumenta en vain sur les dangers que leur ferait courir cette décision. S'installer là-bas, répétait-il, ne leur laissait aucune chance d'échapper aux recherches.

Ils embarquèrent donc toutes leurs affaires et firent,

pour la seconde fois, route pour Tahiti. De nouveau, leurs amis les reçurent avec joie, et ils purent reconstituer un stock de vivres frais. Pendant la traversée, Christian avait mûri l'idée de partir à la recherche d'une île inhabitée et solitaire sur laquelle les mutins s'installeraient pour toujours. C'était leur seule chance d'échapper au châtiment suprême, qui les attendait s'ils étaient découverts. Lorsqu'il exposa ce plan à ses compagnons, il n'obtint qu'un timide assentiment. Ceux qui n'avaient pas vraiment participé aux côtés de Christian à la prise de la *Bounty* n'émirent cependant aucune objection au projet ; tout ce qu'ils demandaient était un partage équitable des provisions et du matériel dont les uns et les autres auraient besoin. Young, Brown, Mills, Williams, Quintal, McCoy, Martin, Adams (alias Smith), et six naturels (quatre de Tahiti et deux de Tubuai) firent le choix de partager le destin de Christian. Ils ne restèrent que vingt-quatre heures à Tahiti. Ayant pris congé de leurs camarades, ils attirèrent à bord quelques femmes sous le fallacieux prétexte d'adieux, puis aussitôt ils coupèrent les câbles des ancres et se laissèrent emporter au large[1].

Les mutinés avaient fait leurs adieux, sauf aux quelques Tahitiens qui les accompagnaient dans leur exil. Il restait à décider quel en serait le lieu. Au départ, on avait parlé des Marquises, mais à la lecture des notes que Carteret avait consacrées à Pitcairn, Christian pensa que cette île

1. Dans une note, l'auteur rappelle que la plupart des mutins qui demeurèrent sur Tahiti furent capturés par la *HMS Pandora*, qui avait été dépêchée dans le Pacifique au retour du commandant Bligh en Angleterre.

se prêtait mieux à leur projet. La route fut donc modifiée en conséquence. Ils atteignirent Pitcairn peu de temps après[1] ; Christian, accompagné d'un matelot, fit terre dans une petite crique qui, par la suite, apparut comme un débarcadère naturel idéal. Sans tarder, ils parcoururent l'île en tous sens et arrivèrent bientôt à la conclusion que cette terre répondait parfaitement à leurs souhaits. On y trouvait de l'eau en abondance, du bois, un sol riche et quelques fruits. Son relief était d'accès difficile, par quelques cols étroits qu'une poignée d'hommes suffiraient à défendre contre une armée. De surcroît, il s'y trouvait quelques grottes où, le cas échéant, ils pourraient se réfugier pour échapper aux poursuites, dans la mesure où il leur resterait des provisions. Forts de ces informations, ils revinrent à bord et mirent le navire à l'ancre dans une petite baie située au nord de l'île, et que j'ai par conséquent baptisée Bounty Bay.

23 janvier 1790. – Tout ce qui pouvait servir à leur établissement y fut débarqué. Ensuite, on se mit d'accord sur le fait qu'il fallait détruire le navire, soit en le jetant à la côte, soit en y mettant le feu. Christian, Adams, et la majorité des mutins optaient pour la première solution, mais avant qu'ils aient exécuté la manœuvre, Mathew Quintal mit le feu dans la réserve du charpentier. Le navire flamba donc sur le rivage, puis l'épave dériva sur

1. « Ils atteignirent Pitcairn peu de temps après » : le propos a de quoi étonner puisque, ayant quitté Tahiti le 23 septembre, la *Bounty* atteignit Pitcairn le 15 janvier suivant seulement, au terme d'une longue errance décrite dans la présentation du texte de Frederick W. Beechey.

des rochers. Les restes en furent brûlés de peur qu'un navire de passage ne les repère. Cela se passa le 23 janvier 1790.

Lors de leur premier contact avec l'île, ils avaient repéré les restes de plusieurs habitations ainsi que trois ou quatre figures grossièrement sculptées, dressées au sommet de l'éminence au pied de laquelle la *Bounty* serait détruite. Cela signifiait que cette terre avait été habitée, et les marins se demandèrent si les insulaires ne s'étaient pas cachés en les voyant arriver dans l'intention de les attaquer à l'improviste. Cette crainte dura quelque temps, mais rien ne se passa et les travaux d'installation allèrent bon train sans interruption.

On détermina un espace où établir le village, et le reste de l'île fut divisé en parcelles égales, mais seulement entre les marins. Les pauvres Noirs [mot utilisé par Beechey pour Polynésiens], qui étaient seulement des amis, ne furent pas admis aux mêmes privilèges. Obligés de se louer aux autres pour avoir de quoi vivre, les Polynésiens devinrent au fil du temps des esclaves. Pourtant, dans un premier temps, ceux-ci ne manifestèrent aucun mécontentement et même participèrent de bon cœur aux travaux de mise en culture du sol. Sur la surface réservée au village, on eut soin de réserver un épais rideau d'arbres côté mer afin de dissimuler les habitations à un navire qui passerait au large. De même, toute construction susceptible d'attirer le regard fut interdite. Les voiles de la *Bounty* servirent de tentes jusqu'à ce que les maisons fussent terminées. Par la suite, on y tailla des vêtements.

Dotés d'un minimum vital qu'amélioraient même quelques

petits luxes, les mutins trouvèrent leur sort acceptable, et leur vie se révéla bien plus confortable que ce qu'ils avaient pu envisager dans les plus optimistes de leurs rêves. Pitcairn connut ainsi deux ans de prospérité et de paix, au bout desquels Williams afficha un vif mécontentement. En effet, un mois après leur installation sur l'île, il avait eu le malheur de perdre son épouse, tombée d'une falaise où elle récoltait des œufs d'oiseaux. Après quelques mois de frustration, il menaça de quitter l'île sur une des embarcations de la *Bounty* si on ne lui fournissait pas une autre femme. Cette demande paraissait tout à fait déraisonnable dans la mesure où elle ne pouvait être satisfaite qu'en sacrifiant le bonheur d'un de ses compagnons[1]. Mais Williams ne voulut rien entendre et persista dans ses menaces. Or, en tant que forgeron, il était indispensable à la communauté. Aussi, plutôt que de risquer son départ, on contraignit un des Noirs à céder sa femme à Williams. Les Polynésiens, outragés par cette deuxième injustice, firent cause commune et ourdirent une vengeance qui, si elle avait abouti, aurait été fatale à tous les Européens.

Heureusement pour ceux-ci, les femmes avaient été mises au courant du projet de révolte. Avec beaucoup d'ingéniosité, elles en avertirent les marins en psalmodiant une chanson dont les paroles étaient « Pourquoi l'homme noir aiguise-t-il sa hache ? C'est pour tuer l'homme blanc ». Dès qu'il saisit de quoi il en retournait, Christian prit un fusil et partit à la recherche des Noirs dans l'intention de leur

1. On notera que Beechey n'envisage la question que du point de vue des mâles.

faire savoir que, leur plan étant découvert, mieux valait y renoncer. A quelque distance du village, il rencontra l'un d'entre eux (Ohoo) à qui il demanda des comptes, et, afin de l'intimider, tira un coup de son fusil, qu'il avait chargé à poudre seulement puisqu'il ne s'agissait que de faire peur. Mais Ohoo ne le comprit pas : il pensa que la balle l'avait manqué. Il railla donc le tireur pour sa maladresse et disparut dans les bois. Talaloo, celui dont on avait pris la femme, l'accompagna dans sa fuite. En voyant leur plan éventé, les autres Noirs demandèrent pardon et promirent de supprimer eux-mêmes leurs complices en fuite. C'est ce qu'ils firent, en usant d'une traîtrise particulièrement odieuse. Ohoo fut assassiné par son propre neveu. Quant à Talaloo, après avoir échappé à une tentative d'empoisonnement, il mourut des mains de son meilleur ami avec la complicité de... sa propre épouse. Cette femme allait être à l'origine de tous les autres drames qui suivirent.

Le calme revint, ce qui permit à la communauté de vivre en paix pendant encore deux ans environ. Puis les comportements tyranniques de Quintal et McCoy provoquèrent de nouveau la colère des Polynésiens. Ceux-ci, ayant constaté qu'ils ne pouvaient espérer la moindre réparation des torts dont ils avaient souffert, et qu'il ne restait aucune compassion à attendre des Blancs, envisagèrent de se débarrasser de leurs oppresseurs. Malheureusement, leur plan fonctionna au-delà de toute espérance.

Deux d'entre eux, Timoa et Nehow, devaient abandonner leurs maîtres, en emportant des armes, pour se cacher dans les bois tout en demeurant en communication constante avec deux autres, Tetaheite et Menalee. Ce jusqu'au moment où ils attaqueraient, l'un après l'autre, les Anglais occupés à travailler dans leurs plantations.

Le jour venu, Tetaheite emprunta un fusil et des munitions sous le prétexte de tirer les cochons, qui étaient devenus sauvages et trop nombreux. Bien entendu, il rejoignit ses complices et, tous ensemble, ils tombèrent sur Williams qu'ils abattirent. Martin, qui ne se trouvait pas très loin, entendit le coup de feu et s'exclama :

— Bien joué ! Quel festin on va s'offrir ce soir !

Il pensait qu'un cochon venait d'être tiré... Les tueurs quittèrent alors la plantation de Williams pour se rendre chez Christian, où Menalee, l'autre Noir, travaillait avec Mills et McCoy. Afin de dissiper tout soupçon, au coup de feu, celui-ci avait demandé à Mills s'il pouvait aider à rapporter le cochon supposé abattu. Celui-ci donna son accord, et les quatre Polynésiens, ensemble, se rendirent chez Christian, qu'ils tuèrent alors qu'il travaillait sur ses ignames. Ainsi mourut cet homme, réputé être le chef de la rébellion, mais dont le crime – si tant est qu'il puisse exister une excuse à une mutinerie – était dans une certaine mesure minimisé par la tyrannie qui le provoqua. McCoy avait entendu Christian gémir ; il dit à Mills :

— Quelqu'un est en train de mourir, j'en suis sûr !

Mills répondit :

— C'est Le Grand-mât (surnom de l'épouse de Christian) qui appelle les enfants à table.

Comme les hommes blancs semblaient encore trop forts pour que les Noirs osent les affronter, ces derniers établirent un plan destiné à séparer Mills et McCoy. Deux d'entre eux vinrent donc se cacher dans la maison de

McCoy, et Tetaheite vint prévenir celui-ci que les deux Noirs déserteurs étaient en train de le cambrioler. McCoy se hâta de rentrer chez lui pour surprendre les voleurs, et, sur le seuil, essuya un coup de feu. Mais la balle le manqua. McCoy alerta immédiatement Mills et lui conseilla de fuir. Mais Mills demeurait persuadé qu'un des Polynésiens, dont il s'était fait un ami, ne le laisserait pas assassiner. Moins confiant, McCoy se précipita à la recherche de Christian, et n'en retrouva que le cadavre. Il rejoignit alors Quintal, lequel avait déjà compris et envoyé sa femme prévenir les autres. Tous deux filèrent dans la forêt.

Mills se trouvait donc seul lorsque les deux Noirs le surprirent. Il tomba, victime de la confiance imprudente qu'il avait placée dans la fidélité de son ami. Ensuite, Martin et Brown furent assassinés l'un après l'autre par Menalee et Tenina. D'un coup de massue, Menalee acheva ce qu'une balle de mousquet n'avait pas réussi. Il semble que Tenina ait voulu sauver la vie à Brown en ouvrant le feu avec une arme seulement chargée à poudre. Il pensait que l'Anglais ferait le mort. Mais celui-ci se releva trop tôt ; alors l'autre Noir, Menalee, l'abattit.

Adams fut averti du danger par l'épouse de Quintal, qui déboula dans sa plantation en lui demandant pourquoi il était encore au travail dans un moment pareil. L'Anglais ne comprit pas le sens de la question, mais, impressionné par son état de panique, il la suivit. Tout de suite, il rencontra des Noirs dont l'allure menaçante l'alarma. Il fila donc dans le bois.

Au bout de trois ou quatre heures, comme le calme semblait revenu, il revint dans sa plantation d'ignames pour y faire quelques provisions. Mais ses déplacements n'échappèrent pas à la vigilance des Noirs, qui l'attaquèrent. Une balle le toucha, entrée au niveau de son épaule droite et sortie par la gorge. Il tomba sur le côté et fut immédiatement assailli par un Noir qui tenta de le frapper d'un coup de crosse, mais il para les coups, au prix d'un doigt cassé. Puis Tetaheite plaqua son fusil contre son flanc et appuya à deux reprises sur la gâchette, mais le coup ne partit pas. Alors, à peine remis du choc provoqué par la blessure, Adams sauta sur ses jambes et courut aussi vite qu'il pouvait. Par chance, il distança ses poursuivants ; lesquels, le voyant sur le point de leur échapper, promirent de le protéger s'il s'arrêtait. Adams était épuisé par sa blessure : c'est pourquoi il accepta le marché. On le conduisit alors dans la maison de Christian, où il fut bien traité. Ces événements marquèrent la fin des effusions de sang à un prix terrible : des neuf Anglais qui avaient débarqué sur l'île, seuls quatre restaient en vie. Pour les Noirs qui désormais régnaient en maîtres sur Pitcairn, ce fut le jour de l'émancipation ; et pour les Blancs celui de l'humiliation et du châtiment.

Young, grand favori des femmes, avait été caché par elles le jour du massacre. Lui aussi fut conduit dans la maison de Christian. Les deux autres, McCoy et Quintal, oppresseurs des Noirs, trouvèrent refuge dans les montagnes, où ils survécurent en cultivant des lopins de terre à proximité de leur cachette.

Pendant une semaine, le village vécut dans une relative tranquillité, mais vint le moment où les Polynésiens commencèrent à se disputer les femmes dont les maris avaient été tués. C'est ainsi que Menalee tira sur Timoa qui, assis à côté de la femme de Young, accompagnait à la flûte la chanson qu'elle interprétait. Comme Timoa n'était pas mort sur le coup, l'autre rechargea et l'acheva d'une seconde balle. Menalee s'attaqua ensuite à Tetaheite, parce qu'il consolait la femme de Young, éplorée d'avoir perdu son meilleur ami. Sans l'intervention des femmes, il l'aurait assassiné aussi. Dès lors, craignant pour sa propre sécurité, Menalee s'enfuit dans la montagne où il rejoignit McCoy et Quintal. Ceux-ci commencèrent par se méfier, mais finirent par apprécier ce renfort puisque dès lors, ils se sentirent capables de s'opposer à l'autre camp. Tous trois firent ainsi une démonstration de force en apparaissant sur la crête de la montagne au-dessus du village, où ils tirèrent une salve de mousquets. La communauté alarmée délégua Adams pour dire à McCoy et Quintal que, s'ils tuaient Menalee, ils pourraient revenir au village, où ils seraient accueillis en amis. Les Anglais se conformèrent à la première partie de l'accord puisque Menalee fut assassiné. Mais les doutes qu'ils entretenaient sur la sincérité des Polynésiens les dissuadèrent de quitter leur montagne.

D'après Adams, les veuves des Blancs assassinés éprouvaient un ressentiment tel que, mues par leur désir de vengeance, elles se concertèrent pour assassiner les deux hommes de couleur toujours en vie. Une autre version de l'affaire, recueillie chez les insulaires, est que l'accord établi préalablement avec McCoy et Quintal prévoyait de se débarrasser des trois Polynésiens ! Si seul le meurtre de Menalee avait été commis, c'était parce que l'occasion de tuer les deux autres Polynésiens ne s'était pas encore présentée. Qu'importe, le résultat en fut aussi fatal pour les deux pauvres Noirs. Il avait été prévu que Susan tuerait Tetaheite pendant qu'il dormait aux côtés de sa favorite et, qu'en même temps, au signal donné, Young tirerait sur Nehow. Tetaheite, qui ne se doutait de rien, se coucha et périt sous le fer d'une hache bien balancée. Au même moment, Nehow regardait Young qui bourrait son fusil pour aller, pensait-il, chasser le cochon sauvage. A peine avait-il recommandé de ne pas lésiner sur la poudre qu'il reçut une décharge mortelle.

3 octobre 1793. – Ainsi donc finirent les derniers Polynésiens. On admettra volontiers que, même s'ils avaient fait preuve de traîtrise et de haine vengeresse, ces hommes avaient bel et bien eu de quoi se plaindre. L'accomplissement du plan fatal fut immédiatement signalé à McCoy et à Quintal. Mais les deux hommes étaient devenus si méfiants qu'ils n'acceptèrent d'y croire qu'après avoir vu de leurs yeux les mains et les têtes tranchées des deux victimes. Alors seulement ils revinrent au village. Ce jour mémorable fut le 3 octobre 1793. Désormais, sur Pitcairn, résidaient Adams, Young, McCoy et Quintal, ainsi que dix femmes et quelques enfants. Deux mois plus tard, Young commença à tenir un journal qui permet de se faire une juste idée de la vie quotidienne sur l'île à cette époque. On y lit que la communauté vécut en paix, construisant des maisons et défrichant de nouvelles terres qu'ils mirent en culture. Les habitants de Pitcairn pêchaient, capturaient des oiseaux, creusaient des chausse-trappes pour piéger les cochons sauvages qui, en se multipliant, devenaient une calamité pour les cultures d'ignames. Il semble que seules les femmes aient manifesté quelque mécontentement, parce qu'elles vivaient en complète promiscuité avec les hommes et changeaient de maison trop fréquemment.

Du 12 mars au 14 avril 1794. – Le 12 mars, Young confie à son journal : « En allant emprunter un râteau pour nettoyer une parcelle, j'ai vu Jenny qui tenait un crâne humain dans sa main. Je lui ai demandé de qui il s'agissait. “Jack Williams”, m'a-t-elle répondu. J'ai dit que je souhaiterais que ce crâne reçoive une sépulture. Mais la femme qui se trouvait avec Jenny m'a dit que je n'avais pas à demander pareille chose. J'ai répondu que si, et exigé qu'il en soit fait ainsi. Elles m'ont demandé pourquoi j'insistais alors que les autres ne le faisaient pas. J'ai dit que si eux ne voyaient pas d'inconvénient à ce que les crânes demeurent exposés à la surface du sol, moi j'en voyais. En conséquence, lorsque je revis McCoy, Smith et Quintal, je leur en ai parlé, mon avis étant que, si les filles n'étaient pas d'accord pour nous livrer les têtes des cinq hommes blancs sans faire de difficultés, il faudrait nous en emparer de force pour les enterrer. »

Il semble qu'à partir de ce moment-là, un désaccord profond se soit établi avec les femmes. Le journal de Young mentionne : « Depuis le massacre, leur désir, pour la plupart, est d'obtenir une embarcation qui leur permette de quitter l'île. » Ce sentiment se renforça encore par la suite, de telle sorte que le 14 avril, sous leur pression, les hommes commencèrent à construire un bateau. Pour fournir le bordage et les clous nécessaires, Jenny – qui aujourd'hui réside à Tahiti – arracha les planches de sa propre maison et essaya, heureusement sans succès, de persuader les autres femmes de suivre son exemple.

Du 13 au 15 août 1794. – Le 13 août, le bateau fut achevé et le 15, on le mit à l'eau. Mais, écrit Young : « Ainsi que nous nous y attendions, il chavira. » Et mieux valait qu'il en fût ainsi car, dans l'hypothèse où les Polynésiennes auraient pris la mer, où auraient-elles bien pu aller ? Qu'est-ce que ces femmes, ignorantes de la navigation, auraient pu faire toutes seules ? Après avoir longtemps dérivé de vague en vague, elles auraient péri, sacrifiées à leur propre folie. Il n'empêche que le sort de leur navire fut une grande déception pour elles. Dès lors, elles se montrèrent de plus en plus vindicatives, non sans quelque raison. Elles vivaient en effet dans un état de subordination complète, fréquemment violentées par McCoy et Quintal, qui semblent s'être montrés particulièrement odieux ; Quintal, notamment, pour qui il ne fallait jamais « rire ou plaisanter avec les filles, ni donner quoi que ce soit à aucune d'entre elles ».

16 août, 3 octobre et 11 novembre 1794. – Le 16 août, les Anglais creusèrent une sépulture qui reçut les ossements des personnes assassinées. Le 3 octobre, chez Quintal, ils commémorèrent le meurtre des Noirs. Et le 11 novembre, ils découvrirent une conspiration ourdie par les femmes, dont l'objet était de tuer tous les Blancs pendant leur sommeil. Les hommes s'emparèrent d'elles et l'enquête fut menée jusqu'au bout. Toutefois, il semble qu'aucune sanction ne fut prise, les femmes ayant promis de bien se conduire sans plus jamais laisser douter de leur fidélité. Le pardon qui leur fut accordé n'empêcha pas Young de noter cette observation : « Nous n'avions rien oublié de leur conduite et décidé entre nous que la première femelle qui se conduirait mal serait mise à mort. Cette sanction tombera à chaque infraction observée, jusqu'à ce que nous sachions à quoi nous en tenir sur les intentions des femmes. » Young donne l'impression d'avoir souffert de troubles mentaux à la suite de ces événements, et dans son journal, on lit que lui-même se sent, les deux jours suivants, « gêné et engourdi ».

15 et 30 novembre 1794. – Le 15 novembre, de nouveaux soupçons amenèrent les hommes à dissimuler deux mousquets en pleine nature, destinés à celui ou ceux qui réchapperaient à une attaque. Le 30 du même mois, les femmes s'entendirent pour une nouvelle tentative de crime. Elle ne fit aucune victime et le pardon leur fut encore accordé, assorti d'une nouvelle menace de mort en cas de récidive. Par la suite, d'autres menaces encore furent proférées, mais sans le moindre début d'exécution ce qui, comme on s'en doute, leur enleva toute efficacité. Les femmes faisaient corps chaque fois qu'elles étaient mécontentes, et partaient se cacher dans les parties les moins fréquentées de l'île. En cachette, elles se dotèrent même d'armes à feu. Aussi les hommes furent-ils dès lors dans un état d'inquiétude permanente : les femmes étant en supériorité numérique, chaque nouvel incident les affolait.

4 mai et 27 décembre 1795. – Le 4 mai, deux pirogues furent mises en chantier. En deux jours, elles furent achevées et servirent par la suite à pêcher. Les habitants de Pitcairn, habiles, se fournissaient aisément en rascasses et en grands maquereaux. Le 27 décembre suivant, l'apparition d'un navire, non loin de la côte, provoqua une alerte. Heureusement pour eux, une houle énorme brisait sur le rivage et le ciel présentait un aspect menaçant. C'est pourquoi le bateau demeura dans le sud-est de l'île et finit par disparaître. Dans son journal, Young remercie la providence car ensuite, une semaine durant, la mer fut « plus calme encore qu'ils ne l'avaient jamais vue depuis leur installation sur l'île ».

L'année 1796 fut marquée par si peu d'événements, qu'une seule page du cahier de Young suffit à les mentionner. L'année suivante, on en dénombre tout au plus trois. En premier viennent les efforts effectués pour réunir une bonne quantité de viande à saler. Ensuite figure une tentative de fabriquer du sirop à partir de cordyline et de canne à sucre. Enfin, Young évoque le grave accident survenu à McCoy, qui tomba d'un cocotier : il s'en sortit avec de sérieuses blessures à la cuisse et au côté droit, ainsi qu'une entorse à chaque cheville.

La vie s'écoulait donc sans surprise, agrémentée parfois de quelque piquant lorsque la communauté organisait une expédition vers l'autre côté de l'île. Il semble que les insulaires soient peu à peu devenus plus sociables, puisqu'ils se recevaient les uns chez les autres, et que les Anglais s'intéressaient un peu plus au confort des femmes ; lesquelles, de leur côté, paraissaient ne plus avoir de motifs de récriminations. De surcroît, en ce qui concerne le ravitaillement, une certaine organisation s'était établie. Ainsi, lorsqu'un chasseur avait été heureux, le gibier était distribué entre tous, à charge de revanche. Et il en allait de même avec la culture des ignames, des taros, etc. C'est ainsi que Pitcairn s'installa dans une vie heureuse, tranquille...

20 avril 1798. – Il se trouvait, malheureusement, que, jadis en Ecosse, McCoy avait travaillé dans une distillerie. Or l'abstinence lui pesait ; il fit donc des essais pour distiller la cordyline, et, le 20 avril 1798, fut produite une première bouteille d'eau-de-vie. Cette réussite conduisit son compère Mathew Quintal à « transformer sa bouilloire en alambic ». Un dispositif qui fonctionna trop bien, avec pour conséquence un enchaînement de beuveries. McCoy, en particulier, connut plusieurs crises de *delirium tremens* dont la dernière s'acheva par un envol fatal depuis le sommet d'une falaise. Ce destin terrible traumatisa tous les autres hommes, qui jurèrent de ne plus jamais absorber une seule goutte d'alcool. J'ai toutes raisons de penser qu'Adams respecta ce vœu jusqu'à son dernier jour.

Le journal de Young s'achève à l'époque du décès de McCoy, plus ou moins – un événement qu'il n'évoque même pas. C'est Adams qui nous a raconté comment, vers 1799, Quintal perdit sa femme, tombée elle aussi d'une falaise, en ramassant des œufs d'oiseaux. Il en conçut un grand chagrin. Il avait beau disposer de plusieurs femmes libres et avoir déjà expérimenté les conséquences de ses exigences, qu'importe ! Il demandait une femme en particulier, qui était celle d'un de ses compagnons. Bien entendu, ni elle ni son époux ne voulaient accéder à une demande aussi déraisonnable. Alors Quintal résolut de les tuer tous les deux. Sa première tentative échoua, heureusement. Mais il jura de recommencer. Adams et Young, qui ne doutaient pas qu'il tiendrait sa promesse et craignaient que, cette fois, il ne parvienne à ses fins, en arrivèrent à la conclusion que leurs propres existences seraient menacées tant que cet homme resterait en vie. Cela justifia leur décision de le mettre à mort ; ce qu'ils réalisèrent au moyen d'une hache.

Tel fut le sinistre sort de sept des meneurs de la mutinerie de la *Bounty*. S'ils échappèrent à la justice, ce ne fut que pour ajouter le meurtre à leur crime précédent. Car même si certains d'entre eux n'avaient pas trempé leurs mains dans le sang de leurs compagnons, tous étaient complices.

Comme Christian et Young descendaient de familles respectables, ils avaient reçu une éducation en rapport avec leur condition sociale. Il est donc probable qu'ils ressentirent durement leur dégradation ; bien plus que les simples matelots qui, pour leur part, se sentaient plutôt bien d'avoir quitté la Navy. Adams précise, cependant, que s'il en était ainsi, les deux hommes eurent le bon sens de ne rien en laisser paraître. Jamais ils ne laissèrent échapper le moindre regret, même à voix basse ! Bien au contraire, Christian affichait sans cesse une bonne humeur éclatante. Toujours il donna l'exemple à ses compagnons de labeur. De nature heureuse, systématiquement positif, il gagna l'estime et le respect de tous ceux qui servirent sous ses ordres. Dans les situations les plus difficiles, jamais il ne démérita. Jusqu'à son trépas, tous ses compagnons lui vouèrent une admiration sans bornes. D'ailleurs, lors de notre visite, Adams ne parlait jamais de lui qu'en disant « Monsieur Christian ».

Des quinze hommes qui avaient débarqué sur Pitcairn, Adams et Young demeuraient donc les uniques survivants. Tous deux étaient d'une nature sérieuse, et il eût été bien étonnant, après les scènes terribles auxquelles ils avaient assisté, que la solitude et le calme ne les conduisent pas au repentir. Sur Pitcairn, au temps de Christian, ils avaient une seule fois lu le service divin. Après le décès de celui-ci, ils le firent tous les dimanches. Et par la suite, ils décidèrent de réciter, matin et soir, une prière en famille. Puis ils ajoutèrent un service religieux le dimanche après-midi, et s'attachèrent à élever les enfants – les leurs, mais aussi ceux de leurs infortunés compagnons – dans la piété et la vertu.

L'éducation reçue par Young se révéla du plus grand secours pour mettre en application cette résolution. Malheureusement, le jeune homme ne survécut pas longtemps. Il mourut d'une crise d'asthme, en plein travail, un an environ après la mort de Quintal. Adams demeura alors seul survivant des malheureux mutins égarés de la *Bounty*. Il vécut la disparition de son dernier compagnon comme une épreuve particulièrement difficile à surmonter ; une véritable catastrophe, même. Mais cette adversité, plus encore que tout ce qu'il avait enduré auparavant, le disposa au repentir ainsi qu'au respect des pieuses résolutions prises dans l'espoir d'expier ses fautes.

Sa rédemption n'aurait pu survenir à un meilleur moment. En effet, parmi les dix-neuf enfants nés à Pitcairn, plusieurs étaient âgés de sept à neuf ans. Et s'ils avaient dû suivre leurs propres inclinations, sans doute auraient-ils acquis des habitudes déplorables qu'il aurait été par la suite difficile à Adams – pour ne pas dire impossible – de corriger. Les circonstances se révélèrent on ne peut plus favorables à son dessein, et les efforts louables du matelot furent récompensés au bénéfice non seulement de ses ouailles mais de lui-même, et tout cela bien au-delà des plus optimistes de ses attentes. Il lui restait cependant encore une tâche à accomplir. En plus des enfants à éduquer, il devait convertir les femmes. Et comme il savait l'importance de l'exemple donné par les parents, l'urgence s'imposait. En cela encore, ses efforts aboutirent. Les Tahitiennes montrant naturellement un caractère docile, les amener à la religion chrétienne exigea de lui moins de peine que prévu. Et les enfants acquirent une telle soif de connaissance des Saintes Ecritures, que, bientôt, Adams n'eut rien d'autre à faire que répondre à leurs questions et les guider dans le droit chemin. En prenant de l'âge, ils adoptèrent même des règles de morale et des habitudes pieuses. Puis la colonie s'agrandit ; des mariages furent célébrés. De telle sorte qu'aujourd'hui, Pitcairn abrite une société heureuse et bien policée. Le mérite en revient largement à Adams, qui est ainsi en train de racheter les erreurs de sa vie passée.

ANNEXES

DESCRIPTION DE L'ÎLE DE TAHITI ET DES MŒURS DES INSULAIRES

James Morrison

Annexe au journal de James Morrison,
second-maître à bord de la Bounty,
traduit de l'anglais par Bertrand Jaunez,
Publication de la Société des Océanistes, n° 16, 1966.
Traduction révisée par Clara Mouche

L'île de Tahiti est mieux située par le capitaine Cook que je ne saurais le faire moi-même avec un médiocre quadrant. Sa latitude est entre 17° 28' et 18° sud et sa longitude environ 211° est (d'après le capitaine Cook la pointe Vénus est de latitude 17° 29' 30" sud et de longitude 149° 32' 30" ouest)[1].

L'île consiste en deux péninsules, toutes deux de forme circulaire et reliées par un isthme de terres basses d'environ 2,5 à 3 milles de large. La grande péninsule est appelée Tahiti Nui ou Grand Tahiti ; elle a une circonférence d'environ 80 milles. La petite péninsule est appelée Tahiti Iti ou Petit Tahiti et Taiarapu ; elle a d'après mon estimation, une circonférence d'environ 30 milles. N'ayant pas d'instruments pour faire ces calculs je ne puis que donner la distance d'après mon opinion. L'île dans sa plus grande partie, est protégée par un récif qui, par endroits se trouve de 1 mille à 1 mille ½ du rivage et à l'intérieur duquel se trouvent de nombreux îlots. La plage est par endroits de sable blanc et en d'autres de sable noir.

1. Cette note est apparemment d'une autre main. *Toutes les notes de ce texte sont du traducteur.*

Aspect du pays

Les deux péninsules sont montagneuses et couvertes d'arbres d'essences variées, l'une et l'autre ayant une bordure de terrain plat (coupée de temps à autre par des montagnes sortant de la mer) recouverts d'arbres, arbres à pain et cocotiers pour la plus grande partie. De nombreuses montagnes surgissant de la mer s'élèvent progressivement jusqu'à former un massif montagneux au centre de l'île, visible à plus de 20 milles. Ces montagnes sont divisées par d'innombrables vallées très verdoyantes, les crêtes étant recouvertes de roseaux qui de loin ressemblent à de l'herbe lorsqu'ils sont verts, et le sommet des collines est en majeure partie recouvert de grands arbres ; les plus hautes montagnes laissent apercevoir d'innombrables cascades d'un aspect charmant et on peut en compter une trentaine qui, coulant d'une haute montagne derrière Matavai appelée Orohena, arrosent les vallées avoisinantes ; avant d'atteindre la mer, elles forment de nombreux ruisseaux et rivières d'une eau excellente, provenant de sources dont quelques-unes jaillissent à même le rocher.

Air et climat

Le climat des îles de la Société est très peu différent de celui des Antilles et peut être considéré comme semblable (après avoir interverti les saisons,. les Antilles étant dans l'hémisphère nord). Le soleil passe au sud en septembre et y reste jusqu'en mars ; à cette époque il repasse au nord.

Pendant les six mois où le soleil est au sud de l'équateur le temps est variable et les vents changeants et lorsque le soleil passe au zénith la saison des pluies commence et continue avec intervalles pendant que le soleil passe au sud et revient ensuite au nord, ce qui se produit d'octobre à avril ; pendant cette saison le vent d'ouest est dominant, soufflant quelquefois avec violence et développant une grosse mer. Lorsque le vent souffle du nord ou du sud il amène en général du tonnerre et des éclairs, et des pluies torrentielles s'ensuivent, gonflant les rivières qui se répandent en quelques heures sur la région côtière en charriant de grands arbres de la montagne et en entraînant de gros rochers – il arrive souvent que les maisons des indigènes soient ainsi emportées à la mer ; ils s'en tirent d'ailleurs sans grand dommage et se procurent, grâce à ces crues, de grandes quantités de bois à brûler sans avoir à aller dans la montagne – tandis que les vents d'ouest amènent la grosse mer. C'est la plus mauvaise saison pour visiter Tahiti car la baie de Matavai est loin d'être sûre, étant exposée à ces vents et, dans toute l'île il n'y a aucun mouillage qui soit sûr, sauf celui de Pare, où se tenait la *Bounty* ; l'entrée de celui-ci est étroit et rocheux nécessitant la pose de bouées pour en indiquer le passage ; il faut d'autre part choisir un temps calme pour se faire remorquer au dehors car l'alizé souffle vers l'intérieur et les vents d'ouest amènent toujours du mauvais temps.

Le port de Pare est le seul à Tahiti où un navire peut mouiller en sécurité en n'importe quelle saison (la baie de Matavai n'est sûre que 6 ou 7 mois de l'année) ; le mouillage y est bon par 8 ou 16 brasses avec fond de sable noir.

Quant à la baie de Matavai, il existe à l'ouest du récif qui défend la pointe Vénus, et à environ une encablure, un banc de corail appelé Banc du Dauphin, sur lequel il y a 13 pieds d'eau, mais, entre ce banc et le récif, se trouve une passe avec 22 brasses de fond et je recommanderais cette passe avant de venir sous le vent, et en longeant le récif sans s'en approcher de plus de 10 brasses on peut y entrer et mouiller en sécurité ; mais, en allant à l'ouest, on risque de rencontrer quelques risées détournées vers le sud par une falaise (Colline de l'Arbre) dominant la baie et qui sont suivies de quelques minutes de calme avant que le vent régulier ne retrouve sa force ; un navire peut être amené à faire une fausse manœuvre dans une zone dangereuse ou bien à ressortir et revenir au vent, surtout avec peu d'hommes sur le pont ce qui est souvent le cas après un long voyage. Cela ne se produit pas toujours et avec une brise de mer soufflant frais il n'y a aucun danger ; d'autre part en se tenant à l'est du Banc il n'y a rien à craindre ; il existe une autre roche dans la baie mais elle est visible et proche de la partie est de la plage.

L'eau est abondante dans toute l'île, mais ce n'est pas le cas du bois à brûler car, en bordure de la mer, il y a peu d'arbres en dehors de l'arbre à pain et du cocotier qui recouvrent les terres basses, et chaque arbre ayant un propriétaire il doit être acheté à moins d'obtenir la permission de le couper. Lorsque le soleil est au nord de l'équateur, l'air est clair et le temps beau et le vent souffle régulièrement du sud-est et les terres basses étant recouvertes d'arbres, on y trouve une ombre agréable et la chaleur ne se fait pas trop sentir. Pendant cette saison, les indigènes passent d'un côté de l'île à l'autre en traversant le massif montagneux, ce qui leur est impossible pendant les pluies, période pendant laquelle ils sont forcés de se déplacer le long de la côte.

Les saisons diffèrent beaucoup d'un côté à l'autre de l'île ; cela est dû à la présence de Moorea qui s'étend au nord et au sud à l'ouest de l'île ; lorsque l'alizé souffle sur la côte nord, le vent d'ouest souffle frais sur la côte sud ; par contre, lorsque le vent passe au sud-sud-est, il neutralise le vent d'ouest et la côte sud reçoit des torrents de pluie venant des nuages qui s'amassent sur les montagnes de Taiarapu tandis que la côte nord jouit d'un beau temps pour ainsi dire sans pluie pendant 6 mois. Ceci influence la récolte des fruits de l'arbre à pain qui, au nord, commence vers le mois de novembre pour se terminer vers janvier, tandis qu'au sud elle est parfois terminée en novembre dans une saison et ne commence qu'en janvier dans une autre.

Les marées, ainsi que dans d'autres pays tropicaux, sont faibles et la plus grande marée observée à la pointe Vénus était de 45 cm ; l'étale et la renverse à 2 heures environ.

Sols et produits

Le sol du pays est riche et fertile et dans les vallées et terres basses, il est constitué par un terreau noir fin. Par contre, de part et d'autre de l'isthme, c'est un sol plutôt dénudé de corail et de sable, ne produisant que des fara et des cocotiers.

Les collines ont plusieurs stratifications de couleur rouge, blanche, jaune foncé et bleue avec diverses espèces de cailloux. La couche rouge est une espèce d'argile dans laquelle on trouve des cailloux semblables à de la cornaline qui, frappés, donneront une étincelle mais se désagrégeront facilement étant constitués d'éléments agglomérés.

La couche blanche est une espèce d'argile à pipes, sans cailloux, la noire un terreau fin et gras ; la couche jaune est un genre de gravier avec de gros cailloux et la bleue une terre glaiseuse solide ; toutes ces stratifications se trouvent à une profondeur de 3 à 4 mètres avec au-dessous une roche friable de couleur brune mélangée à une roche noire et dure ; il y a également de grandes falaises d'une roche noire dont les indigènes font leurs herminettes.

Les montagnes sont rocheuses à leurs sommets, mais, dans leur plus grande partie, sont recouvertes d'une bonne épaisseur de terre.

Les falaises ont un aspect brûlé bien que les indigènes n'aient pas souvenir d'un volcan en activité.

A un certain endroit dans les montagnes, une colline entière paraît avoir été retournée ; les indigènes prétendent que c'est l'œuvre du tonnerre mais il est plus probable qu'un tremblement de terre en soit la cause. Les lits des rivières sont en gravier et grosses pierres qui paraissent provenir en partie des collines. Certaines de ces pierres sont dures, d'autres contiennent une matière transparente qui fond au feu et beaucoup sont couvertes de trous comme une pierre ponce sans toutefois en avoir la légèreté.

Les vallées sont fertiles et s'enfoncent sur plusieurs milles, mais, dans l'intérieur les montagnes, sont inaccessibles, étant très abruptes et soumises à de fréquentes pluies et la seule façon de les gravir est en suivant les crêtes, à partir du bord de mer.

Les produits de ces îles sont les cochons qui sont de belle taille et dont la chair est excellente ; des chèvres en grande quantité, des chiens considérés comme un mets de choix et qui d'après les premiers voyageurs valent l'agneau d'Angleterre. Tels sont les quadrupèdes dont ils apprécient la chair. Ils ont également des chats et des rats qu'ils ne mangent point. Il reste quelques spécimens de bovidés noirs qu'ils n'apprécient pas. Les poulets existent en quantité et la chair des jeunes vaut ceux d'Europe, étant tendres et d'un goût excellent. Ils ont également des oiseaux et des poissons qui seront décrits plus loin. Les légumes, fruits et racines divers sont les suivants.

Racines

Les ignames, appelés *ufi*, poussent à l'état sauvage dans les montagnes ; ils ont de 30 cm à 1,50 m de long et de 12 à 15 cm d'épaisseur ; excellents mais peu recherchés vu l'effort à faire pour les déterrer, sauf lorsque le maiore se fait rare ; ils ne sont jamais cultivés.

Le *taro* est une racine cultivée qui pousse dans l'eau, le terrain utilisé étant fermé sur les côtés par une butte de terre pour que l'eau y séjourne ; elle atteint une taille de 30 à 35 cm en longueur et en largeur, et est inférieure en goût aux ignames ; lorsque la racine est préparée, elle est tachetée de vert, de bleu et de blanc ; quant aux feuilles, elles constituent un excellent légume dont le goût ressemble à notre asperge mais, lorsqu'elles sont mal préparées, elles provoquent une démangeaison du fondement qui persiste plusieurs heures après leur ingestion.

Le *umara* est une espèce de patate, différente de celle que l'on trouve en Amérique ou aux Antilles et qui est ici de couleur orange et de la taille d'une pomme de terre d'Angleterre. On les obtient en plantant une bouture de la tige, qui en prenant racine, produit la patate.

Les *ape* sont de grosses racines de montagne ressemblant au taro mais beaucoup plus grosses ; elles sont plus grossières et plus fades. Lorsqu'on les mange sans les avoir proprement préparées elles provoquent une désagréable démangeaison de la bouche et de la gorge qui demeure un certain temps ; pour éviter ceci, on les conserve toute la nuit dans un four ce qui fait disparaître ce défaut.

Le *apura* est un petit taro qui pousse dans les montagnes et qui a une saveur brûlante et piquante que l'on fait disparaître de la même manière que pour le ape.

Le *teve* est une racine de la taille d'un navet qui pousse dans toute l'île et qui doit être préparée de la même façon que les précédentes.

Le *pia* est une racine ressemblant à une pomme de terre mais très amère qui ne peut être consommée qu'après avoir été râpée et lavée dans l'eau ; on en fait une pâte que l'on bat et que l'on rôtit ensuite. Voici comment on la prépare :

Après avoir râpé les racines avec une pierre, on met le

tout dans un récipient avec de l'eau ; lorsque la farine est déposée au fond, on change l'eau et ainsi de suite pendant cinq ou six jours. Ensuite, on la sèche, et elle a alors l'aspect d'une fine farine qui permet de faire d'excellentes crêpes et puddings.

Le *hoi* est une racine qui pousse seulement dans la montagne et qui est comestible lorsqu'elle est convenablement préparée. Il existe beaucoup d'autres racines comestibles dans les montagnes mais elles sont peu recherchées sauf en période de disette.

Le gingembre et le curcuma poussent en abondance dans toutes les îles, ainsi que le tabac, la canne à sucre, le maïs, les citrouilles, les piments rouges, etc.

Fruits

Parmi les fruits, celui de l'arbre à pain, qui comprend près de 30 espèces, mérite d'être cité en premier. Cet arbre (appelé *uru* par les indigènes) atteint la taille d'un chêne et fournit la nourriture, les vêtements, le bois pour faire les maisons et les pirogues et la poix pour les calfater. Les feuilles sont également utilisées pour envelopper les mets que l'on prépare. Ces feuilles sont de dimensions différentes, certaines n'ayant pas plus de 20 cm et d'autres ayant jusqu'à 60 cm de longueur ; elles sont larges et de l'épaisseur d'une feuille de chou.

Les feuilles ont 4 ou 5 crénelures d'une profondeur de 15 cm environ ; elles sont d'une couleur vert foncé ; l'arbre ne perd jamais toutes ses feuilles et paraît constamment en floraison, les feuilles tombantes étant détachées des branches par la poussée des jeunes feuilles ; les branches sont étendues et portent à leur extrémité un ou deux fruits, rarement plus, ronds ou ovales, de 7 à 15 cm de diamètre ; avant la maturité, il est d'un beau vert et sa peau est rugueuse et lorsqu'il mûrit, la peau devient plus lisse et de couleur jaune brunâtre avec des taches blanches provenant de la sève ; il se ramollit alors et devient sucré au goût et écœurant, à moins d'être mélangé à la préparation appelée *maki*. Si on le cueille avant qu'il ne tombe de lui-même et qu'on le cuise, l'intérieur est de couleur jaune et sa consistance semblable à celle d'une pomme de terre bien que le goût diffère de tout ce que j'ai pu goûter au cours de mes voyages en Europe, en Amérique et aux Indes ; toutefois, le goût en est plaisant et bien qu'ainsi préparé, il ne se conserve pas plus de deux jours, il se trouve en si grande abondance qu'il remplace le pain et constitue ici son équivalent.

Le *haari* ou noix de coco est le fruit d'un arbre qui est des plus utiles ; lorsque les noix sont jeunes, elles constituent une excellente boisson, et lorsqu'elles sont mûres, elles servent à faire de l'huile et des sauces pour le poisson, puddings etc. La coque de la noix sert de bol pour boire et manger ; de la bourre, on fait de la corde pour assembler les pirogues et les feuilles sont utilisées pour couvrir des huttes temporaires, pour faire des paravents pour les maisons, des paniers, etc. Lorsque les arbres ne donnent plus de fruits, ils servent de bois à brûler ; ils produisent toutefois pendant de longues années, perdant souvent leur sommet par la foudre. Ils demeurent toujours verts, et perdent chaque année quelques-unes de leurs feuilles ou plutôt de leurs branches et ne cessent de croître avec l'âge.

Le *vi* ou pomme jaune est un fruit délicieux de la taille d'une pomme d'Angleterre bien que de goût, odeur et consistance différents ; la pulpe est enfermée dans une substance fibreuse qui entoure le noyau ; la peau en est mince et dure comme celle d'une prune et lorsque le fruit est mûr, il est d'une belle couleur dorée ; son goût est supérieur à celui de l'ananas et il peut être consommé avec excès sans inconvénient ; il pousse sur un arbre majestueux qui perd ses feuilles régulièrement, les feuilles tombant en septembre, et réapparaissant avec les fruits vers la Noël ; le fruit est mûr vers le mois de juin. Certains de ces arbres ont près de 3 m de circonférence mais le bois en est tendre et spongieux et ne peut servir que pour faire du feu. On le plante soit par graines, soit en plantant une branche qui prend rapidement racine et donnera bientôt des fruits.

Le *ahia* est une autre espèce de pomme, plus semblable à la pomme anglaise mais plus fade et aqueuse ; lorsqu'elle est mûre, elle est d'une belle couleur blanche et rouge ; l'arbre est de la taille d'un cerisier et comme lui, perd ses feuilles mais le fruit n'est mûr que vers le mois d'octobre. Ces deux derniers arbres ainsi qu'un autre à fleurs rouges semblables aux fleurs du chèvrefeuille sont les seuls arbres qui perdent toutes leurs feuilles à un moment donné ou avant que les prochaines feuilles n'apparaissent.

Le *rata* ou *ihi* est une sorte de châtaigne semblable à un gros haricot de 5 cm environ ; les arbres sont de belle taille et leur bois est un excellent combustible.

Le pomelo appelé ici *uru papaa* (ou pain anglais) fut

planté par le capitaine Cook, ne donna jamais de fruits remarquables, ayant été planté à titre de curiosité par les indigènes en différents points de l'île.

Le *meia*, nom générique des bananes, pousse ici en abondance et donne remarquablement bien. La grosse banane de cheval appelée ici *tavahi-paparua* atteint près de 25 cm de long et un diamètre sensiblement égal ; on en fait d'excellents puddings, en la mélangeant à du *taro* et à de la noix de coco.

Le *orea* ou banane du pays est la meilleure de toutes les espèces de petites dimensions dont l'île produit une douzaine de variétés non mentionnées ici.

Le *fei* ou banane de montagne diffère des autres espèces ; n'en ayant jamais vu aux Antilles ni aux Indes, je suppose qu'elle est spéciale aux îles des mers du sud. Le tronc est pourpre tirant sur le noir, les feuilles plus longues et plus foncées que celles du bananier ordinaire et le fruit, au lieu d'être dirigé vers le bas, pousse droit sur son support.

Lorsqu'on le cueille vert, il remplace le pain. Lorsqu'il est mûr, il a l'odeur et l'aspect de peinture jaune, la peau étant alors d'un rouge brun ; cuit et préparé en pudding, il est aussi bon qu'une crème cuite, et sa racine préparée est semblable à l'igname. Ils poussent en grande quantité dans la montagne et on n'a que la peine d'aller l'y chercher. Dans la forêt on trouve les arbres et arbustes suivants :

Le *toa* ou casuarina, au bois très dur, dont on fait les lances, massues, battoirs pour préparer les étoffes, etc. Son écorce sert à préparer une teinture brune de bonne qualité. Son bois est trop dur pour nos outils. Cependant les indigènes le travaillent avec des outils de pierre ce qui représente un effort considérable.

Le *tamanu* ou *Calophyllum* est un bel arbre utilisé pour faire les grandes pirogues, des sièges, des repose-tête, des récipients et plateaux qui ont quelquefois jusqu'à 2 m de long et peuvent recevoir un cochon entier préparé. Ces récipients sont en général taillés d'une seule pièce et soigneusement finis. Le bois qui ressemble un peu au noyer se prête bien au polissage et on tire du fruit, qui est de la taille d'une noix, un parfum très agréable utilisé sur les étoffes.

Le *mara* est un grand arbre dont le bois est blanc, dur et d'un grain serré ; lorsqu'il vieillit, il devient de couleur brune. On en fait des pirogues de guerre, des pièces cylindriques pour enrouler les étoffes, et de longues pagaies servant de gouvernail ainsi que des manches de haches et d'herminettes.

Le *faifai* est un arbre de la taille d'un chêne, d'un bois ressemblant au chêne blanc ; il sert à beaucoup d'usages, entre autres, la construction de pirogues, de grands coffres, etc.

Le *amae* est d'un grain serré, rougeâtre, utilisé dans la construction des pirogues, manches d'outil, etc. Cet arbre est habituellement planté sur les marae ou lieux de prière et ses feuilles sont utilisées dans les rites religieux.

Le *toi*, bois dur et blanc, est utilisé pour les pirogues de guerre et les piroques ordinaires et pour faire des grattoirs pour la préparation des plantes à tapa.

Le *purau* ou *hibiscus tiliaceus* ressemble un peu à un orme, ses fleurs sont jaunes ; le tronc sert à faire des pirogues, des pagaies et nous avons pu constater lors de la construction de la goélette qu'il convenait très bien pour les membrures et les pièces coudées. Les jeunes arbres qui poussent très droits sont utilisés comme chevrons pour les toits.

Le *torotea*, dont le bois dur et blanc est utilisé comme balancier pour les pirogues, est très résistant ; les indigènes l'utilisent pour clôturer leurs maisons.

Le *hutu*, bel arbre, sert à la construction des pirogues mais n'est pas très résistant ; il produit une noix de la taille d'un cœur de mouton qui a la propriété de stupéfier les poissons lorsqu'on l'immerge dans les trous du récif ; ceux-ci se laissent alors prendre à la main sans chercher à s'échapper.

Le *tutui*, l'arbre de la noix à bougie, est de la taille d'un noyer ; le fruit ressemble à une noix mais provoque des vomissements si on le mange ; les fruits, après avoir été débarrassés de leur coque, sont enfilés sur une nervure de feuille de cocotier et brûlent en donnant une lumière assez vive ; l'écorce donne une teinture brun clair et le bois sert de combustible.

Le *tou* (ou *Cordia Sebestina Orientalis)* dont le bois est tendre et blanc sert à faire des écopes pour les pirogues ; ses feuilles mélangées aux fruits du mati donnent un colorant d'un très beau rouge pour décorer les étoffes.

Le *mati* est une variété de figuier de la taille d'un cerisier, les fruits de la taille d'une petite cerise sont de couleur brune ; on les écrase sur les feuilles de *tou* pour produire le colorant indiqué plus haut. L'écorce fait d'excellentes lignes de pêche, des filets et de fines nattes utilisées comme ceintures (maro) ; on en fait également une étoffe solide.

Le *nono* (ou *Morinda Citrifolia*) est un arbuste donnant un fruit semblable à un petit corossol, d'un goût assez déplaisant et rarement consommé ; l'écorce donne un colorant jaune clair pour les étoffes.

Le *ora* est une variété de figuier sauvage dont l'écorce donne une excellente étoffe grise, la plus résistante qui soit et très estimée.

Le *pua* est un bel arbre qui porte des fleurs jaunes très parfumées qui sont utilisées à faire des couronnes que les indigènes portent sur la tête. Le *tiare* a des fleurs blanches qui ont le même usage.

Le *vavai* ou arbre à coton pousse en abondance dans tout le pays mais on n'en fait aucun usage.

Le *roa (Urtica Argenta)* est un arbuste dont l'écorce joue le rôle de chanvre et est utilisée pour faire les meilleures lignes de pêche. Il atteint la hauteur du chanvre et ses feuilles y ressemblent.

L'*aute (Morus papyrifera)* ou mûrier à papier chinois ; l'écorce fait une étoffe blanche des plus fines et on en fait de grandes plantations, dans lesquelles les chèvres font de grands ravages malgré les fossés et les clôtures. Aussi ces animaux sont-ils soit attachés à des piquets soit chassés dans les collines où ils vivent à l'état sauvage, car on fait ici fort peu de cas de ces animaux.

Le *ofe* ou bambou existe en abondance ; certains ont jusqu'à 20 m de hauteur mais sont assez fragiles. Coupés en sections, ils servent de récipients pour l'huile ; ceux qui vivent loin du rivage les utilisent pour transporter l'eau de mer qui leur sert de sel. On en fait également des barrières, des cannes à pêche, des couteaux, etc., une espèce mince sert à faire des flèches, et les plus gros servent de carquois.

Le *aeho* ou roseau croît en abondance sur les collines ; on l'utilise pour les toits, les barrières, la confection des torches pour la pêche de nuit. Les collines sur lesquelles il pousse sont souvent incendiées pour débrousser le terrain.

Le *oporo* ou piment planté à l'époque du capitaine Cook, de même que le tabac, se trouve dans toutes les îles et les indigènes en portent les fruits sur eux à titre de curiosité.

Le *aute*, arbuste de la taille d'un rosier, à une fleur rouge que les indigènes mettent dans leurs cheveux et qui est également utilisée pour les maladies des yeux, fréquentes chez les enfants ; mélangée à la nourriture elle n'est pas désagréable à absorber.

Le *fara* ou palmier piquant, appelé aux Indes Pandanes, pousse ici en abondance près du rivage sur les terrains arides ; les racines poussent au-dessus du sol et soutiennent l'arbre à la façon d'étais de 1,50 m à 2 m de hauteur ; l'aubier est dur et utilisé pour les pointes de lance mais le cœur est mou et spongieux. Les feuilles poussent d'une façon particulière autour des branches ; elles ont jusqu'à 2 m de long et 10 cm de large avec des épines sur les côtés, et attachées sur des roseaux, elles servent à couvrir les toits ; on en fait de larges nattes qui servent de voiles ainsi que de très grandes nattes sur lesquelles sont exécutées les *heiva* ou danses.

L'inflorescence est une grosse fleur de couleur crème au parfum très agréable qui sert à parfumer l'huile et les étoffes. Le fruit est constitué par un grand nombre de noix poussant sur un cœur rond ; lorsqu'il est mûr il a l'apparence d'un ananas. Leur goût est sucré et plaisant et on les enterre souvent avec des bananes pour donner un bon goût à ces dernières.

Le *paeore* est une variété de palmier dont les feuilles ressemblent à celles du fara mais sans piquants ; elles servent à la fabrication de nattes pour dormir et pour se protéger de la pluie. Il pousse seulement dans la montagne ainsi que *l'ahi* ou bois de santal, utilisé pour parfumer l'huile, etc.

Le *huero tum* (?) ou chou palmiste pousse dans la montagne ; il est rare et de petite taille (1 m environ) ; l'écorce est rugueuse et comme couverte d'écailles dirigées vers le haut ; au sommet on trouve un seul chou palmiste et une couronne de feuilles horizontales. Les indigènes les mangent rarement, vu le travail que cela représente pour les cueillir.

Le *piripiri* est de la taille de la bruyère et est utilisé pour faire des nattes très fines pour les ceintures (maro).

Le *farapepe* est une liane dont on fait des nasses et des paniers ; on l'utilise dans la construction des maisons pour lier les pièces de bois exposées aux intempéries.

Le *to* ou canne à sucre pousse ici à l'état sauvage et atteint cependant la même taille que celle des Antilles ou des Indes ; elle serait plus belle encore si on la cultivait. Les indigènes ne l'utilisent pas, sauf pour s'en tailler un morceau pour le mâcher lorsqu'ils en voient à proximité. Lorsqu'elle devient envahissante ils y mettent le feu.

Le *to papaa* ou maïs indien fut introduit par la *Bounty* et est maintenant répandu dans toutes les îles. Il pousse extrêmement bien ici et dans une période de 12 mois nous avons obtenu 3 récoltes et une 4e en chemin. Les indigènes en sont assez friands mais ne se donnent pas la peine de le cultiver, car disent-ils la nourriture est abondante et il n'y a pas lieu de travailler pour obtenir ce que la nature vous donne à profusion.

Cette manière de voir prévaut pour tous les végétaux ou animaux apportés par les navires européens, les uns étant détruits par des transplantations continuelles comme curiosités, les autres étant abandonnés à l'état sauvage. Quelques-uns des épis de maïs que nous avons obtenus étaient bien chargés et avaient jusqu'à 17 cm de longueur.

Ils ont plusieurs herbes pour parfumer leur huile et leurs étoffes et l'on trouve un peu partout une variété de cresson qui fait une excellente salade. Toutes les graines distribuées lors de notre premier séjour avaient pourri faute de soins alors qu'avec un peu de travail d'excellents résultats auraient pu être obtenus.

Le *ava* [ou *kava*] ou poivre enivrant est cultivé ici avec beaucoup de soins et de travail ; sa racine leur sert à s'enivrer. Ils le boivent toujours avant de se nourrir et il est préparé de la façon suivante : les morceaux de racine sont distribués à un certain nombre de personnes qui les mâchent et en crachent le jus et la racine dans un large récipient ; on y ajoute les feuilles du ava que l'on écrase ; pendant ce temps on confectionne un tamis fait d'une herbe grossière appelée *mou*, dans lequel on passe la mixture ; le résidu de ce filtrage est jeté. Le liquide est ensuite réparti suivant le nombre de buveurs, de la façon suivante : on plonge le tamis dans le jus et on le tord dans le bol de chaque buveur. Ils se mettent aussitôt à boire cette mixture qui est d'une consistance assez épaisse et dont l'odeur rappelle un mélange de rhubarbe et de jalap et dont le goût ne vaut probablement guère mieux ; et aussitôt ils perdent l'usage de leurs membres et de la parole ; cependant leurs facultés mentales demeurent intactes et ils paraissent d'humeur songeuse. Souvent ils tombent à la renverse avant d'avoir fini de manger et leurs serviteurs s'efforcent de leur masser tout le corps jusqu'à ce qu'ils s'endorment ; tout le monde alors se retire et il est interdit de faire le moindre bruit autour des dormeurs.

Après quelques heures ils se réveillent frais et dispos et prêts pour une nouvelle dose ; la valeur d'un petit verre est une dose suffisante mais s'ils prennent de la nourriture avant de la boire, ils n'obtiennent aucun effet.

S'ils en usent pendant une quinzaine de jours sans discontinuer, leur corps se couvre de croûtes blanches, les yeux deviennent fiévreux et injectés de sang et un amaigrissement considérable s'ensuit ; mais s'ils cessent pendant quelques jours les croûtes disparaissent, la peau retrouve son aspect normal et ils redeviennent gras et de bonne apparence ; ce qui me fait croire que cette boisson nauséabonde doit être saine puisque ceux qui en usent paraissent rarement atteints de désordres quels qu'ils soient ; parmi ceux qui l'utilisent, il y a quelques-uns des hommes les plus âgés du pays. Bien que tout le monde en boive, cette boisson est plutôt l'apanage des chefs, de leurs familles et de leurs serviteurs que celui des gens du commun. La préparation par le mâchage est préférée à toute autre. Cette boisson est très demandée chez les personnes de rang ; toutefois, parmi ces derniers il en est qui ne l'ont jamais goûtée.

Le *ti* est une plante poussant dans la montagne, dont la racine est consommée après avoir été rôtie. Les feuilles qui ont de 20 à 25 cm de long et de 12 à 15 cm de large servent à recouvrir de petites huttes provisoires ainsi qu'à tapisser le fond des trous dans lesquels ils préparent le mahi ; ils s'en font également une espèce de jupe pour aller à la pêche, en tressant les tiges qui sont ensuite attachées à la ceinture, les feuilles fendues leur pendant jusqu'aux genoux.

Tout ceci pousse dans la partie côtière basse mais les plus gros arbres poussent dans la montagne. Le fruit du *uru* se trouve en toutes saisons mais en plus grande abondance à l'époque de la récolte ; c'est alors qu'ils en font des provisions pour préparer cette pâte fermentée appelée mahi. Les cocos, bananes et autres nourritures existent en abondance en toutes saisons.

Les cultures sont réduites, se limitant au mûrier, au ava, au taro et aux patates. Il leur arrive quelquefois de planter des cocos et des bananes, mais, en général, c'est l'œuvre des chefs et ceux-ci estiment leur devoir accompli s'ils ont fait cet effort une fois dans leur vie. Ils plantent rarement les arbres à pain qui poussent d'eux-mêmes par séparation de la racine, ce qui est souvent l'œuvre des cochons ; parfois, il leur arrive d'enlever les jeunes plants pour débrousser un terrain. Parfois, après de forts vents d'ouest, ils sont dans l'obligation de replanter les bananiers déracinés. Telles sont les seules choses qui leur occasionnent du travail, car l'île produit partout de la nourriture sans que l'homme ait à s'en préoccuper ; on peut dire que ce pays n'a pas été touché par la malédiction de l'Eden, aucun homme n'ayant à gagner sa vie à la sueur de son front et ne trouvant aucune épine sur son chemin.

Oiseaux

Il existe de nombreuses espèces que nous n'avons pu identifier, mais parmi celles que nous connaissons : hérons bleus et blancs (aigrettes des récifs), canards sauvages (sarcelles d'Océanie), perruches vertes (le « *'a'a* » peut-être ?), bleues et blanches (perruches nonnettes ou loriquets bleus), gobe-mouches, pics-verts, tourterelles (ptilopes pourpres), pigeons sauvages (carpophages), un oiseau jacasseur semblable au geai, (bécasseaux gris), pluviers (pluvier doré du Pacifique), martins (martin-chasseur ou halcyon vénéré), frégates et paille-en-queue ainsi que des oiseaux de mer. Il existe en montagne différents oiseaux qui nous sont inconnus, entre autres un oiseau de la taille d'une oie qui est comestible. On ne les voit jamais près de la mer ni dans la plaine.

Il n'y a pas de reptiles ou d'insectes venimeux en dehors des cent-pieds et des scorpions, les premiers sont nombreux et de grande taille, les seconds petits et rares et je n'ai pas entendu dire qu'ils fussent dangereux. Les indigènes n'en font aucun cas et les manipulent comme nous manipulerions un ver de terre. Il existe deux espèces de lézards ; l'une, de couleur brillante, a l'air innocent et inoffensif, l'autre, noire ou brun sale, a un aspect redoutable ; elles sont toutes deux inoffensives et ont rarement plus de 15 cm de long. Il y a aussi des papillons, des mites et des mouches comme ceux d'Europe. Ils ont aussi des mouches ressemblant à la mouche ordinaire mais dont la piqûre est douloureuse et qui sont très ennuyeuses. Ils disent qu'elles furent introduites par les navires de Lima[1]. Les moustiques ne sont pas très gênants. Les autres insectes, tels que sauterelles, grillons, etc. sont les mêmes qu'en Europe.

Poissons et pêche

Ces îles abondent en poissons de toutes sortes, merveilleux d'aspect et délicieux à manger, en plus des variétés communes aux autres régions tropicales. Les récifs resplendissent des couleurs les plus extraordinaires et ces riches couleurs sont toujours d'excellents poissons. Parmi les poissons que l'on trouve à proximité des îles, sont les suivants : baleine, marsouin, espadons, requins, tortues, thons, coryphènes, bonites, saumons blancs, pagres blancs et rouges, aiguillettes, barracudas, raies, perroquets, poissons volants, poulpes, anguilles de mer et de rivière, diodons, mulets, etc. etc. et une très grande quantité de poissons inconnus. Parmi les poissons, la baleine, la tortue, le marsouin et le thon sont sacrés et les femmes ne peuvent en manger. La tortue est soit présentée au roi,

1. Deux navires espagnols avaient visité l'île en 1774 et y avaient débarqué deux prêtres qu'ils reprirent un an plus tard, à leur voyage de retour.

soit mangée sur le marae, étant d'une pêche assez rare ; en plus de cela il y a des crustacés en abondance sur les récifs, parmi lesquels de petites conques, des huîtres perlières et ordinaires, des crabes, langoustes, crevettes, palourdes, moules, oursins et bien d'autres encore impossibles à identifier. Il y a également des crabes de terre mais ils n'en mangent que rarement. Je n'ai jamais trouvé dans ces îles les mérous, ni les carangues répandues aux Antilles.

Les instruments de pêche consistent en filets de grandes dimensions, des lignes et des hameçons de toutes tailles, des harpons, nasses, etc. Chaque pêcheur fabrique ses hameçons, lignes et tous ses instruments de pêche dont il se sert avec grande dextérité. Leurs lignes sont faites avec l'écorce du *roa* (et d'autres écorces déjà écrites) qui est tordue suivant le cas à 2 ou 3 brins et roulée sur la hanche avec beaucoup d'habileté et de régularité ; elles sont 2 fois plus fines que les lignes que nous utilisons pour les poissons de même taille. Leurs hameçons sont faits de nacre, d'os et de bois, leur forme variant suivant les poissons ; certains ayant la forme d'un hameçon avec son appât ; ils taillent leurs hameçons en les frottant sur une pierre avec de l'eau et du sable et avec un foret fait d'une dent de requin ; ils y font un trou qu'ils agrandissent au moyen d'une pointe de corail servant de lime, dégageant ainsi la partie interne ; ces hameçons n'ont pas de barbe, mais la pointe est incurvée vers l'intérieur jusqu'à pointer vers le bas et il est rare qu'ils perdent un poisson.

Ils ont plusieurs façons de pêcher et excellent en toutes ; la première est avec des seines qui ont de 10 à 120 m de long et de 2 à 24 m de profondeur. Les plus grandes ont dans leur milieu une espèce de poche ou sac qu'ils vident de temps à autre et replacent, transportant les poissons jusqu'à terre dans leurs pirogues. Ils attrapent ainsi quantités de poissons et quelquefois aussi des tortues.

Lorsqu'ils pêchent de cette manière, la seine est toujours entourée de plongeurs qui veillent à ce que le poisson ne s'échappe pas ; il arrive que des requins soient enfermés dans la seine et on les force jusqu'au rivage ; loin d'être considéré comme dangereux, cet exercice est pratiqué comme un sport, les requins ayant rarement plus de 2 m. Avec les seines moins importantes, ils attrapent des poissons volants utilisant pour cela de petites pirogues à deux. La seine a habituellement de 30 à 40 m de long et 3 m environ de hauteur ; à l'aide de leurs pagaies ils battent la surface de l'eau forçant ainsi les poissons dans le filet ; ils le relèvent alors et ayant retiré le poisson recommencent. Ces poissons volants étant utilisés pour la pêche au *mahimahi* (coryphène) cette pêche se fait souvent de nuit et de préférence par nuit sans lune, le poisson ne voyant pas le filet. Par temps calme ils suivent le banc de poissons avec plusieurs pirogues et l'encerclent avec leurs seines ; après avoir resserré ce cercle ils amarrent leurs pirogues aux seines et se jettent à l'eau ; plongeant sous les filets ils saisissent les poissons à la main ; ces derniers ne peuvent venir en surface à cause des pirogues et restant en bancs serrés ne cherchent pas à s'échapper jusqu'à ce que les pêcheurs plongent au milieu d'eux.

Ils ont des filets à lancer (éperviers) ronds et carrés qu'ils jettent avec beaucoup de dextérité ; lorsque les poissons s'approchent du rivage pour frayer, ils utilisent des feuilles de cocotier attachées les unes aux autres par la tige et tordues de façon à former une longue corde hérissée de feuilles, ils l'appellent *raoere* et, raclant le fond, ils amènent les poissons sur la plage, utilisant quelquefois de petits filets pour les ramasser. Ils l'utilisent aussi à l'embouchure des rivières avec de bons résultats.

Ils prennent beaucoup de poissons de roche avec des nasses et plongent avec une grande habileté pour les attraper. J'ai vu un plongeur par beau temps calme poursuivre un poisson d'un trou de rocher à un autre sans remonter ; par mauvais temps ils ne peuvent voir le poisson, le fond étant obscurci par les vagues. La pêche la plus curieuse est celle du diodon et du poisson-chat. Le premier étant hérissé de piquants ne peut être saisi que par les yeux ; le second adhère au rocher de telle façon qu'il faut quelquefois 2 hommes pour l'en détacher et j'ai vu des pêcheurs par 5 à 10 m de fond obligés de remonter plusieurs fois avant d'arriver à le détacher. S'ils ont un caillou sous la main ils l'assomment et peuvent alors s'en saisir facilement. Ceci peut paraître une bizarre façon de pêcher mais je l'ai vu pratiquer avec succès, les plongeurs revenant au bout de quelques heures avec des chapelets de beaux poissons.

Ils pêchent la nuit diverses espèces de poissons, en pirogue et sur les récifs en les attirant avec des torches de roseaux et les ramassant ensuite avec un filet.

Pendant la saison des pluies, ils attrapent de grandes quantités de petits poissons à l'embouchure des rivières au moyen d'un grand sac fait avec l'enveloppe fibreuse de la tige des feuilles de cocotier cousues ensemble et, traînant un *raoere* dans la rivière amènent le poisson jusque dans ce sac.

Les femmes participent à cette pêche, chacune portant un panier et un de ces sacs. Elles se tiennent dans l'eau jusqu'à mi-corps, maintenant ce sac ouvert au fond avec un pied et tenant l'autre côté à la main ; elles en retirent le poisson au fur et à mesure pour le mettre dans leur panier ; elles rentrent à la maison lorsqu'elles sont fatiguées ou lorsqu'elles ont suffisamment de poissons. Il n'est pas humiliant pour une femme de travailler ainsi et la reine, lorsqu'elle est présente, participe à cette pêche, la récompense étant une pêche fructueuse et l'amusement qu'on en tire. Lorsque les pluies sont terminées et que les eaux baissent, ils font un barrage sur la rivière laissant quelques ouvertures devant lesquelles ils installent leurs sacs, puis se rendant en amont ils plongent tous dans l'eau, forçant ainsi les poissons à passer par les ouvertures et à pénétrer les sacs ou filets. Ce mode de pêche n'est utilisé que lorsque le poisson devient rare.

Lorsqu'ils pêchent à la ligne dans la mer, ils utilisent généralement comme appât du *uru* cuit ; étant dans l'eau jusqu'au cou, ils ont un grand bambou comme canne, et attachent à leur cou un panier pour y mettre le poisson. Ils attrapent de beaux poissons de cette façon. Ils pêchent le mulet blanc à la ligne de main et le mulet rouge avec de petits filets. Ce dernier poisson, bien que fragile, est utilisé comme appât pour la pêche au thon et à la bonite. Celle-ci est pratiquée de la façon suivante : dans une pirogue double portant de 6 à 8 hommes est installée à l'avant une longue perche fixée à son extrémité inférieure et que l'on lève et abaisse au moyen d'une corde ; sur la partie haute se trouvent deux pièces de bois s'écartant comme des cornes de part et d'autre de la perche et sur lesquelles on attache des lignes. Au sommet de la perche est fixé un bouquet de plumes de coq noires qui, agitées par le vent lorsque la perche est abaissée sur l'eau, attire les poissons. Les appâts vivants sont conservés dans un panier immergé entre les deux pirogues. Lorsqu'ils voient du poisson, ils s'en approchent et une fois sur les lieux, pagayant de l'arrière, ils maintiennent l'arrière de la pirogue au vent. Un homme muni d'une écope jette continuellement de l'eau en pluie et les hameçons ayant été appâtés la perche est abaissée de façon à ce que les hameçons soient tout juste immergés. Celui qui a appâté les hameçons et qui se tient à l'avant jette de temps à autre un petit poisson vivant tandis que l'écope maintient une pluie là où se trouvent les hameçons. Les poissons ne tardent pas à mordre, la perche est relevée et les prises ayant été détachées les hameçons sont ré-appâtés et remis à l'eau. Certains de ces poissons sont très gros et peuvent tirer la pirogue sous l'eau lorsqu'ils ne sont pas rapidement amenés à bord. Ceci est sans inconvénients mais il arrive que la ligne casse et lorsqu'il s'agit d'un hameçon de fer c'est pour eux une perte comparable à la perte d'une ancre pour nous.

On pêche la bonite avec un hameçon taillé en forme de poisson muni d'une queue faite de soie de cochon ; c'est alors une canne de bambou qui est utilisée ; un homme pêche tandis qu'un autre pagaye. Pour cette pêche on utilise des pirogues à un ou deux hommes. Un pêcheur seul ne peut rien faire s'il y a du vent car il laisse traîner ses hameçons tout en pagayant contre le vent, mais lorsqu'il s'arrête pour enlever sa prise de l'hameçon et rejeter sa ligne, il se met à dériver et pendant ce temps le banc de poissons a le temps de s'éloigner tandis qu'à deux il est possible de se maintenir à proximité du banc ; ils prennent ainsi dans leurs petites pirogues des thons en grande quantité ainsi que des saumons blancs et des carangues, mais ces dernières avec une ligne à main, et la légèreté de leur embarcation les oblige souvent à travailler le poisson pour le fatiguer et l'amener le long du bord en reprenant la ligne petit à petit ; une fois à portée de la main ils le saisissent en avant de la queue et le tirent dans la pirogue. La ligne sert rarement à hisser le poisson à bord car elle n'est pas plus grosse que celles que nous utilisons pour la pêche au maquereau. Malgré cela ils perdent rarement un poisson. C'est de cette manière qu'ils prennent des requins et d'autres gros poissons, car leur pirogue étant très légère, fatigue rapidement le poisson qui peut être facilement ramené au bout d'un certain temps.

La pêche au *mahimahi* (coryphène) se pratique à 15 ou 20 milles des côtes dans des pirogues à voile naviguant au vent. Une fois sur les lieux de pêche ils amorcent avec des poissons volants ; ils apprécient beaucoup les hameçons de fer. Leurs lignes sont faites de 2 brins et ont jusqu'à 200 m de long. Ils préfèrent une ligne à 2 brins car elles sont moins susceptibles de faire des perruques que celles à 3 brins ; en effet, le mahimahi saute et se retourne et la ligne à 2 brins est plus souple et plus facile à dévider ; ils ne la mettent jamais à l'eau avant d'avoir vu un poisson. Ils ont souvent des mécomptes, car le mahimahi abandonne quelquefois partie de sa mâchoire s'il est arrêté trop brutalement dans ses évolutions et il est nécessaire de le travailler pendant un certain temps avant de le tirer à bord, ce qu'ils font toujours en prenant la queue d'une main et la ligne de l'autre, la pirogue étant très basse à cet effet. Ces poissons suivent le soleil et sont en conséquence abondants lorsque celui-ci est au sud de l'équateur ; à cette époque et rien que pour Matavai il n'y a pas moins de soixante pirogues affectées à cette pêche. Ces poissons frayent vers le mois de mars et après cette date ils sont peu pêchés car c'est l'époque des thons et des bonites qui commence et les pirogues à voile naviguent entre Tahiti et Tetiaroa. Ils prennent beaucoup de ces poissons près des récifs de cette dernière île.

Pendant la saison des *mahimahi* (coryphènes), ils prennent des poissons volants de si grande taille que ceux-ci ne craignent pas les pêcheurs ; ils les prennent de la façon suivante : s'étant procuré plusieurs bâtons de 2 à 2,50 m de long ils les débarrassent de leur écorce et les équilibrent avec une pierre à une extrémité, de façon que le bâton se tienne droit dans la mer, une moitié étant hors de l'eau ; à l'extrémité inférieure, ils fixent un hameçon fait d'un os de poisson et amorcé avec de la noix de coco avec environ 2 m de ligne ; ainsi préparés (ils en emmènent à peu près autant qu'ils peuvent en charger sur l'arrière de leur pirogue) ils les jettent à une certaine distance les uns des autres puis quelques instants après ils les ramassent, trouvant souvent un poisson sur leur hameçon ; à défaut de *mahimahi*, ils sont rarement bredouilles prenant souvent soit des requins, soit des poissons fuyant le requin, qui viennent sous la pirogue pour s'y cacher et peuvent être pris à la main. Ils prennent des requins avec un nœud coulant et, sortant la tête de l'eau, l'assomment avec un lourd casse-tête en bois de toa jusqu'à ce qu'il ne donne plus signe de vie. Lorsqu'ils sont à la pêche, ils rencontrent souvent des espadons, qui attaquent toujours la pirogue et, si le bois en est mou, la transpercent en plusieurs endroits jusqu'à être coincés et, à ce moment, les indigènes se précipitent à l'eau et, passant un nœud coulant autour de l'animal, l'assomment et le hissent dans la pirogue. Ils sont parfois obligés de rentrer pour boucher les trous de la pirogue, leur journée de sport étant alors terminée, car ils n'ont rien pour obturer les trous et n'ont d'autre ressource que d'écoper sans arrêt.

Entre autres méthodes de pêche, ils ont des harpons qu'ils jettent avec une grande précision ; ils ont de 4 à 5 m de long et portent à leur extrémité 2 pointes de toa ; n'ayant pas de ligne attachée au harpon ils le récupèrent à la nage lorsqu'il y a un poisson au bout. Ils ont d'autres harpons à plusieurs pointes qu'ils lancent au hasard dans des bancs de poissons, en harponnant souvent 2 ou 3 à la fois.

Ils tuent rarement des baleines sauf lorsqu'il s'agit de jeunes qui s'échouent sur les récifs ou qui sont poussées par les vagues en eau peu profonde. Dans ce cas, ils la tuent à coups de harpons ayant quelquefois leur pirogue fracassée au cours de l'opération.

Parmi les poissons, il existe une espèce de congre de

couleur brune avec une bande verte autour des nageoires de la tête à la queue. Elle a de 30 cm à 2 m de long et on la prend sur les récifs. Ces poissons sont empoisonnés pour certaines personnes chez lesquelles ils provoquent des douleurs intolérables alors que sur d'autres ils n'ont aucun effet. Les indigènes ignorent d'ailleurs quels sont ceux qui en seront affectés tant qu'ils n'en ont pas mangé. Ils possèdent un remède pour cet empoisonnement, et n'hésitent pas à en courir le risque. Je mangeai un de ces poissons sans en sentir aucun effet, alors qu'un autre devint à peu près fou de douleur, son corps et ses membres enflant considérablement et se couvrant de taches rouges. Il souffrait de démangeaisons intolérables accompagnées d'une sensation de brûlure intense ; ses yeux injectés de sang étaient gonflés et donnaient l'impression d'être prêts à sortir de leurs orbites. Cela dura huit jours avec quelques accalmies mais, la semaine suivante, grâce aux prêtres qui lui administrèrent des médicaments, il se rétablit complètement, gardant toutefois des démangeaisons dans la paume des mains et la plante des pieds. Ces poissons sont appelés *puhi pirirauti ;* dans l'impossibilité où ils se trouvent de différencier les bons des mauvais ils hésitent à les jeter et se risquent à les manger.

Il existe également un petit crabe rouge de la taille d'une fève qui, d'après eux, tue instantanément la personne qui en mange.

Ce sont les seules choses empoisonnées dont j'ai entendu parler en dehors du *hutu* ou noix de *hutu* mentionnée plus haut, mais cette dernière, qui agit comme stupéfiant sur les poissons est sans effet sur l'homme.

Minéraux

Peu de minéraux dans les îles en dehors du fer, en très petite quantité. Il est vrai que peu d'entre nous étaient capables d'en déceler d'autres.

Industrie et commerce

Il est généralement admis que la nécessité est la mère de l'invention et, bien que la générosité divine ait, dans ce pays, rendu presque inutile l'habileté à se procurer les éléments nécessaires à la vie, l'ingéniosité de ces gens dans tout ce qu'ils fabriquent est remarquable. Les tissus, nattes et l'huile sont les principaux articles de leur commerce, si toutefois on peut utiliser ce mot, car c'est plutôt par la remise de présents que par le troc de commodités que se font les échanges.

Leurs tissus qu'ils appellent *ahu* sont de différentes espèces et fabriqués avec l'écorce de différents arbres mais le procédé est toujours le même.

Le tissu blanc le plus fin est appelé *hopuu ou paruvai ;* il est fait avec *l'aute* et travaillé de la façon suivante : les plantes ayant atteint la hauteur convenable (3 à 4 m) sont coupées et portées par les hommes, ce qui fait partie de leur travail. Les femmes détachent l'écorce en passant un bâtonnet pointu entre le bois et l'écorce, arrachant l'écorce sur toute sa longueur. Elles passent ensuite l'écorce dans l'eau pour la laver puis l'étendant sur une planche se mettent à enlever l'extérieur de l'écorce en la grattant avec une grande coquille de palourde et, après l'avoir débarrassée de la sève, enveloppent l'écorce dans des feuilles de bananier ; elle demeure ainsi pendant 2 ou 3 jours et devient gluante et gélatineuse. A ce moment elle est prête à être travaillée. Après avoir couvert le sol de feuilles de bananier, l'écorce est étendue sur des planches distantes de 2 m environ en paquets de 20 cm de large, et de la longueur désirée : sur chaque paquet d'écorces, travaillent 2 femmes, une de chaque côté, battant l'écorce avec des battoirs carrés pour lui donner la largeur suffisante. Pendant ce travail, l'une d'elles chante une chanson qui est reprise en chœur par les autres et les fait battre en mesure. Tout en battant, elles déplacent la pièce d'écorce en avant et en arrière jusqu'à ce qu'elle ait atteint l'épaisseur et la largeur désirée. Puis on l'étend au soleil pour la faire sécher et on la blanchit à la rosée du matin en la protégeant du soleil jusqu'à ce qu'elle soit suffisamment blanche. Pour terminer on la fait sécher 1 ou 2 jours au soleil et elle est alors prête à être utilisée ou mise en réserve.

Ils pratiquent quelquefois des entailles dans l'écorce et enveloppent les plantes dans des feuilles pendant 2 ou 3 jours, ce qui donne au tissu terminé des teintes variées de brun du plus heureux effet. Ils mélangent aussi *l'aute* avec l'écorce de l'arbre à pain mais cela donne un tissu plus grossier qui ne blanchit pas aussi bien, tout en étant aussi solide. Certains de ces tissus sont très fins, et on en fait des tours de cou qui ont l'apparence d'avoir été tissés.

Lorsqu'un propriétaire désire se procurer sans délai une grande quantité de tissu, il informe ses tenanciers de la date à laquelle il va couper ses plantes et au jour dit toutes les femmes se présentent munies chacune de sa planche et de son battoir, et tandis que l'on prépare des *uru* elles se mettent à battre ensemble, étant quelquefois au nombre de deux cents, et faisant un bruit semblable à autant de tonneliers. En général, la pièce d'étoffe est terminée en un jour et peut avoir jusqu'à 80 ou 100 m de long sur 8 m de large.

Ils font un autre tissu, en plusieurs épaisseurs, appelé *maroapi ;* il est utilisé pour vêtir le haut du corps et on le fabrique en prenant des bandes que l'on colle les unes sur les autres jusqu'à la largeur désirée et en coupant les inégalités avec un morceau de bambou fendu qui sert de couteau. Ce tissu est teint avec le *mati*, un splendide colorant rouge extrait des fruits et feuilles du *Ficus tinctoria ;* on prépare cette teinture de la façon suivante : le fruit est pressé et le jus jaune qui s'en écoule est déposé sur les feuilles ; lorsque toutes les feuilles sont imprégnées, on les dépose sur un plateau et on les asperge d'eau, puis on les travaille en les serrant pour en extraire la couleur qui est placée dans un récipient. C'est avec un tampon de fibres du *mou* que l'on imprègne les motifs très variés, fleurs ou plantes que l'on veut imprimer sur le tissu par application.

En plus de cette méthode, ils teignent le *paruvai* en plusieurs couleurs, en brun de nuances différentes obtenues avec diverses écorces grattées et macérées dans l'eau froide et dans laquelle on trempe le tissu, le soleil accentuant la couleur ; 2 bains et de 6 à 8 jours de soleil sont suffisants pour produire la meilleure teinte, qui demeure jusqu'à l'usure du tissu. La teinture noire est obtenue avec le bananier de montagne ou fei ou encore en trempant le tissu sous les racines de certains cocotiers qui poussent dans des terrains marécageux ; en une nuit, ou encore en 3 ou 4 immersions il devient d'un noir de jais. Le brun s'appelle *hiri* ou *poiri* et après avoir été porté quelque temps, peut être transformé en noir se prêtant mieux que le blanc à la teinture. Le noir s'appelle *ereere*.

La teinture jaune est extraite du turmeric et des racines du *nono ;* avec ce dernier, d'un jaune très pâle, ils teignent la doublure très curieusement collée de leurs tissus marron ; la bordure étant teinte en rouge, ce qui lui donne un aspect très voyant ; cela s'appelle *hapaa ;* ils prennent également des morceaux rouges, noirs, jaunes et blancs et les collant ensemble, les taillent en formes curieuses de façon à montrer toutes les couleurs. Un autre procédé consiste à prendre une vieille pièce de tissu marron, la déchirer en petits morceaux et mélanger ces morceaux à l'écorce fraîche pour battre ensuite le tout, ce qui donne un tissu tacheté ; on le trempe ensuite dans une teinture jaune que l'on parfume et on lui ajoute une doublure. Cela s'appelle *opatapata*.

Le *oraa* est un tissu solide de couleur grise fabriqué avec l'écorce d'un arbre (*Urostigma prolixum*) qui pousse en grande quantité dans les montagnes particulièrement près de Vaiuriri où se trouve un grand lac appelé Vaihiria dans lequel on trouvait, d'après eux, des anguilles qui ont le tour de taille d'un homme. Les Arioi (qui sont en général experts dans la confection des tissus bien que ce soit surtout un travail de femme) se rendent en nombre sur les bords de ce lac pour fabriquer ce tissu très estimé en raison de sa solidité. Ils demeurent en général plusieurs mois sur les bords du lac, ayant d'amples provisions ; les quelques habitants qui vivent là de façon permanente sont employés à la fabrication de ce tissu. Ce lac, dont ils prétendent n'avoir jamais pu toucher le fond, se vide dans la vallée de Vaiuriri. On se déplace d'une rive à l'autre du lac avec des radeaux faits de troncs de bananiers de montagne.

D'autres arbres sont utilisés pour faire des tissus mais ceux qui viennent d'être indiqués sont les plus répandus. C'est surtout le travail des femmes, bien que les Arioi soient des experts mais surtout pour les teintures et peintures. Une fois l'écorce enlevée des tiges, les seuls outils nécessaires à la fabrication du tissu sont : une coquille pour gratter l'écorce, une planche de 30 cm de large et de 60 cm de longueur sur laquelle on gratte l'écorce, une planche plus grande de 20 cm × 20 cm sur 3 m de longueur, sur laquelle on la bat, et un battoir de 6 cm × 6 cm environ sur 40 cm de longueur ; la grande planche est en *mara*, un bois dur et le battoir porte sur chacune de ses 4 faces des rainures de différentes finesses utilisées suivant les différents tissus. La grande planche s'appelle *tutua* et le battoir *ie*.

Les tissus ainsi préparés sont utilisés pour le beau temps et peuvent être lavés et apprêtés autant de fois que l'on voudra ; on les parfume avec les noix de *tamanu* qui ont un goût amer mais un parfum agréable ; les noix ayant été écrasées sont macérées dans l'eau et le tissu ensuite trempé dans cette eau. Le parfum demeurera plusieurs semaines et généralement jusqu'à ce que le tissu ait besoin d'être apprêté à nouveau.

Les nattes sont aussi chez eux une importante fabrication. Les unes servent de voiles pour les pirogues, pour dormir, comme vêtements pour la pluie, ceintures d'apparat, et tapis pour leurs *keiva* et représentations. Les nattes pour les voiles, les tapis et pour le couchage sont faites avec les feuilles du pandanus ; certaines ont jusqu'à 25 et 30 m de longueur sur 4 m de large. On les appelle *vane* ou *moea*. Il en existe toute une gamme des plus grossières aux plus fines, ayant de 1 à 8 brins par centimètre carré. Celles réservées à l'habillement sont appelées *ahu*, suivi du nom de l'écorce qui a servi à leur fabrication ; on les fait en différentes tailles et avec de l'écorce de *purau, mati, roa, niau ;* il en est qui sont extrêmement fines ayant jusqu'à 10 brins par centimètre carré. Elles sont toutes faites à la main par les femmes et le seul instrument qu'elles utilisent est une coquille de moule, pour fendre l'écorce.

Les femmes font également des sacs et des paniers de différents dessins en blanc et en noir.

Les paniers d'osier sont tressés par les hommes avec une liane appelée *ieie* et valent ceux d'Europe.

Leurs plats, sièges et coffres sont remarquablement bien finis et sont d'autant plus admirables si nous considérons les outils dont ils disposent qui ne sont que des herminettes de pierre de différentes tailles, des coquillages, des dents de requins, du sable et des peaux de poisson pour le polissage ; c'est avec ces outils qu'ils bâtissent leurs maisons et leurs pirogues ; leurs difficultés et leur labeur ont considérablement diminué depuis qu'ils connaissent l'usage du fer, qu'ils apprécient plus que tout ; ils travaillent les huîtres perlières pour en faire des hameçons, ayant une forme spéciale d'hameçon pour chaque poisson. Ils utilisent aussi la nacre pour faire les ornements de leurs vêtements de deuil, et il est surprenant de voir avec quelle précision et quelle vitesse ils lui donnent une forme avec une dent de requin fixée à une baguette qu'ils roulent entre les mains, perçant ainsi des trous qui laissent à peine passer la pointe d'une épingle ordinaire.

Leurs lignes de pêche sont faites avec l'écorce de divers arbustes mais les meilleures sont faites avec le *roa* (ramie) et sont égales sinon supérieures aux meilleures lignes dans le monde.

Ils prennent 2 ou 3 brins qu'ils tordent en les roulant sur la hanche et en font une pelote au fur et à mesure.

Les cordages pour pirogues, filets, etc. sont faits avec le *purau* qui, débarrassé de la surface extérieure de son écorce, est mis à tremper dans l'eau pendant 3 jours pour le débarrasser de sa viscosité, puis séché et tordu à la main à 2 brins d'abord, et y ajoutant ensuite le troisième brin. Les brins sont fabriqués en ajoutant de l'écorce au fur et à mesure qu'on les tord. Cette corde une fois terminée est aussi lisse et régulière que si elle avait été filée dans une corderie, elle est presque aussi solide que le chanvre et, imprégnée de goudron, serait de première qualité.

Le diamètre de ces cordes dépasse rarement 7 mm ; elles se font en toutes longueurs et, lorsque cela est nécessaire, on la triple.

Ils préparent l'huile de la façon suivante : les noix sont

cassées en deux, vidées de leur eau et le fruit râpé dans une auge spéciale. Le grattoir est une sorte de cheval sur lequel ils se mettent à califourchon et qui porte à son extrémité un morceau de corail. Toutes les noix ayant été râpées, l'auge est suspendue ou placée sur un support. Au bout de quelques jours le coco râpé se dissout et l'huile se forme ; c'est alors qu'on y ajoute du bois de santal râpé et qu'on y mélange le pollen des fleurs de pandanus et d'autres fleurs et herbes parfumées. Le mélange est alors passé et mis dans des bambous pour usage ultérieur. Lorsque ce bambou est bien fermé, l'huile conserve tout son parfum. Cette préparation dure environ 3 semaines pendant lesquelles le mélange est régulièrement remué. Une autre méthode consiste à mettre les noix au soleil, ce qui les fait fondre en quelques jours ; l'huile ainsi produite est toujours rance. Cette huile de coco est la seule qu'ils fabriquent et elle est principalement utilisée pour la chevelure ou pour le corps, quand il leur arrive d'être brûlés par le soleil ; on l'appelle *monoi*.

Leur façon de commercer, appelée *tarahu* et *hoo* est la suivante : si un homme a besoin de plus de tissu qu'il ne peut s'en procurer chez ses voisins, il prend un gros cochon ou deux et se rend chez un habitant quelconque des vallées dont l'activité principale est la fabrication des tissus, et se met d'accord pour une certaine quantité de tissu correspondant à la valeur des cochons, à faire dans un temps donné. Ceci étant réglé l'entrepreneur rassemble ses voisins et leur dit qu'il veut tant de tissu pour telle date ; ceux qui sont d'accord lui en font part et une fête est organisée au cours de laquelle les cochons sont rôtis et mangés après quoi, les hommes ayant fourni l'écorce, les femmes se réunissent et la transforment en tissu. Une fois terminé, le tissu est livré à l'acheteur, mais au cas où l'entrepreneur ne remplit pas ses engagements, l'acheteur peut piller sa maison comme s'il s'agissait d'un vol.

Lorsque quelqu'un désire une maison ou une pirogue, il engage un ou deux charpentiers en payant à l'avance une moitié de l'estimation qui est faite du travail à exécuter, sous forme de cochons, tissu, huile, nattes etc. leur fournissant des provisions pendant tout le temps de leur travail ; lorsqu'il est terminé il leur paye le reste conformément à leur accord. Au cas où il refuserait de s'exécuter ou ferait preuve de négligence dans l'exécution de ses engagements et si les voisins estiment que le travail exécuté correspond à l'accord conclu, ils peuvent piller sa maison de tout ce qu'elle contient.

Lorsqu'un particulier veut être régulièrement approvisionné en poisson, il porte un cochon à un pêcheur et, d'après la taille de l'animal, se met d'accord avec le pêcheur pour recevoir du poisson pendant un ou plusieurs mois, compte tenu des périodes de mauvais temps.

Les conditions sont considérées comme remplies lorsque le pêcheur apporte autant de poisson que la famille peut en manger ; s'il faillit à sa promesse, il peut être pillé comme il a été indiqué plus haut.

Un accord est quelquefois conclu pour une fourniture de poisson tous les 2 jours ; lorsque le pêcheur s'exécute de façon satisfaisante, ils lui font une fête et le poisson qu'ils apportent vaut quelquefois dix fois le prix sur la base d'un échange normal.

Telles sont les méthodes qu'ils utilisent et si quelqu'un a besoin d'aide pour cultiver un champ de taro ou d'igname, il emploie ses travailleurs de la même manière, leur payant le travail par moitié ou même en entier à l'avance, mais la manière habituelle est sous forme de cadeaux et de présents qu'ils se font les uns aux autres, et il est rare que l'on refuse de donner à un étranger la nourriture ou les vêtements, ou toute autre chose dont il peut avoir besoin.

Divisions, gouvernements, etc.

L'île de Tahiti est divisée en 17 districts appelés *fenua* (ou terre) suivis du nom du chef principal. Ces districts sont eux-mêmes divisés en parts de chefs (ou *patu*) et ceux-ci partagés encore en divisions plus petites appelées *pahue*.

Les noms des districts de Tahiti-Nui sont :

1) Pare
2) Matavai
3) Haapaianoo
4) Onohea
5) Tiarei
6) Hitiaa

Six en alliance sous le nom général de Teporionuu et Teaharoa, s'étendant depuis l'isthme, le long du côté nord de l'île vers l'ouest jusqu'à Tetaha.

7) Vaiari
8) Vaiuriri
9) Papara

Ces trois districts s'étendent de l'isthme vers l'ouest sur le côté sud jusqu'à Atahuru et sont connus sous le nom de Tetevaiuta ; ils sont toujours alliés à Teporionuu.

10) Atahuru
11) Tetaha

Ces deux districts sont sur la côte ouest et étaient toujours en révolte contre le roi régnant jusqu'à leur soumission qui date de notre époque.

Tahiti iti est divisé en 6 districts :

1) Afaahiti
2) Tautira (appelé Oheitepeha par le capitaine Cook. – Vaitepiha)
3) Tepari
4) Vaiaotea
5) Mataoae
6) Vaiuru

Le premier commence à l'isthme sur la côte nord et le dernier finit à l'isthme sur la côte sud.

Ces 6 districts étaient dissidents et jusqu'à nos jours ne permirent jamais à l'étendard du roi de passer.

Les chefs de Tahiti appartiennent à 2 maisons, Teporionuu et Tetevaiuta, chacune souveraine dans ses propres territoires mais il n'y a qu'une qui puisse être Arii ou roi, l'autre se contentant de vivre en bons termes avec le roi jusqu'à ce que la guerre ou la mort le dépossède de ses honneurs et de ses titres qui reviennent alors à l'autre maison. Ces maisons sont entretenues par des contributions volontaires et des cadeaux que les gens ne peuvent refuser de faire, s'ils en ont les moyens ; s'ils n'en ont pas il ne leur est rien demandé. Le roi actuel ou Arii Nui est le fils de Mate ou Tu appelé Tunuieaaiteatua, ce qui peut se traduire par Tu le grand, issu du seigneur et son titre : Atua Raa ou roi sacré ; son titre et son nom lui viennent de sa mère, celle-ci ayant déclaré que le dieu (Tane) l'avait fréquentée pendant qu'elle dormait et, étant enceinte peu après, l'enfant fut considéré comme fils du dieu et révéré comme un être surnaturel. Le seul membre masculin de la maison de Tetevaiuta est Temarii fils de Purea (appelée Oberea par le capitaine Cook) décédée et d'Amo, et, au cas où les deux descendances s'éteindraient, le maro royal devient électif et chaque chef des îles de la Société devient un candidat. Les chefs sont nombreux, et chaque district en a deux ou trois en plus de ceux qui résident comme gentilshommes privés sur leurs terres et sont considérés comme chefs bien que résidant comme gentilshommes sous l'autorité d'un autre ; lorsqu'ils sont appelés à exercer des fonctions, ils confient leurs terres à leurs amis, qui n'ont aucun loyer à payer, se bornant à satisfaire les demandes de l'ensemble des chefs, comme si les terres appartenaient à n'importe qui.

Avant d'aller plus loin, et pour mieux comprendre leurs

mœurs et coutumes il serait peut-être indiqué de décrire les différentes classes qui les divisent :

1. – Arii Rahi ou Nui, roi ; Arii, chef de district plus ou moins important suivant leurs possessions.

2. – Toofa qui dépend du seigneur de la terre.

3. – Raatira, gentilhomme.

4. – Manahune ou Mataeinaa, tenancier.

Dans chacune de ces classes, il existe des individus qui sont Raa, sacrés et d'autres Noa, ordinaires et non sacrés. Les serviteurs sont appelés *teuteu* en général, mais ceux qui servent des femmes sont appelés *tentai* par dérision ; il n'est pas rare de voir des jeunes gens de bonne famille ainsi que des jeunes frères de chefs en service chez des femmes, bien qu'en se déclassant ainsi, il ne leur est permis d'assister à aucune cérémonie religieuse.

Les chefs ont tous des propriétés personnelles et lorsqu'ils sont en fonctions, ils ont un district ou une partie de district appelée *patu* qui subvient à leurs besoins par des contributions ; en dessous d'eux se trouve le toofa et le raatira, chacun disposant séparément de sa terre. N'importe quel raatira peut décider un rahui sur sa propre terre (ainsi appelle-t-on le pouvoir de jeter une interdiction sur la récolte de provisions sur sa terre). Le chef peut en faire de même sur son *patu* et le roi sur le territoire tout entier ou sur un certain nombre de districts ; au cas ou un chef ne serait pas digne de ses fonctions il peut être destitué mais il demeure chef ; si un roi est destitué de ses fonctions il conserve néanmoins sa royauté et seul un membre de l'une des deux familles peut avoir cet honneur ;

aussi il ne s'agit que d'un changement de pouvoir. Il en est de même pour les autres chefs qui changent souvent.

Lorsqu'un roi est investi de la ceinture rouge royale ou *maro ura*, il envoie deux drapeaux autour de l'île, par des chemins différents et ceux qui reconnaissent sa souveraineté les croisent avec cérémonie et se rendent à son couronnement, chaque chef contribuant un sacrifice humain ; au cas où ils refuseraient de reconnaître sa souveraineté, ils brisent la hampe et piétinent le drapeau dès qu'il pénètre leur territoire, ce qui amène le roi à leur déclarer la guerre ; s'il ne réussit pas à les soumettre ils conservent leur indépendance mais le roi demeure le roi. Pendant que passent ces drapeaux aucun feu n'est fait près de la plage et aucune pirogue ne doit être mise à l'eau sous aucun prétexte. Les porteurs du drapeau passent sur le bord du rivage sur toute l'étendue du parcours, et toute violation de ces règles serait punie de mort ou de confiscation de terre, la plage devenant sacrée du fait du passage du drapeau royal. Ce serait une faute extrêmement grave de mettre une pirogue à l'eau ou de faire un feu à moins de 2 ou 3 milles.

Lorsqu'un chef se présente quelque part, les hommes se découvrent jusqu'à la ceinture, ne se permettant aucune coiffure sur la tête, ou vêtement sur les épaules en sa présence, et toutes les femmes présentes se découvrent les épaules tenant le tissu serré sous les bras pour couvrir leurs seins, en signe d'obéissance et de respect ; les hommes n'observent pas toujours cette règle sauf lorsqu'ils se trouvent sur les terres héréditaires des chefs ou sur les terres de l'ami adoptif de ces chefs, où toute négligence serait considérée comme une insulte et punie en conséquence ; en présence du roi, les chefs eux-mêmes doivent se dévêtir ; ils ne doivent pas non plus manquer d'aller le voir s'ils sont informés de sa venue par terre ou par mer, et personne ne peut passer sur une terre royale ou même à proximité, en pirogue, sans aller présenter ses devoirs au roi.

Lorsqu'un chef désire une chose quelconque appartenant à une certaine personne et que cette dernière ne tienne pas à s'en défaire de suite, il jette une malédiction dessus ou bien lui donne son nom ou celui d'un de ses parents ; à partir de ce moment, cette chose est sacrée et celui qui la possède ne peut plus s'en servir sous peine de mort ou de confiscation de sa terre, mais il peut continuer à la garder, ce qui est d'ailleurs rarement le cas ; il est également rare qu'un chef en vienne à ces procédés car ses sujets ont le souci de prévenir ses désirs, lui évitant d'avoir à demander quoi que ce soit et lui donnant tout ce qu'il peut désirer. Lorsqu'un chef pénètre ou touche seulement la maison d'une femme de classe inférieure, celle-ci est rendue sacrée par sa présence ou ce contact et elle ne peut plus jamais y manger (tandis qu'un homme le peut) et il lui faut se trouver une autre maison et d'autres meubles ; c'est ainsi qu'un chef pris sous la pluie ne doit s'abriter que dans une maison d'homme, ou dans une maison lui appartenant (il en possède toujours plusieurs à différents usages) même s'il se trouve à 1 ou 2 km de celles-ci. Pour la même raison, aucune femme, sauf si elle est d'un rang égal, ne peut manger, sous peine de punition sévère, à bord d'un bateau après que le chef a été à bord et c'est ainsi que les femmes appellent la nourriture se trouvant à bord *Maa Raa* (nourriture sacrée) tout, à bord, étant sanctifié par la présence d'un chef ; toutefois, pressées par la faim, elles se nourrissent séparément mais rarement en compagnie d'autres femmes, à moins qu'elles ne se connaissent bien.

En général, les chefs sont plus grands, plus forts et différents d'apparence des gens du commun ; leurs femmes sont aussi plus fortes et plus claires que celles des classes inférieures. Elles sont en général plus réfléchies et plus sérieuses, plus accomplies, et sont toujours supérieures aux autres aussi bien dans le travail que dans l'amusement ; c'est ainsi que les femmes Arii sont de loin les meilleures dans la confection des tissus. Au travail, ils sont toujours les premiers car ce n'est pas une honte de savoir alors que c'en est une de ne pas savoir.

Lorsqu'ils préparent leur nourriture, il y a toujours une part pour leurs invités et ils sont de bonne compagnie pour leurs plus humbles serviteurs ou sujets qui, malgré cela, leur témoignent tout le respect et la révérence qui leur est due ; leur pauvreté ne les rend jamais méprisables car ils ne perdent jamais leur rang et ceux qui ne sont pas nés chefs ne peuvent jamais accéder à cette dignité ; et bien qu'à la naissance d'un enfant les titres et les honneurs du père lui soient transmis, ce dernier demeure un chef et est toujours considéré comme tel, bien qu'ayant perdu ses fonctions par la naissance d'un enfant dont il est parfois le régent ou tuteur.

La propreté et la générosité, pour lesquelles ils sont remarquables, constituent leur seul amour-propre et je dois dire qu'ils n'ont pas d'égaux sur ces points. Leur suite ne leur coûte rien car ils ne leur payent pas de salaire et en changent souvent, personne ne restant à leur service plus longtemps qu'il ne le désire, bien que certains passent leur vie entière au service d'une famille ; ces vieux serviteurs sont toujours considérés comme faisant partie de la famille ; ils dirigent la maison et, comme d'autres courtisans, ont autant à dire dans les affaires de gouvernement que leurs maîtres.

Rares sont les chefs qui ont moins de 1,80 m et plusieurs d'entre eux ont de 5 à 10 cm de plus ; pour cette raison, ils voulaient bien admettre que le capitaine et ses officiers, qui étaient grands, fussent des chefs, mais ils ne pouvaient concevoir qu'un homme petit puisse en être un.

Si quelqu'un vient à parler irrévérencieusement d'un chef, il est puni de mort, et si un chef vient à médire d'un autre, une guerre s'ensuit immédiatement et c'est ainsi qu'ont eu lieu plusieurs batailles sanglantes. C'est la raison de l'animosité qui existe actuellement entre Taiarapu et Tahiti Nui, le chef de Taiarapu ayant refusé de reconnaître Tunuieaaiteatua, déclarant que ce dernier n'était pas le fils du dieu ni celui de Tu, mais le fils d'un favori et que sa mère avait créé cette histoire de toutes pièces afin que son fils ne fût pas déshérité au cas où il n'eut pas atteint une taille normale.

Les gens de ce pays ont en général la taille des Européens ; les hommes sont forts, bien charpentés et d'une taille avenante ; leur démarche aisée et gracieuse et leur attitude, qui est libre et enjouée, n'est jamais contrariée par un regard soupçonneux ou maussade ; leurs gestes sont vigoureux, vifs et gracieux et leur comportement vis-à-vis des étrangers montre du premier abord leurs dispositions humaines, qui sont aussi franches que leur attitude semble l'indiquer ; leurs manières courtoises, affables et amicales entre eux prouvent qu'ils n'ont aucune caractéristique de barbarie, de cruauté, suspicion ou rancune ; ils sont toujours d'humeur calme et égale, lents à se mettre en colère et s'apaisant rapidement ; n'étant pas soupçonneux, ils ne doivent pas être soupçonnés, et un contact d'une heure est suffisant pour leur faire entière confiance.

Les hommes portent les cheveux de plusieurs façons différentes et peignent leur barbe avec une arête de poisson ; un peintre trouverait ici d'excellents modèles d'Hector ou d'Achille. Les uns portent les cheveux courts, d'autres longs, flottant sur les épaules en ondulations ; d'autres encore les portent noués sur le haut de la tête. Les femmes ont une jolie taille ; leur couleur naturelle est celle d'une brune quoique celles qui s'exposent plus au soleil soient très foncées, telles que les pêcheurs constamment exposés à ses rayons. Ceux qui ne s'y exposent pas sont d'une belle couleur et le sang peut se voir sous la peau du visage. Leur peau est aussi délicate que celle des Européens et brûle aussi facilement au soleil.

En général, ils sont élégants et attrayants, les yeux grands, brillants et noirs presque sans exception, les nez sont variés, la bouche petite avec les lèvres minces et rouges, les dents blanches et régulières et l'haleine douce et pure. Les cheveux des deux sexes sont noirs ou brun foncé, fins chez les uns et grossiers chez les autres ; les femmes les portent coupés et ondulés, tombant jusqu'au cou. Ils prennent grand soin d'être bien coiffés et décorent leurs cheveux de fleurs odorantes, s'efforçant de se débarrasser de la vermine, et sont pour cela très friands de nos peignes et de nos ciseaux pour les tailler, une dent de requin étant le seul instrument qu'ils possèdent pour se couper les cheveux. Bien que les femmes détestent autant que nous avoir de la vermine dans les cheveux, les hommes ne sont pas si délicats et beaucoup d'entre eux la mangent.

Bien que la façon dont les femmes s'arrangent les cheveux soit différente des habitants des autres pays, elle ne fait nullement tort à leur beauté car les deux sexes ne portent rien d'autre sur leurs têtes que des couronnes de fleurs, se contentant de les peigner et les huiler mais chacun prenant soin de les avoir régulièrement taillés ; certains épilent leurs cils et leurs sourcils pour leur donner une forme particulière. Leurs membres sont en général élancés et fins et bien qu'ils aillent nu-pieds, leurs pieds ne s'élargissent pas comme ceux des habitants de l'Afrique et d'autres climats tropicaux, et il y a beaucoup de femmes qui, habillées d'une jolie robe, passeraient pour des femmes élégantes, même en Angleterre.

Le nombre des habitants de Tahiti est d'environ 30 000 dont un tiers doit être constitué par des guerriers. Dans le temps, la flotte était leur force principale tandis qu'à présent elle est diminuée, Tu estimant que la paix est préférable à la guerre.

Actuellement, sa force navale ne dépasse pas 20 pirogues de guerre et il est redevable pour la plupart de celles-ci à sa sœur Ariipaea Vahine qui les apporta de Raiatea ;

pour l'instant il n'a pas besoin de grandes pirogues car Moorea est sous sa dépendance Metuaaro ayant adopté son fils comme héritier de Moorea.

A l'époque où l'île fut découverte par Wallis, Temarii, fils de Purea (décédée depuis) et de Amo était Arii Nui et Amo étant un Arioi avait quitté sa femme après la naissance de l'enfant ; Purea qui était une femme énergique fit déclarer son fils roi et le fit investir du *Maro* royal à Pare et, Mate (ou Tu) qui avait à l'époque 7 ans, fut obligé de se réfugier sur les terres de son père à Papara où il vécut retiré, bien que le *maro* lui revînt de droit ; mais après le départ de Wallis, Mate se mit à la tête d'une troupe d'Atahuru et força Temarii à lui donner sa place et à reprendre ses propres biens. C'est alors que Tetoofa et Pohuetea chefs d'Atahuru se rendirent sur le marae et portant le maro à Atahuru forcèrent Mate à se rendre chez eux pour y être investi, lui imposant en même temps certaines restrictions ; il se trouvait ainsi plutôt sous leur dépendance que leur souverain et dès lors toutes les cérémonies religieuses devaient avoir lieu sur leur marae ou tous les autres chefs devaient apporter leurs offrandes, ces derniers étant souvent dépouillés avant d'atteindre le marae ; ils hésitaient néanmoins à se plaindre, ayant peur des gens d'Atahuru qui, renégats pour la plupart et soutenus par Tetoofa s'étaient fait une réputation au combat et finissaient par devenir des voisins très ennuyeux, se faisant craindre de Mate et de Temarii. Tahiti Iti, profitant de cette situation se révolta et se considérant séparé de Tahiti Nui par l'isthme se déclara en faveur de Vehiatua, le nommant son roi, sans toutefois obtenir le *maro ;* Temarii et Mate s'étant unis pour préserver leurs droits dans leurs familles, Taiarapu fut repoussé après avoir subi des pertes sanglantes et se retira chez lui sans qu'on ait pu le soumettre en raison des nombreux points fortifiés qu'il possédait.

A peu près au même moment, Moorea se révolta et Mahine (oncle de Metuaaro, roi de cette île) s'empara du pouvoir, obligeant Metuaaro à aller se réfugier auprès de Mate avec ses sœurs Itia et Teano ; ils s'y trouvaient lorsque Cook arriva, alors qu'une trêve venait d'être conclue.

Tout ceci explique dans une certaine mesure la situation dans laquelle Cook trouva l'île, et la raison pour laquelle il trouva Purea retirée avec son mari ; ils s'étaient séparés à la suite d'une querelle mais s'étaient ensuite réconciliés. Temarii est celui que Cook appelle Teridiri, probablement Te Arii Rahi ou grand chef, titre qu'il portait partout sauf en présence de Tunuieaateatua, ce dernier étant appelé Te Arii Nui ou chef suprême ; la jeune femme Toimata était sa cousine et sœur de sa présente femme Teriitahi Purea n'ayant d'autre enfant que Temarii, ayant tué tous ceux qui étaient nés avant lui.

Tu ou Mate est le fils aîné de Teu ou Hapai dont parle également le capitaine Cook. Les deux (Mate et Temarii) entretiennent des rapports amicaux et Temarii n'ayant pas d'enfant adopta une fille de Tu qui mourut jeune, mais il est possible qu'il ait un enfant de sa présente femme, sinon le pouvoir passera au roi actuel qui est un garçon de 10 à 12 ans.

Vers l'époque de l'arrivée de Cook, à son dernier

voyage, Tu était engagé dans une guerre avec Moorea et avec l'assistance de Temarii, de Tetoofa et de Pohuetea qui joignirent leurs forces aux siennes, ils étaient sur le point d'obliger Mahine à se soumettre ou à abandonner ses prétentions sur l'île en faveur de Metuaaro l'héritier de droit, mais Tetoofa devenant jaloux de la puissance grandissante de Tu qui profitait des riches présents que lui avait faits le capitaine Cook, et décidé à affaiblir cette puissance, lui retira son aide et, après le départ de Cook, s'alliant à Mahine se retourna contre Tu ; à eux deux ils détruisirent sa flotte le dépouillant de tout ce qu'il possédait, détruisant en grande partie le bétail que Cook avait laissé et emportant le reste.

Mahine fut ainsi à même de demeurer tranquillement en possession de Moorea et Metuaaro, et ses sœurs furent obligés de demeurer à Tahiti ; c'est alors que Tu prit Itia sœur de Metuaaro pour femme et Metuaaro Terereatua sœur de Tu, mais Mahine qui était contre ces mariages, supposant qu'ils permettraient tôt ou tard de le chasser des possessions dont il s'était emparé, était déterminé à se servir d'eux s'il ne pouvait les séparer ; constatant qu'il ne pouvait rien faire malgré ses efforts pour créer une querelle entre Taiarapu et Temarii, il déclara la guerre à Tu qui se vit obligé d'intervenir avec la petite flotte dont il disposait et dont il confia le commandement à Moana, frère de Tutaha et de Vaetua, frère de Tu ; une bataille sanglante eut lieu dans la baie de Matavai ou Mahine avait amené sa flotte ; Mahine y fut tué par Vaetua et sa flotte presque entièrement détruite ; ses hommes s'enfuirent chez eux et placèrent sur le trône de Moorea

Teriihaamoetua, fils adoptif de Mahine, qui y demeura jusqu'au départ de la *Bounty* en avril 1789. C'est alors que Metuaaro rassembla une troupe, et, avec l'aide des armes en possession de Tu, reprit ses droits, obligeant Teriihaamoetua à se réfugier à Tahiti avec sa mère et sa tante ; ils y vivent actuellement retirés.

La guerre

Ayant décrit précédemment leur caractère et leurs talents, je décrirai maintenant leur manière de faire la guerre.

Dans ce pays, la guerre éclate souvent pour de futiles raisons ; il est vrai que ce que nous considérons futile peut être pour eux très important.

Les districts ont tous une limite, souvent une rivière qui les sépare les uns des autres. Lorsqu'une dispute s'élève, ceux qui en sont responsables sont priés de réparer le dommage ou la faute et s'ils refusent, la guerre est déclarée de la façon suivante ; les prêtres et les chefs des parties en litige se réunissent sur leurs limites et consultent les prêtres ; si ceux-ci répondent favorablement, la guerre est envisagée et le côté qui se croit le plus lésé envoie un frondeur à la limite et là, ayant armé sa fronde il la décharge par-dessus les têtes des adversaires en criant : « *U a afa te vai.* » Ce qui signifie que la guerre est déclarée, littéralement « l'eau a démoli ses rives ». Un frondeur répond identiquement de l'autre côté puis ils se crient les uns aux autres « *Ia ora i te Atua, te tamai ra* » « Dieu vous garde dans votre guerre » puis ils retournent chez eux apparemment en paix et organisent une fête de guerre tuant un certain nombre de cochons pour les guerriers et quelquefois faisant un sacrifice humain ; le lendemain ils se rendent au terrain désigné. Ils sont toujours accompagnés de prêtres inspirés qui avant l'attaque les encouragent à se battre virilement et les incitent au combat en soufflant dans les conques qu'ils utilisent toujours dans ces occasions ; ils utilisent aussi un bambou dans lequel ils soufflent comme dans une trompette.

Ils font toujours des offres de paix au côté qu'ils estiment le plus faible et, si ceux-ci refusent et sont battus, ils sont chassés de leurs possessions et le chef conquérant installe un subordonné pour commander le pays vaincu ; si celui-ci promet d'obéir au nouveau chef, ils sont autorisés à rester sur leurs terres et à en jouir, ce qu'ils font rarement, car ils ont une si grande affection pour leurs chefs qu'ils préfèrent partager leur malheur et perdre leurs propriétés plutôt que d'en jouir sous la férule d'un autre. Ils seraient déconsidérés s'ils agissaient autrement et leur nom synonyme d'opprobre parmi leurs concitoyens, leur existence devenant un tourment pour le reste de leurs jours. Ils ne font pas de prisonniers et ne donnent pas de quartier sauf au cas où l'un d'eux se trouve devant un adversaire qui a été autrefois son ami adoptif, règle qu'ils n'enfreignent jamais. Ils ne sont pas tenus de se battre plus longtemps qu'ils n'en ont le désir et bien qu'ils aient tué un homme cela ne leur donne pas le titre de guerrier s'ils sont blessés eux-mêmes, car ils estiment que celui qui se laisse blesser ne sait pas se défendre et il est plus honorable de rentrer sain et sauf que blessé.

Bien que n'étant pas au combat sous l'autorité directe du chef, ils se battent cependant furieusement sachant que, s'ils sont vaincus, ils perdront toutes leurs possessions. On pourrait croire que c'est sans importance dans un pays ou il s'agit seulement de demander pour recevoir, et pourtant, ils préfèrent tous avoir à donner que d'être forcés à recevoir ; lorsqu'ils font un présent, ils le font d'une façon si libre et gracieuse que la chrétienté pourrait rougir devant cette façon de faire et avoir honte d'être dépassée par ceux que nous appelons des sauvages. Telle est la raison principale qui les amène à combattre ; quelques-uns de leurs engagements navals ont été très sanglants, car ils combattent après avoir attaché leur proue à celle de leurs adversaires ; lorsque le parti le plus fort prend le dessus, les autres se sauvent en sautant à la mer.

Les armes utilisées sont des lances de 4 à 5 m de long terminées par un aiguillon de raie, des massues de 2 à 3 m de long faites de *toa*, un bois très dur et des frondes faites de fibres de coco tressées. Ils ont des javelots et des arcs pour le sport mais ne s'en servent jamais à la guerre.

Certaines de leurs pirogues de guerre sont très grandes et portent de 1 à 300 hommes ; elles ont quelquefois cent pagayeurs qui ont chacun une quantité de cailloux, une fronde en plus de lances et de massues et lorsqu'un côté devient trop fort pour l'autre, celui-ci n'a d'autre ressource que de fuir, les vainqueurs emportant leur butin en triomphe. C'est ce qui arriva à la flotte de Tu après le départ de Cook et, depuis cette époque, ses forces navales n'ont fait que se détériorer ; malgré cela, il a toujours eu de la chance, et, même vainqueur, il préfère toujours la paix à la guerre.

Ils emportent toujours leurs morts s'ils le peuvent, car tous ceux qui sont laissés sur place sont portés au marae et offerts en sacrifice, la mâchoire inférieure étant détachée et placée sur le marae comme trophée, et le corps étant enterré dans le sol du marae.

Celui qui a tué prend le nom de celui qu'il a tué. C'est le seul moyen par lequel ils peuvent être qualifiés de guerriers et, pour cela, ils doivent emporter leurs victimes, ce qui est rendu souvent difficile par les vivants et plus particulièrement les amis du guerrier tombé qui se battent plus furieusement pour protéger le corps du mort qu'ils ne l'auraient fait lorsqu'il était vivant. Si le vainqueur a le dernier mot et a pu conserver sa victime, il prend le nom de son adversaire comme un titre honorifique. Une fois la paix revenue, les familles des morts retrouvent rapidement ceux qui en sont responsables et chaque famille envoie un présent à celui qui a tué leur parent ou ami ; on s'assure ensuite des services d'un groupe de danseurs (un *heiva*) à la tête duquel prend place la fille ou le plus proche parent du défunt, et ce groupe exécute une danse dans la maison de celui qui a tué. La danse terminée, on lui présente des tissus, des nattes et des vêtements et c'est ensuite à son tour d'entretenir somptueusement tous les membres de la famille pendant plusieurs jours ; la famille déclare alors qu'elle ne lui tient aucune inimitié ni rancune, leur chagrin se changeant en joie et tout étant résolu amicalement. Quant au vainqueur, pour rendre l'amitié plus solide de son côté, il adopte comme ami le parent le plus proche du défunt, et portant son nom, devient un membre de la famille ; il y est traité comme tel et aussi aimé que s'il y était né.

Religion

Leur religion est sans forme précise, et, bien qu'elle leur soit à certains égards particulière, elle pourrait par d'autres être comparée à celle de certaines tribus juives antiques. Leurs traditions nombreuses correspondent à nos livres de l'Ancien Testament. Ils possèdent des images mais ne les adorent pas. Leurs divinités sont au nombre de trois ; on les appelle du nom général de Atua mais elles sont adorées séparément ; il s'agit de Tane, le premier ou père des Dieux, appelé quelquefois Atua Nui (Grand Dieu) et quelquefois Atua Muna, Dieu immense ou effrayant, créateur du Monde et de toutes choses, du jour et de la nuit, du tonnerre, des éclairs, de la pluie, etc.

Oromatua ou le fils est celui qui préside à la guerre et à la paix et qui punit les chefs de maladie ou de mort lorsqu'ils négligent leurs fonctions.

Tipahoamanu est le *hoa* ou ami des deux précédents et leur messager sur terre ; ils appellent ceux-ci Atua Fanaupo (ou Po Roa) c'est-à-dire dieux issus ou amenés des ténèbres ou de la nuit éternelle ; ils ne s'adressent à ces derniers qu'en temps de guerre ou lorsque leurs chefs sont frappés de maladie car ils les considèrent trop importants pour s'intéresser à des choses insignifiantes ou triviales et font très attention d'éviter tout ce qui pourrait les courroucer, de peur qu'ils ne détruisent le monde comme ils l'ont presque fait une fois lorsqu'ils furent offensés, ayant renversé le monde et l'ayant brisé en morceaux ; c'est ainsi qu'ils expliquent la multiplicité des îles dont ils ont connaissance.

En dehors de ces dieux importants, ils ont un certain nombre de dieux inférieurs, chaque homme et chaque femme ayant un ange gardien qui, d'après eux, serait l'âme de leurs parents défunts qui ont été déifiés pour leurs bonnes actions et dont l'occupation est de les surveiller et de les protéger pendant leur séjour sur terre.

Ils croient qu'ils seront récompensés dans l'autre monde, et quittent celui-ci sans aucune anxiété ; lorsqu'ils meurent, ils prennent congé de leurs amis avec autant de sérénité que s'ils partaient en voyage. Croyant à une vie future ils croient également que ceux qui ont été bons et généreux avec les dieux auront la plus haute place, aucune n'étant pire que la terre. Lorsqu'ils rêvent, ils disent que l'âme est détachée du corps, et, parlant de leurs rêves, disent : « Mon âme a vu telle âme, etc. » Lorsqu'ils meurent, ils disent que l'âme s'est envolée vers le dieu, qui (ainsi qu'ils l'expriment) la mange ; passant au travers du dieu, elle sort imprégnée de sa divinité et est envoyée pour veiller sur un autre mortel qui vient peut-être de naître, ou bien encore elle est autorisée à errer à travers les demeures célestes, sans jamais manquer de rien.

Ils croient également qu'il existe un mauvais démon qu'ils appellent Tii, dont le pouvoir consiste seulement à les punir sur terre, en s'introduisant dans leur personne et provoquant des crises de folie, etc. et qu'il ne peut y rentrer sans autorisation de l'ange gardien qui peut seulement l'expulser du corps. C'est pour cette raison que dès qu'ils tombent malades ils s'adressent aussitôt au dieu pour qu'il enlève le mal par des prières et des offrandes et demandent aussi aux prêtres de leur prêter assistance ; ils s'interrogent et s'efforcent de dissiper le malentendu qui aurait pu se produire au sujet de n'importe quelle petite affaire, en envoyant une offrande d'apaisement à ceux qu'ils croient avoir offensés et lorsqu'ils ne peuvent apaiser la colère des prêtres et des dieux, après leur avoir donné tout ce qu'ils possèdent, ils appellent leurs amis autour d'eux et les recommandent à leurs anges gardiens, leur conseillant de bien avoir soin de ne pas les offenser, de bien s'occuper de leurs chefs et d'être généreux envers les étrangers ; puis ils meurent, souvent sans une plainte, bien que réduits à toute extrémité par la souffrance et la douleur.

Ils croient que le soleil et la lune sont le père et la mère de toutes les étoiles et, lorsqu'il y a une éclipse, c'est qu'ils sont en train de s'unir ; toutes choses sur terre sont produites de la même manière et tout ce que créent les dieux, se désagrège et disparaît tandis que de nouvelles choses prennent leur place, tout le système de la nature étant un changement permanent ; pour étayer ces théories ils disent que l'on voit bien des choses qui naissent et meurent chaque jour, les rivières vont à la mer, les arbres pourrissent, les rochers tombent des montagnes. Cela se passe ainsi depuis la création de la terre et sans diminution, puisque tout se remplace.

Leurs traditions concernant la création sont à certains égards semblables à celles de la Bible. Le temps de la création n'est pas limité mais Dieu aurait produit toutes choses en partant de rien et mis tout en marche par sa volonté. Certains récits concernant les étoiles ressemblent aux fables grecques. Ils ont des noms pour la plupart des étoiles, dans lesquelles des femmes ont été envoyées en raison de leurs bonnes ou mauvaises actions. Ils racontent qu'une fille appelée Taurua, d'une grande beauté et de très mauvaise vie, fut envoyée sur la planète Vénus pour avoir maudit Tane et doit y demeurer pour sa punition, et d'autres histoires similaires. D'après eux Castor et Pollux seraient deux frères qui supplièrent Tane de les enlever à leurs parents qui refusaient de leur donner un bon poisson. Ayant quitté leur maison ils s'adressèrent à Tane qui envoya un nuage blanc pour les emporter ; ils sont appelés Pipiri Ma.

Etant très superstitieux dans toutes leurs coutumes et croyant que toute faute contre Dieu ou contre l'homme est punie, il y a peu d'actes qui puissent être qualifiés de crime chez un peuple qui n'a d'autres lois que celles de la nature. Ils croient fermement tout ce qui leur est enseigné par les prêtres et par leurs aïeux, et qu'ils estiment être la volonté de Dieu ; ils savent que toutes bénédictions viennent de lui et lorsqu'ils s'approchent de leurs licux de prières, c'est avec une crainte respectueuse qui ferait honneur à la chrétienté ; lorsqu'ils prient, leur attitude est toujours empreinte de bienséance.

Ceci dit, bien qu'ils affirment que la religion qui leur est enseignée est la bonne, ils admettent qu'une autre peut être aussi bonne et sont assez généreux pour reconnaître que tout homme qui adore son dieu comme on lui a enseigné de le faire, est sur le chemin du bonheur et recevra la récompense qu'il mérite, ce monde étant le seul lieu de punition. Ils prétendent et sont tous persuadés qu'il ne peut en exister aucun autre.

Leurs femmes ne participent pas aux rites religieux et n'assistent pas aux cérémonies, pas plus, d'ailleurs, que les serviteurs mâles ; elles n'ont pas de lieu de prières et n'en pénètrent un que le jour de leur naissance ; ceci dit, les prêtres peuvent leur apporter les secours de la religion lorsqu'elles sont malades, et elles sont en tout cas aussi bien vues du dieu que ceux qui participent aux rites religieux.

Leurs cérémonies consistent en sacrifices innombrables, en prières, fêtes, etc. tenues sur le marae et toujours présidées par les prêtres mais avant d'en venir aux cérémonies il est nécessaire de décrire les marae et les prêtres.

Les marae ou lieux de prières sont des rectangles de terrain abondamment plantés d'arbres et entourés d'un mur de pierres de 1 m à 2 m de hauteur et de même épaisseur ; certains sont très solidement construits en gradins de pierres ; le plus grand à Tahiti est celui de Papara (voir le *Voyage du capitaine Cook* où il en fait une description à laquelle je ne saurais ajouter quoi que ce soit)[1]. Ils sont de dimensions variées et sont construits

1. La description de ce marae est donnée dans le premier voyage du capitaine Cook, à la date du 27 juin 1767. Il consistait en « un énorme tas de pierres, dressées en forme de pyramide avec un escalier de chaque côté ; il avait environ 80 m de long, 25 m de large et 15 m de haut. Au

sans mortier. Au centre se trouve une table ou autel sur lequel ils déposent leurs offrandes et qui comporte à une de ses extrémités une maison pour recevoir les prêtres ; elle est utilisée lorsqu'ils se rendent au marae pour y offrir des sacrifices et des fêtes.

Sur un de ces marae, qui se trouve être le grand marae principal dans le district de Pare, est conservé un petit marae mobile semblable à l'Arche des Juifs et qui est à l'origine d'autant de querelles que cette dernière. Ce marae s'appelle Taputapuatea signifiant « sacrifice du cochon blanc » ; c'est le lieu où doivent se rendre tous les chefs de l'île ainsi que tous leurs sujets des autres îles, pour y offrir les sacrifices car ils pensent que c'est l'unique résidence du dieu sur la terre.

Ce marae mobile est une boîte d'environ 90 cm de long sur 60 cm de large et 30 cm de profondeur dans laquelle sont conservées les 3 divinités ou plutôt les images qui les représentent, car elles ne sont là que pour mémoire et ne sont pas adorées. Néanmoins, elles portent les noms des dieux. Sur le dessus de la boîte se trouvent plusieurs ornements sculptés surmontés d'oiseaux aux ailes étendues car le dieu aime bien les oiseaux dont il se sert pour venir sur terre. Le tout est décoré de bouquets de plumes rouges et jaunes qui pour eux sont aussi précieuses que de l'or. Il y a aussi une maison mobile qui fait partie du marae et qui est fixée avec l'arche sur une plate-forme : elle est

---

centre se trouvait l'image d'un oiseau sculpté dans le bois et à proximité un poisson taillé dans la pierre... Cette pyramide constituait l'un des côtés d'une grande cour dont les côtés étaient à peu près égaux, le tout étant clôturé d'un mur et pavé de pierres plates ».

appelée « Te Fare Atua » « la maison du dieu » ; elles sont toutes deux entourées et recouvertes des meilleurs tissus du pays peints de différentes couleurs ; c'est là qu'est conservé le *maro* royal et personne ne peut s'approcher en dehors des prêtres, sous peine de mort, et encore ces derniers sont-ils obligés de se dévêtir jusqu'à la ceinture lorsqu'ils pénètrent dans l'enceinte du marae ; lorsqu'ils pénètrent le « Fare Atua », ils se dévêtissent entièrement, laissant leurs vêtements au dehors et, à l'intérieur, cachant leur nudité au moyen de tissus qu'ils trouvent sur place et qui appartiennent au lieu sacré ; en sortant, ils remettent ces tissus en place et reprennent leurs vêtements.

Ce marae est le lieu principal d'adoration, et c'est seulement là qu'ils offrent des sacrifices humains. Il a toujours été une cause de dispute, chacun désirant l'avoir en sa possession. Il fut enlevé à Tu 20 ans avant notre arrivée par Tetoofa chef d'Atahuru qui l'avait aidé à le reprendre à Temarii. Tetoofa se considérant comme un homme important tint à prendre possession du marae le gardant à Atahuru jusqu'à nos jours ; il avait alors fait la guerre à Tu, refusant de reconnaître son fils. Tu nous ayant demandé aide et assistance réussit avec nous à vaincre Tetoofa ainsi que nous l'avons décrit et le marae fut amené à Pare où un nouveau marae de pierres fut construit pour le recevoir. C'est sur ce marae que furent offerts le premier et le dernier sacrifice humain pendant notre séjour dans l'île ; les victimes, nous déclare-t-on, avaient été convaincues de blasphèmes contre le dieu ou le roi ; elles ne furent pas brûlées car cette pratique n'existe pas.

Les murs des marae sont comme on l'a dit, construits sans ciment, et bien que certaines pierres soient rondes et d'autres taillées en carré, aucun outil n'est utilisé dans leur construction en dehors des outils de pierres. Lorsqu'un marae doit être construit, le chef en informe chaque personne qui dépend de lui, en lui envoyant une feuille de cocotier qui lui indique d'avoir à se présenter dans un lieu et à une date donnée avec une pierre dont les dimensions seront fixées par les prêtres. Si les pierres ne sont pas en nombre suffisant, la commande est renouvelée. Lorsque les pierres sont toutes rassemblées, les prêtres font savoir qu'ils sont prêts et une partie de chaque journée est réservée à ce travail. Un sacrifice est offert et ils se mettent au travail, pendant lequel aucun feu ne doit être allumé dans le district jusqu'à l'heure où ils quittent le travail. Lorsque le travail est terminé et l'autel dressé, ils passent 2 ou 3 jours à le consacrer en faisant de nombreux sacrifices, humains et autres, avec des prières et des fêtes et pendant les cérémonies religieuses de cette consécration, aucun feu ne doit être allumé, cette règle étant observée pour tous les rites concernant l'ensemble de la population.

Il y a deux classes de prêtres ; ceux-ci sont choisis et formés parmi toutes les catégories de la population d'après leurs capacités. Ils sont seuls à avoir des connaissances et leur rôle consiste à laisser les classes inférieures dans l'ignorance et, bien qu'ils soient eux-mêmes de classe inférieure, ils acquièrent la notoriété grâce à leur savoir ou plutôt grâce à la chance qu'ils peuvent avoir dans leur profession.

Les premiers de ceux-ci sont les *tahua marae* et leur

rôle est de faire les offrandes au marae et de s'occuper du lieu sacré ; ils chantent les prières ou les hymnes dans une langue inconnue des indigènes ou tout au moins de ceux qui ne sont pas de la profession et inconnue aussi de nombreux chefs ; ceux-ci, bien qu'ayant tous le titre de prêtres, officient rarement sauf dans les cas particuliers où ils remplacent des prêtres manquants, ce qui est rare, car ces derniers sont très nombreux.

Les autres sont appelés *Taura Atua* et se réclament de l'inspiration divine ; on les consulte en toutes occasions que ce soit pour la guerre, la maladie, etc. et, par leur entremise, ils font connaître la volonté et le plaisir du dieu ; peu d'entre eux se réclament du même dieu et ceux qui sont inspirés par les dieux supérieurs sont des hommes d'une grande adresse et d'un art consommé ; ils en tirent une influence considérable. Ils n'essayent jamais de s'adresser à leur dieu, sauf lorsqu'un chef est malade ou lorsqu'il s'agit de connaître le résultat d'une guerre en cours et, étant préalablement informés de la plupart des circonstances, il leur est possible de faire des prédictions avec une certaine certitude. Lorsque leurs talents sont inopérants pour soigner une maladie, ils ne manquent jamais d'accuser les amis et parents du malade pour leur manque de religion et pour la négligence dont ils font preuve dans l'accomplissement de leurs devoirs religieux, mais si le malade se rétablit leur réputation est alors fermement confirmée, et, même s'ils appartiennent à la classe la plus humble, ils deviennent les amis intimes du chef ou de la personne pour laquelle ils ont déployé leurs talents ; ils sont choyés du chef et invités en toutes occasions, même s'ils ne réussissent plus par la suite.

Lorsqu'on les consulte pour connaître l'éventualité d'une guerre, etc., ils s'habillent de façon fantastique, se décorant de plumes rouges et noires dont ils croient que le dieu est très amateur puisqu'il utilise les oiseaux lorsqu'il descend sur terre. Après avoir enveloppé sa tête avec le *rauava*, le prêtre se rend dans un réduit fermé de tous côtés, à proximité du marae, et y reste quelques minutes. Il en sort éternuant plusieurs fois, dans un état de grande surexcitation, l'œil fixe, le corps atteint de déformations et semblant avoir subi une transformation étonnante ; ce phénomène est selon eux provoqué par la lutte entre son âme et celle du dieu qui s'efforce de s'introduire dans son corps, ce qui finit par se produire ; il a l'air hébété et semble ne reconnaître personne. Son collègue qui est généralement un *tahua* le complimente alors en l'appelant du nom du dieu dont il prétend s'inspirer et lui pose les questions pour lesquelles ce dernier ou une tierce personne désire avoir une réponse ; il répond d'une voix de fausset en réclamant une liste importante de choses à l'intéressé, mais si on le questionne pendant qu'il se débat avec le Dieu, il prononce quelquefois des phrases inachevées, d'une façon curieuse, comme si les deux âmes s'efforçaient de parler en même temps, parlant tantôt de sa voix naturelle, tantôt d'une voix de fausset. Lorsque l'esprit le quitte, il commence à bâiller, quelquefois tombant à la renverse avec un hurlement et restant étendu plusieurs minutes sans parler puis, paraît se réveiller, et son âme reprenant sa place, il reprend sa propre voix, paraissant ignorer tout ce qui vient de se passer ; son collègue à ce moment ne manque pas de l'informer de toutes les exigences du dieu, que les intéressés ne manquent pas de satisfaire s'ils possèdent ce qui est demandé où s'ils peuvent se le procurer.

Telle est la méthode qu'ils utilisent toujours ; plusieurs femmes exercent cette même profession pour leur propre sexe en matière de maladie, de naissance, et leur crédulité est telle qu'elles sont persuadées ne pouvoir accoucher si elles s'abstiennent de consulter une de ces femmes. En fait, au lieu d'une, elles en ont quelquefois une demi-douzaine qui facilitent la naissance de l'enfant par leurs offrandes et leurs prières et en échange lui enlèvent la moitié de tous ses biens sans lui apporter d'autre aide.

Lorsqu'un prêtre ou une prêtresse pénètrent dans une maison pour y apporter ses services, ils apportent toujours avec eux un jeune bananier et, ayant ôté une des feuilles, jettent l'arbre sur le faîte de la maison ; ils y pénètrent ensuite, récitant quelques courtes prières en différents endroits de la maison ; ils déposent ensuite la feuille sur la porte. Ils se font donner d'amples détails sur l'événement pour lequel on les a appelés, pour connaître exactement les circonstances avant de commencer quoi que ce soit. Cela leur permet de connaître les réponses à faire, et de juger s'il y a une chance de succès ou une déception à craindre avant de commencer.

Coutumes religieuses et autres

Lorsqu'une offrande est faite au dieu, le cochon est porté au marae, où il est tué et nettoyé comme s'il devait être mangé, puis il est barbouillé de sang et laissé à pourrir sur l'autel. Ils s'imaginent que le dieu est heureux de manger l'âme de la victime ainsi qu'il le fait pour les morts, hommes ou bêtes. Les sacrifices offerts exprès pour lui ont toujours pour résultat d'attirer des faveurs sur celui qui a offert le sacrifice. Les prêtres préparent ensuite les entrailles avec des racines et du fruit de l'arbre à pain et les mangent sur le marae, et sachant que les oiseaux sont friands de bananes, ils en déposent souvent sur l'autel avec du poisson et des poulets ; il est rare que l'autel demeure sans une offrande quelconque.

Les premiers fruits de toutes sortes sont offerts au dieu puis au chef et au Seigneur du lieu avant d'être consommés, et il en est de même pour les poissons ; si un homme a un filet neuf à utiliser ou une pirogue neuve à mettre à l'eau, il organise une fête sur le marae pour les prêtres, qui offrent des bananiers et des prières pour son succès ; les premiers poissons pêchés vont toujours au marae, où ils sont offerts par le prêtre avec des prières, puis aux prêtres, ensuite au chef et enfin au seigneur du lieu ou au propriétaire de la terre ; il ne peut jouir des fruits de son labeur avant que ceux-ci n'aient été tous servis.

Le premier cochon est toujours offert lorsqu'il est âgé de 8 ou 10 jours, de même un poulet de la couvée ; pour leurs enfants ils font toujours une offrande selon leurs moyens ; c'est toujours un cochon ou un poulet.

Tout ce qui touche l'autel ou le sol du marae est considéré comme sacré quelle qu'en soit la valeur et ne peut plus être ramené sur le sol ordinaire ni touché par qui que ce soit, sauf par les prêtres ; c'est ainsi que, si un chien ou un cochon s'égare sur les terrains sacrés, il est immédiatement tué et offert en sacrifice.

Lorsqu'une fête a lieu sur un marae il s'agit toujours d'une offrande volontaire (elles sont nombreuses) et la totalité des victuailles doit être consommée sur place quelle qu'en soit la quantité, rien ne devant être enlevé du marae. La poitrine et l'épaule de cochon sont la part du chef mais en son absence, elle va aux prêtres avec la tête et les entrailles qui sont leur part. Cependant s'il se trouve là quelqu'un qui a le droit de manger sur le marae et qui n'a pas été servi, il est invité à se joindre au festin.

Lorsque le prêtre ou les prêtres assistent à ces fêtes, ils doivent ainsi que tous ceux qui pénètrent dans le marae, être nus jusqu'à la ceinture. Lorsqu'ils assistent à toutes autres cérémonies ils ont les épaules couvertes, les cheveux huilés dans un turban maintenu par des feuilles sacrées, un plastron (appelé *taumi*) et les vêtements maintenus par une ceinture faite de cheveux ou de fibre de coco, joliment tressée sur une grande longueur avec un gland à son extrémité. Les provisions apportées au marae doivent être préparées sur place et à proximité de la maison dans laquelle on garde les paniers nécessaires au cas où la cérémonie durerait 2 ou 3 jours.

Ils se lavent toujours avant et après avoir mangé et, s'ils entrent en contact avec un lézard mort, une souris ou un rat, ils se lavent avant de toucher à la nourriture et, s'ils trouvent un de ces animaux sur un ustensile de cuisine, ils ne l'utilisent plus.

Malgré cela, ils mangeront un cochon qui est mort de maladie.

Lorsqu'une personne vient à toucher le cadavre d'un homme en dehors de ceux tués à la guerre ou destinés à un sacrifice, elle est rendue impure et ne peut pendant un mois toucher à aucune nourriture avec ses mains ce qui l'oblige à se faire nourrir. Si un homme tué à la guerre est touché par un parent, même interdiction ; dans les autres cas un lavage est suffisant. Toute personne ayant une plaie purulente ou de larges ulcères ne peut être touchée par qui que ce soit et si elle meurt sa maison est brûlée avec tout ce qu'elle contient.

Lorsqu'ils pleurent la mort d'un parent, ils se rasent le devant et quelquefois le derrière de la tête ainsi que les sourcils et la barbe et se font des entailles sur la tête avec une dent de requin ; cette pratique exprime aussi bien la joie que le chagrin ; voir le cérémonial de deuil.

Ils respectent toujours les cheveux blancs et sont bons pour les étrangers ; ils protègent les veuves et les orphelins.

Un enfant peut maudire son père, sa mère, son oncle ou sa tante mais ceux-ci ne peuvent en faire autant. L'enfant ne peut maudire son grand-père, sa grand-mère, ses frères ou ses sœurs mais le grand-père et la grand-mère peuvent maudire leurs petits enfants avec impunité. La mort punit tout homme qui blasphème ou insulte les dieux et le roi.

Ils ne font jamais de mariages consanguins, mais un homme peut prendre deux sœurs et une femme deux frères en même temps si les parties intéressées sont d'accord, et c'est une grande preuve d'amitié lorsqu'un homme cohabite avec la femme de son ami adoptif si celle-ci est consentante, l'ami adoptif étant toujours considéré comme un frère.

Lorsqu'une femme a un mari qui meurt sans enfants, le frère du mari la prend ; s'il n'a pas de femme et qu'il ait des enfants avec la femme de son frère, ces enfants portent le nom du frère défunt et héritent de ses biens ; s'il a une femme, la femme de son frère demeure chez lui jusqu'à ce qu'elle trouve un mari, et elle sera toujours considérée comme faisant partie de la famille.

Lorsqu'un homme a une raison pour se séparer de sa femme, il l'en informe et, en général, elle est d'accord, estimant qu'il serait reprochable de rester après avoir été avertie. L'homme fait alors un partage égal de tous ses biens et la femme emmène les enfants de sexe féminin, laissant à son mari les enfants de sexe masculin. Si elle vit seule, elle conserve ses droits d'épouse et, bien que n'habitant plus avec son mari, ils demeurent toujours amis, et n'hésitent pas à se demander tout ce dont ils peuvent avoir besoin ; chacun jouit de ses propres biens, mais s'il leur prenait le désir de se remettre ensemble après cette séparation, cela dépend d'eux et ils peuvent le faire quand ils le veulent. Si la femme prend un autre mari, elle perd tous droits sur son premier mari et ne peut plus rien lui demander, en dehors de ses biens personnels et de sa part des biens tel que cela a été décrit plus haut.

Lorsqu'un homme trouve son voisin ou quelqu'un qui ne soit pas son ami adoptif en train de commettre l'adultère avec sa femme, il a la loi dans ses mains et peut, s'il le juge bon, tuer l'un d'eux ou les deux avec impunité ; lorsqu'un enfant naît, garçon ou fille, il est porté au marae familial (chaque famille en possède un) par une personne chargée de s'occuper de l'enfant, pendant que la mère prend un bain chaud ; le père et les prêtres se rendent au marae et offrent un cochon ou bien un poulet ou deux au dieu, et le prêtre, qui est bien rémunéré pour ce travail, coupe le cordon ombilical à 15 ou 20 cm du ventre avec un morceau de bambou fendu et l'enterre dans le marae tandis que les autres prient. Une hutte provisoire est ensuite élevée près du marae et la mère s'y rend pour attendre son enfant qui lui est porté par la personne préposée ; tous trois doivent rester dans la hutte jusqu'à ce que le cordon tombe ; il est alors soit gardé dans une maison sacrée, ou enterré dans le marae. Si l'enfant est un garçon, ils peuvent enterrer le cordon dès qu'il tombe ce qui prend de 6 à 8 jours mais s'il s'agit d'une fille le cordon est quelquefois conservé de 15 jours à 3 semaines, pendant lesquelles la mère ne peut toucher elle-même à aucune nourriture et doit être nourrie par quelqu'un d'autre ; toute personne qui touche l'enfant doit se soumettre à cette même restriction jusqu'à ce que l'on fasse un *amoa* pour le faire disparaître ; auparavant, une offrande d'un bananier et d'un jeune cochon ou d'un ou deux poulets, doit être faite pour la mère ; cette offrande étant faite dès que le cordon a été enterré ou bien lorsque le moment est venu de transporter l'enfant, du marae dans une maison près de celle de son père, construite et sacrée pour lui. Cependant, ils ne peuvent pénétrer dans cette maison ni toucher l'enfant, vêtus des mêmes vêtements qu'ils portaient lorsqu'ils mangent leurs propres provisions ; c'est ainsi qu'une série d'*amoa* doit être exécutée pour le père et les oncles, pour que l'enfant puisse pénétrer dans la maison où mangent son père et ses oncles, pour sa mère et sa tante.

Lorsque l'enfant est un garçon, il y a encore un *amoa* nécessaire lorsqu'il adopte un ami, et c'est tout ce qui est nécessaire pour son accession à la liberté. Tout ce qu'il touche pendant la période de sa minorité ou de son état sacré, est rendu sacré par ce contact et devient de ce fait inutilisable pour toute autre personne. Si l'enfant est une fille, il y a deux autres *amoa ;* l'un lorsqu'elle vient de se marier, pour permettre à ses parents masculins de manger la nourriture qu'elle a touchée et un autre pour que son mari et elle puissent manger dans le même plat ; sa tête est alors tout à fait libre ; elle est d'ailleurs libre avant ces deux *amoa* sauf dans le cas où elle viendrait en contact avec quelque chose.

Lorsque ces cérémonies sont faites pour un garçon elles s'appellent *amoa*, mais pour une fille elles s'appellent en plus *faatoi* signifiant qu'il y a une cérémonie de plus que pour les garçons. Pour les garçons, des cochons ou des poulets sont toujours offerts ; mais pour une fille, s'ils ne peuvent offrir un cochon ou un poulet, un poisson suffira, ce qui est toutefois rare, car ils ne cherchent pas à économiser dans l'exécution de ces rites qui donnent généralement lieu à de grandes festivités.

Tout ce qui touche l'enfant, avant l'accomplissement de toutes ces cérémonies, devient sacré et est jeté dans un enclos fermé près de la maison où ils vivent. Ils font toujours très attention à ses mouvements et si, par suite de l'inattention de la personne qui le surveille, l'enfant touche un arbre de la tête, cet arbre quelle qu'en soit la valeur, est abattu et détruit avec ses branches et ses racines ; et si ce dernier abîme un autre arbre en tombant, celui-ci doit être également détruit et le bois ne doit pas être utilisé comme combustible.

Les filles sont souvent âgées de 16 à 17 ans avant que toutes ces cérémonies ne soient faites et, en conséquence, elles font très attention aux choses qu'elles touchent et aux maisons qu'elles pénètrent. Les garçons, eux, sont libérés dès que le père est en mesure de le faire, quelquefois à 6 ans et quelquefois seulement vers 12 ans. Les enfants de personnes de qualité attendent en général plus longtemps l'exécution de tous ces rites, pour leur donner un caractère plus majestueux, et de grandes fêtes sont toujours données à cette occasion. La raison de toutes ces cérémonies est que, dès sa naissance, l'enfant, étant le fruit du père et de la mère, est supérieur à l'un et à l'autre, de même que le fruit est supérieur à l'arbre ; c'est ainsi que, dès sa naissance, l'enfant devient le chef de la famille et tout l'honneur et la dignité du père est transféré au premier né, garçon ou fille ; avant que les rites ne soient accomplis, on estime que les parents ne sont pas dignes de partager la nourriture de l'enfant ; ils ont toutefois suffisamment de provisions pour eux-mêmes. Quant aux personnes de haut rang qui gouvernent en lieu et place de leurs enfants, ils retardent ces cérémonies sous prétexte qu'il est honorable de garder les enfants plus longtemps dans leur état sacré alors qu'en fait c'est pour se maintenir au pouvoir. Les classes inférieures, elles, n'ayant aucune raison d'agir ainsi, accomplissent ces rites plus tôt et dès que la tête de l'enfant est libre, il devient son propre maître et peut agir à sa guise. Nous n'avons jamais pu savoir d'où cette étrange coutume, si contraire à la nature, tire son origine car elle existe depuis des temps immémoriaux mais elle peut dans une certaine mesure expliquer la différence sociale existant entre les classes supérieures et les classes inférieures ; celles-ci, accédant plus vite à la liberté, se fréquentent plus tôt tandis que dans les classes supérieures, surtout chez les chefs, il arrive qu'ils soient adultes avant de prendre femme.

Le *amoa* que nous avons vu pratiquer à une cérémonie de mariage diffère très peu de celui pratiqué aux différents stades de l'enfance. Les familles et amis de chaque côté étant réunis au marae, le jeune homme et sa femme sont placés, l'un à côté de l'autre, l'homme à droite de la femme, sur une grande quantité de tissus étendus près du marae. A une dizaine de mètres devant eux et à l'autre extrémité de ce tapis d'étoffes, s'assoient le père, la mère, les oncles et les tantes de la mariée ; un prêtre ayant remis à la mère plusieurs morceaux de canne à sucre et quelques feuilles de *rauava* ou arbre sacré, elle prend une dent de requin et se faisant une entaille sur le front laisse tomber une goutte de sang sur chaque morceau de canne à sucre et plaçant un morceau sur une feuille en donne deux au père et un à chacun des oncles et tantes, en gardent deux pour elle. Ces derniers tenant le tout dans les paumes de leurs mains élevées à la hauteur de leur front, s'avancent lentement, courbés en deux vers le jeune couple, et après avoir déposé les feuilles et morceaux de canne à sucre à leurs pieds, s'en retournent de la même manière à leurs places. Le prêtre s'avance alors avec une branche de *rauava* à la main et fait une longue prière ; après avoir terminé, il s'approche du couple et leur dit : « Le dieu vous bénisse dans votre union (ou littéralement : dans votre acte charnel) » ; il ramasse les feuilles et la canne à sucre et se rend au marae où il les ensevelit, en récitant des prières et faisant une offrande d'un cochon, etc. au dieu ; et pendant ce temps le couple se lève et va embrasser les parents, leur faisant ses bénédictions. Le tissu est alors ramassé et présenté au gendre qui, en général, en jette une partie aux jeunes gens présents qui se le disputent et sont très fiers d'en porter un petit morceau en l'honneur de la cérémonie, le conservant jusqu'à ce qu'il soit usé, et racontant à tous comment ils l'ont obtenu. Tout le monde enfin se dirige vers la maison du marié qui envoie 3 ou 4 cochons à son beau-père ; celui-ci les fait tuer immédiatement et organise une fête à laquelle participent tous les hommes des deux familles. Une fête est également organisée pour les femmes et toutes y participent. Le père de la mariée donne ensuite au mari les biens de sa fille comme il a été décrit plus haut et un échange de noms à lieu.

Lorsqu'un homme adopte un ami pour son fils, la cérémonie est la même, le garçon prenant la place de la femme et à sa conclusion, le garçon et l'ami échangent leurs noms et dès lors, ce dernier est considéré comme faisant partie de la famille, devenant le fils adoptif du père du garçon. Cette amitié est religieusement observée et ne cesse qu'à la mort, malgré les séparations et d'autres amitiés contractées pendant les absences ; lorsqu'ils se retrouvent ils se saluent toujours.

Si un frère ou un ami adoptif devient pauvre ou perd sa terre au cours d'une guerre, il n'a rien de plus à faire que d'aller trouver son frère ou son ami et de vivre chez lui en profitant de ce qu'il possède, avec sa famille s'il en a une. Même s'il ne se trouve pas dans une situation difficile, il peut toujours aller chez son ami qui le nourrira, et pourra emporter tout ce qui lui plaira ; il sera de plus, comblé de présents.

Ils sont toujours courtois vis-à-vis des étrangers et hospitaliers pour les voyageurs, et ce qu'ils possèdent est toujours à la disposition de ceux qui leur rendent visite ; lorsqu'un étranger pénètre dans une maison, il est salué par le maître de maison, et quelquefois par toute la famille avec *Manava* (bienvenue) : *la ora na oe i te Atua* – Le dieu vous bénisse dans votre venue ! et *la ora te tere* – Le dieu vous bénisse en votre voyage ! des saluts similaires sont adressés à l'étranger lorsqu'il s'en va.

Lorsqu'ils se retrouvent, même après une courte absence, ils s'étreignent comme nous mais, au lieu de s'embrasser, ils mettent leurs nez l'un contre l'autre et s'aspirent le souffle par les narines ; parfois, en signe de grand amour, ils s'étouffent presque par la durée de cette étreinte ; cette méthode est commune aux deux sexes, mais s'ils ont été longtemps absents, les femmes pleurent et se coupent le front avec une dent de requin jusqu'à ce que le sang coule abondamment ; c'est toujours ainsi qu'ils manifestent leur amour, soit par excès de joie, soit par excès de chagrin.

Cette pratique est toujours observée au moindre accident arrivant à leurs enfants, et chaque femme reçoit dès son mariage une ou deux dents de requin (car elles ne coupent jamais leur tête avant), qui sont enveloppées dans une étoffe ; elles sont montées sur une petite baguette et collées avec la sève de l'arbre à pain de façon à ce que la pointe sorte d'un 1/2 cm environ comme une lancette.

Dans leur propre île, les personnes de qualité voyagent toujours par mer, et comme, dans chaque district, il y a plusieurs maisons construites par les chefs pour recevoir les étrangers, ils n'ont que l'embarras du choix pour se loger ; certaines de ces maisons ont 50 m de long, de 15 à 20 m de large, et de 10 à 12 m de hauteur. Dès qu'ils débarquent ils tirent leurs pirogues à terre près de la maison en question et font prévenir la personne de même rang la plus proche ; celle-ci arrive aussitôt avec des provisions et s'ils restent assez longtemps chaque personne de même rang du district fournit une journée de provisions pour le groupe tout entier. Par beau temps ils s'installent n'importe où et élèvent des abris provisoires dans des endroits choisis.

Lorsqu'une personne de classe quelconque voyageant par voie de terre traverse un district sans y connaître personne et sans trouver quelqu'un pour l'inviter, elle s'informe du nom du premier *raatira* et se rend à sa maison ; en y pénétrant, elle reçoit les compliments d'usage et, ayant fait connaître ses intentions, le maître de maison fait immédiatement préparer des provisions pour l'homme, tandis que la maîtresse de maison s'occupe de la femme de la même manière ; c'est pour eux une joie particulière d'avoir eu la bonne fortune de voir des étrangers venir dans leur maison et, dès lors, ils se considèrent amis pour toujours même s'ils se voient pour la première fois.

Lorsqu'un chef ou une personne de qualité d'une autre île vient leur rendre visite, ils pratiquent une cérémonie appelée *utu* qui est une offrande de paix de la façon suivante : le chef ou étranger s'étant installé dans une des nombreuses maisons qui existent dans chaque district pour les étrangers, les chefs et gens du district se réunissent avec leurs présents, chaque chef accompagné d'un prêtre muni de jeunes bananiers et de cochons ; s'étant placés à une dizaine de mètres de l'étranger, le prêtre du premier chef attache un cochon et un paquet de plumes rouges à un jeune bananier, fait un long discours, souhaitant la bienvenue à l'étranger de la part de son maître et de la population et dépose le bananier et le cochon aux pieds de l'étranger qui prend les plumes rouges et les met à ses oreilles ou dans ses cheveux. Un certain nombre de cochons et de tissus sont ensuite apportés par les hommes du chef et présentés à l'étranger. Puis les chefs de deuxième rang et les propriétaires terriens accomplissent le même cérémonial, chacun lui présentant un cochon ou un poulet, avec un bananier qui, en toutes occasions, est l'emblème de la paix et comme tel utilisé dans toutes les cérémonies religieuses ou civiles.

Les présents de cochons et d'étoffes sont ensuite apportés et, lorsque toute la population a présenté ses offrandes et ses cadeaux, l'étranger est invité à un repas de cochons rôtis, de fruits de l'arbre à pain, etc. réservé à lui seul et à sa suite. J'ai vu à une de ces fêtes 50 cochons rôtis et autant de provisions que cent hommes pourraient en porter, préparés pour un étranger de qualité et pour une journée seulement ; et cela répété pendant plusieurs jours dans le même district, chaque personne de même rang fournissant une journée de victuailles.

Néanmoins il est préférable de se rendre dans un district en tant que gentilhomme privé plutôt qu'en tant que chef. Bien que tous deux soient somptueusement traités, les gentilshommes sont les plus nombreux et peuvent passer plus de temps dans un district, dans une fête ininterrompue ; il leur arrive de passer un mois dans un district et ils ne se pressent jamais lorsqu'ils sont en visite.

Les classes inférieures traitent ceux de leur rang de la même façon suivant leurs possibilités, mais la plupart d'entre eux préfèrent être reçus en tant que membres de la suite d'un chef ou d'un gentilhomme. Cette manière de visiter les districts amène de nombreux jeunes gens à faire partie de la compagnie ambulante des *Arioi*, que nous décrirons en son temps, et comme ils se procurent ainsi de quoi se nourrir et se vêtir sans difficulté ils ne pensent à s'établir qu'une fois arrivés à l'âge d'homme et encore pas toujours.

Lorsque des personnes de rang égal se rendent visite dans leur district ou dans un autre, la bienvenue leur est toujours souhaitée dès qu'elles pénètrent dans la maison, comme nous l'avons décrit, et dès qu'elles sont assises le maître de maison donne des ordres pour qu'une fête soit préparée et s'informe de la raison de leur visite, ce qu'elles veulent, etc. Elles répondent à toutes ces questions sans hésitation ni détours et ayant fait état de leurs besoins on leur promet aussitôt de les satisfaire si cela est possible ; en attendant on leur fait cadeau d'une pièce ou deux de tissu et d'un ou deux cochons vivants en témoignage de la bonne volonté à satisfaire leurs désirs. Si le maître de maison n'a pas ce que demandent ses visiteurs, il les supplie de rester chez lui jusqu'à ce qu'il puisse se procurer chez ses voisins ce qu'ils désirent.

Toutes les provisions pour les visiteurs doivent être emmenées par eux car ce ne serait pas bien recevoir que de partager avec eux ; les produits de la nature ne sont pas considérés comme présents sauf s'ils sont accompagnés d'un objet fait de la main de l'homme. Pour cette raison ils donnent toujours des tissus ou autre chose avec leurs présents, les provisions n'ayant aucune valeur parce qu'issues de la nature, et il est mal vu de leur donner une valeur.

Ils ne remercient pas, sauf en actes, n'ayant pas de mot dans leur langue pour l'exprimer, et lorsqu'ils se quittent, ils se servent de compliments, suppliant toujours leurs visiteurs de rester avec eux jusqu'à ce qu'ils soient entièrement satisfaits de l'hospitalité reçue, car s'ils partaient insatisfaits ce serait une mauvaise réputation pour la famille, ceux qui n'ont pas été bien traités ne manquant jamais de dire combien ils ont été abusés ; et de cette manière, il leur arrive souvent de faire une visite de plusieurs mois, se procurant un petit peu chez l'un et l'autre ce dont ils ont besoin avant de rentrer chez eux.

Ceux qui travaillent la terre la tiennent du *toofa*, seigneur, ou du *raatira*, gentilhomme, auquel ils payent un loyer en fabriquant du tissu si le propriétaire en veut ou en lui fournissant des cochons s'ils en ont ; s'ils n'en ont pas, il n'en réclame pas et ne les force jamais à se procurer ce qu'ils ne possèdent pas. Il n'est pas honteux d'être pauvre et on n'en est pas moins considéré pour cela, mais être riche et cupide est un affront à la nature humaine et si un homme fait preuve de ce défaut en refusant de donner librement ce qu'il possède, ses voisins ont tôt fait de le mettre au niveau des plus pauvres, en le débarrassant de tout ce qu'il possède et en lui laissant tout juste une maison pour vivre ; un homme de ce genre est une personne haïssable et, plutôt que d'être taxé de cupidité ou d'avarice, il préférera donner tout ce qu'il a sur le dos et se promener nu jusqu'à ce qu'il puisse se procurer des vêtements.

Si un homme surpris en train de voler est tué sur place, celui qui a tué n'encourt aucune peine ; mais si le voleur s'échappe et que l'objet du vol soit trouvé sur lui, la victime du vol peut se saisir de tout ce qu'il possède (opération à laquelle le voleur se soumet toujours), la victime lui abandonnant l'objet du vol et emportant tout le reste ; si le voleur s'absente en emportant ses biens, la victime peut obliger le propriétaire de la terre à lui remettre la terre et la maison que possédait le voleur jusqu'à ce que le dommage soit réparé, ainsi qu'une rançon payée avec des cochons, jusqu'au désintéressement total de la personne lésée. C'est cette méthode qui est couramment utilisée, car si la terre était aliénée, la personne qui en a pris possession ne pourrait plus être délogée que par une guerre ou par la punition d'un crime commis contre le chef ; la rançon payée, le *raatira* peut, si cela lui plaît, arriver à un compromis avec le voleur, à condition que ce dernier paye la rançon ou que ses amis la payent pour lui ou encore qu'il donne la maison à quelqu'un qui a été sinistré par la guerre ; dans ce cas, le voleur ira vivre chez ses amis.

Ils possèdent des images de bois sculpté appelées *tii* qui servent de limites aux propriétés ; elles ne sont pas destinées à être vénérées mais sont placées là pour rappeler aux personnes de rang égal ou inférieur au propriétaire du terrain d'avoir à se dévêtir jusqu'à la ceinture pour honorer le propriétaire lorsqu'ils passent près de là. Les personnes de tout rang doivent rendre cet hommage lorsqu'ils passent près d'un terrain appartenant au roi (Arii). Le tii ou image indiquant la terre du roi est beaucoup plus grand que les autres, tandis que les terres des *toofa* ou *raatira* se distinguent par la présence de petits drapeaux blancs autour du *tii.* Toute négligence ou refus concernant ces hommages provoque des disputes et souvent même des guerres et des discussions entre les parties intéressées.

Si le propriétaire est un enfant mineur, l'affront est plus grave, et la mère se frappe aussitôt le front avec la dent de requin, chagrinée par l'insulte qui a été faite à son enfant, tandis que le père se précipite pour dépouiller par la force les offenseurs. Si l'offenseur fait amende honorable en offrant une feuille de bananier et en déclarant son ignorance, l'affaire est réglée, mais s'il persiste et en vient aux coups, les amis de chaque partie s'en mêlant, la bataille devient générale mettant quelquefois deux districts en présence et se terminant souvent par des morts. C'est ainsi qu'un chef et sa population peuvent être chassés de chez eux à la suite d'une querelle provoquée par la négligence ou le refus de présenter ses compliments à l'enfant d'un pauvre homme, bien que le père ait pu, lui, avoir été battu avec impunité par quelqu'un lui ayant cherché querelle. Personne ne peut se permettre de traiter avec mépris les héritiers de grandes propriétés, sous peine de mort et les insultes de ce genre se terminent souvent par l'expulsion de toute une famille, le fait d'être appelé par un faux nom étant blasphématoire.

Les chefs exercent leur pouvoir non seulement sur la population mais aussi sur les prêtres et sur toute société qui pourrait se constituer parmi eux. Ils sont plus que des supérieurs ; tous leur rendent hommage, se conformant toujours à leurs obligations lorsqu'elles se présentent et chaque chef rend hommage à l'enfant d'un autre chef.

Les disputes provoquées par un point litigieux de loi sont rares, et les disputes d'hommes entre eux se terminent rarement par des coups ; je n'ai jamais vu de coups donnés pour des raisons autres que celles que je viens de décrire.

Lorsque des disputes naissent à la suite d'un litige au sujet de la limite d'une terre, étant donné qu'ils ne possèdent ni papiers ni attestations de dons établissant leurs titres de propriétés, ils s'en rapportent toujours à leurs voisins pour trancher la question et ceux-ci décident des nouvelles limites sans que personne ne vienne contester cette décision ; ils sont en effet très superstitieux pour les rites religieux et préfèrent laisser la partie en litige dans l'indivision plutôt que de marquer leurs propres limites, craignant qu'une maladie ne résulte d'un empiétement sur la terre du voisin.

Ces disputes ainsi que toutes les autres sont réglées par les voisins et celui qui est reconnu comme étant dans son tort, se soumet toujours dès le premier mot et, faisant une offrande de paix à celui qui a été offensé, se déclare en faute et lui demande de ne plus y penser.

Personne ne réclame d'autre terre que la sienne ou que celle de ses amis adoptifs, dont il peut user pendant la vie de ses amis ; si ceux-ci viennent à mourir sans héritiers l'ami adoptif est toujours considéré comme le propriétaire de ces terres, et personne ne lui dispute ce droit.

Lorsqu'un homme, avant sa mort, laisse en héritage tout ou partie d'une terre à une personne donnée, et qu'il y a des témoins de cette intention, il n'est pas fait obstacle à ce legs même si le légataire est absent et ignorant de cet héritage ; les témoins l'informent alors de ses droits et le font revenir pour prendre possession des biens.

Ces usages sont transmis de père en fils, et il n'est pas besoin de loi pour les faire respecter, la nature leur ayant enseigné de se servir entre eux, ce qui est leur règle commune ; bien qu'il y ait de rares exceptions, on peut dire que c'est là le fond de leur nature.

Ils ont une cérémonie appelée *rahui* qui est une sorte de période de réjouissances bien que n'ayant aucune date fixe. C'est une interdiction ou un embargo mis sur les provisions et le bétail en totalité ou en partie, dans un ou plusieurs districts et institué pour empêcher l'épuisement des réserves de nourriture, par consommation ou par transport d'un district à un autre. La population est tenue de l'observer sous peine d'être chassée de ses terres. Les chefs, *toofa* et *raatira* peuvent suivant leur bon plaisir décréter le *rahui* sur telles ou telles provisions, bétail, poisson, dans les limites de leur juridiction et, lorsqu'ils estiment nécessaire d'empêcher une trop grande consommation de cochons, décrètent le *rahui* dans la totalité du district. Le roi lui, peut décréter le *rahui* dans plusieurs districts et envoie ses instructions en conséquence aux chefs, *toofa, raatira*, pour interdire la consommation ou le transport de telles ou telles denrées dans tels ou tels districts ou propriétés pour un temps déterminé ; cependant il prend en général l'avis de ses subordonnés qui sont toujours prévenus à l'avance de la date à laquelle le *rahui* aura lieu, de même que les raisons qui l'ont provoqué ; au jour dit proclamation est faite par des hérauts qui accrochent un paquet de feuilles de bambou au premier arbre à chaque extrémité du district, avertissant les passants des circonstances particulières et les informant des restrictions qu'ils peuvent y trouver. Près de la route, dans un endroit bien en vue, on accroche un cochon par les pieds et on expose une partie des denrées sur lesquelles on a décrété le *rahui*. Lorsque le *rahui* est levé, on enlève le bouquet de feuilles et une fête a lieu après qu'une offrande ait été portée au marae du chef ; cette fête dure de 3 semaines à un mois et les chefs et la population y participent, le ravitaillement étant assuré par la population du ou des districts qui ont subi le *rahui*. Chaque habitant se tient prêt tous les jours à une heure donnée, avec un cochon et une certaine quantité de légumes qui sont apportés au lieu de rendez-vous et là, l'ensemble est divisé en 17 portions, une pour chaque district remis au chef qui à son tour la fait diviser par ses serviteurs entre les *toofa* et les *raatira* qui répartissent la nourriture parmi la population. Tout cela se fait dans la plus grande harmonie, ne provoquant jamais de querelles. Cette fête s'appelle *taurua arii*, la fête des chefs ; après le repas, des divertissements ont lieu : lutte, danse, lancement du javelot, course au cochon et lutte pour des tissus, etc. organisés par les chefs ou par ceux qui président à la fête.

Beaucoup d'*arioi* participent à ces fêtes et y mettent beaucoup d'entrain, étant jeunes et gais ; les prix faisant l'enjeu de ces luttes sont : des pirogues, des cochons, tissus, bambous renfermant de l'huile, etc. qui sont apportés dans un lieu découvert par les serviteurs des chefs, tenant attachés les cochons qu'on choisit parmi les plus sauvages pour le plus de sport possible ; les pirogues ont des mâts à l'extrémité desquels sont attachés des bambous d'huile et les tissus sont suspendus à des cordes allant d'une pirogue à l'autre. Un prêtre s'avance alors et à la fin d'une longue prière jette un jeune bananier dans une des pirogues et les cochons étant lâchés, c'est le signal d'une mêlée générale à laquelle tous, hommes et femmes de tous âges participent ; les cochons étant en général nombreux il y a du sport avant qu'ils ne soient tous attrapés. Les pirogues, sauf le cas où elles sont saisies par une famille entière, sont généralement mises en pièces ainsi que les étoffes dont les morceaux sont portés comme trophées, les morceaux étant préférés à la pièce entière ; les poulets sont habituellement déchiquetés et les cochons et les chèvres sont souvent tués dans la mêlée. Si un homme attrape régulièrement un cochon, il lui appartient et personne n'essaierait de le lui enlever, sauf s'ils sont plusieurs à l'avoir attrapé en même temps ; et si un des participants est blessé ou se brise un membre dans la lutte, il ne blâme personne, car ils ne se font jamais volontairement de mal.

Bien que les chefs ou *raatira* aient le pouvoir de décréter le *rahui* sur leurs territoires sans le consentement ou l'approbation de leurs collègues, ils en usent rarement, sauf pour prévenir le manque de certaines denrées et surtout pour préserver les cochons ; cette interdiction s'étend souvent à d'autres denrées, c'est ainsi qu'un roi peut chercher à prévenir une disette provoquée par un grand rassemblement dans un district tel que celui que provoque l'arrivée d'un navire ou d'une flottille de pirogues qui amène une foule de gens venant voir les étrangers ; après la première fête, il décrète le *rahui* jusqu'à ce que les gens rentrent chez eux ou que la foule diminue et que les visiteurs se répartissent dans les districts, car, sans cela, ils épuiseraient les réserves de bétail et pourraient être la cause d'une famine. Dans ces cas-là, le récif est frappé de *rahui* pour empêcher les crustacés et les poissons d'être détruits, ce qui ne manquerait pas de se produire car les curieux arrivent de tous côtés pour voir les étrangers sans apporter de provisions pour eux-mêmes, distribuant aux étrangers tout ce qu'ils ont avec eux et comptant sur le district pour s'approvisionner, les habitants du district n'osant pas refuser même lorsqu'ils n'ont rien pour eux-mêmes. Lorsque les gens rentrent chez eux, le *rahui* est levé pour que les étrangers puissent être ravitaillés ; ils sont d'ailleurs amplement pourvus par les districts voisins ou le *rahui* n'a pas été décrété.

Le *rahui* sur les récifs est indiqué en plaçant des arbustes le long de la partie interdite avec de petits morceaux d'étoffe et dès leur apparition personne n'oserait y pêcher sous peine de perdre ses terres ; ils peuvent néanmoins pêcher avec des filets, hameçons, etc. dans leurs pirogues ; si la plage est interdite ils ne peuvent utiliser leurs pirogues sous aucun prétexte. Mais ceci ne se produit que lorsque les drapeaux du roi traversent un territoire.

En dehors de la fête du *rahui*, ils ont une cérémonie sur le *marae* à laquelle seuls peuvent assister les *raa* ou hommes sacrés ; c'est une fête avec des cochons et d'autres nourritures et aussi beaucoup de *ava*. Ces cérémonies ont surtout lieu sur les *marae* de famille appartenant aux *raatira* et sont appelées *opu nui ;* y assistent le chef du *patu*, tous les prêtres et *raatira ;* les mets étant sortis du four, les prêtres font une longue prière d'actions de grâce et l'un d'eux prenant une lame de bambou pour couteau (s'ils ont des couteaux ils ne peuvent les porter au *marae* car ils ne pourraient les remporter) découpe un peu de chaque nourriture qu'il dépose sur une feuille de bananier et la dépose sur l'autel ou sur le toit de la maison. Pendant ce temps les autres prêtres découpent les cochons et en distribuent les morceaux et la fête commence. Lorsqu'un étranger vient à passer, ils dépêchent quelqu'un pour l'inviter et, si aucune des personnes présentes ne le connaît, on lui demande s'il est *raa* ou *noa*, question à laquelle il répond avec franchise ; s'il est *raa*, il est invité à participer à la fête, mais s'il est *noa* (commun), il refuse, personne n'insistant dans ces circonstances, car tôt ou tard il serait découvert et paierait de sa vie le fait d'avoir donné une fausse identité.

Les femmes ont aussi leurs fêtes appelées *oehamu ;* elles y mangent généralement du poisson. Leurs serviteurs de sexe masculin peuvent y participer ainsi que tout autre homme ; ces fêtes se tiennent sur un terrain ordinaire choisi pour sa commodité.

Constructions

Leurs constructions sont principalement les *marae*, ou lieux de prières, qui ont été décrits par le capitaine Cook et certains d'entre eux sont d'énormes entassements de pierres qui témoigneront pendant de nombreuses années de leur habileté. Ils sont construits avec exactitude et régularité sans outils ni ciment, et seul le temps peut les détériorer. Chaque famille possède un *marae* dont les dimensions varient suivant sa richesse et c'est là qu'ils accomplissent leurs rites religieux avec toute la décence, le respect et la crainte possibles.

Leurs maisons sont constituées par des toits de feuilles de pandanus soutenus par des poteaux ; leurs dimensions varient suivant l'importance du propriétaire. Les maisons d'habitation sont pour la plupart entourées d'une petite barrière de claies et, par mauvais temps, elles sont protégées par des nattes de feuilles de cocotier tressées qu'on enlève lorsque revient le beau temps.

Elles sont très exactement prévues pour le climat du

pays et n'ont besoin que d'une clôture pour empêcher les cochons de pénétrer. Les dimensions habituelles sont de 10 à 15 m de long, de 6 à 7 m de hauteur et de largeur ; chaque famille a deux maisons, l'une pour les hommes et l'autre pour les femmes et le parc à cochons se trouve quelquefois entre les deux. Elles ont en général une forme ovale et les chevrons descendent jusqu'à 3 m environ du sol, qui est en général quelque peu surélevé pour éviter l'humidité ; le sol est recouvert d'herbes ou de foin d'une bonne épaisseur sur lequel ils étendent des nattes pour dormir. D'autres se donnent la peine d'avoir des lits surélevés avec de petits sièges soigneusement taillés d'une seule pièce et qui leur servent de repose-tête ; ils dorment sur des tissus et des nattes. Leur mobilier consiste en un grand coffre, quelquefois deux, qui renferme leurs possessions et c'est sur l'un de ces coffres recouvert de tissus et d'une natte que le maître de maison et sa femme dorment ; ceux qui n'ont pas de petits tabourets pour repose-tête utilisent des sièges de pirogues ; ils possèdent en outre un ou deux tabourets pour les invités, des tabourets pour y battre les préparations à base de *uru* ou de *taro*, avec une pierre ou deux soigneusement taillées servant de pilon, des plats et plateaux de tailles différentes, plusieurs espèces de paniers et un ou deux poteaux pour y accrocher les provisions.

Les femmes non mariées dorment généralement près de leurs parents tandis que les célibataires et les serviteurs dorment généralement dans la maison des femmes, qui sert de salle à manger ; par beau temps, ils préfèrent dormir en plein air, car si l'herbe dont le sol des maisons est recouvert n'est pas fréquemment changée, il s'y trouve une grande quantité de puces, ce qui leur fait préférer le plein air à la compagnie de ces désagréables bestioles. Ils ôtent toujours leurs vêtements lorsqu'ils dorment, mais la plupart des jeunes gens, ainsi que les serviteurs, utilisent leurs vêtements pour dormir dessus, car ils ne se soucient pas d'avoir de trop nombreux vêtements en dehors d'un vêtement de cérémonie, qu'ils ne portent pas d'ordinaire. Cette façon de procéder est commode, car ils ont toujours ainsi leur couchage avec eux et n'ont pas de problèmes. Ils possèdent également de petites maisons qui leur servent de cuisine, car ils ne préparent jamais leur nourriture dans les maisons où ils mangent, la fumée leur étant désagréable et abîmant les tissus.

Les maisons des chefs, bien qu'étant un peu plus grandes, ne se remarquent pas par un mobilier plus conséquent, et, semblables aux maisons des voyageurs, sont ouvertes de tous côtés et entourées d'une clôture basse de planches formant un carré, le sol à l'intérieur de la clôture étant recouvert de gravier ou d'herbe. Lorsqu'ils ont l'intention de demeurer longtemps, dans une maison ou un lieu donné, ils se procurent une petite maison bien soignée qu'ils font entourer d'une clôture ; ceci dit, ils dorment fréquemment dans de pauvres huttes et mangent en plein air accrochant leurs provisions à un arbre.

Leurs pirogues peuvent être également comprises dans le chapitre constructions, et celles de guerre sont certainement de curieuses machines si l'on considère les outils avec lesquels elles sont construites ; ces outils (avant que le fer ait été introduit, et qu'ils ont maintenant en très petite quantité) consistaient seulement en herminettes de pierre de différentes tailles, des os humains de bras ou de jambes comme tarières, ciseaux et gouges, du corail et du sable pour lisser et des peaux de poisson pour polir ; ils utilisaient aussi le feu lorsque c'était possible, pour dégrossir tandis que maintenant le travail va plus vite grâce aux haches pour le gros œuvre et aux petites hachettes qu'ils transforment en herminettes en les attachant à des manches. Ils possèdent également plusieurs scies, mais ne savent pas s'en servir ; et aussi des vrilles, des clous de différentes sortes, des ciseaux qu'ils transforment en herminettes, cet outil étant leur principal instrument pour les travaux.

Certains outils de pierre du même type sont en usage chez les indigènes de Nouvelle-Hollande, et il n'est pas improbable de penser que c'étaient les premiers et seuls outils utilisés, chez les autres peuplades, avant de connaître l'usage du fer.

Les dimensions et formes de leurs pirogues de guerre ayant été décrites plus haut, je décrirai maintenant leur construction et leur équipement.

Chaque pirogue (il y en a toujours deux attachées ensemble) a dans sa plus grande largeur 1,20 m environ, 1,80 m de profondeur, la longueur totale étant de 20 à 30 m. La quille s'évase en ligne droite jusqu'à sa plus grande largeur puis revient vers l'intérieur en un quart de cercle et de là remontant tout droit, la partie droite étant constituée par des bordés faisant 35 à 40 cm de hauteur. L'ensemble a la forme d'un pique renversé.

Ces pirogues sont construites de plusieurs bordés solidement liés les uns aux autres par de la tresse de fibre de coco ; les galbords constituant deux bordés puis deux autres encore, le dernier revenant en quart de cercle vers l'intérieur et les bordés suivants étant droits ; chaque bordé consistant en plusieurs planches de 7 à 10 cm d'épaisseur solidement liés ensemble ; la quille étant faite de 2 ou 3 pièces de bois. A l'intérieur, les varangues et membrures sont faites de pièces de bois naturellement coudées qui sont solidement fixées de part et d'autre de l'intérieur de la coque. L'avant ou proue s'élance loin en avant, sans étrave, la partie la plus haute étant recouverte de pièces de bois arrondies ; il en est de même pour l'arrière, qui ainsi que l'avant, se termine en pointe comme une flèche de clocher. Sur l'avant et sur le haut de l'arrière se trouvent des figurines humaines ornementales.

L'extrémité de la proue est légèrement plus haute que le franc-bord, qui est sans tonture, tandis que l'arrière se dresse à 8 m environ de hauteur, l'image qui s'y trouve ayant environ 45 cm de haut. Lorsque les pirogues sont prêtes à être assemblées (ne pouvant être utilisées séparément en raison de leur étroitesse), elles sont placées parallèlement à une distance de 2 m environ l'une de l'autre et sont assujetties avec 8 ou 10 poutres carrées de 12 à 15 cm de côté environ, à égale distance les unes des autres et solidement amarrées au plat-bord. D'autres poutres viennent par-dessus, perpendiculaires aux dernières, le tout débordant largement de chaque côté des pirogues.

Le tout est alors ponté, en laissant des trous d'homme pour les pagayeurs qui sont souvent au nombre de 100 et plus. A l'avant on dresse une cloison de planche de

1,50 m à 2 m de haut sur laquelle combattent les guerriers. Lorsque la pirogue est prête au combat, le pont est garni de tas de pierres en vrac ou en paniers et chaque pagayeur à sa fronde.

Ces pirogues sont souvent munies de voiles, et l'emplanture des mâts haubanés se trouve alors sur le pont ; lorsqu'elles sont à la voile il leur faut quatre hommes pour les gouverner avec de longues pagaies. Elles vont à une bonne allure par mer calme mais la mauvaise mer les ralentit beaucoup ; de plus elles embarquent et la coque, travaillant, se met à fuir ce qui nécessite jusqu'à 6 hommes uniquement occupés à écoper car ils n'ont pas d'autres moyens d'éliminer l'eau amenée par les vagues entre les deux coques ; ceci dit, ils ne risquent pas de sombrer et continuent à naviguer ainsi. Lorsqu'ils arrivent à destination, ils tirent les pirogues sur le rivage pour les empêcher de sombrer.

Lorsqu'ils voyagent en flotte, la pirogue du chef comporte toujours un autel à son bord. Ils vont souvent d'île en île dans ces pirogues en groupe de 10 ou 12 voiles et grâce à ces voyages les objets de fer distribués à Tahiti sont répartis dans les îles qu'ils connaissent ; en échange, ils reçoivent des perles, des nacres, etc. Certaines îles dans lesquelles ils se rendent sont éloignées de plus de 300 milles. Le chef de Taiarapu a une de ces pirogues qui fait la navette entre Tahiti et Meetia, que nous appelons île Osnaburgh, située à 70 milles dans le sud-est de Tahiti. Cette île étant sous sa souveraineté il envoie des objets de fer et autres commodités européennes en présents aux chefs et ceux-ci lui envoient en retour des perles, des nacres, de petits sièges, des repose-tête et des plateaux en tamanu, ainsi que des plats du même bois, des nattes, des tissus, de l'huile, des cochons, etc. Cette pirogue revient rarement sans un chargement. Grâce à cette île ils communiquent avec beaucoup d'autres situées au NE de Tahiti ; ils profitent du vent du nord pour se rendre à Meetia et là attendent que le vent change pour leur permettre de se rendre dans le NE, vers ce groupe d'îles dont la capitale est Tapuhoe. D'après leurs récits, il semblerait que c'est là qu'un des vaisseaux de l'escadre du Commodore Roggewein, l'*African Galley* se perdit. L'expédition avait été organisée par la West India Co. hollandaise et fut dans les parages au début du siècle. Plus tard, ces vaisseaux furent saisis par le gouverneur de Batavia[1]. C'est de cette île que furent apportés à Tahiti les premiers morceaux de fer, provenant sans doute de ce naufrage. Certains indigènes encore en vie déclarent en effet se souvenir de ce naufrage, n'en ayant toutefois, pour toute description, que celle que les indigènes de Tapuhoe leur firent. J'ai vu également à Tetiaroa une pièce de chêne qui provient certainement de cette épave et que les indigènes prirent pour un bois provenant d'une maison. Ce naufrage explique que les indigènes aient eu connaissance du fer à l'époque où leur île fut découverte.

Il peut paraître étrange à des navigateurs européens

1. Roggewein appela l'île sur laquelle son navire se perdit en 1722 Schaadelyk (île Pernicieuse) du groupe connu plus tard sous le nom de Palliser, îles des Tuamotus du NO, de latitude 16° S et de longitude 146° ½ O environ. C'est probablement ce groupe auquel Morrison fait allusion, tandis que Meetia (également connue sous le nom de Osnaburgh) se trouve à peu près dans la position indiquée dans le texte.

que ces gens soient capables de trouver leur chemin à de telles distances, sans l'aide de documents ou d'instruments, mais leur expérience et leur connaissance du mouvement des corps célestes, du lever et du coucher des étoiles est telle qu'un astronome européen se refuserait à le croire ; c'est pourtant un fait et, ils sont également en mesure de prévoir avec une sûreté étonnante les changements de temps, et de prendre leurs dispositions en conséquence. Lorsqu'ils sont en mer, ils se dirigent au moyen du soleil, de la lune et des étoiles avec une certaine exactitude.

A 24 milles dans le nord de Tahiti, se trouvent les îlots de Tetiaroa, au nombre de dix, entourés d'un récif de 30 à 35 milles de circonférence. Ils sont bas et pour la plupart recouverts de cocotiers, ce qui constitue leur seule production. Ces îles appartiennent à la famille de Tu, qui tient les habitants en état de servitude, leur interdisant de planter des arbres à pain ou autres arbres, les autorisant seulement à planter quelques *taro* pour son usage personnel, sous la surveillance d'un de ses favoris ; comme ces îles ne peuvent être approchées par les grandes pirogues, il les utilise comme réserve pour toutes ses richesses. Il y a là quelques pirogues pour la pêche et près de 40 pirogues à voile, qu'ils tirent sur le récif, et qui font constamment la navette entre Tahiti et l'île, apportant du poisson pour la maison du roi et rentrant chargées de provisions ; en dehors de ces pirogues, les pirogues de la pêche au *mahimahi* s'y rendent pour commercer lorsque la saison de la pêche est passée ; ils y apportent des provisions et retournent avec de l'huile, préparée en grande quantité dans l'île ; ils rapportent également plusieurs excellentes espèces de poissons ainsi qu'une sauce faite de noix de coco mûres appelée *taiero ;* cette sauce est préparée en râpant la noix de coco cueillie avant qu'elle ne soit trop vieille ; on y ajoute des chevrettes et on laisse mûrir le tout pendant un ou deux jours ; cette sauce est excellente avec le poisson, le cochon ou le poulet. On en fait aussi à Tahiti et, lorsqu'on prépare un poisson ou un cochon pour une fête, un panier de cette sauce l'accompagne toujours. Les noix utilisées ne doivent pas être trop vieilles, car alors la sauce deviendrait huileuse et rance.

Leurs pirogues de voyage sont différentes des pirogues de guerre en ce qu'elles ont un franc-bord moins élevé, un arrière large et un plancher surélevé à l'avant. Elles ont une profondeur de 90 cm environ, 45 cm environ de largeur et de 15 à 20 m de longueur, le fond plat et arrondi, les côtés ayant tendance à s'incurver vers l'intérieur, l'arrière s'élevant à 3 ou 4 m de hauteur ; sur cet arrière sont disposées des sculptures en bois de forme cylindrique de 60 à 90 cm de hauteur. Ces sculptures sont creuses et ajourées et représentent des hommes se soutenant les uns les autres par les mains, sur plusieurs rangées superposées, l'ensemble faisant l'effet d'une petite tour ronde. La taille de ces sculptures varie suivant l'importance du propriétaire.

Ces pirogues sont aussi quelquefois doubles et assujetties l'une à l'autre par deux ou trois pièces de bois fixées de chaque côté sur les plats-bords. Sur la plateforme avant, est disposé un abri où le propriétaire et sa famille peuvent se tenir à l'abri du mauvais temps. Les pirogues de cette taille ont de 20 à 30 pagayeurs et répondent au même besoin qu'une voiture de gentilhomme en Angleterre. Les personnes de qualité les utilisent pour se rendre de place en place.

Ces pirogues existent en plusieurs tailles, et les petites, qui ont un ou deux hommes, peuvent être utilisées comme pirogues simples ou doubles avec ou sans mâts. Les pirogues simples ont un balancier maintenu à l'avant et à l'arrière, qui a à peu près la longueur de la pirogue. Elles sont surtout utilisées pour la pêche, etc.

Les pirogues à voile ont une dizaine de mètres de long et sont soit simples ou doubles, au gré du propriétaire. Elles ont un franc-bord élevé et le mât est emplanté dans une pièce de bois fixée au franc-bord. Les pirogues doubles ont deux mâts, l'un placé au tiers de l'avant, et l'autre au tiers de l'arrière. Les mâts sont maintenus par des haubans et des étais avec une bastaque que l'on raidit au vent. Les voiles sont faites de nattes ; elles sont longues et étroites, leur longueur étant environ celle de la pirogue et la largeur de 1,50 m à 22 m environ, le mât étant d'un tiers environ plus court que la pirogue. En tête du mât se trouve un ornement qui ressemble à un panier en forme d'entonnoir. La ralingue de bordure est fixée à une petite bôme courbe qui se prolonge par une vergue à laquelle est fixée la voile sur toute sa ralingue d'envergure. La vergue est maintenue par un cordage en tête de mât pour l'empêcher de déchirer la voile. Au-dessus du mât la vergue s'incurve, revenant sur le mât et maintenue dans cette position par le cordage qui maintient la ralingue de chute.

La voile ainsi disposée est tout à fait plate n'ayant

d'autre ventre que celui que le vent lui donne. A l'extrémité de la vergue est attachée une longue flamme de plumes tressées sur trois brins qui descend jusqu'au pied du mât. L'écoute de la voile est généralement fixée à l'endroit où la vergue est attachée à la petite bôme ; lorsqu'il s'agit d'une pirogue simple, c'est le barreur qui l'a en mains, mais s'il s'agit d'une pirogue double il faut plusieurs personnes. Les voiles des pirogues de guerre sont disposées de la même manière, mais, étant plus importantes, ont une échelle de bois fixée le long du mât, tandis que les autres n'ont que quelques bâtons saisis sur le mât pour pouvoir saisir la voile et la drisse qui maintient la vergue en place.

Les pirogues simples gréées pour la voile ont un seul mât avec sur le côté un flotteur parallèle à la quille maintenu à l'avant par un balancier constitué de plusieurs pièces de bois de bonne taille et à l'arrière par une seule pièce pour le maintenir parallèle. Le mât est fixé sur le balancier avant et, à l'arrière de celui-ci et débordant d'un tiers de la longueur de la pirogue, à l'opposé du flotteur, se trouve une planche étroite supportée par deux pièces de bois ; c'est sur cette planche que les pêcheurs s'assoient lorsqu'ils pêchent le coryphène et aussi pour se tenir au sec lorsqu'ils font route. A cette planche, sont également fixées des haubans qui maintiennent le mât. Ces pirogues ont un franc-bord de 30 à 35 cm comme les pirogues doubles et sont préférées à ces dernières pour la pêche ; elles ne sont cependant pas rapides, dépassant rarement 5 ou 6 nœuds et quelquefois moins lorsque le flotteur est mal ajusté, ce qui arrive souvent.

Le seul moyen qu'ils aient de réduire la voilure est de

lâcher le bas de la voile et de la rouler ; si cette manœuvre ne donne pas de résultat, ce qui est souvent le cas, ils n'ont d'autre ressource que de continuer comme ils sont en risquant soit de chavirer, soit de perdre le mât car, pour amener complètement la voile, il leur faudrait envoyer un homme dans la mâture, ce qui est pratiquement impossible étant donné les mouvements de la pirogue ; ces accidents, très fréquents dans les grains, ne les préoccupent pas du tout tant ils y sont habitués et, cependant, lorsqu'ils perdent leur mât, il leur arrive de disparaître, emportés à la dérive. Lorsqu'ils sont pris dans un grain, ils le laissent passer en s'efforçant de maintenir la pirogue le nez au vent, mais si le grain est trop fort et que la pirogue ait tendance à abattre, ils se jettent à l'eau et maintiennent la pirogue le nez au vent jusqu'à ce que le grain soit passé ; ils remontent ensuite et continuent leur route ; s'ils sont dans l'impossibilité de la maintenir et qu'elle chavire, leur premier soin est de récupérer tout ce qui se trouvait dans la pirogue, lignes, vêtements, pagaies, poissons ; ensuite lorsque le grain est passé, ils amènent le mât au vent et, ayant fixé un cordage à l'extrémité de la vergue, ils se mettent tous sur le balancier et tirent sur la vergue ; celle-ci, soulevant la voile hors de l'eau, fait agir le vent sur elle et redresse la pirogue. Ils la maintiennent alors le nez dans le vent pendant qu'ils écopent l'eau qui s'y trouve et continuent leur voyage. Cet accident leur arrive fréquemment lorsqu'ils reviennent de la pêche, essayant de lutter de vitesse jusqu'à ce qu'ils chavirent.

Ils pensent si peu au danger qu'ils ne demandent jamais d'assistance, sauf pour mettre à l'abri des vêtements qui pourraient souffrir de l'immersion, mais ils dérivent au point d'être quelquefois obligés d'aller jusqu'à Moorea ou même Huahine ou Raiatea, et nous en connaissons quelques-uns qui, ayant été démâtés, sont restés 9, 12 et même 15 jours en mer avec d'infimes provisions et sans eau, car, pour toutes provisions, ils prennent seulement quelques noix de coco et un ou deux *uru* pour la durée de leur pêche, comptant sur la providence pour leur fournir le poisson. Ceux qui utilisent les grandes pirogues doubles sont mieux approvisionnés et ne risquent pas de telles mésaventures, car ils ne peuvent chavirer et possèdent à bord tout ce qu'il faut pour réparer, au cas où ils viendraient à démâter.

Lorsqu'ils construisent leurs pirogues, ils creusent les pièces de la quille, et après les avoir ajustées enduisent les jointures avec de la poix faite de la sève de l'arbre à pain qui est préparée ainsi : des noix de bancoul étant attachées à un bâton on les recouvre de sève d'arbre à pain et on met le feu aux noix ; en brûlant, la sève coule dans un récipient d'eau disposé à cet effet ; recueillie, elle est façonnée en boules, prête à être utilisée. C'est avec cette sève qu'ils enduisent les jointures des pièces à assembler. Ils utilisent de la fibre de coco battue jusqu'à consistance d'étoupe introduite entre les varangues ou bordés que l'on fixe solidement en les attachant avec de la corde de fibre de coco passée dans des trous en faisant autant de tours que le trou le permettra. On calfate ensuite avec de l'étoupe, et on bouche la jointure d'un morceau de bambou fendu que l'on a mis à tremper, et ainsi de suite pour les bordés suivants. Ils n'enduisent jamais de poix l'extérieur de la coque, ce qui serait pourtant une excellente chose, car ils répugnent à toucher la poix, chose qui leur arriverait souvent lorsqu'ils tirent leurs pirogues à terre.

Ils n'ont d'autres règles de construction que celle de l'œil et ignorent l'usage du cordeau, et cependant, certaines pirogues semblent avoir été construites avec autant de précision que si elles avaient été dessinées par des charpentiers qualifiés ; selon l'opinion de gens de métier, elles sont également bien finies.

Les pirogues de guerre (et celles qui sont offertes aux dieux sont quelquefois utilisées à cet usage étant en fait construites pour cela grâce aux stratagèmes des prêtres, qui soucieux des intérêts du roi, déclarent aux autres chefs que le dieu désire un certain nombre de pirogues d'une certaine taille, désir qu'ils se mettent immédiatement à satisfaire) sont construites en mettant les gens à contribution de la manière suivante : chaque chef ayant une pirogue à construire rassemble à une fête les *toofa* et *raativa* et les informant du désir du dieu, leur demande de réunir des cochons, de l'huile, des tissus, etc. pour payer les charpentiers, ce qu'ils exécutent aussitôt ; les charpentiers se rendent alors dans la montagne pour marquer les arbres dont ils ont besoin et le *raatira* propriétaire de ces arbres, aide les charpentiers à abattre les arbres et à dégrossir les différentes pièces sur leurs indications, de façon à pouvoir les amener plus facilement à pied d'œuvre ; les pièces sont découpées sur place dans un tronc entier à plusieurs kilomètres dans la montagne.

Lorsqu'ils ont les bois nécessaires pour commencer le

travail, ils choisissent un jour pour le transporter et un abri est construit sous lequel sera construite la pirogue.

Lorsque le bois est à pied d'œuvre, une fête est donnée et l'offrande d'un cochon est faite au dieu pour favoriser le travail ; une fête est également donnée pour les travailleurs. Lorsque la quille est terminée, une grande fête avec offrandes est donnée et cela est répété après la pose de chaque bordé et jusqu'au complet achèvement, qui est suivi d'une plus grande fête ; les pirogues sont décorées de tissus, de plastrons ornementaux, de plumes rouges et noires, de fines nattes, etc. Elles sont amenées au grand *marae* et un homme est tué, couché dans la pirogue et offert en sacrifice ; la pirogue étant ensuite recouverte de feuilles et laissée là jusqu'à ce qu'on en ait besoin ; les prêtres prennent les plumes pour le dieu et les autres décorations sont présentées avec cérémonial au roi, ainsi qu'un œil de chaque victime qui est ensuite enterrée dans le *marae*. Ce cérémonial est le même pour les pirogues de guerre, mais le sacrifice humain est remplacé par celui d'un cochon.

Lorsqu'il faut trouver des hommes pour ces sacrifices, le chef rassemble les *raatira* au *marae* et une fête est donnée, à laquelle seuls assistent ceux qui par naissance sont qualifiés pour donner leur opinion ; il leur indique le motif de cette réunion, qu'ils connaissent d'ailleurs déjà. Ils se mettent d'accord sur l'homme qui convient le mieux, et, s'il en est un qui soit coupable de blasphème ou connu comme voleur notoire demeuré impuni, ils le désignent et l'un d'eux se charge de le tuer, attendant une occasion propice ; l'affaire est tenue secrète jusqu'à son exécution, qui a généralement lieu la nuit, et l'exécuteur ayant repéré l'endroit où l'homme dort, l'assomme avec une pierre ; on le couche ensuite dans un panier de feuilles de cocotier préparé par les serviteurs de celui qui l'a tué et on le porte au *marae* pour être placé dans la pirogue. Ils ont soin de ne pas abîmer le visage car, alors, la victime serait impropre à être offerte, et il faudrait en trouver une autre ; c'est pour cette raison qu'on les frappe derrière la tête. Au cas où il se ne trouverait personne qui mérite la mort, ils en informent le chef, et un cochon doit être tué en lieu et place. Ils n'acceptent pas de tuer un homme pour satisfaire la rancœur personnelle de quelqu'un, même si le chef le demande ; si ce dernier insiste, c'est à lui de tuer cet homme ; au cas où il viendrait à être tué lui-même, le meurtrier ne court aucun risque et, lorsqu'ils se trouvent en présence d'une semblable situation, ils n'hésitent pas à prévenir la personne du danger qu'elle court pour qu'elle puisse se mettre à l'abri. Lorsqu'un homme est tué sans raison suffisante, ses amis se mettent aussitôt en guerre contre les offenseurs, mais s'il est vraiment coupable des crimes dont on l'accuse, aucune objection n'est faite, chacun trouvant cela juste et l'homme qui l'a tué étant considéré comme un simple exécutant des décisions prises.

Lorsqu'un propriétaire est reconnu coupable d'un crime méritant la mort, il est puni comme le plus pauvre.

Nous eûmes l'occasion de vérifier ce fait lors de l'investiture du jeune roi avec le *Maro* royal ; un des hommes les plus importants de Moorea fut sacrifié pour avoir tenté d'empêcher le pavillon du roi de passer sur cette île. Au cours de ces cérémonies, de nombreux sacrifices humains furent faits, et beaucoup d'hommes qui se savaient coupables vinrent se réfugier dans nos maisons, où ils savaient être en sûreté, connaissant notre aversion pour ces horribles pratiques ; malheureusement, nous fûmes dans l'impossibilité de les protéger tous, et, lorsque nous nous efforcions de persuader les chefs d'abandonner ces coutumes barbares, ils nous répondaient toujours : « Si nous suivions votre conseil, il n'y aurait plus de chefs. » Cependant, nous réussîmes à protéger tous ceux qui se réfugièrent chez nous, et bien qu'environnés des voleurs les plus notoires de l'île, nos biens furent toujours en sécurité.

Il ne s'agit malheureusement là que d'un sursis, car, tôt ou tard, ils se font prendre ; s'ils changent de district, leur réputation les suit, et le chef du district dans lequel ils ont pris refuge les désigne toujours lorsqu'il faut une victime plutôt qu'un de ses gens, s'assurant ainsi l'amour de ses administrés et semant la terreur chez les autres.

Lorsqu'un homme se trouvant dans cette situation réussit à se faire mordre par une femme et que le sang se mette à couler, il devient impropre au sacrifice et sauve ainsi sa vie, mais, par contre, il ne peut plus jamais participer à une cérémonie religieuse ; étant à jamais assimilé à de la nourriture pour femmes, il devient pour toujours un serviteur de celles-ci.

Les femmes ne sont jamais sacrifiées, ni leurs serviteurs, et elles ne sont jamais autorisées à assister où à participer à une fête sur le *marae ;* elles ne peuvent pas non plus manger la nourriture qui a été touchée par une personne sacrée, même s'il s'agit de leur mari.

Leur nourriture ordinaire est constituée d'animaux et

de végétaux énumérés auparavant et surtout de poissons et de légumes qui existent en abondance. Leurs aliments sont préparés au four ou grillés car ils ne possèdent aucun récipient allant au feu, ignorant l'usage de l'argile ; ceci dit, dans leurs fours, la nourriture conserve toutes ses qualités et le poisson préparé de cette façon est bien préférable au poisson bouilli.

Les hommes et les femmes mangent séparément, et, pour cette raison, une famille a généralement deux maisons sauf dans le cas où l'homme décide d'habiter dans la maison de sa femme, et alors chacun mange dans son coin.

Les enfants prennent leur repas avec leur mère jusqu'à la levée des restrictions, mais cette dernière ne peut toucher à la nourriture des enfants ; lorsque la nourriture des enfants est amenée à la maison, elle ne doit pas utiliser la même entrée que la nourriture de la mère ; lorsqu'ils voyagent, les provisions de l'homme et de la femme doivent être dans des pirogues distinctes, les enfants pouvant utiliser les unes ou les autres.

Les femmes ont leurs propres arbres à pain, ne pouvant en utiliser d'autres ; elles ont des pêcheurs spéciaux pour leur apporter du poisson, mais si ces derniers attrapent un requin, une tortue, un thon ou un *mahimahi*, qui sont des poissons sacrés, elles ne peuvent les manger, mais peuvent en disposer comme bon leur semble.

La plupart des premiers voyageurs ont émis l'opinion que le cochon leur était aussi interdit, ce qui est très certainement une erreur, car toute femme peut manger du cochon si elle se donne la peine de l'attacher et de l'empêcher d'aller se nourrir sur un autre terrain que le sien ; il est bien entendu que ceci présente des difficultés, si le cochon s'enfuit chez un parent masculin, ou est touché par ce dernier ou par un chef, elle ne peut plus le manger ; en fait, elle s'en soucie peu, ayant une grande variété de poissons à sa disposition, ce qui ne l'empêche pas de tuer de temps à autre un cochon en secret, les serviteurs qui sont de connivence étant ainsi toujours certains de profiter des biens de leur maîtresse.

L'homme peut utiliser la nourriture de sa femme, mais il ne doit toucher que ce qu'elle lui donne et, tout en étant autorisé à pénétrer dans la maison de sa femme, il ne peut toucher à aucun des ustensiles de cuisine sous peine de les rendre inutilisables pour elle ; il peut, lui, les utiliser, mais elle sera obligée de remplacer tous ceux qu'il a touchés.

Une femme ne peut manger dans une maison qui a été occupée par un chef à moins d'être de même rang que lui, et, dans ce cas, elle peut manger en sa présence ; si une femme de rang inférieur se nourrit dans une maison ou dans une pirogue qui a été occupée par un chef, elle est non seulement sévèrement battue mais sera privée de tous ses biens ; aussi les femmes ont bien soin de ne pas enfreindre cette règle, et, sachant que bien peu sont capables de garder un secret, elles refusent toujours de manger lorsqu'elles sont invitées devant des hommes, se contentant d'accepter la nourriture offerte pour en faire profiter leurs proches ; c'est peut-être aussi la raison pour laquelle plusieurs cheffesses qui refusaient de prendre un repas à table mangeaient par contre de bon appétit avec leurs serviteurs.

Ils mangent des poissons de toutes espèces, d'eau douce et de mer, estimant que rien d'impur ne peut sortir de l'eau et, au début, nous voyant si fervents de viande, s'imaginèrent que nous étions des cannibales, ayant entendu parler d'une île dans l'Est dont les habitants mangent de la chair humaine ; nous eûmes des difficultés à les persuader du contraire, car ils avaient eu confirmation de cette opinion par Brown (l'homme laissé derrière par le capitaine Cox) qui les menaça de mettre un enfant au four ; la mère se refusant à croire qu'il n'était pas sérieux, ne laissa plus jamais l'enfant s'approcher de lui ; de plus, quelques-uns de nos gens s'étaient vantés stupidement d'avoir mangé de la chair humaine.

Ils font trois repas par jour lorsqu'ils sont à la maison, mangeant d'un bon appétit, et rien ne leur fait plus de plaisir que de voir un étranger faire de même lorsqu'ils l'invitent à partager un repas, ce qu'ils sont toujours enchantés de faire, étant toujours prêts à donner avec bonne humeur ce qu'ils ont, que ce soit peu ou beaucoup ; par contre, lorsqu'ils sont éloignés de chez eux et qu'il y a un rassemblement dans un district, les provisions peuvent être rares du fait du *rahui* décrit plus haut et il leur arrive de passer plusieurs jours sans nourriture ; lorsqu'ils réussissent à s'en procurer, ils en avalent de telles quantités qu'un étranger pourrait les prendre pour des gloutons, surtout s'il s'agit de spectateurs rassasiés par une abondance de vivres autour d'eux, dont les gens se sont probablement privés pour les leur donner ; en effet, ils s'efforcent toujours de se surpasser les uns les autres en présents et en donnant ce dont ils ont souvent un besoin impérieux.

Sauf dans ce cas particulier, dans l'ensemble, on ne

peut pas dire qu'ils mangent immodérément, bien que l'habitude qu'ils ont de se remplir la bouche puisse en donner l'impression.

Ils s'assoient les jambes croisées, posant des feuilles devant eux en guise de nappe (souvent à l'ombre d'un arbre, par beau temps), à une certaine distance les uns des autres pour ne pas s'importuner en chassant les mouches toujours nombreuses lorsqu'il y a de la nourriture et surtout lorsqu'il y a du poisson, qui en attire des quantités considérables ; les provisions sont posées devant eux sur des feuilles, et ils coupent leur poisson ou leur viande avec un morceau de bambou, le trempant dans une noix contenant de l'eau salée, et se mettant à manger trempant chaque bouchée dans la sauce décrite plus haut et mangeant en même temps de grandes quantités de *uru* ou de *taro* et buvant de l'eau fraîche ou de l'eau de coco ; ensuite, ils mangent un genre de pudding fait avec le fruit de l'arbre à pain et appelé *popoi* et dont ils ont chacun une portion. Lorsqu'ils ont terminé, ils se lavent les mains et la bouche et prennent un soin particulier à se nettoyer les dents avec un morceau de la bourre d'un jeune coco.

Lorsqu'ils boivent le *ava*, ils sont obligés de manger aussitôt après avoir bu sous peine de ne plus pouvoir manger du tout tant l'effet est rapide ; il n'y a aucune honte pour un homme ou pour une femme à s'enivrer avec cette racine, mais il est rare que les femmes se donnent la peine de la cultiver, les cheffesses qui usent de cette boisson pouvant s'en procurer sans avoir à la cultiver.

Ils ont plusieurs espèces de puddings en dehors de la *popoi* qui est préparée de la façon suivante : la *popoi* est une combinaison du fruit de l'arbre à pain et du *mahi* (fruit de l'arbre à pain de la saison passée préparé en pâte fermentée) battue sur une petite table basse avec une pierre réservée à cet usage, et mélangée avec de l'eau ; cela donne une pâte ressemblant un peu à notre bouillie d'avoine fermentée ; on peut la faire soit avec le fruit frais, soit avec le *mahi*, mais le mélange des deux est préféré. Cette pâte constitue une excellente nourriture qui peut être consommée froide ou chaude.

Un autre pudding est préparé avec le *fei* mélangé au *mahi* ; il est aussi bon sinon supérieur à notre crème cuite aux groseilles. On peut le préparer à la consistance voulue, pour le couteau ou la cuiller, il s'appelle *popoi fei*.

Le *pepe* est une autre espèce faite avec le *uru* trop mûr qui tombe de l'arbre battu avec du lait de coco et cuit au four ; il est délicieux.

Le *poe atutare* est une autre préparation faite avec le fruit de l'arbre à pain avant qu'il ne soit trop mûr, cuit au four, débarrassé de sa peau et du cœur, et mélangé au lait des noix de coco mûres qui est blanc et épais comme de la crème ; on l'enveloppe dans des feuilles de bananiers et on le met encore une fois au four.

Le *poe taro* est préparé en râpant le *taro* sur une pierre rugueuse ; on y mélange quelques jeunes feuilles de *taro* certaines herbes et du lait de coco.

Le *poe pia* est fait de la même manière, en mélangeant le lait de coco, la noix étant râpée comme pour la préparation de l'huile et placée dans un *mou*, qui est tordu pour en extraire le lait – le *mou* (fibres de la tige d'une herbe) servant de passoire en toutes occasions. Le mélange étant placé dans un récipient, on y jette des pierres chaudes qui le durcissent, de la même façon que la pâte durcit dans une poêle. Si on en mange de grandes quantités, on est sujet à des vertiges, sans conséquences fâcheuses. Une préparation du *pia* permettant d'éviter ces effets de vertige consiste à mélanger celui-ci avec du coco râpé et de l'eau, et de cuire ce mélange au four. Cela donne quelque chose qui ressemble à une boulette de farine à la levure, légèrement sucrée.

Le *tuparu* est un excellent pudding fait de *taro* (ou de *uru)* de bananes mûres et de lait de coco, le tout étant passé à travers un *mou* pour se débarrasser des fils que contiennent les bananes et cuit au four dans des feuilles ; c'est aussi bon qu'une crème cuite, le mélange d'eau et de lait de coco jouant le rôle de lait et de beurre, la fadeur du lait diminuant le côté très sucré de la banane, et donnant à l'ensemble un goût très plaisant.

Ils font de grandes quantités de ce pudding et les feuilles de bananiers qui enveloppent le mélange sont passées au-dessus du feu pour leur donner plus de résistance à la chaleur du four. Ils en font des paquets de 5 à 6 litres environ et le mettent au four pour toute une nuit ; on le met ensuite de côté et il se conserve pendant plusieurs semaines.

N'ayant en général pas assez de bananes mûres pour cette préparation, ils les cueillent quelques jours à l'avance et les enterrent, avec quelques fruits mûrs du pandanus qui leur donnent un parfum agréable, en les recouvrant d'herbe pour que la terre ne les souille pas ; ils font ainsi mûrir tous les fruits dont ils ont besoin pour cette occasion ; ils croient que, s'ils se baignent dans la mer pendant que les bananes sont en terre, celles-ci ne mûriront jamais – ceci s'il s'agit de la personne qui les a mises en terre – et nous fûmes dans l'impossibilité de leur faire abandonner cette croyance stupide bien que leur ayant prouvé le contraire, car ils déclaraient alors que nous avions un pouvoir spécial pour empêcher les bananes de se gâter, et même après les avoir persuadés d'essayer eux-mêmes, ils continuèrent à affirmer que c'était à cause de nous et que s'ils essayaient seuls, les fruits ne tarderaient pas à se gâter et à pourrir.

Ils obtiennent du feu en frottant deux bâtons l'un contre l'autre (habituellement du *purau* sec, mais l'arbre à pain ou tout autre bois sec peut convenir) et procèdent de la manière suivante : ils prennent une longue pièce de bois, assez large pour pouvoir s'asseoir dessus et pouvant être maintenue avec les pieds. Ils y pratiquent une fente de 12 à 15 cm de long, assez large pour recevoir un morceau de bois plus petit et taillé en pointe qu'ils tiennent dans les deux mains et chantant une prière (sans laquelle ils s'imaginent que le feu ne se manifesterait pas), ils impriment à ce bois un mouvement de va-et-vient, d'abord lent et ensuite rapide ; la poussière provoquée par la friction s'étant enflammée elle est placée sur une feuille garnie d'herbe sèche qu'ils agitent pour que le feu prenne.

Lorsqu'ils préparent un four ils creusent un trou dans la terre suffisamment grand pour la nourriture qu'ils ont à cuire et y font un feu de bois qu'ils entourent de pierres ; au fur et à mesure que le feu s'affaisse ils placent les pierres du pourtour dans le milieu et à un certain moment il ne reste plus que de la braise et des pierres brûlantes qu'ils égalisent et lorsqu'il n'y a plus du tout de fumée, ils recouvrent les pierres de feuilles de bananiers ou de morceaux du tronc de cet arbre ; les mets à cuire sont ensuite déposés dessus, enveloppés dans des feuilles, le tout étant recouvert d'herbe puis de terre. La durée de cuisson est calculée d'après la quantité des mets à cuire. Pendant ce temps ceux qui s'occupent du four vont se baigner et lorsqu'on ouvre le four, ce travail est accompli avec un tel soin qu'il n'y a pas la moindre particule de sable ou de terre sur les provisions qui en sortent cuites à point.

Ils sont très expéditifs pour la préparation de la nourriture et peuvent préparer et cuire un cochon entier (qu'ils ne coupent jamais en morceaux avant la cuisson) en deux heures, et cela pour un cochon de 150 kg. Ils aiment leur nourriture cuite à point, bien qu'ils mangent le poisson cru – et lorsqu'ils préparent un grand cochon pour un petit nombre de personnes, ils ne le cuisent pas en entier pour que les invités, qui emportent toujours la nourriture offerte puissent ainsi cuire le reste chez eux.

Ils tuent les cochons en les étranglant ou en les noyant. La première méthode est celle qu'ils préfèrent ; on leur passe une corde autour du cou que l'on serre ensuite avec un bâton jusqu'à ce que le cochon soit étouffé ; ensuite les orifices (gueule, rectum) sont bouchés avec des feuilles ou de l'herbe et l'animal expire après quelques convulsions ; on l'arrose alors avec de l'eau et on le pose sur un feu ; s'il est très gros, on fait un feu autour de lui avec des feuilles sèches et de l'herbe et on lui nettoie la peau, d'abord avec un morceau de bambou et des coques de noix de coco, puis on le porte dans l'eau pour le frotter avec des pierres rugueuses après quoi on lui ouvre le ventre pour en retirer les boyaux et le sang qui, par rupture des vaisseaux, a quitté la chair et se trouve dans le ventre ; ils mélangent au sang la graisse des boyaux et le tout est mis dans des noix de coco dans lesquelles on a mis une pierre chaude ; cela donne un genre de boudin qui sert de hors-d'œuvre aux cuisiniers en attendant que le dîner soit cuit.

Le cochon est bien lavé et étendu sur des feuilles en attendant que le four soit prêt ; les intérieurs sont soit grillés, soit lavés, enveloppés dans des feuilles et mis au four ; les boyaux lavés et cuits, et les cuisiniers ayant de nombreux aides le tout est rapidement prêt. Les boyaux, toujours enveloppés du mésentère, sont fendus sur toute leur longueur, bien lavés puis échaudés sur des pierres brûlantes, et lavés encore et ainsi de suite de façon à être tout à fait propres, puis enveloppés dans des feuilles et mis au four. On y place ensuite le *uru* gratté et fendu en deux, le *taro, mahi* etc. Toute leur nourriture est préparée de cette façon. Le *uru* est rôti ou grillé sur un feu, méthode qu'ils utilisent pour de petites quantités ; les poissons enveloppés dans des feuilles d'arbre à pain sont meilleurs que bouillis car ils sont cuits par leur propre humidité qui ne peut s'échapper à cause des feuilles d'arbre à pain, qui sont aussi charnues que des feuilles de chou. S'ils ont un cochon de 5 à 6 kg, il leur suffira d'une demi-heure pour le préparer.

A la saison de la récolte des fruits de l'arbre à pain, que

l'on cuit pour les conserver, ils font un four dans lequel ils cuisent de 750 à 1 000 kg de fruits ; une fois cuits, ils deviennent sucrés comme du pain d'épice. Ils en font un pudding sucré dont les enfants filles et garçons de la famille qui les préparent se nourrissent, tant qu'il y en a, c'est-à-dire généralement pendant 6 semaines ou 2 mois ; pendant ce temps, ils ne vont plus au soleil et sont enfermés dans des maisons entourées d'une barrière et construites à cet usage. A la fin de cette période, on les libère, mais ils sont tellement gras qu'ils peuvent à peine respirer et il leur faut plusieurs semaines avant de pouvoir marcher à quelque distance. Pendant cette période, leur peau, de bronzée qu'elle était, devient agréablement blanche et si tendre que le soleil les brûle comme un européen blond ; ceux qui s'y exposent perdent rapidement leur pâleur.

Lorsqu'un chef ou *raatira* désire que l'on prépare un de ces fours à *uru*, il en informe ses vassaux qui se rassemblent et vont chercher du bois dans la montagne tandis que d'autres vont chercher des pierres, et pendant que le feu brûle chaque homme apporte son chargement de *uru* qui est mis tel quel dans le four et recouvert de feuilles, puis d'herbe et de terre. Au bout de 2 ou 3 jours, le four est ouvert et on en sort le *uru* au fur et à mesure des besoins, refermant le four chaque fois jusqu'à ce qu'il soit vide. Cette opération est répétée à chaque récolte.

Le *uru* ainsi préparé s'appelle *opio ;* il est d'un goût très agréable et de couleur brune au-dedans et au-dehors. Les gens pauvres ne sont pas exclus de cette coutume de fêter les enfants, même s'ils n'ont pas assez de *uru* pour le faire ; il leur suffit de faire part de leurs intentions à leurs voisins qui leur apportent du *uru* et les aident à rassembler le bois et les pierres ; quelquefois, deux familles se réunissent pour faire un four entre elles.

C'est à cette occasion qu'ils font leur *mahi*, une pâte aigre produit de la fermentation du *uru* mûr, qui peut se conserver d'une récolte à l'autre.

Lorsque le *uru* est rare (ils en ont toute l'année mais quelquefois en petite quantité), ils peuvent manger le *mahi* seul ou en faire des puddings et ils en font le meilleur *popoi* lorsqu'il est mélangé au *uru* nouveau.

Voici comment ils procèdent : le *uru* étant rassemblé est gratté avec des coquillages aiguisés à cet effet pour lui ôter sa peau et on laisse ensuite en tas pendant 3 ou 4 jours pour l'amollir ; ensuite on creuse des fossés à l'intérieur des maisons ou à proximité et, les parois du trou ayant été tapissées de feuilles et d'herbe, on y jette les fruits, au préalable coupés en morceaux avec une herminette de bois ; on y ajoute quelques fruits très mûrs pour accélérer la fermentation et on recouvre le tout de feuilles et d'herbes, puis de grosses pierres pour bien presser le tout ; de cette façon la fermentation se fait et lorsque les fruits commencent à se tasser on les retire, puis on en remplit une autre fosse qui sera fermée et on retirera le *mahi* au fur et à mesure des besoins.

On retire quelquefois le cœur du fruit au début de l'opération, c'est une méthode qui rend le *mahi* plus blanc mais la fermentation est alors moins rapide à moins que l'on n'y ajoute du vieux *mahi*, et dans ce cas le produit ne se garde pas si bien. Les hommes et les femmes ayant chacun leurs arbres ont aussi leur propre *mahi* et si un homme qui n'est pas le serviteur d'une femme vient à toucher ce qui recouvre le *mahi* d'une femme, celle-ci ne pourrait plus l'utiliser ; c'est ainsi que Sir Joseph Banks, voulant examiner le contenu d'une fosse pour connaître le procédé de fabrication, rendit inutilisable une grande quantité de *mahi* qui appartenait à une femme, le *mahi* devenant inutilisable ainsi que la fosse.

Lorsqu'un particulier s'aperçoit que sa récolte sera insuffisante pour faire la quantité de *mahi* qu'il désire, il tresse une certaine quantité de guirlandes faites de *piripiri* et, passant devant plusieurs maisons, jette une guirlande à l'intérieur, se contentant d'indiquer le jour où il a l'intention de venir chercher ou de recevoir ce qu'il demande. S'il a suffisamment d'aides pour tout préparer en une fois, chaque personne ayant reçu une guirlande la rapporte avec autant de *uru* qu'on peut y attacher et dépose le tout devant la maison du demandeur sans autre cérémonial que de lui souhaiter la bénédiction de son travail ; s'il ne peut recevoir tous les fruits en même temps, il en informe ses fournisseurs leur indiquant soit la date à laquelle il viendra les chercher, soit la date à laquelle ils devront les apporter. Lorsqu'il se rend chez eux, il trouve toujours les guirlandes prêtes avec les fruits. Cette méthode d'entraide leur permet de ne pas souffrir d'une récolte médiocre. Lorsqu'un chef désire des fruits pour faire du *mahi*, il envoie un morceau dc feuille de cocotier à tous les habitants de son district ou seulement à certains d'entre eux, et ceux-ci, au jour indiqué, lui apportent un chargement généralement accompagné d'un cochon ou de poissons suivant les possibilités de chacun. Il est d'ailleurs rare qu'un chef se ravitaille ainsi, ayant généralement tout ce qu'il lui faut ; mais lorsqu'il a recours à ce procédé, ses gens lui apportent ce qu'il a demandé en lui faisant bien comprendre le respect qu'ils ont pour lui ainsi que la peur de lui déplaire, et manifestant le chagrin qu'ils ont à la pensée qu'il ait été négligé au point d'être obligé de demander des *uru*.

En plus de l'offrande des premiers fruits, faite aux dieux, une offrande similaire est faite aux chefs. Cette cérémonie appelée *ihi arii* se déroule ainsi : les fruits étant venus à maturité le *toofa* informe les *raatira* que tel jour une offrande sera faite. Un crieur est alors envoyé dans le district pour prévenir les *mataeinaa* et les *manahune* qui, au jour dit, cueillent quelques fruits de chaque variété, les mettent dans un panier qu'ils attachent à l'extrémité d'un bâton porté en équilibre sur l'épaule, l'autre extrémité portant un cochon de lait attaché par une patte ; ils se rendent ainsi à la maison de leur *raatira* respectif qui les conduit à la maison du *toofa ;* celui-ci accompagné de son prêtre et de son orateur se met à la tête de tout le groupe et la procession comprenant parfois de 4 à 500 personnes se rend chez le chef. Là, par l'entremise de son prêtre et de son orateur, toujours présents à ces cérémonies, le *toofa* fait une offrande de paix composée d'un jeune cochon, d'un bananier et d'un petit paquet de plumes ; le prêtre les présente de la manière habituelle et l'orateur fait un long discours au nom du *toofa* et des *raatira* exprimant la loyauté et l'amour qu'ils ont pour leur chef. Les *raatira* ayant fait à leur tour leur offrande par l'entremise de leur prêtre (chaque famille en ayant un), les fruits sont déposés devant le chef et ils rentrent chez eux. Lorsque cette cérémonie est faite pour le roi, ce sont les chefs de district qui prennent la tête de la procession.

Cette cérémonie est ensuite répétée par les *raatira* pour leur *toofa* et, plus tard, par les fermiers pour leur *raatira ;* ils leur portent la quantité de fruits qu'ils estiment nécessaire, les mettent dans des grands paniers de feuilles de coco que deux hommes portent avec peine et, avec chaque panier, un petit poisson indiquant ainsi qu'ils n'envoient pas seulement des *uru*, ainsi qu'un cochon rôti, plusieurs petits paniers de *uru*, de *taro*, de noix de coco décortiquées, des bananes, etc. Tout cela est porté aux maisons du chef, du *toofa*, du *raatira*, chacun recevant la part qui lui revient.

Ils font à peu près continuellement des présents à leurs chefs etc. et n'envoient jamais un cochon, poisson ou poulet sans l'accompagner d'une quantité convenable de légumes, et lorsque le *uru* est rare, ils le remplacent par du *mahi* dont ils ont toujours une réserve.

Le *mahi*, travaillé comme de la pâte, est enroulé dans des feuilles en portions de la taille d'un petit pain et mis à cuire avec les autres provisions. Le *uru* est quelquefois remplacé par le *fei* ou bananier de montagne et lorsqu'il est cueilli vert convient parfaitement, étant très supérieur à la banane ordinaire.

Ils vont souvent en groupe à la montagne pour y couper du bois, chercher des herbes et du bois de santal pour parfumer leur huile, pour couper des chevrons pour leurs maisons, pour tailler des pagaies, etc. et pour teindre les tissus – ce qui leur prend plusieurs jours ; ils se nourrissent alors d'oiseaux, de poissons, de racines sauvages et de *fei*, la montagne étant pleine d'oiseaux et les rivières ayant du poisson en abondance. Ils attrapent les oiseaux en mettant de la sève d'arbre à pain sur de longs bambous sur lesquels les oiseaux viennent se poser. Certains d'entre eux – qui ont l'habitude de vivre en montagne – peuvent descendre d'une pierre un oiseau perché ; ils visent avec l'index de la main gauche pointé vers l'oiseau et lancent la pierre de la main droite, réussissant presque toujours à atteindre l'oiseau, sans arriver toutefois à l'atteindre en vol.

Lorsqu'un groupe part en montagne, il est toujours précédé de quelques hommes qui vont à la recherche de provisions (car ils n'en emportent jamais avec eux), tandis que d'autres construisent des huttes de roseaux couvertes de feuilles de *ti* et rassemblent du bois à brûler. Comme ils se donnent rarement la peine de préparer un four, ils cuisent toutes leurs provisions dans des bambous verts. Les provisions sont introduites dans un bambou fermé d'une ou plusieurs feuilles, qui est posé sur le feu et tourné constamment comme une broche jusqu'à ce que le contenu soit bien cuit, l'humidité du bambou l'empêchant celui-ci de tomber en morceaux, bien qu'il soit presque calciné.

Ainsi vivent-ils pendant ces excursions et, malgré un travail souvent considérable, ils en font une partie de plaisir, et, sans se soucier du lendemain, partent et reviennent lorsque bon leur semble.

Ils prisent beaucoup les plumes de la queue du phaéton, ou paille-en-queue, dont ils ornent leurs vêtements de deuil, et se mettent généralement à deux pour les chasser ;

étant donné que cet oiseau fait son nid sur la face verticale des plus hautes falaises, cette chasse offre des difficultés considérables.

Ils opèrent de la façon suivante : chaque chasseur se munit d'une corde de 15 à 20 m de long, assez forte pour supporter son poids et ayant fait leur camp près de la falaise dans un lieu où les provisions sont abondantes, ils montent jusqu'au sommet et là, joignant leurs deux cordes, fixent à une extrémité un bâton de 50 cm attaché par le milieu et attachant l'autre extrémité à un arbre ou à défaut à un pieu planté solidement ; l'un d'eux se met alors à descendre le long de la corde pour aller s'asseoir sur le bâton. Là, se balançant de droite et de gauche, et s'aidant des aspérités et des arbustes qui poussent dans les fissures, il attrape les oiseaux dans leurs trous et leur arrache les plumes qu'il serre dans un bambou laissant ensuite l'oiseau s'envoler. Après avoir examiné tous les nids à sa portée il remonte au sommet. Ce sport, qui nous paraîtrait extrêmement dangereux, n'est qu'un amusement pour eux et les accidents sont fort rares bien qu'ils restent suspendus pendant des heures, quelquefois à 30 ou 40 m du sommet et souvent à une hauteur 4 fois plus grande du pied de la falaise et, rentrent quelquefois bredouilles après une journée entière d'efforts.

Ils recherchent également les plumes noires et brillantes des frégates, et surveillent l'arrivée de ces oiseaux qui viennent rarement dans l'île, sauf par vent d'ouest et par mauvais temps. C'est un passe-temps très apprécié qui consiste à les saisir soit sur la plage, soit lorsqu'ils perchent dans les cocotiers ; ils grimpent au sommet du cocotier et, lorsque la frégate s'endort, c'est-à-dire quelques minutes après s'être perchée, ils lui passent autour du cou un nœud coulant fixé à un bâton ; celui-ci, lâché, entraîne l'oiseau au sol.

Lorsqu'il vole, ils l'attirent avec un poisson dans lequel a été introduit un morceau de *purau* pour le faire flotter, et le jettent dans l'eau en ayant soin de le garder a portée de leurs bâtons, qui ont de 4 à 5 m de long, et dont chaque homme est muni ; dès que les oiseaux voient le poisson, ils se précipitent, quelquefois à huit ou dix, et se font assommer lorsqu'ils essayent de le saisir. Si l'oiseau réussit à s'approcher sans avoir été assommé, il prend toujours le poisson dans ses griffes qui sont longues, pointues et palmées seulement jusqu'à la première jointure. Ils nichent dans les îles basses inhabitées, voisines des îles de la Société et ne quittent leur territoire que par mauvais temps. Leurs plumes sont si estimées que les indigènes échangeront volontiers un cochon de 50 kg contre une plume, pour orner leurs vêtements de guerre, de *heiva* etc. et cependant, ils ne mangent jamais cet oiseau. Pendant notre séjour, nous en tuâmes plusieurs qui furent très appréciés comme cadeaux mais estimant notre poudre trop précieuse, nous fîmes rarement usage de nos armes pour nous livrer à ce passe-temps. Les plumes des mâles sont les plus appréciées, et les plumes de la queue sont celles qui ont le plus de valeur, ayant une belle couleur noire et brillante.

Costume

Les vêtements portés par les hommes et les femmes sont à peu près les mêmes, sauf que, chez les femmes, le vêtement descend un peu plus bas, au-dessous de la ceinture ; elles s'habillent avec une négligence étudiée qui, avec la propreté de leurs vêtements, les avantagent beaucoup ; de plus, comme elles se lavent trois fois par jour, elles n'ont aucune odeur désagréable, et un étranger qui se trouverait au milieu d'un millier d'indigènes ne serait incommodé que par la chaleur.

Leur costume ressemble aux descriptions faites de celui des indigènes du Pérou et du Chili, et il est fort possible qu'il en soit originaire, car les indigènes actuels de ces îles parcourent des centaines de lieues sur les mers, et on peut supposer qu'ils aient été poussés du continent vers ces îles, tout d'abord vers les îles les plus proches et plus tard vers celles plus à l'ouest.

Le costume est fait de pièces carrées et celui des hommes est constitué en premier par une pièce longue et étroite appelée *maro* qui est passée entre les cuisses et autour de la taille ; une extrémité pend par-devant jusqu'aux genoux, et l'autre pend de la même façon dans le dos ; la matière en est du tissu ou de la natte, pour le beau temps et la pluie ; puis une pièce de tissu oblongue de 2 m de longueur et de 50 cm ou de 1 m de largeur avec une fente dans le milieu pour passer la tête, et qui pend devant et derrière, également fait en tissu ou en natte, et qui s'appelle *tiputa ;* une pièce faisant une fois et demi le tour de la ceinture, rentrée à la hanche et qui pend jusqu'aux genoux ; chez les femmes, elle descend jusqu'au mollet ou à la cheville ; cela s'appelle *pareu ;* autour de la taille, ils portent une ceinture ou écharpe faite de cheveux tressés et travaillée comme un filet, appelée *tatua*.

Tous ces vêtements sont portés par les deux sexes, sauf le *maro*, que les femmes ne portent jamais, sauf quand elles vont à la pêche ou quand elles luttent, le *pareu* risquant d'être arraché. Au lieu du *maro* elles portent un *pareu* plus court, sorte de jupon et une grande pièce de tissu faisant un manteau de plusieurs mètres. Ils se protègent les yeux avec une visière faite de feuilles de cocotier, tressée en quelques minutes et dont ils changent plusieurs fois par jour, l'ôtant toujours pour traverser un terrain sacré ; on les appelle *taumata* (c'est le nom qu'ils donnent à nos chapeaux), et ils les préfèrent tressés avec des feuilles jaunes ; ils sont fiers de les avoir de cette couleur, et pourtant sont prêts à les déchirer une demi-heure après les avoir tressés, pour en tresser un autre.

Ces visières et les couronnes de fleurs sont les seules choses qu'ils portent sur la tête ; par contre, au *heiva*, personne ne peut porter quoi que ce soit sur la tête, sauf les exécutants, qui portent un genre de turban. Tous les autres doivent être tête nue en présence d'un chef.

En temps de guerre et en période de deuil, les hommes peuvent porter des turbans et des coiffures travaillées comme un panier, couvertes et ornées de plumes, des plastrons de la même matière que les coiffures et décorées de poils de chien, de nacres, de dents de requin, de plumes rouges et noires, de guirlandes de plumes, etc. Pour le deuil, ils ont aussi des guirlandes en fibre de coco tressée de façon curieuse et dans lesquelles ils attachent les ongles de leurs amis disparus avec de petits morceaux de nacre découpés en formes variées dont ils ont grand soin.

Les enfants des deux sexes se promènent nus jusqu'à 5 ou 6 ans, et les garçons sont circoncis à 13 ou 14 ans, non en raison d'une coutume religieuse mais pour des raisons de propreté ; le prépuce est fendu sur la partie supérieure avec une dent de requin et après une application de cendre pour arrêter le sang on laisse la plaie se cicatriser sans autres soins, ce qui dure quelquefois un mois et plus, bien que leur chair se cicatrise très bien. Ceci, de même que le tatouage et les incisions sur les hanches, n'est pratiqué que s'ils le désirent ; cependant, une personne qui n'aurait pas subi ces opérations risquerait de s'attirer des reproches et de se faire interpeller en public, et il est aussi mauvais de ne pas avoir ces marques que pour nous de ne pas être baptisés ou de se promener tout nus. Filles et garçons sont tatoués à peu près au même âge, le travail étant exécuté par des gens dont c'est le métier et qui en tirent à peu près leur subsistance, étant toujours bien payés.

Les instruments utilisés pour le tatouage sont faits de défenses de cochon attachées sur un manche en forme de houe ; ils sont de différentes tailles, ayant de 3 à 36 dents de 3 mm environ ; l'instrument, placé sur la peau, est frappé avec une petite palette spéciale pour faire pénétrer les dents. Lorsqu'ils tatouent, ils trempent les dents dans unc mixture de suie (préparée avec le *tiairi* ou noix de bancoul) qui, introduite sous la peau laisse une marque bleue ou noire.

Les hanches des deux sexes sont ainsi tatouées en 4 ou

5 lignes courbes de chaque côté, la ligne la plus haute partant de l'os de la hanche et décrivant une courbe qui va rejoindre dans le dos celle qui vient de l'autre hanche ; toutes les autres lignes commencent et finissent sur cette ligne principale ; sous cette ligne principale, il y en a en général 4 ou 5 autres allant vers le bas, mais la plupart des femmes ont toute cette région noircie par le tatouage. Chaque personne suit sa fantaisie dans le nombre de lignes ou dans le dessin, les uns ayant une seule ligne large, et les autres en ayant 4 ou 5 plus petites ornées d'étoiles, de petites branches etc.

Ils se font également tatouer les pieds, les jambes, les cuisses, les bras, etc. mais les femmes ont seulement quelques tatouages à la cheville et rarement sur les bras, n'ayant que quelques marques de fantaisie sur les mains, car, pour elles, il est considéré comme ridicule d'avoir d'autres tatouages que ceux du postérieur, des pieds et des mains, tandis que pour les hommes on n'y fait pas attention.

Les instruments dont on se sert pour la première fois pour le tatouage d'un chef ou de l'héritier d'une grande famille doivent être détruits dès que l'opération est terminée et déposés au *marae ;* lorsque tous les *amoa* (sauf ceux du mariage et de l'amitié) sont terminés, les enfants sont marqués d'un petit point à l'intérieur du bras un peu au-dessus du coude, signifiant que dorénavant ils peuvent utiliser la nourriture de leurs parents ; ils ne reçoivent jamais cette marque que tous les rites ne soient accomplis, et il arrive qu'elle ne soit pas toujours faite à l'issue de la dernière cérémonie.

Le tatouage est fait de plein gré à ceux qui le demandent, et ils ne souffrent pas que le tatoueur s'arrête tant qu'ils peuvent supporter encore une incision ; cependant, à entendre leurs lamentations pendant l'opération, un étranger pourrait supposer que le tatouage est pratiqué malgré eux et qu'ils sont forcés de souffrir contre leur gré.

Les jeunes femmes ont la réputation de mieux supporter cette épreuve que les hommes, bien qu'elles ne se fassent tatouer que d'un côté à la fois, attendant parfois un an pour faire faire l'autre côté ; jusqu'à ce que le tatouage entier soit achevé, on les considère comme des enfants, inaptes à tenir compagnie à des femmes.

Lorsque les jeunes filles se font tatouer, elles ont toujours une parente auprès d'elles, qui les tient pendant qu'elles se débattent sous la douleur, et qui les empêche de se débarrasser de leurs vêtements ; elles sont dans un tel état de surexcitation que, si la personne qui les tient, serait-ce leur mère, attendrie par les larmes, leur suggère d'arrêter l'opération, il leur arrive de la frapper sans que celle-ci puisse leur rendre la pareille sous peine de mort. Elles supportent parfois de si longues séances (l'orgueil leur interdisant d'abandonner avant qu'un côté ne soit terminé) qu'elles en attrapent la fièvre.

Exercices et jeux

Ils pratiquent plusieurs sports parmi lesquels la lutte et le lancement du javelot sont les plus courants. Les hommes ainsi que les femmes sont experts dans l'art de la lutte mais ne boxent jamais, bien que ce sport soit répandu à Raiatea et dans les autres îles. Lorsqu'ils se réunissent pour lutter, ainsi qu'ils le font à toutes les fêtes publiques, une estrade est dressée sur laquelle les lutteurs se promènent frappant de la main droite sur leur bras gauche replié sur la poitrine ; celui qui veut se mesurer avec l'un d'eux en fait autant et se mettant en posture de combat ils s'empoignent immédiatement. Si l'un des lutteurs trouve son adversaire trop fort pour lui il le dit et ils se séparent, sinon, un des adversaires doit tomber et les femmes qui sont du côté du vainqueur se mettent à chanter et à danser, tandis que le vainqueur se remet à frapper son bras, cherchant un autre adversaire. Le vaincu se retire tranquillement, nullement abattu par sa défaite. En général, ils luttent entre districts, les femmes étant toujours les premières à lutter ; elles sont plus rancunières que les hommes, et ne supportent pas de perdre. Itia et sa sœur excellent dans ce sport, et sont souvent victorieuses, Itia dirigeant toujours les combats et décidant du nombre de manches à disputer. L'équipe qui a obtenu le plus grand nombre de tombés est déclarée victorieuse ; lorsque la lutte est terminée, les femmes se mettent à danser tandis que les hommes vont lancer le javelot.

Les javelots sont de 2,50 m à 5 m de long, faits d'une tige de *purau* dont on a enlevé l'écorce et portant à leur extrémité une pointe de fara. Ils le lancent avec une grande précision sur une cible, en général un bananier, placée à 30 ou 40 m de distance. Le javelot qui est au-dessus des autres dans la cible est celui qui obtient le plus de points. Ils lancent le javelot de bas en haut en le posant sur l'index de la main gauche et le lançant de la main droite ou inversement s'ils sont gauchers. Les femmes le lancent également, mais sans faire d'enjeux, le district dans lequel elles jouent organisant toujours une fête à cette occasion.

Ils pratiquent également le tir à l'arc. Les arcs sont faits en *purau* et les flèches en bambou avec une pointe en *toa*, arbre de fer. Ils s'efforcent de chercher la distance, sur un flanc de colline sans avoir de cible. Le jeu terminé, une fête a lieu. Les femmes tirent aussi à l'arc, mais entre elles, et ceux ou celles qui le pratiquent doivent avoir des vêtements spéciaux consacrés pour ce jeu et qui ne peuvent être portés en aucune autre occasion. C'est pour cette raison que ce jeu est réservé aux gens de qualité qui s'y consacrent sérieusement. Les arcs ne sont utilisés que pour ce jeu. Dès leur jeunesse ils se livrent à des assauts de bâton et se défendent remarquablement bien ; en temps de guerre ce n'est pas un honneur, en effet, de recevoir une blessure, sauf d'une lance et même dans ce cas ils cherchent à s'en protéger le plus possible.

Ils s'entraînent aussi à la fronde et arrivent à lancer une pierre avec une assez grande précision et une force considérable ; la fronde est faite de fibre de coco tressée avec, à son centre, une partie plus large pour tenir la pierre, qui est de la taille d'un œuf de poule, l'une des extrémités formant une boucle que l'on passe au poignet pour retenir la fronde lorsqu'on lâche l'autre extrémité ; pour le lancer, ils saisissent leur poignet droit dans la main gauche, et sautant sur leurs pieds, font faire à la fronde 3 tours au-dessus de leur tête avant de la lâcher ; la pierre a une force suffisante pour briser l'écorce d'un arbre à plus de

200 m et sa trajectoire est droite sur la presque totalité de son parcours.

Heiva est le nom qui désigne tous les amusements, que ce soit la musique, la danse, les chants, etc. La danse appelée *hura* est exécutée par 2, 4, 6 (ou plus) jeunes femmes habillées avec recherche et un nombre convenable d'hommes dont l'un dirige la performance, faisant jouer des flûtes et des tambours pendant toute la danse, tandis que les femmes battent la mesure avec différents mouvements de mains et de pieds. Cette danse est généralement exécutée sur des nattes étendues sur le sol pour la circonstance et, la nuit, la danse a lieu sous un abri, sorte de maison sans côtés, éclairé par des torches et autres lumières.

Les costumes portés par les femmes pour cette danse sont élégants et leurs tournures gracieuses. Il consiste en un turban de *tamau* fait de cheveux tressés de plusieurs centaines de mètres de longueur et décoré de dents de requin, de perles et de fleurs ; les bras et les épaules sont nus et une sorte de gilet en tissu blanc ou de couleur leur couvre les seins, la place de chaque sein étant marquée par une rose de plumes noires ; dans le dos elles portent plusieurs morceaux d'étoffe en plis réguliers bordés de rouge et attachés de façon à imiter des ailes allant de la hanche à l'épaule ; à la taille, un genre de jupe qui tombe jusqu'aux pieds également bordé de rouge, avec une raie rouge et une raie jaune, les deux raies d'une même largeur de 2,5 m environ et à 25 cm environ du bas. A la taille sont également fixés plusieurs pendentifs de plumes noires qui tombent jusqu'au genou et 2 ou 3 plumes rouges ou noires sur chaque index.

Lorsque les femmes se retirent pour se reposer, elles sont remplacées par la musique et les chanteurs ; ces derniers sont loin d'être déplaisants car leurs chants, lorsqu'on les comprend, sont doux et agréables. Quelquefois, un groupe d'acteurs les remplace et leur forme de jeu est surtout la satire, souvent aux dépens de leurs chefs, et ils ne manquent pas d'exposer les caractères dont ils ont connaissance ; bien que traitant leurs chefs avec grande liberté, ils ne s'attirent pas leur mécontentement du moment qu'ils s'en tiennent à la vérité. De cette façon, ils leur reprochent leurs fautes en public, les ayant tout d'abord divertis pour attirer leur attention. C'est en quelque sorte une pantomime, et ils y excellent si bien qu'il est facile de reconnaître la personne qu'ils veulent représenter, pour peu qu'on la connaisse un peu.

C'est ainsi qu'une de leurs représentations à laquelle assistait notre commandant permit à tous les spectateurs de comprendre qu'il s'agissait de lui et qu'il y jouait d'ailleurs un rôle très distingué. Cette représentation eut lieu à la demande de Mate ou Tu et une partie des officiers et de l'équipage de la *Bounty* étaient présents.

Les maisons dans lesquelles ils donnent ces représentations sont habituellement un simple abri ouvert sur un côté et aux deux extrémités, le fond étant fermé par des feuilles de cocotiers tressées pour l'occasion. Ce fond constitue un des côtés d'un carré, les trois autres côtés étant fermés par une petite barrière ; l'intérieur est tapissé d'herbe et les acteurs sont installés sur des nattes. A l'extérieur de la barrière, qui a environ 30 cm de hauteur, se trouvent les spectateurs qui sont assis ou debout.

Ils donnent quelquefois une représentation dans la maison d'un chef, abandonnant tous leurs costumes à la fin de la représentation ; certains de ces costumes ont jusqu'à 30 et 40 m de longueur de tissu sur 2 à 6 m de largeur, tissu, natte et plumes comprises.

La *hura* est une danse exécutée par les parents des guerriers tués au combat, lorsqu'ils se lient d'amitié avec celui qui les a tués. Ces costumes étant très onéreux, ils en ont rarement plus de quatre et le plus souvent deux seulement, mais ils peuvent en avoir jusqu'à vingt s'ils en ont les moyens.

La *uparaa* est une autre danse qui est pratiquée presque tous les soirs dans tous les districts de l'île. Les femmes de tous âges et de toutes conditions y participent, jeunes, vieilles, riches et pauvres ; pour cette danse, elles sont toujours bien habillées et portent sur la tête une couronne de fleurs parfumées ; ayant choisi le terrain, elles se séparent en deux groupes et l'une d'elles se saisissant d'un petit fruit vert de forme ronde, le lance devant elle dans le camp opposé en le frappant du coup de pied ; si le fruit traverse le groupe opposé sans que celui-ci puisse l'arrêter, celui-ci exécute une danse avec chants, rythmée des pieds et des mains et qui dure de 5 à 6 minutes, puis à son tour lance la balle, etc. Lorsque la balle est interceptée c'est au camp qui l'a lancée à recommencer la danse tandis que l'autre reste immobile ; après quelques heures de ce jeu, le fruit est abandonné et les deux groupes dansent ensemble, présentant chacun, pour attirer les spectateurs, deux ou trois jeunes femmes lascives qui, ne conservant qu'une étoffe autour des hanches, l'ouvrent à certains endroits de la chanson, montrant leur nudité aux spectateurs et faisant des gestes obscènes qui sont plutôt le fait d'une coutume qu'une exhibition de lascivité ; en effet, celles qui se montrent ainsi en public, sont, en privé, timides et modestes et ne permettent pas aux hommes de prendre des libertés que cette danse pourrait leur suggérer.

Les jeunes gens célibataires ont également des danses au cours desquelles ils font des gestes indécents qui seraient inadmissibles partout ailleurs car, en temps normal, il est honteux pour l'un et l'autre sexe d'exposer sa nudité ; lorsqu'ils vont au bain, ils cachent leur corps beaucoup plus que certains Européens, utilisant toujours de grandes feuilles pour rentrer et sortir du bain, et les femmes ne découvrant leurs seins qu'à cette occasion.

Ils ont beaucoup d'autres amusements, entre autres les combats de coqs ; ils ne les plument pas et ne leur mettent pas d'éperons. Lorsque leurs coqs combattent, ils prient pour leur succès, et dès qu'ils semblent fatigués par la chaleur, ils les séparent pour leur permettre de récupérer avant de reprendre le combat. Ils ne font pas de paris, aimant ces combats seulement pour le sport, et 200 coqs sont quelquefois amenés dans l'arène lorsqu'une partie du district a provoqué l'autre ; ceux qui ont lancé le défi donnent une fête, quelle que soit l'issue des combats. Le soir, ils jouent de la flûte et chantent jusqu'à l'heure du coucher en s'accompagnant parfois de tambours. Leurs flûtes sont faites d'un bambou à trois trous ; en conséquence, ils ont peu de notes mais ils les varient et s'accordent entre eux, et le résultat est doux et assez harmonieux. Ils soufflent dans l'instrument avec une narine, tenant l'autre fermée avec le pouce, et, avec le médium de la même main, ferment le deuxième trou ; le troisième trou qui est le plus bas étant fermé et ouvert par l'index de l'autre main.

Leurs tambours sont des pièces de bois cylindriques et creuses couvertes de peau de requin, battues avec les doigts ; leur son est puissant et clair et ils en ont généralement deux, une basse et un ténor ; le premier de 1,20 m de haut et de 25 à 30 cm de diamètre, l'autre du même diamètre mais seulement de 45 à 50 cm de hauteur. Ils possèdent aussi de grands tambours de basse sur les *marae* qui, avec les conques, sont utilisés par les prêtres dans les cérémonies religieuses solennelles. Lorsqu'un chef est malade, ces tambours sont battus continuellement.

Lorsque les vents d'ouest dominent, une houle de très hautes vagues vient briser sur la plage ce qui est l'occasion d'un sport très apprécié ; l'endroit choisi étant celui où les vagues brisent avec le plus de violence. Pour cet amusement, ils prennent une planche d'une longueur variable et nageant jusqu'à la naissance de la houle attendent la formation d'une vague, quelquefois à plus d'un mille du rivage, et s'étendant à plat ventre sur la planche, se tiennent sur l'arête de la vague de façon à avancer avec elle avec une rapidité extraordinaire. Lorsqu'elle commence à briser, ils se retournent avec dextérité et, plongeant sous la crête, repartent vers le large avec leur planche. Hommes et femmes excellent dans ce sport, et certains sont mêmes capables de se tenir debout sur la planche jusqu'à ce que la vague brise. Les enfants pratiquent ce sport sur les petites vagues et apprennent à nager dès qu'ils sont capables de marcher. Les noyades sont très rares.

Ils sont très nombreux à pratiquer ce sport auquel ils consacrent plusieurs heures et doivent faire preuve d'une grande habileté pour éviter de se rencontrer à l'aller ou au retour. Ils ne réussissent pas toujours à s'éviter, et sont alors projetés et culbutés avec violence sur la plage, faisant parfois un atterrissage très brutal qui ne paraît pas les troubler car, après avoir repris leurs esprits, ils repartent vers le large.

Les chefs sont en général les meilleurs à ce sport, ainsi que dans tous les autres, et leurs femmes ne leur sont pas inférieures. Itia est une des meilleures nageuses des îles de la Société, et rivalise avec les meilleurs nageurs masculins.

Nous assistâmes à une manifestation de ce sport lorsque la *Bounty* était au mouillage dans la baie de Matavai ; la houle venant du récif du Dauphin était si haute qu'elle brisait par-dessus le navire au point de nous obliger à fermer les panneaux des écoutilles et nous craignions d'être drossés sur le rivage à chaque instant.

Une fois ce sport terminé, ils vont se baigner dans l'eau douce ainsi qu'ils le font toujours après avoir été en mer ou à la pêche.

Ce sport est également pratiqué dans une pirogue, qui est maintenue avec une grande dextérité sur le haut de la vague ; ils peuvent soit la faire virer avant que la vague ne se brise, soit aller jusqu'à la plage malgré la hauteur à laquelle la vague déferle.

Ils ont une aversion naturelle pour la saleté, et la propreté incomparable de leurs corps et de leurs vêtements les rend non seulement très agréables aux étrangers et à eux-mêmes, mais leur évite beaucoup d'affections dont nous sommes affligés. Jeunes et vieux se baignent constamment dans l'eau courante trois fois par jour, quelquefois plus souvent, et lorsqu'ils deviennent trop vieux, pour se déplacer, ils construisent leur maison près d'une rivière afin de pouvoir jouir de cette commodité.

Ils lavent toujours leur bouche et leurs mains avant et après les repas et, lorsqu'ils ne se livrent pas à quelque amusement, dorment pendant la chaleur du jour ou bien passent leur temps à tailler leurs cheveux, leur barbe, etc. Une coque de noix de coco noire remplie d'eau leur sert de miroir, des écailles de poissons leur servent de pince à épiler avec laquelle ils taillent leur barbe et enlèvent les poils de leurs bras, jambes et aisselles et autres parties du corps susceptibles de se couvrir de sueur et de poussière. Une dent de requin leur tient lieu de ciseaux pour tailler les cheveux qu'ils maintiennent toujours très soignés. Les deux sexes ont le lobe de l'oreille percé et ils y mettent soit des fleurs, soit des pendentifs de 3 perles, de 5 à 8 cm de long ; il est rare que les deux oreilles soient décorées de la même façon. L'huile de coco leur sert de cosmétique et leurs peignes sont faits de bambou. Leurs vêtements sont toujours très soignés et ils mettent un point d'honneur à être élégants dans les réunions publiques.

Leurs maladies sont peu nombreuses, et ils n'ont point de remèdes pour les douleurs internes, en dehors de ceux qui leur sont administrés par hasard, et bien que les médicaments soient toujours donnés accompagnés de prières ; mais en chirurgie ils sont excellents et réussissent des guérisons surprenantes.

Nous avons été témoins de quelques-unes de ces guérisons :

1° blessure dans la poitrine faite par une balle de mousquet qui traversa ensuite l'omoplate ;

2° fracture d'un bras par balle ;

3° balle à travers la hanche ;

4° balle reçue en position repliée pénétrant par la hanche, passant sous les côtes et ressortant par la clavicule, ainsi que beaucoup d'autres blessures par jets de pierre.

Parmi ceux qui furent blessés par des pierres, il s'en trouvait un dont la mâchoire supérieure fut brisée avec 6 ou 7 dents ; plusieurs esquilles furent tirées de la mâchoire et, à notre connaissance, le seul traitement employé fut une décoction d'herbes avec de l'eau claire.

Ils ne supportent pas d'avoir leurs plaies pansées, et les lavent constamment pour les empêcher de répandre une mauvaise odeur. C'est ainsi que, s'ils ont une jambe cassée, c'est la mort certaine car ils ne peuvent s'empêcher d'aller à l'eau bien que n'en ignorant pas les conséquences, et ils se précipitent dans l'eau dès que l'odeur devient désagréable, râpant souvent même du bois de santal sur la plaie pour enlever l'odeur. Ils utilisent le bambou pour faire des éclisses et raccommodent souvent des bras cassés résultant de blessures de guerre ou d'accidents.

Leurs principales maladies sont la folie, ou dérangement mental, les fièvres, les toux et les rhumes, les enflures de bras et de jambes, enflures sous les oreilles (semblables aux écrouelles), des hernies et quelques autres encore.

Le dérangement mental est seulement temporaire et peut être causé par un excès de sang et de vivacité ainsi que par un manque d'exercice, car on constate des cas à l'époque où les fruits de l'arbre à pain commencent à être mûrs ; c'est à cette saison que d'autres ont des furoncles sur leurs jambes et leurs cuisses, c'est-à-dire pendant la saison des pluies lorsque le soleil est au zénith et que les gens sont plus ou moins confinés dans leurs maisons par le mauvais temps.

Ces dérangements disparaissent lorsque le soleil remonte dans le nord et il est rare d'observer une récidive chez un homme ou une femme ; mais lorsqu'ils en sont atteints, ils sont extrêmement méchants et se promènent tout nus. Chez certains, le dérangement dure plus longtemps que chez d'autres et se manifeste avec une intensité variable, allant de la sombre mélancolie à la folie furieuse. Ces malades ne sont jamais ligotés ; on les laisse se promener et parcourir l'île, nus lorsqu'ils sont dans cet état, et personne n'intervient – sauf dans le cas où ils se livrent à des actes répréhensibles – car on les suppose possédés d'un esprit malin. Ce mal frappe aussi bien les hommes que les femmes, et on les laisse en parfaite liberté pendant l'évolution de la maladie, à l'issue de laquelle ils rentrent chez eux et se remettent à porter des vêtements comme à l'habitude.

Les fièvres sont une maladie commune pour laquelle ils n'ont pas plus de remède que pour la folie et qui est fatale dans la plupart des cas ; il en est de même pour cette terrible maladie vénérienne qui a pour issue inévitable la mort ; ce fut le sort de ceux qui la contractèrent avec les Européens et, dès que l'un d'eux est atteint de cette maladie, personne ne le touche plus et ne se baigne près de lui dans la rivière ; sa nourriture lui est apportée, et il n'a le droit de toucher que ce qui est pour lui. Abandonné par ses amis, il passe la fin de ses jours de la manière la plus misérable et, bien que ne manquant pas de nourriture, il ne se console pas d'être ainsi abandonné et meurt au bout de peu de temps.

Ils savent que cette maladie a été introduite par les Européens mais, ne sachant s'il s'agit des Espagnols ou des Français, les tiennent tous deux pour responsables ; nous-mêmes n'échappons pas au blâme, car ils nous accusent d'avoir introduit de nombreux maux dont ils ignoraient l'existence avant notre arrivée, nous accusant en particulier d'avoir introduit les puces, qu'ils croient avoir été amenées par les chats. Il est toutefois probable que plusieurs de ces affections sont indigènes, comme les fièvres, produites par les chauds et froids subits auxquels ils se soumettent lorsqu'ils se précipitent en sueur dans les rivières ou lorsqu'ils dorment sous une forte rosée.

Les toux et les rhumes sont souvent contractés de la même façon, et le bain chaud que prennent les femmes après avoir accouché suffirait à venir à bout des constitutions les plus solides. Ce bain est pris de la façon suivante : on ferme à l'aide d'un paravent une partie d'une maison, ou encore on construit une petite case faite de nattes ou de tissus dans laquelle on apporte une certaine quantité de pierres brûlantes que l'on recouvre d'herbes. La personne qui prend le bain s'enferme dans cette petite pièce et, versant de l'eau sur les pierres, produit de la vapeur ; après y être resté le plus longtemps possible, elle se couvre d'une étoffe et, se précipitant vers la rivière la plus proche, s'y plonge la tête la première. Ce bain est aussi utilisé par les deux sexes pour se nettoyer à fond, lorsqu'ils estiment que leur peau est trop huileuse ou trop rugueuse pour être bien lavée dans la rivière. Nous avons souvent vu ce bain pratiqué de façon répétée par les deux sexes, sans conséquences apparentes, bonnes ou mauvaises.

Les enflures de bras et de jambes sont une maladie qui leur est particulière. Ces enflures se compliquent parfois d'ulcères mais ne se résorbent jamais, se maintenant en général au-dessous du genou et du coude et prenant de prodigieuses proportions. Les enflures sous les oreilles, semblables aux écrouelles, font de larges cicatrices car ils ne possèdent pas de remèdes ; ils se contentent de laver les plaies, ne supportant pas de pansement sur la tête, ce qui occasionne de larges plaies sur le cou et, malgré nos efforts pour les convaincre qu'un bandage amènerait une guérison rapide, ils ne purent jamais s'y résoudre, car il leur aurait fallu, soit rester chez eux, soit ôter leur pansement à chaque passage sur un terrain sacré.

Les hernies sont très fréquentes, et prennent souvent des proportions considérables ; elles sont probablement dues à de trop gros efforts faits au cours de leurs séances de lutte, ce dont nous fûmes d'ailleurs incapables de les convaincre ; il est également impossible de leur faire comprendre que certaines maladies proviennent d'avoir dormi dans un lieu humide ou dans une forte rosée, car ils demeurent persuadés que ces maux sont envoyés par les dieux en punition d'une faute commise et que par conséquent il est impossible de les empêcher ou d'y échapper.

Il y a peu d'infirmes, bien qu'il y ait quelques aveugles et quelques muets. La plupart des difformités résultent d'accidents ; leurs membres, en général, sont bien droits et il est rare de voir quelqu'un de bancal ou de cagneux. Les enfants ne souffrent pas de rachitisme, et les mères prennent énormément de soins et de précautions pour leur assurer des membres droits et bien en place ; lorsqu'un enfant est légèrement difforme, elles arrivent à lui redresser les membres avant que les os n'aient pris leur consistance définitive. Lorsqu'un enfant à l'une quelconque de ces difformités, la mère en est blâmée et n'importe quel étranger peut se permettre de lui dire qu'elle ne sait pas soigner ses enfants.

Ils ont également une espèce de lèpre qui rend certaines parties du corps d'une blancheur cadavérique, tandis que d'autres parties tournent au noir. Ce changement de coloration affecte les cheveux et les poils qui sont parfois blancs comme neige alors que le reste du corps est noir, ce qui leur donne un aspect étrange. Bien que leur apparence en soit tout à fait transformée, cela ne paraît affecter ni leur santé ni leurs forces.

Tel est l'essentiel des affections dont ils souffrent ; ils paraissent sains et vigoureux et vivent jusqu'à un âge avancé.

Il y a certainement encore à Tahiti plusieurs indigènes qui ont connu l'époque où l'*African Galley* se perdit à Tapuhoe, une île au nord est de Tahiti, et plusieurs indigènes mentionnés par le capitaine Wallis et Cook sont encore des hommes vigoureux ; certains d'entre eux paraissent avoir près de 100 ans et paraissent encore en bonne santé.

Dans ce climat ainsi que dans les autres climats chauds, les femmes sont plus précoces que dans les régions plus froides du Nord et du Sud et se marient généralement à l'âge de 13 à 14 ans ; celles d'un haut rang attendent d'avoir de 16 à 18 ans, ce qui dans ce pays est l'âge adulte. Il semblerait qu'elles se fanent plus tôt, bien que l'on puisse cependant distinguer la beauté des traits sous les cheveux gris, et il est remarquable de constater que certaines d'entre elles qui étaient fanées reprennent de la jeunesse et conservent leur beauté avec toute la vigueur de la jeunesse aux environs de la cinquantaine, tandis que d'autres, ayant ruiné leur santé par une vie dissolue, sont complètement desséchées à l'âge de 30 ans.

Lorsqu'une personne meurt, les parents se rendent en masse au domicile du défunt, faisant entendre de nombreuses lamentations, et les femmes se font des coupures sur la tête avec une dent de requin ; chez les deux sexes on se coupe les cheveux sur différentes parties de la tête ; les cheveux sont quelquefois entièrement coupés ou rasés, sauf une mèche de cheveux au-dessus de l'une ou des deux oreilles. Il arrive aux femmes de se taillader au point d'en avoir les fièvres et j'ai connu une femme qui s'était blessée à tel point à l'occasion de la mort d'un enfant qu'elle se mit à délirer et finalement perdit la raison.

Lorsqu'ils perdent un parent, ils se rasent un carré de

cheveux sur l'avant de la tête qu'ils gardent ainsi pendant 6 lunes ou plus, suivant l'affection qu'ils portaient au défunt. Pour un enfant favori, ils gardent la tête ainsi pendant 2 à 3 ans et les cheveux coupés sont soit jetés sur un terrain sacré, soit portés au marae.

Lorsqu'une personne meurt de maladie, elle est enterrée sur son propre terrain et le prêtre place toujours un bananier dans la tombe ; les parents l'ensevelissent ensuite, la priant de garder la maladie avec elle dans la tombe et de n'en affliger personne. Ils enterrent ou brûlent tout ce qui lui a appartenu ou ce qui a été utilisé pendant la maladie ainsi que la maison et les meubles, pour empêcher la maladie de se propager ou de se communiquer à d'autres personnes. Ce sont les seuls à avoir des bûchers funéraires, car ceux qui meurent d'une autre manière sont étendus sur une civière ou embaumés.

Leur méthode d'embaumement consiste à éviscérer le mort et à le remplir de tissu et de bois de santal râpé et à oindre la peau avec de l'huile de noix de coco parfumée également au santal. Le mort est étendu sur une civière, dans une maison construite à cet effet et on le recouvre de tissus apportés par les parents, coutume que tous observent s'ils se trouvent dans l'île. Le corps est souvent habillé de la même manière que de son vivant, la tête décorée de fleurs ; la maison est entourée d'une barrière et drapée de tissu parfumé, tandis que la civière est décorée de fruits du *fara* dont le parfum agréable fait disparaître les mauvaises odeurs. Les pleurs versés en cette occasion, ainsi que le sang provenant des blessures qu'ils se font à la tête sont conservés sur des morceaux de tissus qui sont jetés dans l'enceinte de la maison sacrée ; ce rite, selon eux, doit faire plaisir à l'âme envolée qui plane au-dessus du corps tant que celui-ci demeure intact. Quelquefois aussi, les corps sont étendus sur une civière, habillés et recouverts de tissu et placés sous un abri, orné de fruits de *fara* et de feuilles de cocotiers tressées d'une façon particulière et entouré d'un grillage de roseaux que l'homme chargé de l'entretien du mort doit conserver en bon état ; ce dernier est obligé d'avoir quelqu'un pour le nourrir car pendant un mois il ne peut toucher à aucune nourriture après avoir touché le mort ou les objets lui appartenant. Ils amassent également des provisions autour du corps, non pour le défunt mais pour le dieu.

Le corps est appelé *tupapau*, la civière *fata* et la maison du mort *fare tupapau*. Ceux qui sont embaumés s'appellent *tupapau miri*. Ils sont conservés sur leur propre terre et ne sont pas portés au marae, où personne n'est enterré en dehors de ceux qui ont été tués à la guerre, des victimes de sacrifices ou des enfants de chefs qui ont été étranglés à leur naissance.

Lorsque les chefs ou personnes de rang meurent, ils sont embaumés et transportés dans tous les lieux où ils possèdent des biens et dans chacun de ces lieux le *taihaa* ou cérémonie de pleurs est recommencée. Après un voyage de 6 à 8 mois, le corps retourne à son point de départ où il est conservé jusqu'à complète décomposition, après quoi les ossements sont enterrés. Ceux qui ont une vénération particulière pour le défunt enveloppent le crâne et l'accrochent dans leur maison en témoignage de leur amour, et c'est ainsi que de nombreux crânes sont conservés. Ces corps peuvent faire l'objet d'une prise de guerre et celui qui s'en saisit hérite du nom et des honneurs, tout comme s'il avait tué un guerrier ; si le corps d'un chef est ainsi enlevé avant qu'un autre chef n'ait été nommé à sa place, le district tombe sous le pouvoir du ravisseur, tout comme s'il l'avait tué. C'est pour cette raison que les corps sont toujours changés de place par un homme chargé de les porter dans la montagne, s'ils sont en guerre, et c'est ainsi que le portrait du capitaine Cook est également déplacé pour éviter qu'il ne soit pris. Tant que le corps demeure sur sa civière, on a soin de renouveler les tissus au fur et à mesure qu'ils se détériorent ; en général il s'agit de tissu de bonne qualité et joliment peint.

En plus des pleurs et des incisions pratiquées sur la tête, ils ont une autre cérémonie funèbre pour laquelle ils portent le *parae* ou vêtement funèbre décrit par le capitaine Cook. Ce vêtement est surtout porté par 2 ou 3 des plus proches parents masculins du défunt, qui sont porteurs d'une arme appelée *paeho*, portant une rangée de dents de requin sur 3 ou 4 pieds de la longueur et terminée par une lame courbe comme un couteau de jardinier. Ils sont accompagnés de 40 ou 50 personnes des deux sexes qui se déguisent en couvrant leurs corps et leurs membres de charbon de bois et d'argile blanche. Ces derniers ne portent qu'un *maro* et armés d'une lance ou d'une massue, ils se promènent en gesticulant comme des fous à travers le district et frappent, blessent et vont même jusqu'à tuer tous ceux qui se trouvent sur leur chemin, Aussi, lorsque les habitants les voient venir, se précipitent-ils au *marae*, seul endroit où ils puissent être en sécurité et échapper à la rage des participants à cette cérémonie qui poursuivent tous ceux qu'ils voient. Ils ne peuvent pénétrer dans l'enceinte du marae mais, pendant les 3 semaines ou un mois que dure cette cérémonie, ils ne respectent personne, pas même les chefs qui doivent eux aussi se réfugier au marae pour échapper à leur furie. Les femmes et les enfants, ne pouvant se réfugier au marae, sont obligés de quitter le district. Celui qui serait assez stupide ou obstiné au point de résister à ces fous et de ne pas les laisser passer, le ferait à ses risques et périls, car aucune loi ne le protégerait. Ces gens, en effet, sont considérés comme des détraqués rendus fous par la douleur qu'ils éprouvent à la disparition de leur parent et personne ne se risquerait à les arrêter, estimant qu'il vaut mieux disparaître à leur approche. Cette cérémonie est appelée *taihaa* ou cérémonie de pleurs, les participants sont appelés *nevaneva*, les fous, *heva taihaa*, esprits pleureurs, fantômes ou spectres.

Tel est l'ensemble de leurs rites funèbres, qui durent plus ou moins longtemps selon le rang de la famille. On les observe plus particulièrement pour les enfants que pour les adultes.

Parmi les sociétés (dont ils ont un grand nombre, chaque profession ayant sa société et tous ceux qui appartiennent à une même profession étant fêtés par leurs collègues à travers toutes les îles), il en existe une en particulier, qui porte le nom d'*arioi*, qui signifie chef agité ou non établi. Cette société est composée de jeunes gens d'un tempérament irréfléchi, amoureux et déréglé, qui consacrent leur jeunesse à une vie de plaisirs et de débauche. Ils se déplacent continuellement d'un district à l'autre et d'une île à l'autre en groupes de 4 à 500 personnes pour des expéditions de plaisir et, la plupart des chefs faisant partie de cette compagnie, sont assurés d'avoir de réjouissants spectacles dans leurs districts respectifs. Ils sont si respectés dans toutes les îles que, si un de leurs membres voit sur quelqu'un un tissu qui lui plaît, il ne lui est jamais refusé. Il en est de même d'ailleurs pour tout ce qu'ils peuvent demander et ils se saisissent toujours des jolies femmes du pays.

Les anciens membres de cette compagnie se reconnaissent par un ovale noir tatoué sous le sein gauche, un autre sous l'omoplate droite ; les jambes et les hanches sont noircies, depuis la cheville jusqu'aux fausses côtes et les bras des doigts à l'épaule.

Ils sont toujours bien habillés avec des tissus de la meilleure qualité, les cheveux parfumés et ornés de fleurs odoriférantes. Les jeunes membres tout comme les vieux aiment tous la variété et ne restent jamais longtemps avec une femme ; ils en changent constamment et, si jamais une de leurs femmes est enceinte, ils la quittent dès qu'ils en ont connaissance, de façon à ne pas être embarrassés dans leur poursuite du plaisir par les problèmes domestiques d'une femme et d'un enfant ; de plus, étant donné qu'il est très mauvais pour un enfant de ne pas connaître son père (ce qui est toujours le cas dans une telle compagnie), lorsque ces femmes ont un enfant dont elles ne connaissent pas le père, elles le font étrangler dès sa naissance pour lui éviter d'être traité avec mépris au cours de son existence (n'ayant, faute de père, pas d'héritage). Les femmes de plaisir *arioi* acceptent sans difficulté ces pratiques, estimant que le fait d'allaiter à un enfant les abîme dans leurs jeunes années et diminuent leur chance d'avoir par la suite autant d'admirateurs qu'avant.

Lorsqu'un *arioi* conserve quelques-uns de ses enfants (ce qu'ils font rarement, à moins d'être parvenus à un âge où les passions de la jeunesse sont quelque peu apaisées), il n'est plus aussi respecté que lorsqu'il était célibataire ; on les appelle des *arioi fanaunau* ou *arioi* faiseurs d'enfants et, dans les réjouissances, ils passent après les célibataires, faisant toujours partie toutefois de la compagnie et toujours traités comme tels.

Les membres de cette société ne participent à aucune guerre, et peuvent traverser les régions en guerre sans craindre d'être molestés ; ils sont toujours bien reçus, même si certains d'entre eux appartiennent au camp ennemi.

Lorsqu'une personne désire que son fils ou sa fille soit admis dans la compagnie, elle choisit un *arioi* pour ami de sa fille ou de son fils et l'adopte au moyen de la cérémonie du *amoa* (décrit plus haut), qui se déroule au marae ; dès lors, l'enfant fait partie de la compagnie et peut se consacrer à leur genre de vie.

Il arrive souvent que des personnes ne faisant pas partie des *arioi* tuent leurs enfants à leur naissance pour la raison suivante : lorsqu'un homme prend pour épouse une femme de rang inférieur au sien, l'enfant qui naît de cette union est immédiatement étranglé à sa naissance pour éviter qu'il ne déshonore le sang de la famille, et, le père aurait-il le désir de préserver l'enfant, sa famille l'obligerait à le tuer sous peine de bannissement. Il en est de même lorsqu'une femme prend un mari de rang inférieur au sien. Ces deux cas sont très fréquents. Si, par hasard, l'enfant crie en venant au monde ou encore si sa mère le voit avant qu'il ne soit tué, la nature prend le pas sur la coutume et l'enfant est épargné.

C'est le cas de l'actuel Temarii, le seul enfant que Puera a sauvé ; ayant accouché seule, elle sauva l'enfant bien qu'en ayant tué plusieurs autres car, avec son mari Amo, elle faisait partie de la Société des *Arioi ;* il la quitta pour cette raison, mais ils se réconcilièrent plus tard et le garçon devint leur héritier.

Il faut noter ici que l'opinion des premiers voyageurs sur cette compagnie et sur les habitants de l'île en général ne pouvait être que très superficielle, aucun d'eux n'étant resté assez longtemps pour connaître leur manière de vivre ; d'autre part, leur existence étant toujours bouleversée par l'arrivée d'un navire, leur façon d'agir est alors aussi éloignée de la normale que nos manières à l'occasion d'une foire, et ne pourrait être prise pour exemple de la vie en Angleterre. Telle était toujours en effet la situation dès qu'un navire arrivait : toutes leurs activités étaient tournées vers leurs visiteurs, et tous les efforts faits pour gagner leur amitié ; pendant cette période, ils étaient contraints de vivre de façon tout à fait différente pour mieux satisfaire leurs nouveaux amis.

Leurs notions de délicatesse sont sans doute différentes des nôtres ; peut-être manquent-elles de raffinement, qualité sans laquelle beaucoup de nos compatriotes seraient semblables à eux et peut-être pires, beaucoup n'ayant d'autre frein que la peur de la loi.

Une femme ne craint pas de montrer ses formes, au cours d'une danse ou au bain, si elles sont parfaites ; si elles ne le sont pas, elle évitera autant que possible de se montrer et bien qu'hommes et femmes se baignent fréquemment ensemble, ils sont, en cette occasion, plus remarquables par leur décence que par leur légèreté.

Leurs maisons n'ont pas de murs et ils n'en ont aucun besoin ; malgré cela on ne peut les accuser d'avoir des relations sexuelles en public, car, autant que nous, ils aiment être à l'abri des regards. Au cours de notre séjour dans les îles, je n'ai jamais rien vu qui ait pu me faire penser le contraire, et cela bien qu'ils soient de peu de vertu. Toutefois, il ne semble pas qu'on puisse généraliser, et les nombreuses familles de certains paraissent indiquer une grande liberté de mœurs.

Il est possible que le comportement de certaines femmes ait à sa base une idée de profit, porté à un point voisin de l'indécence, mais quels sont les pays qui ne produisent pas de femmes semblables ? Le fer est plus précieux pour eux que l'or, et, pour se procurer de l'or, certaines de nos femmes n'hésiteraient pas à commettre des actes d'indécence et même d'horribles crimes dont la seule pensée ferait trembler ce peuple. S'ils peuvent acheter du fer en contrepartie de leur beauté ou se le procurer par le vol, ils le feront. Ils ne considèrent aucun de ces moyens comme un crime. Ils en connaissent la valeur et estiment qu'il n'y a pas de prix trop élevé.

Nous n'ignorons pas que l'or est préféré dans certains pays et que certaines femmes parmi les plus distinguées en Europe ont la réputation de le préférer à la vertu, et cependant nous reprochons à ces populations innocentes et livrées à elles-mêmes des actes que nous les incitons à commettre.

Les enfants ne connaissent aucune contrainte parce qu'ils sont les chefs de la famille et, en conséquence, font ce qui leur plaît ; n'ayant ni lois ni coutumes pour les en empêcher, ils ont nombre d'amusements que n'approuveraient pas les Européens ; ils les abandonnent d'ailleurs en grandissant, et finissent par en avoir honte, mais leur évolution se fait sans qu'ils aient à subir la moindre influence.

Celles qui font un métier de leurs charmes en connaissent la valeur et, lorsqu'elles viennent à bord, amènent avec elles leurs entremetteurs, soi-disant leurs parents, qui font et reçoivent le prix ; ces dames sont aussi qualifiées dans leur profession que celles des autres pays et ne sont nullement embarrassées d'indiquer leurs exigences, mais si un homme a un ami, ce dernier ne peut avoir de relations avec aucune femme de la famille en dehors de la femme de son ami, toutes les autres femmes devenant pour lui des parents avec lesquels il serait abominable d'avoir des rapports ; on ne peut les persuader sous aucun prétexte de changer cette façon de voir, car ils détestent autant que nous de prendre pour femmes des membres de leur propre famille.

Les femmes de haut rang sont remarquables pour leurs pratiques licencieuses, et beaucoup d'entre elles ont plusieurs favoris, ce dont elles sont très fières ; tandis que, dans les classes inférieures, nombreuses sont les femmes qui peuvent être considérées comme honnêtes, n'admettant jamais qu'un autre homme partage leurs faveurs.

La fameuse reine Purea étant elle-même une *arioi*, il ne faut pas s'étonner que ses compagnons et sa suite se soient livrés à toutes sortes de pratiques licencieuses ; sa cour était remplie de personnes qui préféraient les rites de Vénus à ceux de Mars, et avaient constaté qu'ils étaient plus agréables aux visiteurs, ce qui est toujours le cas avec des marins après un long voyage ! Ces rites étaient sans aucun doute très répandus car, dans tous les pays, ceux qui sont au pouvoir dirigent toujours la mode qu'elle soit bonne ou mauvaise.

Toutefois, les dames qui se conduisent ainsi ne permettent pas de porter un jugement d'ensemble sur toutes les autres, pas plus que les nymphes de la Tamise ou les sirènes de Spithead ne représentent les femmes de notre pays.

Leurs cérémonies ont été également mal comprises des premiers voyageurs. Les mouches étant nombreuses, ils sont obligés d'utiliser des chasse-mouches ; lorsqu'ils n'en ont pas, ils utilisent les branches d'un arbre quelconque. Ils sont toujours prêts à donner une branche à chaque étranger, surtout lorsqu'il y a de la nourriture à proximité, car ils détestent voir des mouches se poser sur les mets qu'ils consomment, et ils ont des serviteurs constamment chargés de les chasser avec ces branches.

Les autres branches utilisées dans les cérémonies sont le *rauava* qui joue le rôle de délégation portée par des substituts des chefs, et chaque personne portant une de ces branches est traitée de la même façon que le chef s'il était présent ; ces délégations ou emblèmes de vérité ne sont jamais utilisés qu'en cette occasion car la mort punirait toute utilisation frauduleuse, le bananier comme il a déjà été dit étant le seul emblème de paix. Lorsqu'un messager est dépêché avec une telle délégation, il donne une feuille à chaque personne auprès de laquelle il est envoyé et celle-ci, après avoir reçu cette feuille et pris connaissance du nom du chef qui l'envoie ne met jamais sa parole en doute.

En plus des classes et sociétés déjà décrites, ils ont une catégorie d'hommes appelés *mahu*. Ces hommes sont, sous certains égards, comme les eunuques des Indes, sans être toutefois castrés. Ils n'habitent jamais avec des femmes, mais vivent comme elles, ils s'épilent la barbe et s'habillent comme des femmes, dansent et chantent avec elles et ont une voix efféminée ; ils sont généralement experts dans l'art de faire des nattes, dans la peinture des tissus et en général tous les travaux de femmes. Sous ce rapport, ce sont des amis très estimés ; on raconte, sans que j'aie jamais pu le vérifier, qu'ils ont des rapports avec les hommes tout comme les femmes. Toutefois je n'irai pas jusqu'à l'affirmer car je n'ai jamais rencontré personne à qui cette perspective ne fût odieuse.

Les manières et coutumes des autres îles sont très semblables, de même que les différents comtés d'un même royaume, et leurs produits sont les mêmes ; les habitants de toutes les îles de la Société sont partout les mêmes. Tahiti est la plus grande et la plus puissante lorsque les différents districts unissent leurs forces, et, en conséquence, elle est reconnue comme l'île prépondérante dans tout le groupe. Le nom de Tahiti revient toujours dans leur langage et dans leurs coutumes lorsqu'ils sont chez eux ou à Tahiti, et il y a peu de personnes fortunées qui n'aient visité Tahiti au moins une fois dans leur vie ; nombreux sont ceux qui y font de fréquentes visites.

Il faut reconnaître que, lorsque le capitaine Cook pensa à introduire dans ces îles du bétail, la volaille, des fruits et des racines d'Europe, il avait en vue le bien de ces populations, mais les indigènes en ignoraient la valeur, et, faute d'Européens pour s'en occuper, ces produits ne tardèrent pas à disparaître ; la curiosité des habitants à la vue de ces animaux étranges était en effet telle que chacun voulait en avoir un, ce qui eut pour première conséquence d'empêcher leur reproduction, et c'est ainsi que la volaille s'éteignit rapidement. Les moutons, qui ne perdaient pas leur laine comme en d'autres climats, n'étant pas tondus, crevèrent. Seuls les bovidés de race noire survécurent, bien que dispersés, et les graines et plantes furent détruites dès qu'elles se mirent à pousser, étant constamment transplantées, car chacun voulait avoir sa part des curiosités. Ils étaient toujours prêts à échanger la meilleure vache pour une bonne hache, considérant ces animaux comme sans valeur au point de vue nourriture ; au cours des guerres, ils en tuèrent cependant plusieurs et les mangèrent en partie. Ils ignoraient le moyen d'enlever la peau de l'animal et les nettoyaient comme des cochons ; à aucun moment ils ne cherchèrent à conserver l'espèce, n'en voyant pas l'intérêt.

Ils avaient une aversion marquée pour les boucs et les chèvres en raison de leur odeur désagréable, et de nombreuses chèvres furent chassées dans les montagnes car la qualité de leur chair ne pouvait compenser les dégâts qu'elles faisaient aux cultures de plantes à étoffe. Les quelques chèvres qu'ils conservent sont toujours attachées à un piquet lorsqu'elles sont à proximité d'une plantation et on les considère comme inférieures à un chien. Cette façon de faire empêche l'île d'être envahie par ces animaux, ce qui serait certainement le cas si elles étaient laissées en liberté.

Bien qu'ayant perdu toutes ces curiosités de valeur, ils se souviennent que le capitaine Cook les a apportées et prennent plus soin de son portrait que de tout le reste. Ils s'enquièrent souvent de lui et de Sir Joseph Banks qui, l'un et l'autre, ne seront jamais oubliés à Tahiti. Ils furent très désolés d'apprendre la mort du capitaine Cook, et émirent le vœu de voir son fils venir prendre possession des terres de son père : ce dernier était en effet reconnu chef de Matavai et le restera probablement tant que son portrait durera.

Ils furent également très avides de nouvelles de leurs amis et furent très heureux lorsque nous leur fîmes un compte rendu de leur prospérité.

Leur langage est doux et mélodieux et riche en voyelles ; ils n'ont que 17 lettres et cependant peuvent tout exprimer avec aise, bien que, par suite du manque de certaines lettres ils soient incapables de prononcer tout mot anglais qui en contient. Ils comptent le temps en années de 12 mois pour lesquels ils ont des noms et les calculent au moyen du soleil passant et repassant au-dessus de leurs têtes ; ils appellent le mois *marama*, lune, bien qu'il ne commence ni ne finisse pas toujours avec la lune. Ils ont un nom pour chaque jour des phases de la lune et peuvent indiquer son âge avec certitude et à première vue, sans se servir de chiffres.

Comme ils ne tiennent jamais un compte du temps, ils peuvent aisément reconnaître une erreur dans leurs calculs à la fin de l'année lorsque le soleil est au-dessus de leurs têtes. Ils divisent le jour et la nuit en 12 parts égales et peuvent reconnaître l'heure à la position du soleil, le jour, et par celles des étoiles la nuit. Ils ont aussi un nom pour chaque vent et prédisent avec exactitude un changement de temps et peuvent dire à son début si la saison sera particulièrement pluvieuse ou sèche.

Leur seul moyen de mesurer une distance est d'indiquer le temps nécessaire à la parcourir mais ils peuvent mesurer toute profondeur avec exactitude par brasses, mètres, ou mains ; ils ont un seul nom pour toutes ces mesures se contentant d'ajouter plus long ou plus court.

Ils sont très habiles à converser par signes et parfaitement maîtres du langage des yeux, et j'ai vu un sourd-muet qui était si bien exercé à l'un et l'autre langage, qu'envoyé à 80 km avec un message, il revenait avec la réponse comme s'il pouvait parler et entendre.

Ils changent constamment de nom en faisant de nouveaux amis et en diverses autres circonstances, et bien que ne perdant pas leur nom originel, il serait difficile pour un étranger de savoir de qui ils parlent et de quoi et de trouver une vieille connaissance par son nom étant donné qu'aucun mot contenant une des syllabes du nom du chef ne doit être utilisé du vivant de ce dernier ; ils ne comparent jamais aucune nourriture à une tête d'homme et, pour cette raison, les têtes d'animaux ont un nom différent et ils ne pourraient manger aucune nourriture ayant touché la tête d'un homme et rien ne les offense plus que de leur poser la main sur la tête.

Brown qui fut laissé ici par le capitaine Cox était considéré pire qu'un animal parce qu'il portait sur sa tête des provisions auxquelles ils n'auraient touché à aucun prix ; cependant, ils étaient prêts à lui trouver des excuses, disant que c'était un ignorant, ce qui était à peu près le cas car il se faisait un plaisir de les contrarier en tout point plutôt que de se conformer à leurs coutumes, ce qui le rendait déplaisant à tous.

Telle est la description la plus véridique que j'ai pu faire de ces îles et de ces habitants, qui sont sans aucun doute les plus heureux de la surface de la terre.

Bibliographie

Voyage à la mer du Sud, entrepris par ordre de S. M. Britannique pour introduire, aux Indes Occidentales, l'arbre à pain et autres plantes utiles ; par le lieutenant Guillaume Bligh, avec une relation de la révolte à bord de son vaisseau, etc. traduit par F. Soulès, Paris, 1792.

Relation de l'enlèvement du navire le Bounty appartenant au roi d'Angleterre et commandé par le lieutenant Guillaume Bligh ; avec le voyage subséquent de cet officier et d'une partie de son équipage dans la chaloupe ; depuis les îles des Amis dans la mer du Sud jusqu'à Timor, établissement hollandais aux îles Moluques. Ecrit en anglais par M. William Bligh.... & traduit par Daniel Lescallier, Paris, Firmin Didot, 1790.

The Journal of James Morrison, Boatswain's Mate of the Bounty, Describing the Mutiny & Subsequent Misfortunes of the Mutineers, Together with an Account of the Island of Tahiti, James Morrison, London, Golden Cockerel Press, 1935.

The Court-Martial of the Bounty Mutineers, Owen Rutter, W. Hodge, London, 1931.

Voyage of HMS Pandora, *Despatched to Arrest the Mutineers of the Bounty in the South Seas, 1790-1791.* F. Edwards, London, 1915.

The Bounty : the True Story of the Mutiny, Caroline Alexander, Penguin Books, London, 2003.

L'Odyssée de la Bounty, Charles Nordhoff et James Norma Hall, Phébus, Paris, 2002. Trois volumes : 1. *Les Révoltés de la Bounty* ; 2. *Dix-neuf hommes contre la mer*, traduits par Gérard Piloquet ; 3. *Pitcairn*, traduit par Marie de Wasmer.

Que s'est-il vraiment passé sur le Bounty ? Bengt Danielsson, traduit par Henri Simonet et Henri Theureau, Haere Po, Tahiti, 2013.

Narrative of A Voyage To The Pacific And Beering's Strait, To Co-Operate With The Polar Expeditions Performed In His Majesty's Ship Blossom, Under The Command Of Captain F. W. Beechey, R. N. In The Years 1825, 26, 27, 28. Frederick William Beechey, New-York, 1832.

Innocent on the Bounty : The Court-Martial and Pardon of Midshipman Peter Heywood, in letters, Peter & Nessy Heywood, présenté par Donald A. Maxton and Rolf E. du Rietz, Mac Farland Publishers, London, 2013.

Achevé d'imprimer par GGP Media GmbH, Pößneck
en avril 2016
pour le compte de France Loisirs,
Paris

No d'éditeur : 84894
Dépôt légal : avril 2016

Imprimé en Allemagne